法者, 尺寸也, 绳墨也, 规矩也,

衡石也, 斗斛也, 角量也, 谓之法。

2014 年度国家社会科学基金项目资助

2021 年度河北省哲学社会科学学术著作出版资助

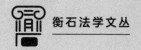
衡石法学文丛

中国法治的范式研究
沟通主义法范式及其实现

Paradigm Changing in Rule of Law in China

陆　洲　陈晓庆 ◆ 著

中国政法大学出版社

2021·北京

图书在版编目（ＣＩＰ）数据

中国法治的范式研究：沟通主义法范式及其实现/陆洲, 陈晓庆著. —北京：中国
政法大学出版社, 2021.12

ISBN 978-7-5764-0392-3

Ⅰ.①中… Ⅱ.①陆… ②陈… Ⅲ.①社会主义法制－建设－研究－中国

Ⅳ.①D920.0

中国版本图书馆CIP数据核字(2022)第039991号

书　名	中国法治的范式研究：沟通主义法范式及其实现 ZHONGGUO FAZHI DE FANSHI YANJIU: GOUTONGZHUYI FAFANSHI JIQI SHIXIAN
出版者	中国政法大学出版社
地　址	北京市海淀区西土城路 25 号
邮　箱	fadapress@163.com
网　址	http://www.cuplpress.com (网络实名：中国政法大学出版社)
电　话	010-58908466(第七编辑部) 010-58908334(邮购部)
承　印	固安华明印业有限公司
开　本	720mm × 960mm　1/16
印　张	18.5
字　数	300 千字
版　次	2021 年 12 月第 1 版
印　次	2021 年 12 月第 1 次印刷
定　价	90.00 元

序 言

　　随着全面依法治国，建设法治中国的深入推进，对法治基础理论的研究也愈显重要。法范式是法治的基本范畴之一，它是范式概念在法学理论和法治实践领域内的具体应用。范式这一概念，在自然科学和社会科学领域都已得到广泛应用。一般来说，范式常被用于表征或描述一种理论模型与制度框架、一种理论背景与思维方式、一种科学共同体的共识、一种理解现实的思想体系与价值观念以及一种科学研究的方法与准则。在法律领域，法范式则多被用来表示法学学科发展的特定理论体系和研究方法，但法范式的范围并不仅仅限于法学研究，也可用来表征法治实践的理想模式或制度框架。也就是说，法范式既包括法学研究的范式，也包括法治建构的范式。法范式不仅是理论体系与研究方法，而且是描述现实法律状况，指导未来法治建构的模式。我国法治建设已经取得了重大进展，但如何基于法治实践提炼、归纳法治范式并将其类型化，揭示其内在规律和运行逻辑，最终为法治发展提供一种可资借鉴的模式、程序与路径，这具有十分重要的研究意义与实践价值。

　　陆洲教授的这本专著，是其国家社科基金的结项成果，也是其博士毕业论文研究成果的延续。陆洲教授的博士论文以"论哈贝马斯的程序主义法范式及其中国意义"为题，于2014年由人民出版社出版。该书是国内专门研究法范式的第一部学术专著，对哈贝马斯的程序主义法范式进行了详细的梳理和介绍，并阐释了其对于我国法治发展的借鉴意义，出版后获得业内一致好评，并获得河北省社科优秀成果奖二等奖。本书则是在其博士论文的基础上，对法范式进行的更为深入细致的思考以及更具中国化的实践展开。如果说前文侧重阐释哈贝马斯程序主义法范式的理论背景、理论基础与核心内容，那么本书则更为侧重对我国法治范式的梳理、反思和建构，更为侧重对我国法治范式的理论逻辑和实践路径的探讨。本书认为，自改革开放以来，我国的法治发展，无论是法律制定或是法律实施，都在不同阶段追求形式法范式或者实质法范式，但迄今为止并未形成完全的形式法范式或者实质法范式，而是处于混合型法治范式的支配之下。由此产生诸多的法律与社会问题，主要表现为法律权威性日益消减，工具主义倾向严重，难以获得公众的认同与尊重，也难以成为整合多元价值、弥合社会冲突以取得广泛共识的媒介。德国学者哈贝马斯的程序主义法范式理论以沟通与商谈为主旨，通过对现代西方两大主流法范式——形式法范式和福利（实质）法范式的批判与反思，寻找克服西方合法性危机的路径。虽然其理论建基于西方的法治实践，但对我国的法治发展仍然具有重要的参考意义。同时，无论是我国传统的"和合"法律文化，还是新中国成立以来法治建设中重视"调解"的经验，以及作为当下中国法治发展根本遵循和行动纲领的习近平法治思想，都深蕴着沟通与和谐的理念。因此，本书力图以习近平法治思想为指导，立足中国的法治实践，传承我国"和合"的传统法律文化，汲取长期以来重视"调解"的经验，并借鉴哈贝马斯程序主义法范式理论中的沟通与商谈思想，对中国法治的工具理性基础进行审视与反思，从本体论、运行论和部门领域三个层面，提出构建一种新的法治范式——沟通主义法范式，以重塑法律的内在权威，为我国的法治实践提供一种理想图景和理论参照。

本书选题紧扣学术前沿，对法范式这一基本的法学理论命题进行了深入的剖析，同时密切关注中国法治实践，为我国法治发展提供了崭新的模式、程序与路径。全书结构严谨，论证充分，语言流畅，相对于前人的研究具有创新性，同时也把本人的研究向前推进了一大步。

首先，在内容创新方面，本书拓宽了法范式的理论内涵，从目前学界主要研究法学体系的法学范式拓展至既包含法学范式又包含法治范式的统一体。更为重要的是，立足于法治模式和理想图景的角度，从立法、执法和司法等法治运行的不同层面，对我国法治范式的发展和现状进行了总结与梳理，指出了目前存在的问题以及可能的解决之道。其次，在观点创新方面，本书在分析中国现有法治范式的基础上，以习近平法治思想为指导，立足中国的法治实践，传承我国"和合"的传统法律文化，汲取"调解"经验，并借鉴哈贝马斯的程序主义法范式理论，提出在中国语境下构建一种全新的法治范式——沟通主义法范式。沟通主义法范式可以实现法治范式的更新与转换，为当下中国如何建设法治提供理论指导的模型与制度建构的框架，是一条崭新的法治之路。它可以促进法治理论的完善与法治实践的进步，解决不断出现的法律与社会问题。最后，在方法创新方面，本书在探讨如何建构沟通主义法范式时，运用一种崭新的视角与方法，从范式的三个层次出发，依次探讨哲学意义上——宏观视角中法范式本体论的构建，社会学意义上——中观视角中法范式运行过程的构建，构造学意义上——微观视角中具体部门法领域内的构建。同时，注重将法哲学的基本理论和部门法学的具体理论以及我国的法治实践结合起来，形成理论与实践的内在统一。

陆洲教授和陈晓庆博士曾先后师从于我攻读博士学位，二人相识于求学期间，并结为伉俪。多年以来夫妻二人感情甚笃，事业上也相互扶持。他们与人为善，乐观通达，学风扎实，在校期间就发表多篇学术论文，显示出较强的研究能力和学术潜质。毕业后均相继在河北大学和燕山大学任教，工作认真，潜心科研教学与学生培养，取得了很多成绩。他们主持过多项国家和省部级课题，发表数十篇核心期刊论文，出版多部学术专著，获得多项省部级奖励，其中陆洲还获得河北大学坤舆学者、燕山大学燕山学者、河北省优秀中青年法学家等多项荣誉称号。该书是陆洲主持，陈晓庆作为第一参与人的国家课题的结项成果，在研期间围绕主题发表了十余篇核心论文，倾注了夫妻二人的心力，最后获得评审专家一致好评，以良好结项。临近出版之际，又获得 2021 年度河北省哲学社会科学学术著作出版资助，表明该书已经得到学界的初步认可。

本书是在陆洲教授阐释法范式基本理论和哈贝马斯程序主义法范式的基础上，作出的更为深入的探讨中国法治范式的研究，对于法治基础理论研究的提升，对于我国法治建设的实践开展，都具有重要的理论意义和实践价值。值此新书出版之际，陆洲教授再次邀我作序，我欣然应允。希望陆洲教授和陈晓庆博士在今后的学术之路上，取得更多、更大的成就，为我国法学研究、法学教育和法治实践作出更多贡献。

是为序！

张斌峰

2021 年 8 月 9 日

目 录

绪　论

一、研究缘由及研究意义

（一）本书的研究缘由

范式这一范畴最初起源于自然科学领域，现在已经在自然科学和社会科学领域得到了广泛应用，并为众多学科的发展提供了重要的分析工具和理论框架。迄今为止，范式常被用于表征或描述一种理论模型与制度框架、一种理论背景与思维方式、一种科学共同体的共识、一种理解现实的思想体系与价值观念，以及一种科学研究的方法与准则。随着范式在社会科学领域的广泛应用，法学界也开始基于不同角度使用这一范畴。既有从学科研究的角度，也有从实践建构的角度；既有针对法学学科整体发展的角度，也有立足于部门法学具体发展的角度。综合前人所述，本书认为所谓法范式，是指基于科学共同体的共识而形成的对法学体系进行研究的立场、观点与方法的综合体，以及在众多体系化的法学理论基础上，型构现代民族国家法治建设与发展的纲领与模式。也就是说，法范式既包括法学研究的范式，也包括法治建构的范式。法范式不仅是一种理论体系与研究方法，而且是一种描述现实法律状况、指导现实法律制度建构的模式。法范式不仅是一种便于分析的类型化策略或逻辑归类，特定的法范式也反映着特定的社会情境及其法律的整体价值取向。在本书中，将主要立足于实践层面，探讨改革开放以来中国法治范式的生成历程与现实形态，试图从本体论、运行论以及部门领域等层面探讨如何构建新的沟通主义法范式。

自改革开放以来，我国一直在努力构建与完善具有中国特色的社会主义法治体系，形成符合中国国情的法治范式。对于法治范式的追求在司法、立法与执法等领域的不同阶段尽管展现出不同特征，但殊途同归，最终所导向的都是形式与实质并存的法治范式。换言之，在我国改革开放以来四十多年的法治建设中，所欲求的是形式与实质并存的法治范式。但是，我们也应看到，虽然法治发展具备很多形式与实质的因素，但由于多种因素的影响，真正意义上的形式法范式并未确立，实质法范式也远未形成。我国的法治发展处于一种混合型法范式的支配之下，准确地说，我国尚未建立一种统一的、明确的法治范式。在这种混合型法范式的支配之下，我国的法治发展面临着一些无法回避的问题。譬如，规则意识淡漠，法律权威性不足，法律并未成为人们行动的最重要准则，而是沦为实用性的工具。在浓厚的法律工具主义观念的主导下，政治与法律之间出现过度融合。政治和经济系统对法律系统介入过深，道德和习惯却未在制定法中得以充分体现。同时，法律对这些系统的回应性也严重不足，既没有为政治和经济系统提供有效的约束性机制，也没有为道德、习惯等提供良好的实施性保障。总之，这种混合型法治范式在本质上是以工具理性为基础，以成功为取向的策略与工具行为。法治的形式与实质之间欠缺合理的程序架构，政治与法律的公共参与严重不足，精英话语压制了大众话语的释放，无论是政策的颁布，抑或是法律的制定与实施都缺乏民主协商与公共意见的交涉。法律系统逐渐成为国家政治治理的工具与手段，既缺乏制定者与承受者之间的互动与沟通，更缺乏内在的价值与信仰，法律缺乏应有的正当性与合法性，开始出现认同性危机。

为了解决这些问题，推进法治建设的深入发展，我们亟需对法治范式进行转换与更新。这就需要我们以习近平法治思想为指导，以中国的现实国情为基础，充分吸纳传统法律文化资源，立足新中国成立以来的法治实践，同时借鉴和学习西方的相关理论与制度。德国学者哈贝马斯的程序主义法范式理论正是以沟通和商谈为主旨，为克服西方福利国家的合法性危机而提出的，它以作为国家法治建设理想图景的法律范式为切入点，对现代西方两大主流范式，即形式法范式和福利（实质）法范式（以下简称福利法范式）进行了深刻的批判与反思，提出合法性危机的解决之道在于构建一种特定种类的立法程序，即程序主义法范式。哈贝马斯的程序主义法范式理论虽然是以西方的法治经验为基础，但对我国的法治建设具有重要意义，其对形式法范式和实质法范式的批判与总结值得我们反思与审视，对于法律合法性危机的克服与化解更加值得我们借鉴与学习。本书力图以习近平法治思想为指导，立足于我国的现实国情，吸收传统法律文化的"合和"思想，进一步发扬从革命根据地就开始重视"调解"的法律传统，同时充分借鉴德国学者哈贝马斯提出的以沟通为旨向的程序主义法范式理论，构建一种新的范式理论。既不追求单一的形式法范式或实质法范式，也不企望将二者合而为一，而是尝试去构建一种以沟通理性为基石的全新的法治范式——走向沟通主义法范式。

（二）本书的研究意义

本书研究的理论意义在于以下两个方面。

（1）深化和拓展了法范式的研究，明确提出法范式是法学研究范式和法治建构范式的统一体，法学研究范式和法治建构范式是法范式的不同面向，前者侧重于理论层面，后者侧重于实践层面。

（2）以习近平法治思想为指导，吸收传统"合和"法律文化和我国长期的调解经验，借鉴哈贝马斯的程序主义法范式，从本体论、运行论和部门领域出发，力图建构一种新的法治范式——中国语境下的沟通主义法范式，以整合中西法治理论资源，促进我国法治范式的转换与更新，从而进一步丰富和完善我国的法治理论研究。

本书研究的实践价值在于以下两个方面。

（1）从立法、执法及司法等主要领域梳理我国改革开放以来法治范式的发展历程，归纳了我国法治建设的模式，总结了法治建设的经验及不足，指出了目前法治建设中存在的问题和困境。

（2）通过从本体论、运行论和部门领域等宏观、中观与微观层面建构沟通主义法范式，为我国未来的法治建设提供了理论模型与制度框架，指出了一条崭新的法治发展路径，从而有利于完善社会主义法治体系的建设，进一步加快法治中国的进程。

二、国内外研究现状及反思

法范式是一种理论体系与研究方法的模型，也是一种指导现实制度建构的模式。它包括法学范式和法治范式两个不同侧面，本书主要从法治范式的角度切入，因此对国内外研究现状的梳理及反思也聚焦于课题的两大主要部分，即关于法范式基本理论的研究和沟通主义法范式构建的研究两个层面。

（一）法范式研究的梳理及反思

在法范式研究方面，国内有少数学者着眼于法治建构的角度，阐述了法治范式的类型化。具有代表性的如韩德明比较认同哈贝马斯对现代西方国家的法治范式划分，但认为我国的法治发展状况与西方的三种范式类型均不相同，具有自身不同的特性与问题。[1]黄文艺则将我国法治的发展分为现代化范式与本土化范式，认为现代化范式与本土化范式在法律观、法律功能、法律发展的途径、主体、资源及过程方面都存在根本区别。[2]与法治范式研究者甚少相比较，国内大多数学者都是从法学理论研究的视角出发，对中国法学研究范式的历史与现状进行了探讨。有的从宏观角度出发，整体上全面性地揭示法学研究的基本范式，探索法学学科的一般性规律和本质特征，为整个法学学科的发展提供了一般性的指引与参照。如储槐植对"二元对立"研究范式进行批判并建构的"折衷范式"；[3]张文显、于宁提出以权利本位范式取代传统的阶级斗争范式，实现当代中国法哲学研究的范式转换；[4]苏力依据自然时间的展开将中国法学研究范式划分为"政法范式""诠释范式"和"社科范式"；[5]刘剑文等人提出"以问题的对象需要来整合法学知识"的领域范式；[6]焦宝乾则基于法律方法和法律实施的角度，提出逻辑和修辞是法学研究的两大范式。[7]有的学者从微观出发，立足于部门法的视角，探求不同部门法的理论范式，为部门法的发展提供理论体系与研究方法。如在刑事诉讼法的理论范式研究上，宋英辉、左卫民等人认为实证研究方法与思辨型方法是刑事诉讼法中两种最主要的研究方法，未来的刑事诉讼法研究应更为重视实证研究方法，注重搜集数据和数理分析，打造面向实践法学的研

---

〔1〕 韩德明："法律范式转型与司法现代化"，载《浙江学刊》2005 年第 4 期。

〔2〕 黄文艺："论中国法律发展研究的两大范式"，载《法制与社会发展》2000 年第 3 期。

〔3〕 储槐植："提倡折衷——法学研究范式检讨"，载《浙江社会科学》2005 年第 3 期。

〔4〕 张文显、于宁："当代中国法哲学研究范式的转换——从阶级斗争范式到权利本位范式"，载《中国法学》2001 年第 1 期。

〔5〕 苏力：《也许正在发生：转型中国的法学》，法律出版社 2004 年版，第 9—19 页。

〔6〕 刘剑文："论领域法学：一种立足新兴交叉领域的法学研究范式"，载《政法论丛》2016 年第 5 期；王桦宇："论领域法学作为法学研究的新思维——兼论财税法学研究范式转型"，载《政法论丛》2016 年第 6 期；侯卓："'领域法学'范式：理论拓补与路径探明"，载《政法论丛》2017 年第 1 期；李大庆："法学范式竞争与领域法学的知识创新"，载《江汉论坛》2019 年第 4 期。

〔7〕 焦宝乾："逻辑与修辞：一对法学范式的区分与关联"，载《法制与社会发展》2015 年第 2 期。

究范式。[1]在经济法的研究范式上,李昌麒认为经济法研究主要存在法哲学范式、经济分析法学范式、社会学范式和法学史范式4种范式。[2]在行政法的范式研究方面,存在管理论、控权论、平衡论、协商型等范式划分。在刑法研究方面,童德华认为当前刑法存在范式转型的需要,刑法理论体系当以解决现实问题为理论导向,实现从主客二分的理论范式向主体间性研究范式的转型。[3]

国外有不少学者从法治发展的角度出发,提出并证成了不同的法治范式。具有代表性的有韦伯提出的四种法律类型的划分:形式理性的法、实质理性的法、形式非理性的法和实质非理性的法。[4]诺内特和塞尔兹尼克将法律分为三种类型:压制型法、自治型法与回应型法。[5]昂格尔根据历史发展的顺序,将法律分为习惯法范式、官僚法范式与法治范式。[6]日本学者田中成明将法律类型分为管理式、普遍主义式与自治式。[7]德国学者哈贝马斯则对法治范式作出过深入阐述,并提出了著名的程序主义法范式理论。[8]在哈贝马斯看来,法治范式是一种社会图景或理论模型,具有统帅性与指导性,是对复杂社会的最好描述,为法律实践提供了必不可少的背景性理解,也为普通公民理解、认同法律提供了规范性指导。以法治范式为基本分析工具,哈贝马斯将资本主义的法治发展分为形式法范式和福利法范式两个阶段,认为这两种范式都存在自身难以克服的缺陷,由此导致现代资本主义国家出现合法性危机。为此,他提出了程序主义法范式理论,希冀通过特定种类的立法程序生成合法之法,克服形式法范式和福利法范式的内在缺陷,挽救资本主义

---

〔1〕 宋英辉:"实证方法对我国刑事诉讼法学研究之影响",载《法学研究》2012年第5期;左卫民:"实践法学:中国刑事诉讼法学研究的新方向",载《法学研究》2012年第5期。

〔2〕 李昌麒:"发展与创新:经济法的方法、路径与视域(上)——简评我国中青年学者对经济法理论的共享",载《山西大学学报(哲学社会科学版)》2003年第3期。

〔3〕 童德华:"主体间性理论对刑法现代化的再造",载《当代法学》2017年第3期。

〔4〕 参见 [德] 马克斯·韦伯:《法律社会学》,康乐、简惠美译,广西师范大学出版社2005年版。

〔5〕 参见 [美] P.诺内特、P.塞尔兹尼克:《转变中的法律与社会:迈向回应型法》,张志铭译,中国政法大学出版社2004年版。

〔6〕 参见 [美] R.M.昂格尔:《现代社会中的法律》,吴玉章、周汉华译,凤凰出版传媒集团、译林出版社2008年版。

〔7〕 [日] 田中成明:"法的三类型模式",季卫东译,载《中外法学》1989年第4期。

〔8〕 参见 [德] 哈贝马斯:《在事实与规范之间——关于法律和民主法治国的商谈理论》,童世骏译,生活·读书·新知三联书店2014年版。

国家的法治危机。

综合上述，我们可以看出，国内学者对法范式类型的划分主要着眼于法学研究的范式，而不是法治建构的范式。主要是将法范式作为法学理论研究的模型，而忽略了其型构实践的内在意义，忽视了法范式不仅是理论研究的模式，更是对于过往法律制度的反思，对于现存法律体系的描述，对于未来法治建构的规划。因此，要弥补这种缺陷，势必要求法范式的更新与转换，不仅要求在法学研究范式上进行反思与创新，更为重要的是，要强调法范式对于实践的指导意义，指导法治建构的实践展开。相比较而言，国外学者所提出的法治范式虽建基于各自国家的法治实践，有其自身的特殊性，但也具有重要的参考价值。特别是哈贝马斯的程序主义法范式理论，它建立在形式法范式和实质法范式基础之上，包容并整合了两种法治范式的优点，对于中国的法治建设具有重要的参考价值和借鉴意义。

（二）沟通主义法范式构建的相关研究梳理及反思

关于沟通主义法范式构建的相关研究，国内学者的论述主要集中在运行论之立法商谈、协商型执法和商议式司法，以及部门领域中的相关具体制度方面。在立法商谈方面，现有的论述基本都是基于立法协商而展开的。在立法协商的概念界定上，有学者认为，应从广义上去理解，立法协商指所有拥有立法权的国家机关开展的协商活动或者立法机关和社会公众之间的协商活动；[1]也有学者认为应从狭义上去理解，立法协商仅仅指全国人大、国务院或者政协组织对立法草案进行论证与协商的活动。[2]除了广义与狭义之分外，还有学者将其归纳为政治协商的视角、协商民主的理论框架以及行政法框架等三个层次。[3]在立法协商的模式上，很多国内学者基于我国的政治实践有着不同见解。有学者认为，立法协商的模式应按照主体划分；[4]有学者认为，

---

[1] 郭杰："立法协商初探：以协商民主理论为视角"，载《特区实践与理论》2014 年第 5 期；戴激涛："立法协商：理论、实践及未来展望"，载《天津行政学院学报》2015 年第 4 期；张献生："关于立法协商的几个基本问题"，载《中央社会主义学院学报》2014 年第 5 期。

[2] 胡照洲："论立法协商的必要性和可行性"，载《湖北省社会主义学院学报》2014 年第 1 期；林忠武："关于立法协商与依法治理的思考"，载《政协天地》2005 年第 12 期；侯东德主编：《我国地方立法协商的理论与实践》，法律出版社 2015 年版，第 8 页。

[3] 朱志昊："论立法协商的概念、理论与类型"，载《法制与社会发展》2015 年第 4 期。

[4] 陈建华："立法协商主体探析"，载《河北法学》2016 年第 3 期。

可以建立"党委领导，人大组织，多元主体参与"的总体制度框架；[1]还有学者则认为，立法协商应由五种基本模式组成，分别是政党主动模式、人大主动模式、政府主动模式、政协主动模式与人民团体主动模式。[2]

　　在协商型执法的研究方面，目前国内的研究主要从两个方面展开，首先，从行政执法的基本理论出发，将协商型执法作为一种新的执法模式与执法理念，分析其概念、特征及功能。代表性阐述如张忠等认为协商型执法作为一种新型的行政执法方式，具有民主正当性，有利于提高执法效率，彰显以人为本的行政理念，营造和谐的执法秩序。[3]卢剑锋认为行政执法的发展趋势是逐渐从封闭走向开放，从强制走向合意，从单向高权走向协商民主。[4]孙兵等认为行政协商具有行政契约的一般特征，具有行政性、自主性和约束力，行政协商的适用应秉承合法、自愿与利益均衡的基本原则。[5]其次，也有不少学者从具体领域出发探讨协商型执法的适用方式。如在城管执法领域内，董石桃等认为我国的城管执法应转变传统执法模式，引入协商理念和机制，从命令走向协商。[6]郑旭辉等也认为协商型执法模式是一种新的执法理念和执法方式，将其引入城管执法中有其内在的必要性。[7]刘福元则基于城管、摊贩和居民三方主体，探讨如何构建一种开放合理的协商机制，以平衡各方利益。[8]除此之外，也有学者认为在公安执法领域内，公安执法应以对话取代对抗，以协商取代机械执法，以主体间的合意取代单方的决定，从而形成

〔1〕　苏绍龙："地方立法协商制度机制刍议"，载《暨南学报（哲学社会科学版）》2015年第5期。

〔2〕　肖存良："立法协商的概念与模式研究——基于人民政协的视角"，载《中国政协理论研究》2015年第4期。

〔3〕　张忠、陈伏淋："协商执法：行政执法新模式初探"，载《宁波大学学报（人文科学版）》2013年第5期。

〔4〕　卢剑锋："试论协商性行政执法"，载《政治与法律》2010年第4期。

〔5〕　孙兵、黎学基："理念重述与制度重构：行政执法协商研究"，载《西南民族大学学报（人文社会科学版）》2012年第3期。

〔6〕　董石桃、桂雪琴："从命令到协商：中国城管执法模式的转变与构建"，载《城市学刊》2016年第5期。

〔7〕　郑旭辉、余慧莉："我国城管协商性执法的制度建构"，载《南京航天航空大学学报（社会科学版）》2018年第4期。

〔8〕　刘福元："城管执法场域中的协商机制建构——基于城管、居民和摊贩的三方支点"，载《北方法学》2018年第5期。

协商与互利的正义。[1]还有学者认为在反垄断法执法领域，为保护和建构良好的竞争秩序，协商制而非单方的行政裁决是其执法模式的必然选择。[2]

在商议式司法的研究方面，国内有不少学者主要是采用协商性司法的概念，立足于刑事司法领域进行探讨。其中研究的范围主要包括协商性司法的概念界定、基本特征和原则、理论基础、在国外的发展状况以及在中国的具体实践等方面。具有代表性的如马明亮认为刑事领域内的协商性司法是一种新的程序主义理念，通过对话与合作可以实现司法和谐以及整个社会的和谐。[3]王建源认为协商性司法的基本特征是对话性、程序性与合意性，其制度逻辑主要在于解决司法的现代性危机，实现司法功能的转型，形成一种对话的正义。[4]唐力认为互利的正义是协商性司法的正当性基础，对话与妥协是其运作机理，程序性是其制度框架。[5]与此同时，也有学者在肯定协商性司法的同时，指出了其存在的缺陷与风险。如魏晓娜认为，协商性司法与传统刑事司法相比，虽然更加注重对被害人的救济和社会关系的恢复，但存在合法性危机，以及消解现代法治根基的风险，同时如何处理协商性司法与传统刑事司法之间的关系也是个难题。[6]吴思远也指出，协商性司法的运作过程中应避免效率至上的价值观念，以防止协商沦为纯粹由国家主导的高效的治罪手段。协商性司法应以人权保障为基本价值立场，将被追诉人的权利保障置于首位。[7]

在部门领域的构建方面，关于认罪认罚从宽制度、民事诉讼当事人陈述制度以及环境法治的实现方式方面都有学者进行过相关研究。在认罪认罚从宽制度方面，学者们多从刑事诉讼法的角度出发论述认罪认罚从宽制度的概念、特征、适用中存在的问题以及相应的解决方案。如赵恒认为应通过反思司法实践，对认罪、认罚和从宽的核心含义达成共识，建立相应的刑罚从宽

---

〔1〕 缪文升："公安协商性执法语境中的主体间性分析进路"，载《公安研究》2011年第1期。

〔2〕 刘水林："规制视域下的反垄断协商执法研究"，载《政法论丛》2017年第4期。

〔3〕 参见马明亮：《协商性司法——一种新程序主义理念》，法律出版社2007年版；马明亮："正义的妥协——协商性司法在中国的兴起"，载《中外法学》2004年第1期。

〔4〕 王建源：《迈向对话的正义——协商性司法的制度逻辑》，载张卫平、齐树洁主编：《司法改革论评》，厦门大学出版社2007年版，第124—146页。

〔5〕 唐力："论协商性司法的理论基础"，载《现代法学》2008年第6期。

〔6〕 魏晓娜：《背叛程序正义：协商性刑事司法研究》，法律出版社2014年版，第1—3页。

〔7〕 吴思远："论协商性司法的价值立场"，载《现代法学》2018年第2期。

规则，保障法律适用的平等与公正。[1]闵春雷认为认罪认罚从宽制度是实体权利和程序权利的统一，司法机关应回归权利，以权利为基点确立新型的合作性诉讼模式。[2]卞建林等则对认罪认罚从宽制度的量刑制度进行了深入考察，认为检察机关的量刑建议日益重要，以精准为主、幅度为辅是较为妥当的量刑建议内容模式。[3]在当事人陈述制度方面，目前的研究主要是从民事诉讼的角度展开，将当事人陈述作为一种证据形式，探讨了民事诉讼当事人陈述制度的功能、域外经验、实践中的不足以及完善对策。代表性的如李浩认为应将当事人陈述作为一种补充性证据，通过规定宣誓和罚款措施，为当事人作出真实陈述，设置事前和事后的保障机制。[4]梁琨等认为当事人陈述制度的证据功能日益边缘化，应借鉴大陆法系的询问程序，加大对虚假陈述的惩罚。[5]陈文曲则以哈贝马斯的交往理性为视角，对民事诉讼中的当事人陈述制度进行了理论重构，认为当事人陈述不仅是一种证据形式，更是一种言语行为和常态的诉讼行为，是实现民事诉讼在交往理性指导下事实与规范的整合基础。[6]在环境法治的实现方式方面，当前研究主要集中于两条进路，一是激活公众参与环境治理，如竺效认为应强调公众参与在环境法中的基础性地位，使之上升为一项环境法基本原则。[7]二是规范行政权的环境管理职权，如谢海波认为我国环境法治的实现应以正当程序为重心，实现政府权力控制和公民权利保障的双重功能。[8]

国外与沟通主义法范式相关的研究主要集中于本体论和运行论的阐释方面。在本体论方面，学者主要是阐述法律的沟通性进路。如卢曼认为，社会

〔1〕　赵恒："'认罪认罚从宽'内涵再辨析"，载《法学评论》2019年第4期。

〔2〕　闵春雷："回归权利：认罪认罚从宽制度的适用困境及理论反思"，载《法学杂志》2019年第12期。

〔3〕　卞建林、陶加培："认罪认罚从宽制度中的量刑建议"，载《国家检察官学院学报》2020年第1期。

〔4〕　李浩："当事人陈述：比较、借鉴与重构"，载《现代法学》2005年第3期。

〔5〕　梁琨、魏玉娃："当事人陈述的异化困境与矫正路径"，载《大连理工大学学报（社会科学版）》2018年第6期。

〔6〕　陈文曲：《民事诉讼当事人陈述理论重构——以哈贝马斯的交往理性为视角》，法律出版社2010年版，第1—3页。

〔7〕　竺效："论公众参与基本原则入环境基本法"，载《法学》2012年第12期。

〔8〕　谢海波："论我国环境法治实现之路径选择——以正当行政程序为重心"，载《法学论坛》2014年第3期。

是一种运作上封闭，认知上开放的自创生系统，构成社会这种自创生系统的元素是沟通。法律系统是社会系统不可分割的一部分，作为社会系统基本构成要素的沟通，必然也是法律系统的基本构成要素。在不同系统内部，沟通依据特定的二元代码自我封闭式地运行。法律系统的媒介是合法性，其二元代码是合法与不合法，正是这种合法与否的代码划定了法律系统与其他系统的边界。[1]贡塔·托依布纳与卢曼的观点比较相似，他也认为法律是一种自我参照、自我生产和再生产的自我创生的系统，他试图通过一种沟通网络的自我再生产的观点看待法律的自治，并把它与社会的关系看成是与其他自治的沟通网络的干涉。但贡塔·托依布纳与卢曼不同的是，他将权利视为法律沟通的媒介，而不是合法与否。[2]在这两位学者的视线里，沟通是社会系统和法律系统的基本构成要素，沟通成为决定性力量，人并非沟通的主体而是沟通的环境。与他们不同，哈贝马斯和马克·范·胡克则恢复了人的主体地位，将人作为社会系统的基本要素和沟通的主体。哈贝马斯将人类的行为分为四种不同的方式，并重点论述了沟通行动与策略性行动的主要区别，认为趋向个体成功的策略性行动是非正常的扭曲的行为方式，也是现代西方国家现代化危机和法律合法性危机的根本原因。只有立足于主体间性，以达成理解的沟通行动取代单纯追求成功的策略行动，以语言为媒介，通过平等商谈与理性论证形成合法的法律秩序和政治秩序，才能挽救现代化危机和合法性危机。[3]马克·范·胡克则沿袭哈贝马斯的思路，以沟通作为法律存在的方式以及合法性的渊源，将法律商谈理论与法律的传统命题结合起来，从法律的概念与功能、法律规范、法律系统、法律思维等层面探讨了法律的沟通之维，形成了独特的沟通主义法律观。[4]

在运行论方面，哈贝马斯和马克·范·胡克均阐述过立法商谈和商议式

---

〔1〕 参见［德］尼古拉斯·卢曼：《法社会学》，宾凯、郑春燕译，上海人民出版社 2013 年版；［德］卢曼：《社会的法律》，郑伊倩译，人民出版社 2009 年版；［德］Georg Kneer、Armin Nassehi：《卢曼社会系统理论导引》，鲁贵显译，巨流图书公司 1998 年版；宾凯："法律如何可能：通过'二阶观察'的系统建构——进入卢曼法律社会学的核心"，载《北大法律评论》2006 年第 00 期。

〔2〕 参见［德］贡塔·托依布纳：《法律：一个自创生系统》，张骐译，北京大学出版社 2004 年版。

〔3〕 ［德］哈贝马斯：《在事实与规范之间——关于法律和民主法治国的商谈理论》，童世骏译，生活·读书·新知三联书店 2014 年版；［德］哈贝马斯：《现代性的哲学话语》，曹卫东等译，译林出版社 2004 年版。

〔4〕 参见［比］马克·范·胡克：《法律的沟通之维》，孙国东译，法律出版社 2008 年版。

司法的相关理论。哈贝马斯将立法商谈的模式分为两个阶段，分别是形成非建制化意见的自发性、开放性的公共领域商谈和形成建制化政治意志的规范性、集中性的议会商谈。在立法商谈的类型上，他将立法商谈界定为一种论证型商谈，并分为实用商谈、伦理商谈、道德商谈、法律商谈以及谈判等不同类型。关于商议式司法，哈贝马斯认为合理的司法判决必须既是确定性的，即具有逻辑自洽性的，又应具有正确性，即具有由好的理由所支持的可接受性。其实现方式就是通过诉讼各方合作寻求真理的商谈、沟通与论辩过程，因此他将司法中的商谈界定为运用型商谈。[1]在马克·范·胡克看来，立法是一种单向的沟通过程，是立法者利用法律强制力将规则施加给遵守者，进而影响其行为的过程。正是由于立法的这种单向沟通特性，立法文本的表达必须最大限度地清晰化和明确化，在立法过程中，立法者还应该使用各种材料和例证，充分地说明立法理由，从而更好地激励公众去认可、接受和遵守将要颁布的规则。同时，立法解释也不应仅限于表面上的接受者意义，而应探究立法者原初所欲赋予的意义。或者说，任何法律文本都必须被视为言说者或发出者指向听者或接受者的一种沟通，即发出者、符号与接受者之间的三角意义关系。关于商议式司法，马克·范·胡克认为法官既是规则的承受者，更是规则的评判性承受者。因此，法院、法官应与立法机关通力合作，持续沟通。法官不能仅仅局限于形式上的陈述，而是通过深入彻底的论证使得当事人确信其判决，从而消除法律的专断性解释与适用，使得司法裁决达致合法化。合法化正是不断通过商议性沟通而获致的。进而，马克·范·胡克描述了司法中的几个不同层次的沟通领域，从一审中当事人之间以及当事人和法官之间的沟通，到上诉审的过程中，上级法院与当事人及一审法院的沟通，逐渐扩散至法律学者们的关注和评论，媒体的介入，最后形成整个社会的关注、讨论与沟通。[2]

　　从上述可以看出，在法律沟通性的研究方面，当前国内学者的论述主要集中在运行论之立法商谈、协商型执法和商议式司法，以及部门领域中的相关具体制度方面。对于立法商谈的研究，国内学者主要是基于立法协商的概

---

〔1〕　参见［德］哈贝马斯：《在事实与规范之间——关于法律和民主法治国的商谈理论》，童世骏译，生活·读书·新知三联书店 2014 年版。

〔2〕　参见［比］马克·范·胡克：《法律的沟通之维》，孙国东译，法律出版社 2008 年版。

念展开。立法协商与立法商谈在"公共参与、平等商谈与意见表达"这一核心含义上是基本一致的，但二者在概念的外延、模式与类型等方面仍然存在较大区别。在商议式司法方面，国内学者的研究主要立足于刑事司法领域，以协商性司法为概念而展开。协商性司法和商议式司法虽然都强调通过对话与协商来化解矛盾，但商议式司法的外延更为广泛，并不仅仅局限于刑事司法领域，而是涵盖所有的部门法。更为重要的是，协商性司法仅仅定位于形成有别于传统模式的合作型司法模式，商议式司法则不仅如此，在广义商议式司法的视野里，所有的司法判决都应基于商谈论辩的进路展开，通过沟通、商谈与论证来权衡多元价值，实现判决的可接受性。在部门领域的研究方面，现有研究也基本都是从各部门法的角度出发，如认罪认罚从宽制度多是从刑事实体法和程序法的角度，当事人陈述多是从民事诉讼法的角度，而环境法治多是基于环境法的角度。总之，在法律的沟通性方面，现有的国内研究多是着眼于相近的概念，或者仅局限于部门法的视野，没有形成关于法律沟通性的一般性理解和普遍性理论，更没有上升到法治范式的高度，从范式的角度去理解和把握。

对于国外的研究而言，卢曼与贡塔·托依布纳将沟通视为社会和法律系统的基本构成要素，虽然其沟通媒介有所区别，但都忽视了人的存在。哈贝马斯与马克·范·胡克则将人作为法律沟通的主体，希冀个体的人以语言为媒介，在理想的话语情境中以更好的理由为依据，通过沟通、商谈、论辩达成共识、取得共赢，并最终实现社会整合与团结。在此基础上，哈贝马斯深入论述了立法商谈和商议式司法，认为通过公共领域和议会两个阶段不同类型的循环往复的立法商谈，可以形成一种特别种类的立法程序，在此程序中，每个利害关系人都是法律的制定者与遵守者。同时，司法程序也是通过商谈论辩的过程实现内部论证和外部论证的结合，确定性与正确性的统一。正是通过立法商谈和商议式司法，最终得以实现法律事实与规范的统一，解决法律内在的合法性危机。马克·范·胡克则将哈贝马斯的商谈理论用于分析法律的各种基本构成要素，展现了沟通在法律领域内的诸多维度。他们二人的理论虽然建基于西方的法治实践，但对于我国沟通主义法范式的建构仍然具有重要的借鉴与参考价值，不过需要注意的是，他们的理论也必须经受中国国情的检验，需要与中国特定的法治状况相符。譬如，立法商谈理论和立法协商实践的融合、商议式司法不同层次的涵义以及法律沟通性在不同制度中展现的具体样态等方面。

三、研究的思路、方法与结构

（一）研究思路

本书以我国法治范式的研究为主线，以建构沟通主义法范式为目的，从法哲学和部门法学相结合的视角，从主体性到主体间性，从工具理性到沟通理性，对我国法治范式的历史与现状进行归类分析，对哈贝马斯的程序主义法范式进行深入考察，并借鉴其沟通性内核，从本体论、运行论和部门领域三个不同层面全面探讨如何在我国构建一种全新的法治范式——沟通主义法范式。

（二）研究方法

本书采取基本理论与具体制度相结合、理论分析与实证调查相印证、历史的方法与比较的方法相并用、法哲学理论与部门法学理论相融合等研究方法，力求深入、全面地分析探讨我国法治范式的历史变迁及发展方向。

（三）基本结构

本书的结构安排和主要观点具体阐述如下。

第一章阐述了范式的基本理论，主要是界定基本概念，为下文的进一步研究奠定基础。首先，介绍了范式这一概念的发展渊源，梳理了国内外学者对范式概念的不同论断，并在此基础上提出本书的观点。继而论述了范式的基本特征，认为范式具有多层次性与多类性、明显的价值性以及相对的不可通约性。其次，探讨了法范式的基本概念，认为法范式不仅是一种理论体系与研究方法，而且是一种描述现实法律状况，指导现实法律制度建构的模式。再次，从法学理论研究范式和法治制度建构范式两个层面分别梳理了国内外学者的主要观点。最后，本章对哈贝马斯程序主义法范式进行了更为深入的探讨，指出程序主义法范式理论是通过批判形式法范式与福利法范式而建立的，其目的是克服西方福利国家的现代化危机以及合法性危机，因此对合法之法的探究是该理论的核心命题。

第二章梳理了改革开放以来中国法治范式的发展历程，总结了其基本特征，并对其中存在的问题进行了深入反思，以及在此基础上提出建构新的法治范式的必要性。首先，梳理了国内外关于形式法范式和实质法范式的代表性理论，并从法律的地位、法律的功能、法律的价值等层面深入探讨了形式法范式和实质法范式的根本区别。其次，在对两大法范式的主旨作出比较之后，以此为基础和参照，分别从司法、立法和执法等重点领域回顾了我国改革开放以来的法治范式演变历程，指出虽然具体发展过程有所不同，但所欲求的都是形式与实质并存的法治范式，然而迄今为止我国并未建立起真正的形式法和实质法范式，由此引发了法律的合法性危机。为了解决这些问题，我们亟需对法治范式进行转换与更新，构建一种以沟通理性为基石的全新的沟通主义法范式。

第三章主要是从本体论的角度，探讨了沟通主义法范式的证成。首先，探讨了我国传统与现代法律思想与实践中蕴含的沟通理念。传统文化中的"和合"思想对法律产生了深刻影响，在法律制定上促成了"无刑""无讼"观念的诞生，在法律实施上促成了情理法交融的局面。现代法治发展将调解制度视为国家和社会治理的重要政策方针，逐步形成了以人民调解为基础，人民调解、行政调解、司法调解为主干，其他行业性专业性调解为重要补充的优势互补、有机衔接、协调联动的大调解工作格局。作为法治发展根本遵循的习近平法治思想强调构建"和谐的法治秩序"，认为和谐社会本质上就是法治社会，法治应为和谐秩序的形成提供根本保障。其次，分别梳理了西方学者卢曼、哈贝马斯和马克·范·胡克关于法律沟通性的不同进路。卢曼将沟通视为社会系统和法律系统的基本构成要素，然而却否定了人在沟通中的主体地位。哈贝马斯和马克·范·胡克则将人作为社会系统的基本要素和法律沟通的主体，将言语行为作为法律沟通的媒介，将形成理解达成共识作为法律沟通的目的，因此对沟通主义法范式的建构具有重要的借鉴意义。最后，本章对沟通主义法范式的基础与本质进行了深入探讨，认为沟通理性是沟通主义法范式的理性论基础，沟通与商谈是沟通主义法范式的方法论基础，真理共识论是沟通主义法范式的认识论基础。并且，沟通主义法范式本质上因循的是一种新的反思性的程序主义路径。它通过商谈论辩的程序，既融合了形式与实质的因素，同时又反思并超越了形式与实质，实现了法律规范依据上的封闭性和价值认知上的开放性，为法律的生成与运行提供了合法性依据。

　　第四章从运行论的角度，重点从立法领域探讨了沟通主义法范式的证成，主要讨论了立法商谈的基本原理和在中国的应用。首先，探讨了立法商谈的概念、模式以及完善的具体路径。本书认为立法商谈与立法协商在"公共参与、平等商谈与意见表达"的核心意义上是一致的，但立法商谈的主体更为广泛。在模式上，借鉴哈贝马斯及国内其他学者的类型化划分，并根据我国的政治制度与立法实践，基于立法主体的不同将立法商谈分成如下模式，即党主导型、人大主导型、政府主导型、政协主导型以及公众自发型。在立法实践中，应注重加强人大在立法商谈中的主导作用，并进一步发挥政协作为专门协商机构的职能。其次，探讨了立法商谈的类型与规则。借鉴哈贝马斯的划分标准，本书将立法商谈分为实用商谈、伦理商谈、道德商谈、法律商谈以及谈判等形式，并以紧急状态下的立法对公民基本权利的克减为例，分析了立法商谈的具体类型及不同表现。进而，将商谈的三项基本规则，即基本的逻辑规则、普遍证立规则以及商谈资格和商谈方式的规则应用到立法之中，认为遵循商谈规则可以提高立法商谈的质量，促进立法的合法性、科学性与民主性。最后，本章以我国地方立法协商的具体实践为视角，探讨其概念、模式及存在的困境，并借助立法商谈理论提出相应的解决方案。

　　第五章继续从运行论的角度，重点从执法领域探讨了沟通主义法范式的证成，主要讨论了协商型执法的基本要素与实现方式。先是探讨了我国行政执法模式的发展历程及现实困境。行政法律关系呈现出由行政主体指向行政相对方的单向关系，而行政过程也主要表现为自上而下、命令与服从的封闭式过程，由此导致执法结果难以得到公众的认同与接受。协商型执法是行政执法的一种新理念和新的实践方式，可以作为破解困境的出路与选择。进而，本章继续讨论了协商型执法的概念及其法律关系，协商型执法的特征、原则与效力等基本问题。在此基础上，深入阐述了协商型执法的实现方式，认为在我国要真正实现协商型执法，应从理念转变、平台建设和制度完善等方面着手。在理念上，要实现从单主体到主体间性的转变。在平台建设上，要根据理想的话语情境的要求进行创新平台建设。在制度完善方面，以行政程序、行政执法和解、行政听证与行政约谈等几项代表性制度为例，特别是对行政约谈制度进行了深入阐述，以揭示协商型执法的实践逻辑和内在规律。

　　第六章仍然基于运行论的角度，重点从司法领域探讨了沟通主义法范式的证成，主要讨论了商议式司法的基本理念。首先，本章阐述了商议式司法在中国的生成原因，讨论了商议式司法与恢复性司法和协商性司法的区别，并在此基础上对商议式司法的概念进行了界定，认为商议式司法是有别于传统对抗式司法的新的合作型司法模式，强调通过对话、商谈、妥协和合作实现纠纷的有效解决。其次，讨论了商议式司法应秉持的基本原则，即自愿原则、平等原则和沟通有效性原则，认为商议式司法的基本特征在于以合作取代对抗，形成裁判共识，达成新的程序主义，最终实现对话与互惠的正义。其次，本章基于不同的领域，分别从刑事司法程序、民事司法程序和行政司法程序来讨论商议式司法的具体实现方式。最后，本书认为对商议式司法的研究不应仅仅定位于合作性的司法模式，而应从更广泛的意义去理解。因此，以刑法中的定罪量刑为例，以法律规范评价的内在规定性为分析进路，揭示了商谈在法律规范评价过程中的内在逻辑。本书认为商议式司法不应仅仅指向与对抗式不同的合作式司法，而应该包含所有司法判决的形成过程。商议式司法不仅指合作式司法中蕴含的商议精神，也包括对抗式司法中形成判决的商谈论辩式进路。司法判决只有遵循商谈论辩的进路，通过法官、当事人以及普通听众之间广泛的商议，方能避免价值独断，成为被普遍接受的兼具形式和实质的合法合理的判决。

第七章是从部门领域的角度，分别基于刑事法领域、民事法领域和环境法领域探讨了沟通主义法范式的证成。在刑事法领域，本章主要探讨了认罪认罚从宽制度。首先，对认罪认罚从宽制度与刑事和解制度进行了比较，并界定了认罪认罚从宽制度的概念。其次，讨论了认罪认罚从宽制度的基本价值，阐述了沟通原则在该制度中的体现，认为沟通之真实性原则体现在符合客观事实上，沟通之正当性原则体现在谨守法律规定上，沟通之真诚性原则体现在当事人真实意愿上。最后，从严格遵循证明标准、保障犯罪嫌疑人与被告人的自愿性、进一步区分从宽幅度以及健全诉讼衔接机制等方面探讨了认罪认罚从宽制度的完善路径。在民事法领域，本章主要探讨了民事诉讼当事人陈述制度。首先，界定了民事诉讼当事人陈述制度的概念，探讨了该制度的基本特征，即主体的特定性、陈述信息的多样性以及陈述内容的矛盾性。其次，阐述了民事诉讼当事人陈述制度的性质与功能，认为当事人陈述作为一种言语性诉讼行为，其性质属于一种商议式司法模式，是当事人基于言论自由的权利所实施的言语主张和诉讼沟通行为，并发挥着表现、表达和调节三重功能。最后，分析了该制度存在的一系列问题，并从基本理念和具体路径两方面探讨了如何进一步完善民事诉讼当事人陈述制度。在环境法领域，本书认为当前学界对环境法治的路径探讨主要集中在两方面，即激活公众参与环境治理与规范行政权的环境管理职权。首先，对公众参与式路径进行了反思，认为公众参与存在以下困境，即公众参与的非常态化、公众参与过程中的非理性因素以及公众参与方式的有限性。其次，行政权由于具有灵活性、多样性以及在环境保护上的预防性等特征，相比其他权力在环境保护中具有天然的优势。但行政权基于其扩张本性以及行使主体的价值偏差，容易产生"乱作为"和"不作为"的现象，同时行政立法违背上位法的情况也屡有发生。因此，环境法治的建设必须诉诸一种沟通主义的进路。这种沟通主义进路并非对公众参与进路和规范行政权进路的简单相加，而是对二者的整合与超越。它以对行政权的导控逻辑为落脚点，能容纳多主体的平等参与，最终依靠合理理由之约束力来保证实现。

第一章 范式的基本理论

范式作为理论分析的基本范畴，起初主要应用于自然科学之中，特别是因库恩在科技哲学领域中的使用而得到广泛传播。后来逐渐扩展到社会科学领域，成为各学科广泛使用的重要研究工具。当今，在社会科学领域，特别是在法学领域，范式这一范畴又被赋予了新的内容，其不仅仅作为理论研究的工具，而且成为指导实践开展的重要参照。德国学者哈贝马斯率先明确提出了法范式是法治的理想图景，其构建的程序主义法范式理论对我国的法治发展也具有重要的借鉴意义。因此，本章将立足于阐释基本概念，首先介绍范式的概念与特征以及法范式的概念与分类，指出本书主要是从法治范式的角度展开，进而在此基础上对哈贝马斯程序主义法范式的主要内容做大致梳理，为下文的研究奠定基础。

第一节 范式释义

一、范式概念的渊源及其界定

"范式"（paradigm）一词最早出自晚期拉丁语的 paradigma 一词，该词源于希腊语的 paradeigma，后于 15 世纪进入英语语汇。其基本含义有三个：一是指范例与样式，二是指一个词在其所有变化中的变格或变位，三是指科学学派或学科的理论框架。一般来说，范式为世人所周知，始于美国科学哲学家托马斯·库恩的使用。[1]库恩在《必要的张力》（1959）一文中首次使用

---

〔1〕 据学者考证，早在 20 世纪初叶就有人在科学哲学的意义上使用 paradigm 术语或与之相近的术语。参见李醒民："库恩在科学哲学中首次使用了范式（paradigm）术语吗？"，载《自然辩证法通讯》2005 年第 4 期。

范式一词，他认为按既定的用法，范式就是一种公认的模型或模式。他采用这个术语是想说明，在科学实际活动中某些被公认的范例——包括定律、理论、应用以及仪器设备在内的范例——为某种科学研究传统的出现提供了模型。[1]在《科学革命的结构》第二版（1970）中他又写道，范式是科学共同体的一套信念、概念、理论、仪器以及方法方面的成规，或者说公认的科学成就。但是，在该书中库恩对范式的表述比较含混，提出了21种用法，以至于受到各方面的激烈批评。[2]此后，为了回应批评，库恩在《再论范式》（1974）一文中，将范式分为广义的范式和狭义的范式，前者主要指符号概括（以符号表示的方程式）、模型（将分散的经验材料与理论加以系统化、整体化的结构或框架）和事例（具体的题解），后者仅指事例。由于这个努力并不成功，他在《必要的张力》（1979）一书中，不再将范式作广义和狭义的区分，随后库恩就不再使用范式一词。

对于库恩提出的关于范式的21种用法，中国学者夏基松、沈斐风认为可以分为模型、事例、信念、理论、观点与方法等十类。[3]张文显、于宁则认为库恩"范式"的内涵大概包括全新的理解系统、理论框架、理论背景、方法论与学术传统等几个方面。[4]意大利哲学家吉奥乔·阿甘本则认为可以将其概括为两种意义：第一种意义是指某个特定科学共同体的共有物，主要包括技术、模型和价值。第二种意义是指共有物中的单一元素，这个单一元素起了通例的作用，因此取代明示的法则而形成特定而自洽的研究传统。[5]

不管如何理解库恩关于范式的多种用法，无可置疑的是，库恩本人始终将范式限定在自然科学领域，很少涉及社会科学领域。在他看来，社会科学中究竟如何使用范式概念或者说哪些领域具备使用范式概念的条件，仍然是个

---

〔1〕 参见［美］托马斯·库恩：《必要的张力——科学的传统和变革论文选》，范岱年、纪树立译，北京大学出版社2004年版。

〔2〕 参见［美］托马斯·库恩：《科学革命的结构》，金吾伦、胡新和译，北京大学出版社2012年版。

〔3〕 夏基松、沈斐风：《历史主义科学哲学》，高等教育出版社1995年版，第178页。

〔4〕 张文显、于宁："当代中国法哲学研究范式的转换——从阶级斗争范式到权利本位范式"，载《中国法学》2001年第1期。

〔5〕 ［意］吉奥乔·阿甘本：《什么是范式》，载爱思想网，http://www.aisixiang.com/data/34371.html，最后访问时间：2019年9月9日。

悬而未决的问题。[1]但是，范式这一概念从自然科学领域扩展到社会科学领域，却是无法回避的趋势。譬如美国社会学家瑞泽尔认为社会学就是一门多范式的科学，所谓范式就是"存在于某一科学论域内关于研究对象的基本意向。它可以用来界定什么应该被研究、什么问题应该被提出、如何对问题进行质疑，以及在解释我们获得的答案时该遵循什么样的规则"。[2]瑞泽尔提出社会科学可以在三种意义上使用"范式"：可以用来区分不同的学科；可以用来区分某一学科领域的不同发展阶段；可以用来区分科学家共同体或同一时期、同一领域内的亚科学家共同体。并且，瑞泽尔认为最后一种意义是最为普遍也是最为有效的。

可以看出，范式是一个极其复杂的范畴，其内涵涉及多个层面，难以清楚界定。但范式同时又是影响深远的概念，今天已经远远超过库恩当时所赋予的原义，在自然科学领域和社会科学领域都得到了广泛应用，并为众多学科的发展提供了重要的分析工具和理论框架。迄今为止，范式这一范畴已经被广泛地用于表征或描述一种理论模型与制度框架、一种理论背景与思维方式、一种科学共同体的共识、一种理解现实的思想体系与价值观念，以及一种科学研究的方法与准则。

二、范式的特征

范式起源于自然科学领域，后又扩展至社会科学领域，基于自然科学与社会科学的共性与区别，范式在这两大领域也呈现出很多相同之处，但也存在许多不同属性。[3]本部分将重点分析范式在自然科学领域与社会科学领域的共有特征，同时试图揭示其在社会科学领域的某些不同属性。

第一，范式具有多层次性与多类性。多层次性是指无论是在自然科学领域或者社会科学领域，范式的结构都具有多种层次。英国学者玛格丽特·玛斯特曼曾将库恩的范式概念划分为三个层次：一是基于哲学的本体意义上，将范式视为一种形而上学的观念或实体，即形而上学范式或元范式（metapar-

---

〔1〕 ［美］托马斯·库恩：《科学革命的结构》，金吾伦、胡新和译，北京大学出版社2012年版，第90页。

〔2〕 Ritzer, G. 1975, *Sociology: A Multiple Paradigm Science*, Boston: Allyn and Bacon, p. 7.

〔3〕 参见王峰、殷正坤："社会科学范式与自然科学范式特征的比较研究"，载《科学技术与辩证法》1996年第3期。

adigm）；二是基于社会学意义上，将范式视为特定领域中的基础研究规范，即社会学范式（sociological paradigm）；三是基于构造学意义上，将范式视为一种科学的分析结构、方法与技术，以解决特定领域中的具体问题，即人工范式（artificial paradigm）或构造学范式（construct paradigm）。[1]也即，一个完整的范式范畴，在逻辑上应具有三个层次的结构，即宏观的元范式层次、中观的社会学范式层次和微观的构造学范式层次。元范式是社会学范式形成与发展的基础，而社会学范式又继续成为构造学范式形成与发展的基石。多类性是指范式存在不同的种类，它是指按照不同划分标准，范式存在着各种不同的类型。按照运用的不同维度划分，范式既可以作为理论研究和学科分类的工具，也可以作为指导实践和制度构建的参照。也就是说，范式可以分为侧重于理论研究的范式和侧重于实践建构的范式。另外，按照不同的领域划分，可以分为自然科学领域的范式和社会科学领域的范式。在自然科学和社会科学领域内部，也存在不同的范式类型。如自然科学领域内先后存在经典物理学中牛顿力学范式与现代物理学中爱因斯坦相对论范式，社会科学领域中先后存在自由竞争资本主义时期的形式法范式与垄断资本主义时期的福利法范式等。我国学者唐世平将社会科学分为 11 种基础范式，这 11 种基础范式又可以分为基石性范式和整合性范式。[2]吴元梁研究员则认为马克思主义哲学的研究范式可以按照不同标准分为问题研究范式、文本研究和解释范式与对话研究范式；本体论研究范式、认识论研究范式与价值论研究范式等。[3]

　　第二，范式具有明显的价值性。库恩曾描述过范式的产生与发展过程，他认为现代科学正是通过范式的转化与革命而不断向前发展的。在他看来，科学发展历程是从前科学时期开始的，这一时期各种理论相互竞争，并未形成统一的范式。然后经过常规科学时期和解疑时期的研究与完善，形成大家所承认的统一范式。继而在范式反常时期出现大量反常的原有范式无法回答

---

　　〔1〕　[英] 玛格丽特·玛斯特曼："范式的本质"，载伊姆雷·拉卡托斯、艾兰·马斯格雷夫主编：《批判与知识的增长》，周寄中译，华夏出版社 1987 年版，第 72-115 页。相同论述也可参见李省龙：《法经济学分析范式研究》，中国社会科学出版社 2007 年版，第 9-10 页；魏建："当代西方法经济学的分析范式研究"，西北大学 2001 年博士学位论文。

　　〔2〕　唐世平："社会科学的基础范式"，载《国际社会科学杂志（中文版）》2010 年第 1 期。

　　〔3〕　吴元梁："马克思主义哲学研究范式的争鸣与反思"，载《江海学刊》2008 年第 1 期。

的问题，导致范式危机的出现，从而引起新的科学革命的爆发，进入新旧范式交替的时期。最终建立新范式取代旧范式，而新范式又会面临下一个危机，如此循环往复，推动科学进步。可以看出，正是在科学发展中出现了旧范式无法解决的问题，新范式才应运而生，通过新的科学共同体提出新的世界观与方法论，以范式革命的形式来拯救范式危机，从而推动科学的不断发展。这是自然科学领域范式存在的价值，社会科学领域中也同样如此。但与自然科学领域的求真不同，社会科学领域范式的价值主要是探究社会应该是什么样的，而不是单纯地回答实际是什么样的。社会科学领域范式的根本价值，不仅是解释世界，探索社会科学各部门的内部规律，更重要的是改造世界，为社会发展提供理论上的指引和实践建构的参照。按照社会科学范式所勾画的理想图景，人们可以通过反思与选择建立政治制度，形成良好秩序，创造满足人类需要的美好社会，而不是只能诉诸机遇和暴力。特别是当社会发展进入困境，发生各种难以解决的矛盾和冲突，出现自然科学所谓的"范式危机"时，就需要范式的转化、重构与革命，以新的范式来取代旧的范式，推动人类社会的前行。

第三，范式具有相对的不可通约性。如前所述，20世纪80年代之后，库恩就很少使用"范式"一词，而是以"不可通约性"来取而代之。1992年库恩明确指出，他的《科学革命的结构》一书中最中心的观念，一方面是"革命变化"，另一方面是"不可通约性"。有学者认为，这就意味着在库恩这里，"范式"的本质规定性乃是"革命性"与"不可通约性"。[1]诚然，科学的发展正是通过范式革命来推进的，当旧范式无法满足科学与社会发展，出现范式危机时，就会逐渐出现新的范式。不过，旧范式往往是相当稳定的，它并非轻易地就能被击垮或代替，也不会遇上反常现象就立刻被证伪，而是会通过不断调整自身结构尝试解决疑难以消解危机，直到大量反常现象产生且无法解决。但与此同时，新范式对旧范式的取代是全面性和整体性的，虽然新范式是由旧范式发展转化而成，但是新范式是在新的基础上对旧范式进行重构，这种重构改变了旧范式的基本范畴、理论体系以及研究方法，是具有根本

―――――――――

〔1〕 卜祥记："马克思主义哲学研究范式辨误"，载《学术月刊》2009年第4期。

性和革命性的转化。因此，"接受新范式，常常需要重新定义相应的科学"。[1]
正因如此，范式的革命性转变导致了新旧范式之间的巨大鸿沟，特别是在自
然科学领域，库恩将其称为新旧范式之间的"不可通约性"，"容许新旧理论
之间包含逻辑在内的连续性的观点，从历史上看是难以置信的"。[2]也就是
说，库恩认为不同范式之间无法比较，不存在共通性的内容，既难以存在共
同的完全对应的问题指向，也难以存在近似的相近问题指向。

　　但是，新旧范式之间的"不可通约性"并不是完全绝对的。在库恩那里，
他后来认为不断更替的范式之间还是存在一种永恒的、巩固的和稳定的东西，
这种永恒的、巩固的和稳定的东西像康德的"自在之物"那样不可言说、不
可阐述和不可讨论。[3]因此他承认不断更替的范式之间有部分交流性，即不
可通约性等于部分交流性。也就是说，不同范式之间存在不可通约性，但并
非绝对无法交流，只是这种交流是局部和相对的。例如，在自然科学领域，
在宏观低速的情况下，经典物理的牛顿力学和现代物理的量子论与相对论两
种范式是相容的，经典物理可以作为现代物理的极限情况，对现代物理进行
弥补。但在微观和高速下，这两种是彼此冲突的，必须采用现代物理的范式。
在社会科学领域，范式之间的交流、继承与互补则体现得更为明显。瑞泽尔
提出的社会科学范式的三种意义，其实就摒弃了库恩提倡的范式间的非此即
彼性，在他看来社会科学的不同范式之间就有着更为鲜明的继承性或包容
性。[4]因为，在社会科学领域从来都很难存在包揽一切、占据绝对统治地位
的理论范式，而是经常呈现出百花齐放、百家争鸣的局面。以法学的发展为
例，自诞生时就学派林立。即使是在基督教处于垄断地位的中世纪，也存在
经院法学派与注释法学派。17世纪资产阶级革命之后，古典自然法学派、哲
理法学派、历史法学派、分析法学派纷纷涌现。20世纪初随着西方主要资本
主义国家进入垄断资本主义，关注社会福利和法律实际运行的社会法学派开
始出现，同时，新黑格尔主义和新康德主义法学派也开始流行。迄今为止，

---

〔1〕［美］托马斯·库恩：《科学革命的结构》，金吾伦、胡新和译，北京大学出版社2012年版，
第95页。

〔2〕［美］托马斯·库恩：《必要的张力——科学的传统和变革论文选》，范岱年、纪树立译，
北京大学出版社2004年版，第332页。

〔3〕［美］托马斯·库恩："《结构》之后的路"，金吾伦译，载《哲学译丛》1993年第6期。

〔4〕周晓虹："社会科学方法论的若干问题"，载《南京社会科学》2011年第6期。

新自然法学派、社会法学派、新分析法学派、经济分析法学派、综合法学派、新马克思主义法学派等学派林立，相互竞争。这些学派均有各自不同的理论范式，拥有不同的研究方法与核心观点，很难说有哪种一统天下的范式，而是不同的理论范式之间不断地交流、融合与互相弥补，从而共同推动着法学学科的发展。

第二节　法范式释义

一、法范式的概念

随着范式在社会科学领域的广泛应用，法学界也有越来越多的人在不同的角度使用这一范畴。范式这一概念，现在已经被广泛用于表征一种理解现实的思想体系与价值观念、一种理论模型与制度框架，以及一种科学研究的方法与准则。所谓法范式，是指基于科学共同体的共识而形成的对法学体系进行研究的立场、观点与方法的综合体，以及在众多体系化的法学理论基础上，型构现代民族国家法治建设与发展的纲领与模式。也就是说，法范式不仅是一种理论体系与研究方法，而且是一种描述现实法律状况，指导现实法律制度建构的模式。[1]正如科学研究范式决定和影响着科学共同体中研究者的具体方法、操作程序与判断标准一样，法范式也决定和影响着法律理论研究者与实践者的法律思维和判断标准，并直接或间接地型塑民众的法律观念。法范式不仅仅是一种便于分析的类型化策略或逻辑归类，特定的法范式也反映着特定的社会情境及其法律的整体价值取向。它们不仅支配着立法者、执法者与司法者的价值判断，而且影响着普通公民法律观念的导向。

二、法学范式：理论研究范式

从上述法范式的概念界定中可以看出，法范式首先是一种对于法学学科进行研究的呈体系化的理论模型与研究方法，即法学理论研究的范式。它是法学共同体基于共识形成的共同的理论背景、思维方式、价值观念与指导思想，其目的是更好地揭示法学学科自身的特殊性与规律性。

---

〔1〕　陆洲：《论哈贝马斯程序主义法范式及其中国意义》，人民出版社 2014 年版，第 39 页。

在国内，有很多学者基于不同角度，对我国法学研究范式的类型化进行了深入探讨。首先，从宏观角度出发，整体上全面性地揭示法学研究的基本范式，探索法学学科的一般性规律和本质特征，为整个法学学科的发展提供一般指引与普遍参照。其中又存在不同进路，有学者从法学研究的基本范畴和根本理念出发，提出众多互相对立而又统一的研究范式。如储槐植认为"二元对立"范式对我国法学研究产生了深刻影响，法学领域的一些重要范畴，如权利与义务、公正与效率、国家与社会、事实与规范等都以二元对立、非此即彼的方式表现出来，这种范式具有批判性与精细性，促进了法学研究的发展。但随着社会进步，这些范畴之间的关系已经从对立为主转变为统一为主，因此我们更应当关注"折衷"的范式，重视这些重要范畴之间二元统一的方面。[1]也有学者按照时间发展的顺序，探究我国法学理论研究中曾经存在的范式类型，以及新范式对旧范式的更新与革命。如张文显、于宁认为阶级斗争范式在中国法学研究中长期占据主导地位，在理论上使法学失去话语权，在实践上蜕化为阶级斗争学，对法学发展造成了极大的危害。因此，亟需法哲学研究范式的转换。权利本位范式为法学提供了关于法的本体论的理解系统，提供了基石范畴与全景式的法哲学视窗，提供了审视、批判与重构的思想武器，也为正在形成的"权利学派"提供了理论背景与理论框架。因此，应以权利本位范式取代传统的阶级斗争范式。[2]蒋云贵则提出规范主义范式与分配主义范式的区分。[3]他认为随着向法治社会的迈进，法律的规范功能逐渐削弱，在法学研究中长期占据统治地位的规范主义范式面临着范式危机，以分配正义为核心的分配主义范式则提供了不同思路。范式革命由此而生，法学范式必然要从规范主义范式向分配主义范式转化。陈金钊教授认为当代中国法学研究需要从以下几个方面进行范式转换，即从立法中心向司法中心转向；从本体论向方法论转向；从单一的阶级意志向多元价值转向；从整体主义向个人主义转向。[4]苏力则依据更为具体的时间发展过程，对中

---

〔1〕 储槐植："提倡折衷——法学研究范式检讨"，载《浙江社会科学》2005年第3期。

〔2〕 张文显、于宁："当代中国法哲学研究范式的转换——从阶级斗争范式到权利本位范式"，载《中国法学》2001年第1期。

〔3〕 蒋云贵："法学范式进步与法理学范畴演进"，载《时代法学》2018年第4期。

〔4〕 陈金钊："法学的特点与研究的转向"，载《求是学刊》2003年第2期。

国法学研究进行了范式归类，[1]即"政法范式"（1978 年起贯穿整个 20 世纪 80 年代），主要目标是解放思想，将蕴含政治性禁忌的话语转化为法学学术话语；"诠释范式"（自 20 世纪 80 年代中期始贯穿整个 20 世纪 90 年代），主要特征是从法学学科的内部去探求法学的规律，试图使法学自成体系；"社科范式"（自 20 世纪 90 年代中期开始至今），主要是关注法在实践中的运行状况，探究法与其他社会规范之间的关联。但也有很多学者认为，当前我国法学研究并没有占据绝对统治地位的研究范式，而是多种范式并存的局面，主要包括立足于国家制定法，从规范层面对法进行解释的法教义学范式；探求法的应然形态的价值分析范式；关注法在社会中实际运作的社科范式以及曾经作为社科范式的一个侧面，但现在隐隐独立的实证研究范式。[2]这些范式具有不同的核心观点与研究方法，既相互竞争又彼此弥补。最近几年，还有学者提出了一种新的研究范式：领域法学范式。[3]他们认为领域法学范式是一种"以问题的对象需要来整合法学知识"的法学范式，它自身内含着独特的知识生产和创新机制。并且，领域法学范式与其他研究范式之间存在密切关联，譬如与部门法学是同构互补的关系，领域法学是对传统部门法学的扬弃与超越；与法教义学是规范集成的关系，即在规范层面上对法教义学进行重新整合；与社科法学是知识融合的关系，即将其他社会科学的知识与法学相融合，并创造出属于法学自身的方法与立场。还有学者从法学方法论和法律实施的视角出发，提出范式的类型划分，具有代表性的如焦宝乾教授提出逻辑和修辞是法学研究的两大范式。[4]他认为逻辑与修辞两大范式在研究对

---

〔1〕 参见苏力：《也许正在发生：转型中国的法学》，法律出版社 2004 年版。

〔2〕 关于此类的论述众多，其中代表性的有陈柏峰："社科法学及其功用"，载《法商研究》2014 年第 5 期；侯猛："社科法学的跨界格局与实证前景"，载《法学》2013 年第 4 期；谢海定："法学研究进路的分化与合作——基于社科法学与法教义学的考察"，载《法商研究》2014 年第 5 期；白斌："论法教义学：源流、特征及其功能"，载《环球法律评论》2010 年第 3 期；雷磊："法教义学的基本立场"，载《中外法学》2015 年第 1 期；陈柏峰："法律实证研究的兴起与分化"，载《中国法学》2018 年第 3 期；左卫民："一场新的范式革命？——解读中国法律实证研究"，载《清华法学》2017 年第 3 期。

〔3〕 代表性论文可参见李大庆："法学范式竞争与领域法学的知识创新"，载《江汉论坛》2019 年第 4 期；刘剑文："论领域法学：一种立足新兴交叉领域的法学研究范式"，载《政法论丛》2016 年第 5 期；王桦宇："论领域法学作为法学研究的新思维"，载《政法论丛》2016 年第 6 期；侯卓："领域法学范式：理论拓补与路径表明"，载《政法论丛》2017 年第 1 期。

〔4〕 焦宝乾："逻辑与修辞：一对法学范式的区分与关联"，载《法制与社会发展》2015 年第 2 期。

象、运行条件与方式、目的与功能上均存在一定区分，但同时也呈现出相互影响、彼此补充、相互渗透的趋势。对逻辑与修辞关系的辨析以及在法律实践中协调两者之间的关系，在中国语境下具有重要的理论意义与实践价值。

其次，关于法学范式的研究，也有很多学者从微观角度出发，立足于部门法的视角，去探求不同部门法的理论范式，为部门法的发展提供理论体系与研究方法。如在刑事诉讼法的理论范式研究上，宋英辉认为我国刑事诉讼法的传统研究范式是思辨型的，但随着 20 世纪 90 年代法学研究范式向社科范式的转向，以探讨制定法实际运作状况的实证研究方法逐渐进入刑事诉讼法领域，与思辨型方法一起构成两种最主要的研究方法。左卫民也同样认为刑事诉讼法的研究范式需要重大变革，未来的刑事诉讼法研究应重视实证研究方法，注重搜集数据和数理分析，打造面向实践法学的刑事诉讼法研究范式。[1]在经济法的研究范式上，李昌麒认为主要存在法哲学范式、经济分析法学范式、社会学范式和法学史范式四种范式。[2]在环保法的范式研究方面，蔡守秋认为环保领域受我国法学研究主流范式所影响，广泛存在着"主客二分""身心二元"与"人与自然二分"的范式。这些研究范式严重制约了环保法学的发展，应该进行范式创新，以"既注意人与人之间的关系，又注意人与自然之间关系"的范式，取代传统主客二分的范式。[3]在行政法的范式研究方面，存在管理论、控权论、平衡论等范式划分，还有学者提出协商行政范式，认为协商行政具有行政法律关系的平等性、行政行为的合意性与非垄断性等特征，使行政执法过程更具合法性与可接受性，从而构成了区别于高权行政、传统参与行政的一种新的行政法范式。[4]在刑法研究方面，童德华认为当前刑法存在范式转型的需要，哈贝马斯的主体间性理论为我们完善刑法理论提供了新的视野。刑法理论体系当以解决现实问题为理论导向，实现从主客二分的理论范式向主体间性研究范式的转型。[5]

---

〔1〕 宋英辉："实证方法对我国刑事诉讼法学研究之影响"，载《法学研究》2012 年第 5 期；左卫民："实践法学：中国刑事诉讼法学研究的新方向"，载《法学研究》2012 年第 5 期。

〔2〕 李昌麒："发展与创新：经济法的方法、路径与视域（上）——简评我国中青年学者对经济法理论的贡献"，载《山西大学学报（哲学社会科学版）》2003 年第 3 期。

〔3〕 蔡守秋："论法学研究范式的革新——以环境资源法学为视角"，载《法商研究》2003 年第 3 期。

〔4〕 相焕伟："协商行政：一种新的行政法范式"，山东大学 2014 年博士学位论文。

〔5〕 童德华："主体间性理论对刑法现代化的再造"，载《当代法学》2017 年第 3 期。

三、法治范式：制度建构范式

与法学范式或者法学理论研究的范式不同，法治范式主要涉及对于现实法律运行状况的描述，对于未来法治建设理念更新与制度建构的指引，强调的是作为一种制度构建的理论模型与模式，一种理解现实与观照现实的体系，一种对复杂社会的全面呈现。[1]

关于法治范式的研究，国内外不少学者提出过自己的见解。在国外，代表性的有韦伯提出的四种法律类型的划分：形式理性的法、实质理性的法、形式非理性的法和实质非理性的法。[2]诺内特和塞尔兹尼克将法律分为三种类型：压制型法、自治型法与回应型法。[3]昂格尔根据历史发展的顺序，将法律分为习惯法范式、官僚法范式与法治范式。[4]日本学者田中成明将法律类型分为管理式、普遍主义式与自治式。[5]德国学者哈贝马斯则对法治范式作出过深入阐述，并提出了著名的程序主义法范式理论。哈贝马斯曾如此描述法治范式："像'社会理想''社会模式''社会图像'或干脆'理论'这样的表述，已经成为用来表示一个社会时代的范式性法律观的公认说法。它们的含义都是人们对自己社会形成的一些默认图景，它们为立法和司法的实践提供视角，或者一般来说，为实现自由和平等的公民的联合体这个规划而提供导向。"[6]在哈贝马斯看来，法治范式最初是在法院的典范性判决中发现的，是一种法官所默认的社会图景，这种社会图景（图像）构成了法官确定事实并把事实与规范相连的语境。后来，作为社会理论背景性理解的法治范式渐渐进入法理学和法律实践的自我意识，"它具有统帅性质，即它确定以什

---

[1] 陆洲：《论哈贝马斯程序主义法范式及其中国意义》，人民出版社 2014 年版，第 41 页。

[2] 参见 [德] 马克斯·韦伯：《法律社会学》，康乐、简惠美译，广西师范大学出版社 2005 年版。

[3] 参见 [美] P. 诺内特、P. 塞尔兹尼克：《转变中的法律与社会：迈向回应型法》，张志铭译，中国政法大学出版社 2004 年版。

[4] 参见 [美] R. M. 昂格尔：《现代社会中的法律》，吴玉章、周汉华译，凤凰出版传媒集团、译林出版社 2008 年版。

[5] [日] 田中成明："法的三类型模式"，季卫东译，载《中外法学》1989 年第 4 期。

[6] [德] 哈贝马斯：《在事实与规范之间——关于法律和民主法治国的商谈理论》，童世骏译，生活·读书·新知三联书店 2014 年版，第 487 页。本书参考了多本德国学者哈贝马斯的著作，但因翻译原因，不同书籍翻译之后的作者名字也稍有出入，有尤尔根·哈贝马斯，于尔根·哈贝马斯，也有哈贝马斯。在本书中，将基于童世骏的最新译本，统一写为哈贝马斯。

么方式对法律进行理解和诠释，规定在什么地方、沿什么方向、在什么程度上法理学和法官制定的法律将补充和修正明文颁布的法律，也就是说，它承担对于社会存在之未来的部分责任"。[1] 简言之，哈贝马斯认为法治范式是一种社会图景或理论模型，具有统帅性与指导性，是一种对复杂社会的最好描述，为法律实践提供必不可少的背景性理解，也为普通公民理解、认同法律提供了规范性指导。以法治范式为基本分析工具，哈贝马斯将资本主义的法治发展分为形式法范式和福利法范式两个阶段，认为这两种范式都存在自身难以克服的缺陷，由此导致现代资本主义国家出现合法性危机。为此，他提出了程序主义法范式理论，希冀通过特定种类的立法程序生成合法之法，克服形式法范式和福利法范式的内在缺陷，挽救资本主义国家的法治危机。

国内学者们多从法学理论的角度去研究，但也有一些学者着眼于法治建构的范式。如韩德明比较认同哈贝马斯对现代西方国家的法治范式划分，但认为我国的法治发展状况与西方的三种范式类型均不相同，且具有自身不同的特性与问题。[2] 黄文艺则将我国法治的发展分为现代化范式与本土化范式，[3] 认为现代化范式与本土化范式的主要区别在于：现代化范式坚持一元论的法律观，强调法律知识具有普适性，在法律功能上主张积极论，在法律发展的途径上强调建构论，在法律发展的主体上主张政府推进论，认为法律发展的资源主要来自外部，法律发展是从传统到现代的转型过程。本土化范式则坚持多元论的法律观，强调法律知识具有地方性，在法律功能上主张消极论，在法律发展的途径上强调进化论，在法律发展的主体上主张民众主导论，认为法律发展的资源主要来自本土，法律发展是传统与现代并存的局面。

综上所述，法学范式和法治范式是法范式范畴的两个不同侧面。法学范式立足于法学学科的角度，通过法学专家基于共识而形成的，以探索法学发展的内在规律为目的，是一种侧重于理论建构的模型与方法；法治范式则立足于法治实践的角度，通过法学专家、立法者、司法者以及所有可能的参与者通过商谈而形成，以指导法律实践和法治发展为主要目的，是一种侧重于

---

〔1〕　［德］哈贝马斯：《在事实与规范之间——关于法律和民主法治国的商谈理论》，童世骏译，生活·读书·新知三联书店 2014 年版，第 489 页。

〔2〕　韩德明："法律范式转型与司法现代化"，载《浙江学刊》2005 年第 4 期。

〔3〕　黄文艺："论中国法律发展研究的两大范式"，载《法制与社会发展》2000 年第 3 期。

制度建构的纲领与模式。[1]法治范式反映着特定的社会情境及法律的整体价值取向，它们既指导立法、司法和执法实践的展开，又引导着普通民众遵守法律、培植法律精神与信仰。"法律范式支配着所有行动者的意识——支配公民和当事人的意识，不亚于支配立法者、法官和行政者的意识。"[2]当然，法学范式和法治范式都是统合于法范式这一个范畴之内的，具有法范式所共有的特征与功能，只不过是法范式的不同表现形式而已。法学范式侧重于法学理论研究，而法治范式更侧重于法治实践建构，但理论研究与法治实践从来都是不可分割，相互交融的。[3]在本书中，将着眼于法治范式的进路，即对于法治实践的指导性意义，将其作为现代法治道路的图景与模式，也即，本书中探讨的法范式问题，将主要从法治范式的角度展开阐述。

第三节　哈贝马斯程序主义法范式

上文探讨了范式和法范式的基本概念，并对法范式的两个侧面进行了区分，提出本书论证的重心在于法治范式。在诸多学者之中，哈贝马斯对法治范式作出了深入阐述，其思想虽以现代西方法治发展为背景，但人类社会的发展具有很多共性，他的法治范式理论仍然可以给予我们启迪，为当下我国的法治建设提供参考。因此，本节将从理论背景和核心命题两个层面介绍哈贝马斯的程序主义法范式理论，为下文中国法治范式的梳理、反思与建构奠定基础。

一、理论背景：对形式法与福利法的批判与反思

哈贝马斯的程序主义法范式理论是通过批判形式法范式与福利法范式而

---

〔1〕　对于法治范式和法学范式形成的区别，哈贝马斯是这样阐释的："对于一个法律系统来说，哪个范式性理解是正确的，这种争论本质上是一种政治性争论。在民主法治国中，这个论证涉及所有参与者，而不能仅仅作为一种深奥的商谈在远离政治活动场所的专家们之间进行。"具体论述参见〔德〕哈贝马斯：《在事实与规范之间——关于法律和民主法治国的商谈理论》，童世骏译，生活·读书·新知三联书店 2014 年版，第 493 页。

〔2〕　〔德〕哈贝马斯：《在事实与规范之间——关于法律和民主法治国的商谈理论》，童世骏译，生活·读书·新知三联书店 2014 年版，第 492 页。

〔3〕　陆洲：《论哈贝马斯程序主义法范式及其中国意义》，人民出版社 2014 年版，第 43 页。

建立的。哈贝马斯根据西方资本主义发展的不同时期，将西方近代法治发展历程分为两个阶段：对应于自由竞争资本主义时期的形式法范式以及对应于垄断资本主义时期的福利法范式。形式法范式追求法的形式合理性，"在这三个方面——规则合理性、选择合理性、科学合理性——之下，这种法律的形式属性是可以在一种狭义的、道德上还是中立的意义上被描述为合理的"。[1]形式法范式凸显了早期资本主义法律的基本原则，即坚持政治国家与市民社会的分离，明确公法与私法的界限，注重对个人权利与自由的保护，主张法律面前人人平等。也就是说，形式法范式倡导一种最低限度的国家，"其功能仅限于保护人们免于暴力、偷窃、欺诈以及强制履行契约等有限职能的国家"。[2]在这种国家与社会分离的前提下，公法与私法也保持着明确的界限。公法设置政治国家的基本架构及调控国家对社会的管理，并保障公民个人不受国家政治权力的压迫。私法调整公民私人间的法律关系，确保公民包括绝对的财产所有权和充分的契约自由权在内的各种基本权利，享有相对于法律可能性和事实可能性的最高程度的自由。同时，主张法律面前一律平等，不论个体身份职业能力等方面的差异，也不论是享有权利或履行义务。形式法范式的上述理念在反对封建特权，倡导个人民主与自由方面发挥了重要作用，但随着社会发展，形式法范式也暴露出自身的问题。哈贝马斯认为，形式法范式最大的局限在于它所提倡的平等只是一种形式上的平等，而不是事实上的平等；所保障的自由只是法律上的消极自由，而不是事实上的积极自由。但如果没有事实上的自由，没有进行事实上选择的可能性，法律自由就是毫无价值的。换言之，形式法提供的仅仅是形式上的广泛的平等与自由权利，并没有提供相应的实现平等自由的必备条件。生活资料和物质财富匮乏的群体难以真正把握这些机会，从而享有实质上的平等与自由。同时，形式法所推崇的最大程度的主观行动自由也忽略了个体之间的沟通与合作，以及个体对社会的义务与回报，在实现私人自主的同时，忽视了公共自主。

因此，随着资本主义从自由竞争进入到垄断时期，形式法范式开始出现

---

　　[1]　[德] 哈贝马斯：《在事实与规范之间——关于法律和民主法治国的商谈理论》，童世骏译，生活·读书·新知三联书店 2014 年版，第 561 页。

　　[2]　[美] 罗伯特·诺奇克：《无政府、国家和乌托邦》，姚大志译，中国社会科学出版社 2008年版，前言。

实质化趋势，逐步向福利法范式转化。由于仅仅赋予个体消极的自由并不能直接带来权利的实现，因此必须引进更多的新的基本权利，来保障公正地分配社会财富。这种权利主要体现为通过政府活动为公众提供物质条件而形成的社会权。[1]社会权的实现需要政府主动提供相应的条件，与之相应的是行政与司法裁量权的扩大，国家公权开始向私人领域扩张，公法与私法之间的界限也逐渐模糊，私法开始出现实质化趋势。这种倾向在一些传统领域中表现得十分明显，譬如财产权和合同法领域。资本主义法律标志性的个人财产神圣不可侵犯原则以及契约自由原则，都在逐步受到限制。财产权的公共属性不断增长，政府出于公益需要可以合法征收个人财产，同时在很多领域，国家作为财产的公众代理人取代了物权法的保障。合同的正确性并不完全建立在签订合同的意思表达自由之上，而必须考虑信赖保护原则、签约的认识错误等情况，特别是加强政府对合同缔结过程的服务、管理与监督义务，从而保障处于弱势地位一方的实际权利。这些变化其实都反映了形式法范式向福利法范式的转向，从注重个体自主到更为注重政府管理和社会保障的转向。

在转向福利法范式之后，形式法范式的固有缺陷得到一定程度的弥补与改善。福利法认为仅仅止于法律宣示的平等和自由是不够的，更为重要的是事实上的平等和公民积极自由的实现，因此福利法主张通过国家力量的介入，弥补自由市场带来的自发性与盲目性，加强社会的福利保障措施，提供公民权利实现的各种物质条件。虽然一些学者如哈耶克、诺齐克等质疑甚至反对福利法范式的主张，[2]但是哈贝马斯还是明确肯定了福利法提供确保人类尊严所需生活物质条件的价值，与此同时，哈贝马斯也深刻指出了福利法的固

---

〔1〕 关于社会权，在 1944 年罗斯福总统发表的新年咨文中有详细论述，具体论述参见 Cappelletti Garth, *Foreword to Access to Justice*：*Emerging Issues and Perspectives*, supra note2, at vi-vii. 另外类似的阐述有 1948 年联合国大会上通过的《世界人权宣言》中提出的"享有社会保障的权利""劳动的权利"以及"自由参加社会文化活动、享受艺术及受惠于科学技术进步的权利"；具体论述参见王家福、刘海年主编：《中国人权百科全书》，中国大百科全书出版社 1998 年版，第 1033-1040 页。还有美国最高法院数次承认的"保留隐私的权利"，学者主张的"享受自然的权利""运动权"以及"日照权"等。丹库教授也曾就社会权的实现与保障问题进行专门讨论，具体论述参见 ［意］ 莫诺·卡佩莱蒂编：《福利国家与接近正义》，刘俊祥等译，法律出版社 2000 年版，第 306-308 页，第 325 页。

〔2〕 右翼自由主义思想家多对福利国家及实质法范式持否定态度，如哈耶克、诺奇克、布坎南以及波普尔等人。参见 ［英］ 弗里德利希·冯·哈耶克：《自由秩序原理》（下），邓正来等译，生活·读书·新知三联书店 1997 年版；弗里德里希·奥古斯特·冯·哈耶克：《通往奴役之路》（修订版），王明毅等译，中国社会科学出版社 1997 年版。

有缺陷，即"通过提供这种无微不至的关怀影响了个人自主性，而这恰恰正是它本来所要推进的"。[1]也就是说，在福利法通过国家为公民提供权利实现的物质基础时，国家权力也在不断扩张。这种俯察众生、无所不包的家长式关怀，在为公民谋求个体自由的同时，必然会将相同的国家意志施加到不同的个体之上，既以公共自主侵蚀了私人自主，又以国家的整体性干扰了个体的差异性。福利法的本来目的在于实现真正的私人自主，但其行动的方式却最终导致私人自主的破坏。在福利法背景下，国家与公民之间的关系形成了一种零和博弈，[2]即一方能力的增长，意味着另外一方能力的丧失，但往往最终丧失能力的是处于弱势地位的公民个人。同时，福利法的另一重要缺陷在于，这种看管方式不仅损害了公民的私人自主，同时也危及了西方国家的政治架构。"议会行政化和行政立法化催生了一个庞大的政府机构，它不仅极大地消耗了公共财政还直接威胁着公民的个人自由。"[3]福利法国家政府权力加强的一个重要表现就是行政立法权的扩大，在无所不包的看管式管理之下，政府不仅要调控宏观经济行为，还要管理琐碎的社会生活，由此导致行政机关要为各种具体行政管理事项制定规则，即行政权力的自我编程，自己为自己立法。与此同时，立法机关也不得不担负起部分政府管理职能，指导行政机关如何应对各种具体行政问题。由此，导致立法权与行政权的相互僭越与混同，不仅损害了公民自由，更重要的是引发了宪政危机，直接威胁到权力制衡的政治基础。

对于福利法范式面临的困境，有着不同的解决之道。有人认为应重新建构形式法范式和自由主义法律原则，[4]有人认为应对福利法进行补救与完善，

---

〔1〕［德］哈贝马斯：《在事实与规范之间——关于法律和民主法治国的商谈理论》，童世骏译，生活·读书·新知三联书店2014年版，第504页。

〔2〕"零和博弈"又称"零和游戏"，是博弈论的一个概念，属于非合作博弈，指在严格竞争下，参与博弈的各方，一方的收益必然意味着另一方的损失，博弈各方的收益和损失相加总和永远为零。双方不存在合作的可能。参见郑永流主编：《商谈的再思——哈贝马斯〈在事实与规范之间〉导读》，法律出版社2010年版，第302页。

〔3〕倪洪涛、刘丽："走出福利法治国的困境"，载《法律科学》2006年第4期。

〔4〕如罗伯特·诺齐克主张的有关"最弱意义上的国家（a minimal state）理论，参见［美］罗伯特·诺奇克：《无政府、国家和乌托邦》，姚大志译，中国社会科学出版社2008年版；哈耶克在有关自生自发秩序研究中对立法三机构的建构，参见［英］弗里德利希·冯·哈耶克：《法律、立法与自由》，邓正来、张守乐、李静冰译，中国大百科全书出版社2000年版。

以重建私人自主。[1]但哈贝马斯则认为无法重新倒回形式法时代，也不能仅止于局部的修修补补，而是应在更高的层次上进行批判与反思，即构建一种适合当代西方国家和社会发展的法律范式，一种反思型的程序主义法律范式。

不仅如此，哈贝马斯还进一步揭示了形式法范式和福利法范式的共有缺陷。首先，在他看来，这两种法范式的共同错误在于都把社会正义归结为简单的分配正义，不同之处在于形式法范式将社会正义的实现归结为权利的分配，福利法范式则归结为物品的分配。但前者实质上也是把权利同化为人们可以分割与占有的物品，因此它们的共同错误就在于将自由的法律等同于物质、资源或收入的分配。但在哈贝马斯看来，权利的核心不在于消极的占有，而在于积极的行使；权利不是简单的物品分配，而是基于主体间性的自我决定与自我选择。物质资料的保障是权利行使和实现正义的基础，但对于人们而言，更为重要的则是基于相互承认中的自由与尊严。物质的分配如果不是基于相互承认的自由而作出，权利的实现如果加剧了事实上的不平等，那么所谓的社会正义就是虚伪的。其次，形式法范式和福利法范式都仅仅立足于单个主体，忽视了主体之间的沟通与互动，割裂了私人自主和公共自主，市民社会与政治国家之间的密切关联。不管是形式法抑或实质法，从方法论上来看都是从孤立的个人出发，都没有从主体之间的角度来考虑问题。[2]在个体权利与自由的实现方式上，前者强调私人自主，将重心放在个人的自主与自决上，对事实上的不平等视若不见；后者则强调公共自主，寄托于国家家长式的看管，放任公权力的肆意扩张。其相同之处在于均从取向于个体成功的工具理性视角出发，忽视了个体相互之间的合作与协商，也忽视了市民社会与政治国家沟通商谈的渠道，更忽略了私人自主与公共自主之间同源同构、互为保障的关系，而这正是哈贝马斯反复强调的，"这些公民要能够恰当地行

---

〔1〕 如危莱内普提出的"福利社会"的构想，参见经济合作与发展组织秘书处：《危机中的福利国家》，华夏出版社 1990 年版；艾伦·格林斯潘和米尔顿·弗里德曼的"社保私有化"主张，参见薛兆丰："美国社保进退两难"，载《南方周末》1998 年 2 月 8 日，第 12 版；罗尔斯主张的"差别原则"的分配方案，参见 [美] 约翰·罗尔斯：《正义论》，何怀宏、向包钢、廖申白译，中国社会科学出版社 1988 年版。

〔2〕 高鸿钧等：《商谈法哲学与民主法治国——〈在事实与规范之间〉阅读》，清华大学出版社 2007 年版，第 297 页。

使其受民主参与权利保障的公共自主，则又要求其私人自主得到保障。得到保障的私人自主之有助于公共自主的形成条件保障，就好像反过来公共自主的恰当实施之有助于私人自主的形成条件保障"。[1]也即，公民个人的基本权利只有通过政治自主权的行使才能真正实现，私人自主与公共自主是互为前提，彼此成就的。

正是基于对两种法范式的深刻审视，哈贝马斯认为必须要在批判的基础上进行深刻反思。不可能重回形式法范式之路，也无法对福利法范式进行局部的改良，必须要在形式法和福利法的基础上提出全新的法律范式。"好的社会是怎么样的，我们无法先天地知道，但好的社会将不是怎么样的，我们却知道得很多，足以由此而提供一个当下的行动议程。"[2]这种当下的行动议程就是程序主义法范式的提出，而程序主义法范式的核心就是理性反思，这种反思并不基于某些既成的历史性前提或理论性概念，而是基于沟通理性的程序。[3]也就是说，哈贝马斯所欲创建的程序主义法范式，以沟通理性为基础，以主体之间的平等商谈为方法，力图弥合形式法与实质法的共有缺陷，实现公民私人自主与公共自主、生活世界与系统、市民社会与政治国家的内在关联。

二、核心命题：合法之法的生成

法律是现代社会的主要整合机制，西方资本主义国家的现代化危机的根源也就是法律的合法性危机。哈贝马斯在批判形式法和福利法的基础上提出程序主义法范式理论，其目的就在于通过特定的立法程序形成合法之法，解决这种危机与困境。因此，哈贝马斯程序主义法范式的核心命题就是关于合法之法的生成方式。

哈贝马斯认为，法律自身存在着合法律性与合法性，强制与自由之间的冲突，他将其称为法律事实有效性与规范有效性之间的张力。"法律有效性涉

---

〔1〕［德］哈贝马斯：《在事实与规范之间——关于法律和民主法治国的商谈理论》，童世骏译，生活·读书·新知三联书店2003年版，第505页。

〔2〕D. L. Rhode, *Justice and Gender*, Cambridge, Mass. 1989, 317. Quoted in Between Facts and Norms, p. 427.

〔3〕陈伟：《事实与规范的辩证法：哈贝马斯法哲学研究》，世纪出版集团、上海人民出版社2011年版，第280页。

及这样两方面：一方面是根据其平均被遵守情况来衡量的社会有效性，另一方面是对于要求它得到规范性接受的那种主张的合法性。"[1]也就是说，法律首先应具有合法律性，这种合法律性体现为法律的强制力特征，即法律一旦被制定，就应该得到普遍的遵循，否则就会受到惩罚、制裁等否定性评价。同时，法律还应该具有合法性，即法律之普遍的遵循，并不仅仅因为法律的强制，害怕受到惩罚，而是缘于人们对法律的真正认可和内心信服。这也是康德所言的法律是"基于一种普遍的自由法则"，即法律作为强制之法的同时也应是自由之法。那么，这种具备合法律性的实证之法如何同时又是合法之法，哈贝马斯认为，"规则的合法性程度取决于对它们的规范有效性主张的商谈可兑现性，归根结底，取决于它们是否通过一个合理的立法程序而形成——或至少，是否曾经是有可能在实用的、伦理的和道德的角度加以辩护的"。[2]他又进一步表述："强制性的法律要证明其为自由的法律的合法性，不仅必须通过立法过程，而且必须通过特定种类的立法过程。"[3]哈贝马斯所言的特定种类的立法过程就是程序主义的法律范式，其要义在于所有利益相关人只能在理想的话语情境中，以平等商谈的方式，从实用、伦理、道德或法律等角度，通过从公共领域到立法机关循环往复的路径，对法律进行批判性反思与论证，在共识背景下形成的法律规则才兼具事实和规范的有效性，才具备真正意义的合法性。"有效的只是所有可能的相关者作为合理商谈的参与者有可能同意的那些行动规范。"[4]

在程序主义法范式的生成路径中，仅仅依靠商谈原则是无法直接论证其合法性的，还必须具备一些其他的前提条件与基础。在这里哈贝马斯重点讨论了作为横向前提的公民的基本权利体系，以及作为纵向基础的法治国诸原则。

---

〔1〕 ［德］哈贝马斯：《在事实与规范之间——关于法律和民主法治国的商谈理论》，童世骏译，生活·读书·新知三联书店 2014 年版，第 37 页。

〔2〕 ［德］哈贝马斯：《在事实与规范之间——关于法律和民主法治国的商谈理论》，童世骏译，生活·读书·新知三联书店 2014 年版，第 36 页。

〔3〕 ［德］哈贝马斯：《在事实与规范之间——关于法律和民主法治国的商谈理论》，童世骏译，生活·读书·新知三联书店 2014 年版，第 39 页。

〔4〕 ［德］哈贝马斯：《在事实与规范之间——关于法律和民主法治国的商谈理论》，童世骏译，生活·读书·新知三联书店 2014 年版，第 132 页。

　　首先，哈贝马斯认为，既然合法之法只能通过所有可能的相关者以民主商谈的立法程序而产生，那么就必须保证公民的政治参与权、社会保障权、司法保护权等在内的基本权利，这是公民参与商谈、进行民主立法的基本前提和保障。

　　哈贝马斯主要论述了五种基本权利，分别为平等的个人自由权、成员身份权、司法保护权、政治参与权以及社会保障权。平等的个人自由权是人之为人最基本的权利，该权利与康德的普遍法权原则以及罗尔斯的正义第一原则都是一脉相承的，即每个人都有权利获得一种与他人相容的自由，譬如人身权利、财产权利、迁徙自由、选择自由等最基本的个人自由权，它是人们进行商谈与沟通的基本前提。成员身份权是一种区分法律联合体内部成员或国家公民身份的权利，如国籍权利、移民权利或避难权利等。司法保护权是当公民权利受损时能提起诉讼，受到同等的司法保护的权利。譬如基本的诉权、辩护权、请求权等权利。可以说，这三种权利都是指向私人自主，保障私人自主的权利。第一项是主要的，为公民提供一种不加差别的形式意义的自由权利，后两项则是补充性的，将这种形式意义上的权利通过提供成员资格以及平等的司法保护，具体化为实质性权利。第四种权利是政治参与权，它是指向公共自主的，只有公民积极参与政治与法律事务，才能既为立法者又为守法者，实现私人自主与公共自主的联合。第五种权利即社会保障权，是获得特定生活条件的基本权利，即在社会上、技术上和生态上确保前述四种权利得以实现的权利。它属于社会权利，为前述四种权利提供现实的物质和环境条件，正是因为该权利的存在，使得前述权利从理论上的权利变成现实享有的权利。总的来看，哈贝马斯所重构的权利体系是以观察者的视角来预设，然后再基于商谈论的视角来论证。在他看来，不管何种权利，并不来源于道德的赋予和历史的传承，也并不因国家法律的制定而形成，而是源于公民之间互相承认与相互赋予。"公民们若要借助于实证法来合法地调节他们的共同生活，就必须相互承认对方拥有的。"[1]也就是说，只有公民相互承认对方拥有的诸项权利，才能连接私人自主与公共自主，才能使得实证之法同时又是合法之法，进而保障人们稳定的行为预期。同时，他的权利观是超越

　　[1]　[德]哈贝马斯：《在事实与规范之间——关于法律和民主法治国的商谈理论》，童世骏译，生活·读书·新知三联书店2014年版，第144页。

自由主义权利观和共和主义权利观的。自由主义权利观是一种个体至上的权利观，将个体的平等自由等基本权利视为最重要的权利，共和主义权利观则强调权利的社会属性，这两种权利观都存在内在缺陷，前者忽视了个体之间的协作以及对社会的责任，后者则忽视了个体之间的差异。哈贝马斯的权利观则是对自由主义和共和主义的超越，将权利理解为个体相互之间通过商谈而赋予的，从而将个体与社会、私人自主与公共自主较好地弥合起来。

值得注意的是，互相赋予的权利体系是合法之法形成的前提，但是仅有权利是不够的，理论上的权利要成为现实权利，除了提供切实的物质保障之外，还需要将其制度化与法律化。因此，在对权利来源作出商谈论重构之后，哈贝马斯又阐述了如何通过建构现代西方法治国诸原则，解决现代西方的合法性危机，为合法之法的生成提供纵向的制度基础。

现代西方的合法性危机，其本质上是"一种直接的认同危机"[1]，即公民对法律合法性乃至政治制度之正当性的认同感不足，其根源在于公民参与政治决策和法律制定的缺失，具体表现为行政权不断扩大，司法权超越界限，传统分权体制的政治架构遭到削弱，与此同时，一些大型社会组织权力扩张，威胁到国家权力的运行。行政权扩大的主要表征是行政立法权的扩张以及行政自由裁量权的滥用。进入福利国家之后，由于需要通过国家和政府提供各种物质条件来帮助弱势群体实现其权利，必然导致国家权力对私人领域的侵入，原来只具有守夜人意义的国家变成看管人和巡逻警。同时，由于经济和科技的快速发展，大量全新和复杂的社会问题开始出现，如安乐死、克隆、人工智能等，立法机构很难迅速对其作出回应并制定相应的法律。即使有相关条款出台，也多是宣示性和一般性条款，这就为行政机关的自我立法和自由裁量留下了巨大空间。他们往往是自我编程，自己为自己立法，或者以行政合理性原则或比例原则的名义，在法律并未作出授权或没有明确规定之领域，作出各种具体行政行为，从而加剧了政治系统对公民生活世界的侵蚀。与此同时，司法权也开始超越界限，行使本不应由其享有的立法权限。这主要反映在有关基本权利的赋予上，往往通过宪法诉讼由法院决定是否赋予公

---

［1］［德］哈贝马斯：《合法化危机》，刘北成、曹卫东译，上海人民出版社 2000 年版，第 65 页。

民新的基本权利，而不是由议会通过立法来赋予。同时，法院出台的大量法律解释，也成为一种变相的立法，在很大程度上侵蚀了议会的立法权。正是由于行政权和司法权对立法权的僭越，破坏了传统的分权原则，也削弱了立法的民主基础，从而增加了法律的合法性危机。与此同时，以政党和跨国企业为代表的一些大型社会组织对国家的影响力与控制力不断加强，国家因此不得不经常性地卷入与社会组织的谈判之中。政党运用其超强的招募人员能力，以及将正式的政府决策转换成政党背后的秘密协议，并通过对公共领域的工具化来获得行政权力等方式，逐渐发展成为将触角伸展至所有政府部门内部的权力卡特尔，跨国公司更因为其庞大的经济实力影响着政府决策和法律制定。随着这些强势社会团体对国家权力的渗透，因其缺乏行使国家权力的合法性基础，以及相应的责任承担机制，必然会损害国家主权和法治国的基本架构。

为克服这些合法性危机，哈贝马斯提出了现代法治国的基本原则，主要包括四个层面，即人民主权原则、保护个人权利原则、行政合法性原则以及国家与社会相分离原则。人民主权原则是指国家的一切政治权力都来自人民。理想模式是所有公民都能通过平等商谈的方式参与政治决策和法律制定，将自己的意见和主张上升为法律，实现创制者与遵守者的统一。但实践证明这是不可行的，因此从该原则又派生出议会原则，即由议会代表全体公民行使立法权，产生国家意志。保护个人权利原则是指对于公民互相赋予的权利，国家应通过提供各种法律保护，将其制度化并最终转化为现实权利。譬如在立法上应对这些基本权利进行确认，在执法时应保障权利的实现，当权利受损时，司法机关应提供全面的保护与救济。在这里，哈贝马斯重点谈论了"司法机关应受现成法律约束的原则"，即司法权应同立法权和行政权分开，避免自我编程现象的出现，"法院必须在原则上无边界的法律公共领域面前为自己的判决辩护"。[1]同时，为保障对基本权利的司法保护，司法机关还应遵守加强司法独立运作的其他一些原则。行政合法性原则是针对福利国家不断扩张的行政权力而提出的。一般而言，行政机关只是执行法律的机构，自身并不具备为其行政决定作出规范性前提的资格。但随着社会问题的复杂化，

---

〔1〕［德］哈贝马斯：《在事实与规范之间——关于法律和民主法治国的商谈理论》，童世骏译，生活·读书·新知三联书店 2014 年版，第 210 页。

行政机关也被赋予一定程度的立法权，即制定行政法规和规章的权力。但是，这种立法权是受到限制的权力。"行政权力，如果它的使用是为了建立和组织法律的制定与运用，它就是在发挥可能性条件的作用。"[1]也就是说，行政合法性原则要求行政机关必须在法律明确授权的范围之内行使立法权，其目的是具体地实施法律，而不能随意地创设行政法规。同时，行政合法性原则要求行政权力的运行必须合法，公民拥有对抗国家机器的自由抗拒权，行政机关的每一个行政行为，都可以成为公民起诉的对象。法治国的第四个原则是国家与社会相分离原则，该原则是为了应对日益膨胀的社会组织对国家权力的侵蚀，它表现为直接的对于行政权力的影响或是间接的控制性干预。因此，该原则要求国家权力应与社会权力保持一定距离，国家不应干扰社会自治，同时，社会权力也不应干预国家权力的正常运作，社会组织不应利用社会权力将自身利益凌驾于公共利益之上。作为"公器"的国家权力应由公民集体或授权代表行使，而不能沦为党派或企业等社会组织的附庸。基于此，哈贝马斯提出议员必须定期选举，行政机关领导应为下属作出的决定承担相应的责任，以及议会应积极行使监察权与弹劾权。

公民互相赋予的权利为合法之法的生成提供了横向的权利基础，法治国诸原则从国家权力的层面为合法之法的生成提供了纵向的制度基础，在此基础之上，哈贝马斯阐述了他所建构的程序主义法范式的两个具体阶段，即合法之法形成的具体路径。哈贝马斯认为，合法之法必须经过特定的立法程序生成，这种特定的立法程序包括两个循环往复的阶段过程，即公共领域的非建制化商谈和议会的建制化商谈。其实在哈贝马斯的法治国诸原则中，人民主权原则已经揭示了他的理论意图。所谓人民主权，要求一切国家权力都来自人民的意志，这就必然需要在公共领域进行广泛商谈，普遍地征集民意，使国家权力建立在人民的沟通权利之上。但是，在政治实践中，要求所有利益相关人都参与立法商谈是不现实的。因此在公共领域的非正式商谈基础之上，还必须由人民授权组成议会，代表人民进行正式的立法商谈，形成最终的政治意志。

---

[1] ［德］哈贝马斯：《在事实与规范之间——关于法律和民主法治国的商谈理论》，童世骏译，生活·读书·新知三联书店2014年版，第212页。

对于公共领域哈贝马斯有过较多论述，[1]在他看来，现代意义的公共领域是指公共意见形成和发展的场所，是沟通政治系统与生活世界的中介。"所谓公共领域，首先意指我们社会生活的一个领域，在该领域中能够形成公共意见。"[2]并且，"资产阶级公共领域对其功能的自我理解具体表现为公众舆论范畴"。[3]公共领域在本质上属于市民社会，它是市民社会的基本要素和重要载体。根据哈贝马斯的阐述，公共领域是一个高度复杂的网络，按照空间、内容、交往密度、组织复杂性与涉及范围等不同的标准可以分为不同的种类。[4]随着科学的进步和技术的发展，大众传媒逐渐成为公共领域的主要传播媒介，特别是连通世界的互联网成为大众传媒的重要组成部分，也成为社会公众发表政治意见的重要平台。

公共领域的商谈是合法之法生成的第一阶段，其特征主要表现为：第一，公共性与多元性。阿伦特指出："在公共领域中展现的任何东西都可为人所见、所闻，具有可能最广泛的公共性。"[5]立法商谈的公共领域是公共性的实践场所，商谈的主体来源于市民社会，只要能表达自己意见的人都具有商谈资格。商谈的目标是公众感兴趣的开放性议题，只要不违反法律或必要的政治意识形态，任何议题都可以进行商谈。同时，由于参与个体的知识背景、兴趣方向以及沟通能力的差异，商谈内容和商谈方式也必然呈现多元化趋势。第二，独立性与自由性。独立性体现为公共领域的商谈独立于政治系统，参与商谈的主体不受政治系统的干扰与影响，公共意见的形成只是来源于个体的自我认知和自我体验。尤其当前互联网成为重要的商谈平台，网络的私密性和匿名性也决定了公共领域立法商谈的私人性与独立性。同时，公共领域

---

[1] 从历史源流来看，哈贝马斯认为公共领域经历了三种形式的演变，第一种形式起源于古希腊的城邦制度，专指城邦公民的政治生活。第二种形式来源于中世纪欧洲封建社会，它并不是政治生活领域，而是一种代表型公共领域。第三种形式是指随着资本主义经济的发展，而出现的现代资本主义公共领域，这也是哈贝马斯重点讨论的形式。参见［德］哈贝马斯："关于公共领域问题的答问"，载《社会学研究》1999年第3期。

[2] ［德］哈贝马斯：《公共领域》，载汪晖、陈燕谷主编：《文化与公共性》，生活·读书·新知三联书店1998年版，第125页。

[3] ［德］哈贝马斯：《公共领域的结构转型》，曹卫东等译，学林出版社1999年版，第107页。

[4] ［德］哈贝马斯：《在事实与规范之间——关于法律和民主法治国的商谈理论》，童世骏译，生活·读书·新知三联书店2014年版，第460页。

[5] ［美］汉娜·阿伦特：《人的条件》，竺乾威等译，上海人民出版社1999年版，第38页。

商谈也具有高度的自由性。参与主体在遵守国家法律的前提下可以自由发表意见与建议，无须严格依循商谈规则，也没有繁琐必备的商谈程序，甚至没有时间与空间的限制。第三，批判性。批判性是公共领域商谈的重要特征，也是公共意见的本质属性。公共领域的商谈由于拥有充分的独立性和自由性，可以对立法过程产生影响与进行监督，仿佛国家政治系统的"共振板"，汇聚、吸收和放大来自生活世界的意见，促使政治决策和法律形成能够对纷繁复杂的社会问题和公众意见保持必要的敏感性。第四，弱影响性。公共领域的商谈虽然基于上述特征为公众提供了意见交流的平台，对政治决策和立法过程施加一定的影响，但是它的公共性会导致商谈内容的非专业性，多元化也会导向商谈的个人利益化，独立性与自由性则会导致商谈的分散性和随意性，从而降低商谈的质量与水准。

议会商谈是合法之法生成的第二阶段，是在公共领域商谈的基础上，对公众意见进行审思过滤，形成正式的政治意志的过程。与公共领域商谈相比，议会商谈具有不同的特征：第一，商谈的主体与内容不同。公共领域的商谈主体具有广泛性，只要能表达自己意见的人都具备商谈资格。因为其主体来源的广泛性，导致商谈的内容呈现弥散化特征。每个个体基于不同的生活环境、知识背景或兴趣爱好，其关注的议题存在很大差异，他们往往会对与自己生活联系更为紧密的公共议题产生兴趣。但是议会商谈的主体仅限于具有特殊身份的议员或人民代表，由他们对汇集的公众意见进行再次商谈。议会商谈的内容与主题也因此更为集中，一般是针对当前公众普遍关注的问题，进行立法方面的商谈与论证。第二，商谈的方式与类型不同。在基本的商谈规则方面，公共领域与议会商谈都是一致的，都应在"理想的话语情境"中按照商谈规则进行。但是公共领域的商谈方式比较自由，没有时间与空间限制，也不会受到过多程序的约束。议会商谈则相对更为严谨，一般均在指定的场合和事先商定的时间进行，同时也会受到相关程序如议事规则的约束。在商谈类型方面，议会商谈比公共领域商谈的类型化划分更为明显，根据哈贝马斯的理论，议会商谈是一种论证性商谈，具体可以包括道德商谈、法律商谈、伦理商谈、实用商谈以及作为特殊形式的谈判等。这些商谈类型交织在一起，需要同时予以考量。第三，商谈的效果不同。公共领域的商谈由公众发起，所表达的政治意见往往是从个人生活和情感体验出发，具有明显的非理性特征。议会商谈则由社会精英发起，相对于普通公众，他们具有更强的知识背景与参政经验，商谈效果因此更具专业化与理性化。更为重要的是，公共领域商谈虽可以汇集来自生活世界的意见并传导至立法机关，但其最终形成的仍然是非正式的政治意见。议会商谈则属于国家权力的运作方式，通过严格的规则与程序，最终形成的是正式的政治意志，即形成为所有人普遍遵循的法律规则。

当然，哈贝马斯所言合法之法生成的两个阶段，并不是截然分开的，而是循环往复的商谈过程。公共领域的商谈汇聚公众意见，对议会商谈形成基础性前提；议会商谈对公众意见进行慎思明辨，提炼其中合理与规范的内容，并将商谈结果重新反馈至公共领域，接受公众的检验、质疑与批判。因此，立法主体其实并不能简单归结于公众或议会，而是由公众与议会所组成的循环往复的商谈之网。"人民主权不再集中于一个集体之中，不再集中于联合起来的公民的有形的在场，或者他们聚集起来的代表，而是实现于具有理性结构的协商和决策之中。"〔1〕正是通过这种循环往复的商谈结构与立法程序，合法之法得以产生，人民主权实现了对国家意志的融合与掌控。

总之，哈贝马斯的程序主义法范式理论，是为了克服西方福利国家的现代化危机以及合法性危机而提出的。它以作为国家法治建设理想图景的法治范式为切入点，对形式法范式和福利法范式进行了深刻的批判与反思，提出合法性危机的解决之道在于构建一种特定种类的立法程序，即程序主义法范式。这种程序主义法范式要求公民以语言为媒介，在理想的话语情境中进行平等协商与充分讨论，使非建制化的政治意见形成与建制化的政治意志形成保持良性互动，从而产生合法之法。并以此为脉络，实现个人与群体之整合、私人领域与公共领域之整合、生活世界与系统之整合、市民社会与政治国家之整合、人权与人民主权之整合、事实性与有效性之整合等。由此可见，哈贝马斯所建构的程序主义法范式，背后隐含着颇为宏大的目标，他意欲通过合法之法全方位重构现代社会的价值，解决西方国家的现代化危机与合法性危机，拯救现代民主和法治，拯救现代社会。

---

〔1〕　［德］哈贝马斯：《在事实与规范之间——关于法律和民主法治国的商谈理论》，童世骏译，生活·读书·新知三联书店2014年版，第168页。

第二章　中国法治范式的梳理与反思

对范式的基本理论以及哈贝马斯的程序主义法范式进行详细阐述之后，我们的视线有必要回到自己身上，即寻找程序主义法范式对于中国法治进程可能具有的借鉴意义。通过对形式法范式与福利法范式的反思与批判，哈贝马斯构建了程序主义法范式理论，他认为近代西方法治发展经历了从形式法到福利法的范式转换，但两者都存在内在缺陷，只有建立新的程序主义法范式理论，才能解决西方法治的合法化危机。纵观改革开放以来我国的法治发展进程，毋庸置疑取得了举世瞩目的成就，但仍然存在诸多问题与不足。虽然国情不同，但与哈贝马斯所描述的特征仍然存在许多相似之处。我国的法治发展虽然未必经历了从形式法范式到福利法范式清晰而明显的转换，但是改革开放四十多年中，对形式法范式和实质法范式的追求，始终是我国法治建设的重要目标与宗旨。因此，我们有必要回顾改革开放以来法治发展的历程，对这一历史时期法范式的类型进行梳理与概括，以更好地指导和推进未来的法治建设。因此，本书将首先揭示形式法范式和实质法范式的基本特征，进而通过回顾改革开放至今我国法律制定与实施的发展历程，总结其内在规律和发展趋势，试图阐明在不同的领域内，我国的法治建设都经历了追求形式法范式和实质法范式的阶段，但形式法范式没有完全建立，实质法范式也没有成型，最终并未形成统一明确的法治范式，由此引发法治理论与实践中的诸多问题。要走出这种困境，我们应以习近平法治思想为指导，吸收传统法律文化资源，立足法治发展实践，借鉴哈贝马斯的程序主义法范式理论，建构符合中国国情的法治范式。

第一节　形式法范式与实质法范式的基本特征

哈贝马斯曾根据时间顺序，将近代西方资本主义国家的法治发展历程分为两个阶段：形式法范式与福利法范式。形式法范式是在自由竞争资本主义时期，占据主导地位的法治范式，是以追求法的形式合理性，实现形式正义为主旨的法治；福利法范式是在进入垄断资本主义时期，特别是西方资本主义国家成为福利国家之后，占据主导地位的法治范式，是以关注社会福利保障，追求法的实质合理性为主旨的法治，它本质上属于实质法治。哈贝马斯将其称为法律的实质化，"反思性法律之于程序主义法律范式，类似于形式法之于自由主义法律范式、实质法之于福利国家法律范式"。[1]

一、形式法范式的代表性理论

形式法范式本质上属于形式法治，其源流在近代西方可以追溯到 19 世纪后期英国宪法学者戴雪。戴雪提出了法治三原则，即法律至上原则，任何人都是法律的臣民；任何人的权利义务都必须交由法院审决原则；个人权利是宪法产生的渊源原则。[2]上述法治三原则充分彰显了形式法治的精神，譬如在历史上第一次明确提出"法的统治"（rule of law），任何人都必须遵守法律，对于反对封建特权，保护公民权利具有重要的开创意义。同时，戴雪所强调的法律面前人人平等，主要着眼于形式意义上的平等，即保护公民免于不当干预的消极自由与权利。

戴雪之后，有很多法学家从不同角度阐述了形式法治的思想。在英美法系国家，英国实证主义法学派代表人物拉兹也提出过形式法治的概念及其原则，在他看来，法治并不等同于良法之治，"我们没必要皈依法治，因为我们发现：信仰法治就等于相信正义必胜……不能将它与民主、平等、人权等价

---

〔1〕　［德］哈贝马斯：《在事实与规范之间——关于法律和民主法治国的商谈理论》，童世骏译，生活·读书·新知三联书店 2014 版，第 507 页。

〔2〕　参见［英］戴雪：《英宪精义》，雷宾南译，中国法制出版社 2001 年版，第 232-245 页。

值相混淆……"〔1〕也就是说，拉兹认为法治并不必然包含民主、平等、人权等价值理念，法治只是法律的一种工具性优点，而不是内在的道德优点。换言之，法治只是人们生活与交往的工具，是一种工具性美德，而非伦理性美德。就像尖刀，既可以用来自卫，也可以用于谋杀。可以看出，拉兹的法治观是一种典型的形式理性的法治。富勒曾提出法律的道德性应包括内在道德与外在道德，其中法律的内在道德具有以下特征：一般性、公布或公开、可预期、明确性或清晰性、无内在矛盾、可遵循性、连续性与一致性等，这些特征正是法律在形式上应当具有的道德品质，即形式法治的要求。〔2〕罗尔斯也认为法治意味着形式正义，"形式正义的概念，即有规则和无偏见地实施公开的规则，在适应于法律时就成为法治"。〔3〕他的法治诸原则也有明显的形式法治的表征，譬如，不提出不可能履行的义务；类似情况类似处理以及法无明文规定不为罪等。菲尼斯的法治原则与富勒的比较相似，他认为法律规则应具备以下特征：可预期与不溯及既往的、能够被遵循的、公布或公开的、清楚明确的、相互协调的、稳定性、一般性等，〔4〕虽然他主张自然法对实在法的指导意义，但又认为自然法并不能动摇实在法的效力，因此即便是不正义的法律，公民仍然有服从的义务。〔5〕可以看出，菲尼斯虽然重视自然法的作用，但更为强调公民服从制定法的普遍义务，其法治思想仍然是偏重形式意义的。昂格尔将法律分为三种类型：不具有公共性的习惯法，具有公共性与实在性的官僚法以及近代形成的"法律秩序"，这种法律秩序等同于法治，自治性是其重要特征，主要包括区别于宗教与道德的实体自治、秉持司法独立的机构

---

〔1〕 ［英］约瑟夫·拉兹：《法律的权威——法律与道德论文集》，朱峰译，法律出版社2005年版，第184页。

〔2〕 参见［美］富勒：《法律的道德性》，郑戈译，商务印书馆2005年版，第55–111页。

〔3〕 J. Rawls, *A Theory of Justice*, Harvard University Press, 1971, p. 235.

〔4〕 ［美］约翰·菲尼斯：《自然法与自然权利》，董娇娇等译，中国政法大学出版社2005年版，第231页。

〔5〕 菲尼斯指出："如果不正义的规定事实上在形式渊源上与其他法律同质，并由法院、官员和公众所接受，那么良好的公民可以在道德上被要求遵守该规定，以达到避免削弱'法律'即整个法律制度所需的程度，统治者仍然有责任撤销而不是执行他的不正义的法律……"具体论述参见 J. Fninis, *Natural Law and Natural Rights*, Clarendon Press, 1980, p. 361.

自治、具备独特推理与论证方式的方法自治以及职业共同体自治。[1]可以看出，昂格尔关于法律秩序的描述，也属于形式意义的法治。伯克利学派的代表人物诺内特和塞尔兹尼克将法律分为三种类型，即压制型法、自治型法与回应型法。[2]"自治型与回应型法，分别符合形式法治与实质法治的特征。自治型法与回应型法之间的关系，也类似形式法治与实质法治之间的关系。"[3]其中，自治型法的主要特点在于：第一，自治型法主张法律与政治的分离。既强调消除法律对政治的从属以及减少政治对法律的干扰，同时也通过限制法律机构的主动性与创造性，减少法律对于政治系统的侵入。第二，主张立法权、司法权、行政权应保持各自的界限。第三，主张规则之治与程序正义，规则是前提，程序是中心。强调规则的制定与服从，遵守法律体现为严格遵守国家制定法，通过法定程序解决争端，实现形式上的正义，而非实质正义。可以看出，自治型法是与形式法治的特征相吻合的，其实就是一般意义上我们所讲的法治秩序。[4]它的目标在于形成一种法律之治而非少数人的统治。日本学者田中成明将法律分为普遍主义式、管理式与自治式，[5]其中普遍主义法律强调法律的普遍性、独立性与形式性，崇尚法律至上的理念，应属于形式法范式的类型之中。在大陆法系国家，马克斯·韦伯是形式法范式的主要代表人物，他将法治范式划分为四种类型：形式理性的法、实质理性的法、形式非理性的法和实质非理性的法。[6]其中形式理性的法强调基于一般性与普遍性之上的法的形式合理性，实质理性的法强调基于道德或政治原则的法的实质合理性。形式非理性虽有形式意义的规则，但却以神明裁判替代规则，实质非理性则最缺乏理性，既不制定规则，也不遵循规则。这四种类型中，韦伯认为

---

〔1〕　参见［美］R. M. 昂格尔：《现代社会中的法律》，吴玉章、周汉华译，凤凰出版传媒集团、译林出版社 2008 年版，第 43 页。

〔2〕　参见［美］P. 诺内特、P. 塞尔兹尼克：《转变中的法律与社会：迈向回应型法》，张志铭译，中国政法大学出版社 2004 年版。

〔3〕　高鸿钧等：《法治：理念与制度》，中国政法大学出版社 2002 年版，第 771 页。

〔4〕　郑成良认为，法律的形式合理化与法治主义之间存在内在的关联。尤其在司法领域中，必须坚持形式合理性优先的原则。具体论述参见郑成良：《法律之内的正义——一个关于司法公正的法律实证主义解读》，法律出版社 2002 年版，第 147 页。

〔5〕　［日］田中成明："法的三类型模式"，季卫东译，载《中外法学》1989 年第 4 期。

〔6〕　［德］马克斯·韦伯：《法律社会学》，康乐、简惠美译，广西师范大学出版社 2005 年版，第 29 页。

形式理性的法最为重要，它包括规则合理性、选择合理性与科学合理性三个向度，是资本主义发展的内在动力和基本模式。总之，韦伯主要是按照形式合理性的观点，以一种价值中立的视角来考察法律的，重在阐释形式理性法律在现代社会的合理性与不可避免性。

在我国，也有不少学者阐述过形式法范式的观点及其意义，其中具有代表性的如陈金钊认为，坚守形式法治对中国法治建设具有特殊意义，形式法治能够以法律的明确与权威限制权力的恣意，抑制实质思维的张扬，进而提升法律人的能力。形式法治的思维方式是法治的基础，实质法治只是一种纠偏措施，是为了缓解形式法治的机械适用而采取的补充性的方法。[1]魏治勋认为，形式法治是由法律的本质和特性决定的，只有坚持形式法治，才能增强法律的权威性、合法性与正当性。[2]黄文艺也主张为形式法治理论辩护，他认为当下中国的法治建设更需要形式法治。在理论层面，形式法治论具有更大的适用范围，有助于廓清法治价值与其他社会价值之间的理论混淆。在实践层面，形式法治论所强调的形式性与程序性制度设计，是当前中国法治建设的亟需任务，可以为法律追求的实体性价值提供保障与前提。同时，形式法治更容易践行，也更容易获得民众支持及认可。[3]

二、实质法范式的代表性理论

西方资本主义国家在经济领域由自由竞争转向福利国家之后，法治理论与实践也相应地从形式法范式到实质法范式转变。但实质法范式的理论源远流长，在西方最早可以追溯到古希腊的亚里士多德，他关于法治的经典定义中就包含着丰富的实质法治思想："法治应包括两层含义，已经成立的法律应得到普遍服从，而这种得到普遍服从的法律本身又应该是制定的良好的法律。"[4]亚里士多德认为，能促进城邦正义和道德的法律才是良好的法律，而

---

〔1〕 参见陈金钊："魅力法治所衍生的苦恋——对形式法治和实质法治思维方向的反思"，载《河南大学学报（社会科学版）》2012 年第 5 期；陈金钊："对形式法治的辩解与坚守"，载《哈尔滨工业大学学报（社会科学版）》2013 年第 2 期。

〔2〕 魏治勋、彭宁："形式法治及其中国关怀"，载《学习与探索》2014 年第 7 期。

〔3〕 黄文艺："为形式法治理论辩护——兼评《法治：理念与制度》"，载《政法论坛》2008 年第 1 期。

〔4〕 ［古希腊］亚里士多德：《政治学》，吴寿彭译，商务印书馆 1983 年版，第 199 页。

良法是普遍遵守的前提，即实质法治是实现形式法治的前提。在近代，比较有代表性的实质法治理论是 1959 年印度德里国际法学家大会上通过的《德里宣言》，该宣言认为"在自由社会，法治不仅保障和促进个人的公民与政治权利，且应确保个人合法期望与尊严得以实现的社会、经济、教育和文化条件"。[1] 1961 年在尼日利亚拉格斯举行的国际法学家大会中，又重申了上述观点。1962 年、1965 年及 1966 年的大会又在此基础之上，将消除贫困、饥饿与失业以及人权的保护作为与法治相关的内容。可以看出，这种实质性法治观不仅将法治与价值联系起来，而且还倡导创造必需的物质条件以保障上述价值的实现。

自然法学派因其自然法思想之故，大多持实质法治观，他们所理解的法治往往就是一种自然之治，即理性、正义或道德法则所构成的自然法效力应高于国家制定法，当两者发生冲突时，应优先适用自然法。德沃金的法治思想是其中比较有代表性的。德沃金将法治观分为规则手册（rule-book）法治观与权利法治观，规则手册法治观认为只有严格依据事先颁布的规则，政府才能对公民个人行使权力，这本质上属于形式法治的范畴，强调对国家权力的约束与管控。权利法治观则认为公民拥有道德上的权利，以及对抗政府的政治权利。法治就是通过准确的个人权利公共观念进行统治的理念。[2] 权利法治观是一种实质意义上的法治观，德沃金是赞同这种观点的，他认为法治就是一种以权利为本位的司法裁判理论，并且，他特别强调道德权利的地位。"个人具有反对国家的道德权利……个人有权利保护自己免受大多数人侵犯，即使是以普遍利益为代价也是如此。"[3] 特别是在司法判决中，如果道德权利与法律权利发生冲突时，法律权利应让位于道德权利。"这两种权利的冲突，都以道德权衡为根据，在某些极端情况下，允许法官以道德权利推翻法律权利来解决此冲突是适当的。"[4] 同时，他认为在司法裁判中广泛应用的法律原则，其本质上就是道德原则，即作为社会制度和法律制度基础与本源的道德

---

〔1〕　参见张文显：《当代西方法学思潮》，辽宁人民出版社 1988 年版，第 424—426 页。

〔2〕　Ronald Dworkin, *A Matter of Principle*, Harvard University Press, 1985, pp. 11- 14.

〔3〕　[美]罗纳德·德沃金：《认真对待权利》，信春鹰、吴玉章译，中国大百科全书出版社 1998 年版，第 198 页。

〔4〕　Marshall Cohen ed, *Ronald Dworkin and Contemporary Jurisprudence*, Totowa-New Jersey, 1984, p. 275.

原则。道德原则以及道德权利在德沃金的权利法治观中，占据着重要地位，这也表明了德沃金的法治观属于实质法范式的范畴。

美国学者莫尔的法治概念中，包含有明显的实质性因素："分权、平等与形式正义，自由与事先规定，实质公正，程序公正，有效的审判等。"[1]他的法治观注重平等与程序等形式要素，但也强调实质公正与结果取向，认为能够满足公众预期，产生更好结果的法治就是可取的。佩雷尔曼的新修辞学理论中也富含实质主义的法治观。在其修辞学理论中，法律正义观占据着重要地位，其理论旨趣就是研究如何实现正义，寻找为人们所普遍接受的法律论证理论。佩雷尔曼曾对形式正义作出界定："所谓的形式正义或抽象正义，就是对相同本质类属之成员应当相同对待的行为准则。"[2]但如何界定其本质，如何划分同类、异类的标准，却陷入困境。佩雷尔曼发现，形式正义并不包括价值判断，但在法律适用中需要比较两种情形譬如两个判例时，必须运用价值判断，但法官和当事人的价值判断是不同的，而不同价值判断的适用以及冲突必然涉及实质正义。也即，佩雷尔曼的正义法治观虽然力图从形式正义出发，但最后发现正义的界定标准离不开价值判断，而这种最终落脚于多元价值判断的法治观念，本质上属于实质法治的领域。A. 丹库教授的实质法治观则主要体现在对现代福利国家公民权利的实现方面。他认为，在福利国家中，公民权利已经从期待免受国家干预转变为期待国家提供各种条件以真正实现权利内容，国家的职责从消极的保护公民自由不受侵害，转变为积极的为实现公民自由而努力。这种从消极自由转变为积极自由的权利可称为"社会权"。保障这种社会权的实现，正是现代福利国家的重要任务。[3]在诺内特和塞尔兹尼克的法律类型划分中，回应型法应属于实质法治的领域。回应型法的主要特征在于其回应性、开放性、能动性与灵活性，试图通过高效的政治与法律制度设计，回应特定社会需求，实现特定社会目的，成为服务于社会变化与调整的工具。在日本学者田中成明的法律三类型划分中，管理式法

---

[1] M. S. Moor, "A Natural Law Theory of Interpretation", *Southern California Law Review*, vol. 58, 1985, pp. 227-398.

[2] [比]佩雷尔曼：《旧修辞学与新修辞学》，杨贝译，郑永流主编：《法哲学与法社会学论丛·2005年卷（总第8期）》，北京大学出版社2005年版，第36页。

[3] 具体论述参见[意]莫诺·卡佩莱蒂编：《福利国家与接近正义》，刘俊祥等译，法律出版社2000年版，第325页。

律由公共权力机关制定，主要是作为实现特定的政治和社会经济政策目标的管理手段，强调对社会的回应功能，也属于实质法范式的范畴。[1]

在我国，也有不少学者主张实质法范式和实质法治。如邵建东通过探讨德国法治国家的发展历程，提出"法治国家的概念和原理具有普适性，中国应当采纳国际通行的法治国家的理念和标准。形式上的法治国家概念固然具有认识价值和重要性，但实质上的法治国家才是中国法治国家建设的终极目标"。[2]王峰峰等认为"从形式法治走向实质法治是我国法治化建设的必由之路，也是现代宪政国家尊重和保障公民权利的必然要求"。[3]喻义东则立足于我国各民族的不同特征，提出实质法治是实现民族和谐的法律基础。他认为实现民族和谐，关键在于法治的发展，而法治发展的方向与进程即是从形式走向实质。[4]江必新则将形式法治与实质法治统合起来，他认为实质法治本身就包含形式正义的理性因素和实质正义的价值追求，中国的法治之路应该是一条"经由形式正义的实质法治之路"。[5]李桂林的观点与其有异曲同工之妙，他认为实现实质法治是中国法治发展的必然选择，只有实质法治观才能代表法治理想、达成法治的目标。但同时实质法治不是与形式法治相对立的概念，它不反对形式法治的基本要求，只是在其基础上加入了对法治实质内容与实质价值的要求。[6]

三、形式法范式与实质法范式主旨之比较

在梳理中西关于形式法范式与实质法范式的代表性理论之后，我们可以从法律的地位、功能与价值等方面出发，对形式法范式与实质法范式的主旨作比较。

---

[1] ［日］田中成明："法的三类型模式"，季卫东译，载《中外法学》1989 年第 4 期。

[2] 邵建东："从形式法治到实质法治——德国'法治国家'的经验教训及启示"，载《南京大学法律评论》2004 年第 22 期。

[3] 王峰峰、郭庆珠："从形式法治走向实质法治：我国法治转型现实课题的法理解析"，载《社会科学家》2005 年第 3 期。

[4] 喻义东："从形式法治走向实质法治——对我国民族和谐的法律基础的考量"，载《黑龙江民族丛刊》2007 年第 2 期。

[5] 江必新："严格依法办事——经由形式正义的实质法治观"，载《法学研究》2013 年第 6期。

[6] 李桂林："实质法治：法治的必然选择"，载《法学》2018 年第 7 期。

（一）法律的地位不同：法律至上原则的不同表征

法律在社会生活中的地位如何，形式法范式与实质法范式的主张是截然不同的。形式法范式强调法律至上原则，主张国家制定法在社会生活中具有最高权威，任何组织与个人均应在法律范围内活动，任何权力包括政府与社会组织的权力都必须从属于法律，受法律制约。《布莱克法律辞典》中关于法治的定义即是一种形式意义上的界定，其认为法治"是由最高权威认可颁布的并且通常以准则或逻辑命题形式出现的，具有普遍适用性的法律原则……它要求法官制定判决时，只能依据现有的原则或法律而不得受随意性的干扰或阻碍"。[1]法律至上原则意味着法律在终极意义上具有导向和规制公众行为的力量，它所要求的公众对法律的服从，本质上是一种非人格化的对形式性规则的普遍服从。在这里，人们所遵从的只是法律，而不是制定或适用法律的官员。由此，权力制约必然是法律至上原则的核心因素。[2]政治权力与法律，何者处于支配地位，是衡量传统型统治与现代合法型统治的重要标志。[3]传统型统治是一种人格化的统治，与之相连的是臣民对统治者的人身依附。现代型统治则是非人格化的治理，强调的是公众对形式化法律的遵守，这种非人格化的服从，不仅使法律的权威具有至上性和独立性，而且使法律的权威具有稳定性和一般性。[4]在现代法治国家，法律至上原则应主要表现为宪法至上与司法至上。宪法至上意味着宪法作为国家的根本大法，在法律体系中占据最高地位，成为评判政府和个人行为的最高准则。司法至上则表明司法应成为解决社会矛盾争议的最终方式，任何争端，特别是政治权力的斗争都应通过司法程序以合法的方式解决，而非诉诸暴力或其他方式。

---

〔1〕 Bryan A. Garner, *Black's Law Dictionary 10th Edition*, Thomson West, p. 1196.

〔2〕 昂格尔认为，强调法律对权力的制约是很重要的，因为它是法学理想的一个关键性的要件。"无论这些规则是作为限制行政机关的工具，还是作为审判中的实质选择而发挥作用，法律规则的普遍性和适用的一致性将使对特定个人行使权力的人们很难把自己的工作变为谋取私利的工具。"具体论述参见［美］R. M. 昂格尔：《现代社会中的法律》，吴玉章、周汉华译，凤凰出版传媒集团、译林出版社 2008 年版，第 167 页。

〔3〕 传统型统治建立在一般的相信历来适用的传统的神圣性和由传统授命实施权威的统治者的合法性之上；合法型统治建立在相信统治者的章程所规定的制度和指令权利的合法性之上，他们是合法授命进行统治的。具体论述参见［德］马克斯·韦伯：《经济与社会》（上卷），林荣远译，商务印书馆 1997 年版，第 230 页。

〔4〕 王人博、程燎原：《法治论》，广西师范大学出版社 2014 年版，第 178 页。

与形式法范式不同，实质法范式并未视国家制定法为政治和社会生活中的最高准则与最高权威，而是认为制定法之上还存在更高的准则，这种准则不是制定法本身所具有的，而是外在于制定法的体现社会主流价值的一些正义原则或道德规范。正如《牛津法律大辞典》中所称，法治是指"所有的权威机构都要服从的某些原则，如正义的基本原则、道德原则、公平与合理诉讼程序的观念，它表达了法律的各种特性，含有对个人的至高无上的价值观念和尊严的尊重……"[1]这些所谓正义的基本原则、道德原则、公平与合理诉讼程序的观念，是通过国家制定法表现出来的，是检验制定法合法与否的最终判准，因此也必然是公众应该遵守的最高权威与至上原则。对于与其相违背的制定法，立法与司法机构有义务予以纠正，普通民众也拥有不服从的权利。因此，对于实质法范式而言，也强调法律至上原则，但这里的法律并不是国家制定法，而是通过制定法得以表达，效力超越制定法的自然法则、正义原则或道德观念等实质性价值。

（二）法律的功能不同：自治与回应，被动与主动

法律的功能应当是自治的、被动的、消极的抑或是回应的、主动的、积极的，这是形式法范式与实质法范式的另一个重要区分。形式法范式主张法律自治，它主要包括实体自治、机构自治与职业自治。第一，实体自治即内容上的自治，指法律应与政治、道德、宗教等保持适当距离。换言之，法律应自成系统，并有其自身运行的独特规律。虽与政治经济等系统有关联，但自身却能始终保持一个循环封闭的闭合式体系，正如托依布纳所言，法律本质上是一种超循环闭合的自创生系统。[2]卢曼也认为"法律只是作为功能分化的社会系统中的一个子系统，每一个子系统之间都只能自我指涉、自我导控与自我调节"。[3]第二，法律机构应是自治的，法律机构自治要求法律制定和运行的机构保持分离，立法机关、司法机关与执法机关各自拥有不同的职能，在保持一定制约的情况下应各行其道，独立运转，正如昂格尔所说，"即使对法

---

〔1〕　[英] 戴维·M. 沃克：《牛津法律大辞典》，李双元等译，法律出版社 2003 年版，第 790 页。

〔2〕　参见 [德] 贡塔·托依布纳：《法律：一个自创生系统》，张骐译，北京大学出版社 2004 年版。

〔3〕　[德] 卢曼："法律的自我复制及其限制"，韩旭译，载《北大法律评论》第 2 卷第 2 辑，法律出版社 1999 年版，第 446-469 页。

治的最狭隘的理解，也必须区分立法、行政和司法的不同工作程序"。[1]特别是，行政权力不能干涉立法与司法。在哈贝马斯的法治国诸原则之中，行政合法性原则就揭示了法律自治与权力分立的核心。该原则要求行政权不能干涉立法权，行政机关不能为自我编程，执法的合法性只能来源于立法机关制定的法律，这是行政权力获得合法性的规范性前提。同时，获得授权的行政权亦不能干涉司法权运行。第三，法律自治还体现为法律的职业自治。法律组织职业化原则，是法治形式化的基本原则之一。[2]法律组织的职业化，意味着具备职业理念、职业技术、职业素养、职业伦理的法律职业共同体的形成与发展。它主要包括两个方面，即专门化与技术化。专门化指法律职业是具有特殊性与独立性的职业，需要职业化的机构和职业化的人员。技术化则是实现专门化的基础，法律是一门复杂的科学，由高度专业化的技术所构成。无论是创制法律还是实施法律，都需要具备法律的批判性思维，精通相应的部门法知识，熟练掌握法律推理、论证、解释等基本的法律方法。在这个意义上，法律职业的自治也是法律方法的自治。不管是法律推理、法律论证还是法律解释，都必须具备自身的风格，有别于伦理、经济或政治等其他领域内的理论与实践的论证方法。

形式法范式不仅强调法的自治性，同时强调法的消极性与被动性。形式法范式主张政治国家与市民社会、公共领域与私人领域、公法与私法的界分。在对上述概念进行明确划分的基础上，形式法范式的主张是，强调通过私法调整市民社会，从而保障属于私人领域的公民个人的消极自由。这种消极自由，所确保的是消极地划出界限从而使得个人能够追求自己利益的最大空间，即实现一种个人自决。充分确保个人自决的——其意思是做自己愿意做的事情的消极自由——的途径，是人身权利和各种其他权利免受侵权的法律保障。[3]同时，形式法范式也强调通过公法调整政治国家，约束政治权力，但最终仍然是保障私人领域和消极自由不受公共领域的侵犯。在这里，法律特别是司

---

[1] [美] R. M. 昂格尔：《现代社会中的法律》，吴玉章、周汉华译，凤凰出版传媒集团、译林出版社 2008 年版，第 150 页。

[2] 王人博、程燎原：《法治论》，广西师范大学出版社 2014 年版，第 190-195 页。

[3] [德] 哈贝马斯：《在事实与规范之间——关于法律和民主法治国的商谈理论》，童世骏译，生活·读书·新知三联书店 2014 年版，第 493 页。

法发挥着消极而被动的作用，其目标是形成一种最低限度的国家，以最大化地保障公众权利。

与形式法范式不同，实质法范式更为注重法律发挥开放与回应、主动和积极的功能。形式法范式主张法律的自治性，强调法律在内容上应自成体系，法律的制定与实施应保持自身的独立。但实质法范式则认为法律应具备开放性与回应性。法律只是众多社会系统中的一部分，不可避免地要与其他系统，如政治、经济、道德、宗教、文化等系统发生交互作用。不管是在法律制定还是法律实施中，政治意识形态、经济发展因素、道德规范、宗教教义、文化传统等各种因素都应进入立法者、司法者与执法者的视野。卢曼主张法律是自我闭合的系统，但他也认为法律是一种规范上闭合但认知上开放的系统，法律系统仍然需要与外在环境进行信息交换与协调适应。[1] 不仅如此，实质法范式还主张法律应具有回应性。法律具有高度的实践理性，不应自说自话、自我封闭，而应对社会需求作出积极回应，以及使用法律手段应对和解决各种社会问题。法律的回应性来源于法律的开放性，为有效回应与关注社会，法律必须保持一种开放整合的态势。法律并不仅仅是自我调整、自我描述与自我构成的系统，而应与政治、道德、政策、宗教等其他社会系统保持一种运行上的关联。总之，法律因为开放性与回应性获得了自身的完整性，通过目的引导，以社会问题的解决和需要的满足来指引法律实践，可以增强法律的认知力与能动性，完善法律系统自身的存在条件。

法律内容无法实现自治，法律机构也无法完全保持自身的独立性与自治性，其原因是保障个人积极自由的实现，法律必须增强其主动性和积极性。形式法范式主张形成最低限度的国家与政府，以充分保障个人的消极自由，但实质法范式与之相反，强调国家应提供各种物质条件，帮助个人实现其积极自由。一方面，随着社会的发展，个人权利领域在逐步扩大。公众所希望拥有的权利不仅仅是消极的财产权利与契约自由，而是扩大到政治参与、经济发展、社会保障、环境改善等众多领域。这些不断增长的积极的权利需求，必然要由法律来调整和满足。另一方面，权利领域的扩大使得权利实现的愿望显得更为迫切。形式法范式所倡导的由法律予以保障的消极自由，如果在

---

〔1〕〔德〕卢曼：“法律的自我复制及其限制”，韩旭译，载《北大法律评论》第2卷第2辑，法律出版社1999年版，第446-469页。

事实上无法兑现，是没有任何价值的。权利终归要从法定权利走向现实权利，平等也要从形式平等过渡到事实平等。而要保障权利与平等得以实现，国家必须主动出击，通过法律制定与实施，辅以其他社会调控手段，为个人实现积极自由创造各种条件。"在现代工业社会的条件下，大量基本权利承担者的事实自由的物质基础并不存在于他们所支配的环境之中，而根本上依赖于政府的活动。"[1]也即，要达到事实上的自由必须具备相应的物质条件，而这些物质条件只能通过政府行为以积极的法律活动予以保障。但与之相随的是，政府在提供各种物质保障，实施无微不至的家长式关怀的同时，行政权力也在不断地膨胀与扩张。一方面，对于个体而言，政府行为的整体性与一致性限制了公民个人基于自由选择的差异性，政府的整体意志不断侵蚀个人意志，公共自主不断压缩私人自主的空间。另一方面，对于国家机构而言，行政权力的扩张必然侵蚀立法与司法领域，立法权与司法权也随之逐渐模糊了本来较为清楚的边界。随着公众对积极自由实现期望的增加，国家的义务也逐渐增多。国家不仅要对各种经济行为进行管理与调控，而且要关照公民生活的方方面面。因此，国家机构变得日益庞大，政府机关出现自我编程、自我立法现象，行政立法无论是在规模还是重要性上都占据着越来越重要的地位。立法机关的功能则逐渐从民主立法变为政府治理，从制定普遍性法律到指导行政机关采取具体的行政措施。并且，不断扩大的政府权力也必然影响司法机关独立行使职权。同时，法律回应性和主动性的增强，也要求司法机关主动去回应社会需求，化解社会矛盾，而不是被动地发挥司法职能。这时，司法机关其实是在代行政机关行使管理社会和维护秩序的职能。因此，实质法范式认为，随着法律主动性和积极性的增强，法律机构的自治性是无法实现的。无论是行政机关、立法机关还是司法机关，其本来明确的职能开始出现混同与融合，而这也回应了社会发展的复杂需要。同时，法律开放性与主动性的增强，也要求法律职业与社会其他职业的融合。正如霍姆斯那句名言，法律的生命不仅是逻辑，更重要的是经验。法律职业共同体的形成，并不能仅仅依靠经过严格法律训练的法律工作者，普通公众的参与和认同同样重要。要成为优秀的法律工作者，仅仅熟练掌握专门的法律知识与技术是不够的，

---

〔1〕［德］哈贝马斯：《在事实与规范之间——关于法律和民主法治国的商谈理论》，童世骏译，生活·读书·新知三联书店 2014 年版，第 499 页。

个人阅历、社会经验、意志品质等其他因素也同样重要。总之，在实质法范式看来，不论立足内容、机构还是职业，法律的自治都是无法完全实现的，法律不是封闭自我循环的体系，而应发挥其开放性功能，主动、积极地回应社会。

（三）法律的价值不同：形式价值与实体价值

法律的价值体系主要包括形式价值、实体（目的）价值以及评价标准。形式法范式与实质法范式在法律价值层面，其侧重是不同的。形式法范式主要追求法律的形式价值，而实质法范式更为注重法律的实体价值或者说目的价值。

法律的形式价值是指法律自身应当具有的值得追求的品质和属性，也称为法律的内在价值。根据上文对形式法范式代表性理论的梳理，我们可以大致归纳出形式法范式所偏重的法律的形式价值主要包括以下方面：法律应具有一般性与普遍性、公开性与明确性、稳定性与不溯及既往性以及可遵循性等形式特征。首先，法律应具有一般性与普遍性。一般性是指法律必须适用于其效力范围内的所有人，而不是特定人群。"一般性要求有时被解释成意味着法律必须客观地运作，它的规则必须适用于一般性的阶层并且不能包含专门针对某些人的内容。"[1]普遍性是指法律是一种普遍性规则，不同于个别性、特定性或一次性的命令或指示。"法律规定和确立普遍物，其内容是完全具有普遍性的国内事务。"[2]法律的一般性与普遍性本质上是相同的，法律的普遍性就意味着法律的一般性陈述。因此，法律的一般性与普遍性主要包括法律的普遍性调整、一般性陈述与普遍适用性。[3]法律的普遍性调整意味着法律以权利和义务的双向调节为基本方式，对社会结构和社会活动作出普遍性规制，从而实现以法律为主导机制的安定的社会秩序。正如罗尔斯所言："法律确定了那种所有其他活动都在其中发生的基本社会结构。"[4]法律的一般性陈述是指法律将人们的行为模式与后果抽象为一般性法律规则或法律原

---

〔1〕［美］富勒：《法律的道德性》，郑戈译，商务印书馆 2005 年版，第 56 页。

〔2〕［德］黑格尔：《法哲学原理》，范扬、张企泰译，商务印书馆 1961 年版，第 315 页。

〔3〕王人博、程燎原：《法治论》，广西师范大学出版社 2014 年版，第 165-169 页。

〔4〕［美］约翰·罗尔斯：《正义论》，何怀宏、向包钢、廖申白译，中国社会科学出版社 2001 年版，第 226 页。

则，并通过日常语言或专业法律术语表述出来，从而在法律上表达一种平等的要求。法律的普遍适用性则是指法律规范具有全域性适用力，并且在逻辑适用上强调"类似情况类似处理"，追求建立在严格程序基础上的普遍公正，而不是具体的个案公正。

其次，法律应具有公开性与明确性，注重通过公开、明确而具体的规则指引社会生活。法律的公开性指法律的文本与内容以及法律创制与实施的过程，在一般情况下都应向公众公开。法律成为显性规则，而不是潜规则或秘密法。正如黑格尔所说："从自我意识的权利方面说，法律必须普遍地为人知晓，然后它才有约束力……法与自由有关，是对人最神圣可贵的东西，如果要对人发生拘束力，人本身就必须知道它。"[1]法律只有为公众所知晓，公众才能按照法律的指引去行为，从而法律方可对公众行为作出公正的评价。同时，法律只有公开，公众才有机会去批判和审视法律，促使法律不断修订以更趋完善。如此，公众才有可能去监督实施法律的机构与官员，以确保他们的行为符合法律。法律的公开性也决定了公开颁布的法律必须明确具体、协调统一，能够为公众知晓并理解。法律的确定性要求法律应尽可能地做到表述明确、内容清晰、结构严谨、体系协调，最大程度地避免表述的含混不清与相互矛盾，减少法律的弹性与可塑性。当然，因为社会生活的复杂多变和人类理性的不足，以及语言表达的有限性，法律的确定性只能是一种相对的确定性。法律在执行和适用的过程中，不可避免地需要进行解释或自由裁量。但是，这些解释和裁量也必须维持在可以控制的范围之内，不能逾越必要的界限。"合理的确定性远比完全的不确定性，尤其是享有极大自由裁量权的执法人员和司法官的随意性更为可取。"[2]

最后，法律应具有稳定性与不溯及既往性。法律的稳定性是指法律一经颁布，应具有相对持久的连续性，不应轻易修改与废止。不能轻率立法，更不能朝令夕改。[3]立法上的反复无常导致公众很难根据法律形成稳定的行为预期，使其行动受阻，利益受损，从而对法律失去信心，最终破坏的是政府

---

〔1〕 〔德〕黑格尔：《法哲学原理》，范扬、张企泰译，商务印书馆1961年版，第224-225页。

〔2〕 王人博、程燎原：《法治论》，广西师范大学出版社2014年版，第173页。

〔3〕 这种现象被富勒称为立法上的反复无常，参见〔美〕富勒：《法律的道德性》，郑戈译，商务印书馆2005年版，第95页。

和法律的权威性。法律的稳定性与不溯及既往性是紧密相连的，稳定性是指法律制定后，应保持一定的连续性，以确保对其之后的行为及事件作出稳定的调整，从而使公众形成明确的预期。与之相联系，不溯及既往性则是指法律对其形成之前的行为与事件，一般情况下不具有拘束力。富勒认为"溯及既往型法律真的是一种怪胎……用明天将会制定出来的规则来规范或指引今天的行为等于是在说胡话"。[1]指引人们的行为，为人们的行为提供明确的预期是法律的基本规范作用。人们只能依据已经制定并公开颁布的法律来安排行动，对于尚未制定的法律，不可能期待人们去遵循，这也是法律可遵循性要求的重要表现。法律不能指望人们去做不可能做到的或者超越自身能力范围的事情。不溯及既往是法律可遵循性的一个方面，除此之外，法律的可遵循性还包括法律规则不能超越人的正常理性，法律责任不能过分苛刻与严格，法律所设置的权利义务应该是普通人根据"理性人"的标准所能完成的。

与形式法范式注重法的形式价值与形式合理性不同，实质法范式更为注重法的实质合理性，追求法的实体价值。形式法范式强调法的一般性、普遍性、公开性、明确性等形式要件，侧重手段与方法的合理性，实质法范式则更加强调法的正义、平等、自由等实体价值，侧重结果与目的的合理性。法的实体价值是法在发挥其作用的过程中能够实现那些值得追求的、期望的、美好的东西。譬如正义、人权、秩序、自由、效率等价值，这些价值不是法律本身所应具有的内在品格，而是外在于和独立于法律的，是法律所欲实现的理想或目的。如富勒所言，这是一种愿望的道德、善的生活的道德、卓越的道德以及充分实现人之力量的道德，是以人类所能达到的最高境界为出发点的。[2]因此，法的实体价值又称为法的目的价值和外在价值。这些价值涵盖范围极广，综合起来就是一种实质法治观，如张文显教授所言，"法治是一个融汇多重意义的综合观念，是民主、自由、平等、人权、理性、文明、秩序、效益与合法性的完美结合"。[3]

当然，形式法范式也追求正义、平等等价值，但却侧重于形式上的正义和表面上的平等，而非实质上的正义与事实上的平等。这种形式上的正义与

〔1〕［美］富勒：《法律的道德性》，郑戈译，商务印书馆2005年版，第64页。
〔2〕［美］富勒：《法律的道德性》，郑戈译，商务印书馆2005年版，第7—8页。
〔3〕张文显：《法哲学范畴研究》，中国政法大学出版社2001年版，第186页。

平等，只是法律的内在品格，而非外在目的。因此，从本质上来说，形式法范式所追求的形式价值在于确定一种规则之治与形式正义，实质法范式所追求的实体价值则导向实质正义。有学者将规则之治视为现代法治的核心，甚至直接等同于法治。[1]规则之治的核心要义在于：法律规则而不是其他社会规范成为国家治理的重要方略以及个人行动的标准与指引，经过合法程序制定的法律规则应当得到普遍服从，一切组织或个人都不得凌驾于法律之上。当然，这种事先制定的规则应具有严密的形式与确定的范围，具有上述所言的一般性与普遍性、公开性与明确性、稳定性与既往性以及可遵循性等形式特征。同时，规则之治意味着在法律适用过程中，执法机关与司法机关的主要职能并不仅仅局限于依据规则处理或裁决个案，而是通过个案的处理与裁决落实规则，将规则普遍化为公众的行动准则与内心信条，成为国家和社会治理的主要方式。在正义的实现方式上，形式法范式追求的是形式正义，实质法范式则更为强调实质正义。关于形式正义和实质正义的关系，孙笑侠教授认为可以从三个角度进行区分：第一是罗尔斯提出的形式正义和社会正义，第二是佩雷尔曼的形式正义与具体正义，第三是戈尔丁的程序正义与实体正义。[2]在本书看来，形式正义的核心要义在于确定形式上的正义与普遍的平等，即法律面前人人平等，特别是在法律适用过程中要做到相同情况相同处理。同时强调实现程序上的正义，通过设立和遵循严格的法律程序，确立不同角色甚至对立面的分化，限制权力的恣意行使。在某种意义上来说，无程序即无正义，程序本身是最为优先的正义。"不存在对正当结果的独立标准，而是存在一种正确的或公平的程序，这种程序若被人们恰当地遵守，其结果也会是正确的或公平的，无论它们可能会是一些什么样的结果。"[3]与之不同，实质正义则在于确定实质上的正义与事实上的平等。在法律制定中，

---

〔1〕 苏力将法治等同于"规则之治"，"在我看来，人们关心法治，表达的是一种深刻的渴求，渴求社会生活的规则有序，当代中国对法治的呼唤，可以说是对秩序的呼唤。在这个法治定义里，没有诸如正义、公平这样一些神圣的字眼"。参见苏力：《阅读秩序》，山东教育出版社1999年版，第148-149页；苏力：《送法下乡——中国基层司法制度研究》，中国政法大学出版社2000年版，第176页。

〔2〕 具体论述参见孙笑侠："法的形式正义与实质正义"，载《浙江大学学报（人文社会科学版）》1999年第5期。

〔3〕 ［美］约翰·罗尔斯：《正义论》，何怀宏、向包钢、廖申白译，中国社会科学出版社2001年版，第82页。

体现为权利义务是如何得以公平分配的，在法律适用中则体现为具体的正义，即不同情况不同处理，具体情况具体对待。因此，实质法范式更为注重事实上的平等与合理的差别对待，认为只要有合理的依据，差别对待就能实现真正的平等，而不是纯粹形式上的平等。譬如，罗尔斯所言的差别原则，即当差别有利于最少受惠者的最大利益时，就应该被允许存在。同时，与形式法范式强调程序正义不同，实质法范式则认为在某些特殊情况下，为了实现个案正义，可以逾越程序，或者采取一些简易和变通的程序，以实现不同情况不同处理的实质正义。

第二节　不同领域法治发展的回顾与反思

在梳理形式法范式和实质法范式的代表性理论并对其主旨作出比较之后，我们将以此为基础和参照，回顾我国改革开放以来的法治发展历程，审视其内在规律。我们可以发现，改革开放之后，在不同的阶段，我国的法治范式也具备很多形式法范式和实质法范式的特征。但是迄今为止，形式法范式并未完全形成，实质法范式也未全面建立。法治发展是一个巨大工程，涉及诸多层面，因篇幅所限不可能一一阐述。本书将选取司法、立法、执法等重点领域，对我国法治发展进行回顾与反思，并从中总结归纳出法治范式的特点。

一、司法领域：从形式到实质再到形式与实质并存

哈贝马斯认为："法律范式首先是在法院的典范性判决中发现的，并且通常等同于法官默认的社会图景。"[1]因此，我们可以先从司法领域入手，特别是通过法院系统的司法改革，来探讨改革开放以来我国的司法实践，指出在司法领域，我国的法治范式经历了从形式到实质再到形式与实质并存的历程，其路径则主要通过历次法院系统的司法改革展现出来。

（一）形式化历程：改革开放至 2008 年前后

从改革开放开始，到 2008 年前后，我国的法治范式在司法领域表现为对

---

〔1〕 ［德］哈贝马斯：《在事实与规范之间——关于法律和民主法治国的商谈理论》，童世骏译，生活·读书·新知三联书店 2014 年版，第 487 页。

形式法范式和形式合理性的追求。因为在这一阶段，我国的司法改革基本上是沿着司法现代化与职业化的方向推进的。十一届三中全会之后，司法制度得以恢复与重建，主要是重新建立司法系统，形成新的司法机关领导体制，并逐步完善司法组织制度。1979 年 9 月，中共中央发布《关于坚决保证刑法、刑事诉讼法切实实施的指示》，确立了党领导司法工作的基本原则与工作体制，为当代中国开展司法改革指明了方向，自此拉开了司法改革的序幕。20世纪 80 年代初期到 90 年代中期是当代中国司法改革的第一个发展阶段。这个阶段主要进行的是启动审判方式的改革，逐步改变职权主义的庭审模式，[1]实行审判公开，同时推进法官人事管理制度的改革。这一时期司法发展的基本价值取向，就是强调司法机关的独立性，法律与司法的权威性，以及逐步推进法院的自身建设。可以说，这一阶段是我国司法现代化与职业化的开端时期。

1995 年党的十五大确立依法治国的基本方略，第一次明确提出推进司法改革的历史任务，表明当代中国司法改革进入了第二个发展阶段。这一时期，最为重要的标志性事件是最高人民法院先后两次发布《人民法院五年改革纲要》，为司法改革作出了详细周密的规划。1999 年 10 月，最高人民法院发布《人民法院五年改革纲要（1999—2003）》，即"一五改革纲要"。该纲要以树立司法公正与效率、司法民主与文明等现代司法理念为指导，提出了 39 项具体的改革任务，可以归纳为：第一，审判方式改革。主要包括全面落实审判公开制度、建立法官居中裁判制度、加强裁判文书的说理性、完善举证责任制度、细化诉讼回避制度等。第二，审判组织制度改革。主要包括完善合议制度、推行审判长与独任审判员选任制度、改进人民陪审员选拔制度等。第三，法院管理制度改革。明确提出法官职业化建设，建立健全法官的选任制度、考核制度、奖惩制度、培训制度、回避制度等。第四，司法文明改革。主要包括：推行法袍、法槌等体现法律权威和司法规律的符号与仪式；改革死刑执行方式，增强人道主义精神；对弱势群体实行司法救助；为诉讼当事

---

〔1〕 这一阶段审判方式的改革已经宣示了司法的职业化方向，如逐步改变职权主义的庭审模式，强调当事人的举证，加强对证据的质证与开庭辩论，充分发挥开庭审理的功能；强化依法使用简易程序，及时处理一般经济纠纷。具体论述参见最高人民法院研究室编：《司法文件选》（1993 年卷），人民法院出版社 1995 年版，第 433 页。

人提供各种服务以便利诉讼等方面。[1]

2002 年党的十六大召开，将司法改革提升到司法体制改革的高度，第一次全面提出并阐述了推进司法体制改革的历史任务，描绘了司法体制改革的蓝图。在此背景下，最高人民法院于 2005 年发布了《人民法院五年改革纲要（2004—2008）》，即"二五改革纲要"。该纲要提出了 8 个方面共 50 项具体任务，主要包括：第一，诉讼程序制度改革，其重心有二，一是死刑核准制度改革，从省级法院死刑二审案件实行全面开庭审理到最终收回死刑核准权，充分体现了宽严相济的刑事政策；二是民事再审制度改革，主要是扩大当事人申请再审的事由，明确再审的期限与管辖法院，完善再审诉讼程序。第二，执行体制改革，主要包括执行体制、执行权运行机制、执行程序、执行管辖、执行案件信息管理等具体制度，其目的在于解决长期存在的"执行难"问题。另外，还有人民陪审员制度改革、司法审判管理制度改革、政务制度与人事制度改革等多个层面。

随着上述两个纲要的全面实施，司法的现代化与职业化建设得以深入推进，中国司法发展已经初具"现代化"之形式特质："司法职能已经基本分离和相对独立，司法功能从单一走向多样化，'依法审判'已成为法院审判的基本原则，程序规范体系已经初步具备，一定的职业化分工已然形成。"[2]所谓司法现代化，是指包括司法理念、司法制度、司法程序、司法技术等一系列因素在内的从传统到现代的转型与更新过程。司法职业化则是指法官以行使国家审判权为专门职业，并具备独特的职业意识、职能技能、职业道德和职业地位，这是实现司法现代化的重要途径。有学者认为，司法职业化是指在司法制度设计和司法权行使过程中的专业化，主要包括司法人员任职的专业化、司法决策的专业化、司法权行使的专业化、司法管理制度的职业化及司法伦理的职业化。[3]还有人认为，司法职业化，是指由精通法的知识与技能，具备一定职业伦理的职业人员审理案件的方式，它突出的是案件审理的专业

---

〔1〕　具体论述参见公丕祥：《当代中国的司法改革》，法律出版社 2012 年版，第 127-134 页；胡云腾主编：《司法改革》，社会科学文献出版社 2016 年版，第 8-12 页；孙笑侠："司法职业性与平民性的双重标准——兼论司法改革与司法评估的逻辑起点"，载《浙江社会科学》2019 年第 2 期。

〔2〕　左卫民："法院制度现代化与法院制度改革"，载张明杰主编：《改革司法：中国司法改革的回顾与前瞻》，社会科学文献出版社 2005 年版，第 252 页。

〔3〕　贺卫方："司法改革的难题与出路"，载《南方周末》2008 年 9 月 18 日，第 E31 版。

化、技术化和独立化。[1]可以看出，司法职业化的关键之处在于构成司法体制诸要素的职业化或专业化，其中，法官的职业化是其核心内容，包括法官的审判水平、司法伦理、外在形象、内在信仰、准入奖惩与社会保障等全方位的职业化。

纵观这一时期的司法改革历程，司法现代化与职业化建设均是其核心目标。前一阶段是司法现代化与职业化的发轫时期，后一阶段则是深入推进、全面实施的时期。构成司法体制改革的诸多因素，如审判方式改革、审判组织制度改革、法院管理制度改革、司法文明改革、诉讼程序制度改革、执行体制改革等，其主旨就在于遵循司法发展的内在规律，维护司法以及法官的独立性，保障程序正义，确保规则的遵守与服从，提高司法效率，最终形成法律职业共同体，塑造法律权威，实现现代司法文明。

可以看出，司法的现代化与职业化属于一种自治型司法，是基于形式合理性，实现形式法范式的重要路径。"自治型法框架中的司法是自治型的司法，是以法院为中心，其义务是审理诉讼，专长在于程序公平，功能在于约束权威和维护个体权利……追求程序正义和理性、严守司法的独立和中立、法律裁判与政治权力分离，法官的职业化程度高是这种类型司法的基本特征。"[2]因此，从这个意义上来说，我们国家自改革开放到 2008 年前后，所进行的司法改革的目标正是建立自治型司法，即一种偏重程序主义和形式理性的司法类型，是形式法范式在司法领域内的具体体现。

（二）实质化转向：2008 年前后到 2013 年前后

形式法范式并未完全建立，但是我国的法治之路却已经在悄然转向。2008 年前后中国掀起的新一轮司法改革悄然引导着法治范式的转变，从追求司法职业化、司法中立性的形式法范式开始向追求司法民主化、司法能动性

---

〔1〕 巩军伟："论司法职业化与司法大众化"，载《兰州大学学报（社会科学版）》2010 年第 3 期。对于司法现代化、司法职业化以及法官职业化，学界已经有不少论述，其中具代表性的有孙笑侠："司法职业性与平民性的双重标准——兼论司法改革与司法评估的逻辑起点"，载《浙江社会科学》2019 年第 2 期；夏锦文："当代中国的司法改革：成就、问题与出路———以人民法院为中心的分析"，载《中国法学》2010 年第 1 期；姚中秋："技艺理性视角下的司法职业化"，载《华东政法大学学报》2008 年第 6 期；张明杰主编：《改革司法：中国司法改革的回顾与前瞻》，社会科学文献出版社2005 年版等。

〔2〕 胡云腾、袁春湘："转型中的司法改革与改革中的司法转型"，载《法律科学》2009 年第 3 期。

的实质法范式转变。这一转向首先可以在主管政法工作的领导讲话中发现萌芽。在 2008 年 8 月全国大法官"大学习、大讨论"研讨班上，时任最高人民法院院长王胜俊指出，人民法院必须把中国国情作为谋划工作的基本依据，必须把实现人民的新要求、新期待作为工作的根本出发点与衡量标准。[1] 2009 年 3 月 10 日，王胜俊向十一届全国人大第二次会议作法院工作报告时，从政策规划、和谐社会理念、执政为民等角度阐述了司法的人民性和能动性，希望司法能为保增长、保民生、保稳定的大局作出应有的贡献。[2] 随后，在 2009 年 8 月全国法院大法官社会主义法治理念专题研讨班上，王胜俊院长再次强调了要坚持人民法院的人民性，必须正确处理好五个方面的关系：严格执法与为民服务的关系；当事人具体权益与人民群众根本利益的关系；依法裁判与案结事了，法律效果与社会效果的关系；司法专业化与大众化的关系；改革创新与继承传统，人民司法事业发展与人民群众广泛受益的关系。[3]

与领导讲话先后发布的，是来自于最高决策层的政策意见以及接踵而来司法机关的相关改革方案。2008 年 12 月，中共中央批准和转发了《中央政法委员会关于深化司法体制和工作机制改革若干问题的意见》，这份意见未对司法体制作出大的调整，却对筚路蓝缕已十数载的司法改革作了方向性拨转。[4] 随后，最高人民法院于 2009 年 3 月正式发布了《人民法院第三个五年改革纲要（2009—2013）》，"三五改革纲要"，开始具体实施司法改革的转向工作。

有学者曾说，这次司法改革呈现的特点是，更加突出坚持司法改革的正确政治方向，更加突出从初级阶段司法国情条件出发推进司法改革，更加突出满足人民群众对司法工作的新需求，更加突出维护社会主义公平正义的生命线，更加突出通过司法改革破解司法难题。[5] 对于这点，我们可以从"三

---

〔1〕　陈永辉、刘曼："明确方向 开创新局面——全国大法官'大学习、大讨论'研讨班纪要"，载《人民司法》2008 年第 18 期。

〔2〕　陈宝成："法院改革进入'王胜俊时代'——最高法报告体现司法大众化，专家指当前特殊的经济形势促使司法改革'转身'"，载《南方都市报》2009 年 3 月 11 日，第 AA06 版。

〔3〕　高绍安、曹颖逊："大法官专题研讨社会主义法治理念"，载《中国审判》2009 年第 9 期。

〔4〕　罗科、吴婷："大陆司法体制改革转向"，载《凤凰周刊》2009 年第 3 期。在这一阶段，时任中央政法委副秘书长王其江曾撰文称，司法沿着什么方向改革是首先要把握的根本问题。改革必须体现党的事业至上、人民利益至上、宪法法律至上的要求。参见王其江："新一轮司法体制改革指向"，载《瞭望》2009 年第 1 期。

〔5〕　公丕祥：《当代中国的司法改革》，法律出版社 2012 年版，第 142-146 页。

五改革纲要"的主要内容进行分析。首先，在纲要的指导思想中，明确提出要从满足人民群众的司法需求出发，以维护人民利益为根本。在改革目标中，提出健全司法为民的工作机制，着力解决人民群众日益增长的司法需求与人民法院司法能力相对不足的矛盾。在改革原则中，提出要始终坚持群众路线。改革必须充分听取群众意见，体现群众意愿，解决群众不满意的问题，接受群众监督。其次，在本次改革的具体任务中，从六大方面明确提出如何建立健全司法为民的工作机制。包括审判与执行公开制度、多元化纠纷解决机制、民意沟通表达机制、涉诉信访工作机制、司法为民长效机制以及司法救助制度等。随着"三五改革纲要"的颁布，贯穿其中的群众路线也迅速在全国各地的司法实践中得以落实。

从上述可以看出，新一轮法院系统的司法改革与上一轮的司法改革相比，呈现出明显不同的特点。其中"群众路线""司法为民"的做法体现了鲜明的司法民主化和司法能动性，逐渐改变了上一轮司法改革所提倡的司法职业化的方向与趋势。司法民主化是与司法职业化完全不同的改革路线，如果说司法职业化通往的是司法精英化之路，强调法官的专业化和审判的独立性。那么司法民主化则通往的是司法平民化之路，强调司法过程应以满足人民需求、符合人民利益为基本前提、宗旨和依归，通过人民广泛参与司法，实现对司法权的共享，监督司法权的运行，避免司法官僚主义的出现，最终实现司法公正。[1]司法能动性则是与司法民主化紧密相连的，是实现司法民主化的重要方式。司法能动最初来源于美国的司法能动主义，但经过我国的移植与改造，已经具有了更为丰富的含义。[2]譬如，司法能动认为司法不应绝对被动，而应该积极主动地回应社会需求，"送法上门"，通过各种方式为人民

---

〔1〕 关于司法民主化，代表性论述可参见马长山："藐视法庭罪的历史嬗变与当代司法的民主化走向"，载《社会科学研究》2013 年第 1 期；何兵："司法职业化与民主化"，载《法学研究》2005 年第 4 期；孙丽君："司法的悖论——司法的民主化与司法的精英化之矛盾探究"，载《河北法学》2007 年第 4 期；赵静："论司法民主化的法理依据及实现形式"，载《湖北行政学院学报》2009 年第 2 期；陈端洪："司法与民主：中国司法民主化及其批判"，载《中外法学》1998 年第 4 期。

〔2〕 关于司法能动，代表性论述可参见苏力："关于能动司法与大调解"，载《中国法学》2010 年第 1 期；顾培东："能动司法若干问题研究"，载《中国法学》2010 年第 4 期；张榕："司法克制下的司法能动"，载《现代法学》2008 年第 2 期；吴英姿："司法的限度：在司法能动与司法克制之间"，载《法学研究》2009 年第 5 期；龙宗智："关于大调解和能动司法的思考"，载《政法论坛》2010 年第 4 期。

群众起诉、应诉提供便利。同时在诉讼过程中，法官也不应保持绝对中立的态度，而应对诉讼过程作出适度干预，特别是对弱势群体一方，应提供必要的解释与帮助。另外，司法能动强调调解的重要意义，注重适用法律与政策以及社会道德观念的平衡，注重引导各方当事人通过协商对话来解决争议，消解矛盾，最终实现法律效果和社会效果的统一。

从这些措施可以看出，无论是司法民主化还是司法能动性，都体现了司法主动回应社会需求和适应社会发展趋势的特征，这种回应型司法正是实质法范式的具体表现。可以说，2008 年前后中国掀起的新一轮司法改革悄然引导着法治范式的转变，从追求形式法范式开始向实质法范式转向。

（三）形式与实质并存：2014 年前后至今

如果说前两次司法改革的主要目标是确立自治型的形式法范式，第三次司法改革的目标转为实质法范式，那么，从 2014 年开始实施的第四次和 2019 年准备实施的第五次司法改革，其目标并不是十分清晰或单一的，毋宁说，所追求的是一种既有形式又有实质的混合型司法模式。

以历次中共中央会议精神为指导，最高人民法院先后出台了多份司法改革纲要，明确了两次司法改革的宗旨及具体任务。分别是 2014 年 7 月出台的《人民法院第四个五年改革纲要（2014—2018）》，该纲要在党的十八届四中全会之后，又进行了相关的修订，并于 2015 年 2 月正式发布，即"四五改革纲要"。2019 年 2 月最高人民法院发布《人民法院第五个五年改革纲要（2019—2023）》，即"五五改革纲要"。纵观两次司法改革的主要内容，特别是 2014 年以来的司法改革实践，我们可以发现，这一阶段的司法改革体系庞大，任务艰巨，其目标正是力图将形式法治与实质法治结合起来。

原"四五改革纲要"针对八个重点领域，提出了 45 项具体的改革措施，其中很多举措都是进一步推进司法现代化与职业化建设。譬如，在深化法院人事管理改革方面，纲要提出为充分体现司法正规化和职业化特点，要建立以法官为中心，以服务审判为重心的分类科学、结构合理的人事管理制度。主要制度有成立法官遴选和惩戒委员会、实行法院人员分类管理以及建立法官员额制。在健全审判权力运行机制方面，提出顺应司法内在规律，"让审理者裁判，由裁判者负责"。建立科学合理的法官业绩评价机制以及建立法官惩戒制度，选拔专业能力强的审判人员作为主审法官，在此基础上通过多种方式保障主审法官的独立审判权力，同时也明确法官与合议庭的权力界限。并且，通过建立法官惩戒委员会制度，明确法官的责任认定与处理方式，最终建立权责明晰一致的现代审判权力运行机制。在法院职能定位和行政事务保障方面，强调通过完善提级管辖制度，规范上下级法院的审级监督关系；消除不同级别法院之间的行政化趋势；建立省级以下地方法院经费统一管理机制改革等。为与党的十八届四中全会精神一致，最高人民法院随后又作出了部分修订，修订后的纲要针对七大任务，提出了 65 项具体目标。其中很多措施都是为了推进法院的正规化、专业化和职业化建设，如建立法院人员分类管理制度以及法院员额制度，探索建立与行政区划适当分离的司法管辖制度，建立以审判为中心的诉讼制度，完善主审法官、合议庭办案责任制，推动裁判文书说理改革以及涉诉信访改革，建立防止干预司法活动的工作机制，完善法官宣誓制度和司法荣誉制度，推动人民法院财务管理体制改革等措施。

从先后出台的这两份纲要可以看出，人民法院改革的主要目标仍是继续推进现代化和职业化建设，力图在司法领域进一步完善形式法治建设。[1]此次司法改革的基本原则中就作了如此表述：要尊重司法规律，体现司法权力属性。突出审判的中心地位，体现审判权的独立性、中立性、程序性和终局性。换言之，即强调司法改革应以司法规律为依据，以审判权力为重心，确保审判独立和审判终局，最终通过审判达成规则之治与程序正义。上述表述正是对司法现代化与职业化，以及阐释形式法范式特征的最好注解。"四五改革纲要"出台之后这五年的改革实践，也证明了司法改革形式化目标已经初见成效。2017 年 7 月最高人民法院司改办主任胡仕浩介绍，截至目前，十八届三中、四中全会确定由最高人民法院牵头抓总的 18 项改革任务已全部完成。人民法院"四五改革纲要"确定的 65 项改革举措也已全面推开，绝大多数的改革举措已经取得很好的效果。[2]中国人民大学诉讼制度与司法改革研究中心课题组也开展了党的十八大以来司法体制改革成效专题研究，集中对司法体制改革推进情况与实施效果进行了评估。课题组的评估报告认为，本

---

〔1〕 不仅是在法院方面，检察院、公安机关、司法行政机关都先后提出深化改革的办法，具体可参见江国华："司法立宪主义与中国司法改革"，载《法制与社会发展》2016 年第 1 期。

〔2〕 "最高法发布司法改革成效数据：18 项改革任务全部完成"，载央广网，http://china.cnr.cn/ygxw/20170707/t20170707_ 523838662. shtml，最后访问时间：2019 年 5 月 1 日。

轮司法体制改革的诸多措施如法官员额制改革、司法责任制改革、人财物省级统一管理等制度都取得了明显成效，提高了法官、检察官的专业化和职业化水平。[1]

"五五改革纲要"刚刚提出，已经初步付诸实践。在形式法治方面，该纲要在指导思想上提出要全面提升司法能力与司法公信，建立更加公正、高效与权威的司法制度，营造更加良好的法治环境，创造更高水平的社会主义司法文明。在基本原则上提出要坚持遵循司法规律，坚持依法有序推进，确保改革于法有据，重大改革试点需要得到法律授权的，严格按照法律程序进行。在总体目标上提出进一步深化司法公开，全面落实司法责任制，优化四级法院职能定位和审级设置，全面推进执行信息化、规范化建设，全面推进智慧法院建设，全面推进人民法院队伍正规化、专业化、职业化建设等。纲要还提出了十大任务和65项具体任务，其中包括关于健全以司法责任制为核心的审判权力运行体系、完善人民法院组织体系和机构职能体系、健全顺应时代进步和科技发展的诉讼制度体系、健全切实解决执行难长效制度体系、健全人民法院人员分类管理和职业保障制度体系，以及建设现代化智慧法院应用体系等措施，都是因循司法内在规律，实现司法现代化与职业化，最终实现法律形式价值的具体路径。

从上述多份改革纲要以及近五年的司法实践可以看出，2014年以后的司法改革，对形式法范式的追求始终是其重要目标。但是，不能忽略的是，在推进形式法范式的同时，我们也可以发现该纲要中也蕴含着诸多推进实质法范式的内容。从"四五改革纲要"的总体思路中，我们可以看出，司法为民是司法改革的工作主线，在每一个案件中实现公平正义是司法改革的重要目标，促进国家治理体系和治理能力现代化，并最终为实现"两个一百年"以及中华民族伟大复兴中国梦提供司法保障是司法改革的最终追求。在"五五改革纲要"中，维护国家政治安全、确保社会大局稳定是其指导思想，坚持以人民为中心，贯彻群众路线，为推动经济高质量发展提供优质司法服务是其基本原则，将党的政治建设摆在首位，全面推进人民法院队伍革命化、正规化、专业化、职业化建设是其总体目标。可以看出，上述表述，无不彰显

---

〔1〕　"五年法治回眸——司法体制改革成效如何？来看这份专业评估"，载中国长安网，http://www.chinapeace.gov.cn/2017-10/15/content_11433795.htm，最后访问时间：2019年5月1日。

着对于实质价值和实质法范式的追求。在上述两次改革具体的任务安排中，同样存在很多实质法治的因素。有学者认为此次司法改革的战略部署中，其中一项重要内容就是以司法公开和人权司法为重心，提升司法的社会回应与均衡功能，塑造"权能司法"。[1] 具体的任务安排是指导思想、基本原则与总体目标的具体投射，"四五改革纲要"中关于强化人权司法保障的措施以及关于构建开放、动态、透明、便民的阳光司法机制等方面，"五五改革纲要"中关于健全人民法院服务和保障大局制度体系，健全以人民为中心的诉讼服务制度体系，健全开放、动态、透明、便民的阳光司法制度体系等内容，都是司法改革追求实质性价值目标的具体展现。

简言之，这一阶段司法改革对实质法范式的追求体现在以下方面：首先，服务大局，将党的建设置于首要位置，为经济发展提供良好的司法服务，最终实现富民强国和中华民族伟大复兴的政治目标，是司法改革的根本遵循。同时，"司法为民"也是司法改革的重要目标，以人民利益为中心，满足人民群众不断增长的司法需求是法院工作的基本导向。这些目标的提出，无疑都彰显出法律应具备开放性、能动性与回应性，法律应为经济发展提供切实保障，应为党的建设、国家政治目标的实现提供助力，法律必须回应社会需求，满足人民利益。当然，在法律为保障上述目标实现的同时，法律也必然要从属于上述目标。其次，形式价值和实质价值是司法改革的双层价值追求。无论是"四五改革纲要"还是"五五改革纲要"，既通过法院的现代化和职业化建设，追求规则之治与形式正义等法律的形式价值，同时也期望通过法院的革命化建设，通过追求个案中的实质正义，通过追求国家富强、民族振兴等宏伟政治目标，实现法律的实质价值。

二、立法领域：从追求形式到形式与实质并存

"良法乃善治之前提"，规则的制定是实施与遵守的前提与基础。在立法领域，我们已经取得了巨大成就，获得了很多宝贵经验。目前，我国现行有效法律 274 件，有关法律问题和重大问题的决定 119 件，行政法规 600 多件，地方性法规 12 000 余件，以《宪法》[2] 为核心、与国家治理体系和治理能力

---

〔1〕 廖奕："转型中国司法改革顶层设计的均衡模型"，载《法制与社会发展》2014 年第 4 期。

〔2〕 为行文方便，本书中的法律法规名称中的"中华人民共和国"均省去。

现代化相适应的中国特色社会主义法律体系如期形成并不断发展完善，努力为实现"两个一百年"奋斗目标和中华民族伟大复兴的中国梦提供坚实的法制保障。[1]纵观新中国立法七十年的历程，法治范式也经历了从追求形式到形式与实质并存的阶段。这一时期前一阶段，主要通过规则的全面制定，最终形成社会主义法律体系来实现法律的公开性、明确性、普遍性与完备性等形式特征。后一阶段，则在诸多因素的影响下，逐步确立形式与实质并存的局面。

（一）通过制定规则确立形式法范式：改革开放至 2010 年前后

改革开放伊始，百废待兴，为维护安定团结的政治局面并尽快开展经济建设，立法任务十分紧迫。因此，改革开放前十年，在国家立法层面，我国立法工作的重心在于制定关于国家制度和改革开放方面的法律。立法任务主要围绕两条线索展开，一是全面修改宪法和制定有关国家机构、刑事、民事方面的基本法律。1982 年《宪法》将国家立法权从全国人大单独行使扩大到全国人大和全国人大常委会共同行使，进一步完善了我国的立法体制。在此基础上，相继制定了《地方组织法》《选举法》《法院组织法》《检察院组织法》《刑法》《刑事诉讼法》《民族区域自治法》《民法通则》《民事诉讼法》《行政诉讼法》以及《环境保护法》等有关国家机构和市民社会领域的基本法律；二是制定有关改革开放方面的法律，如《中外合资经营企业法》《外资企业法》《中外合作经营企业法》等有关对外开放的重要法律法规。在地方立法层面，这一时期属于地方立法权的初步确立时期。1979 年《地方各级人民代表大会和地方各级人民政府组织法》（以下简称《地方组织法》）明确规定省、自治区、直辖市人大及其常委会可以制定和颁布地方性法规，并写入了随后颁布的 1982 年《宪法》，从而正式赋予地方立法权。《地方组织法》在1982 和 1986 年又经过两次修订，赋予了省、自治区的政府所在地的市和较大的市人大及其常委会的地方立法权。由此，地方立法权主体范围不断增加。自 1979 年新疆维吾尔自治区制定我国首部地方性法规《关于加强边境管理区安全保卫工作的通知》开始，各地不同类型的地方法规相继制定，如为实施

---

〔1〕 全国人大常委会法制工作委员会："新中国 70 年立法发展成就及经验"，载《旗帜》2019年第 9 期。

《城市规划法》的实施型地方性立法，海南省等经济特区的先行先试立法以及其他重点领域的创制型立法。〔1〕在第二个十年，国家层面的立法重心仍然坚持以改革开放为目标，大力加强经济发展方面的立法。1993 年党的十四届三中全会指出："要在本世纪末初步建立适应社会主义市场经济的法律体系。"1997 年党的十五大确立"依法治国、建设社会主义法治国家"的基本方略，并提出"到 2010 年形成有中国特色的社会主义法律体系"。在这一时期，如《公司法》《合同法》《劳动法》等多部推进改革开放、发展市场经济的法律应运而生，《刑法》得以全面修订，香港地区、澳门地区基本法也相继制定。在地方立法层面，地方立法权的范围在此期间继续扩大。从 1992 年开始，全国人大先后授权深圳市、厦门市、汕头市、珠海市地方立法权，2000 年颁布的《立法法》中，又进一步赋予了经济特区所在地的市和较大的市地方立法权，至此，31 个省、自治区、直辖市和 49 个较大的市拥有地方立法权。这一时期，地方立法的核心任务也聚焦于经济领域，为改革开放保驾护航。经济方面的立法在各地立法工作中，占据着绝大部分比重。

这一阶段的第三个十年，是具有中国特色社会主义法律体系的初步形成时期。无论是国家层面立法还是地方层面立法，均从形式上全面宣告其体系的确立。国家层面，先后制定了一大批关系国家政权建设、社会管理以及社会保障的法律，如《反分裂国家法》《公务员法》《物权法》《行政许可法》《劳动合同法》《食品安全法》《义务教育法》《妇女权益保障法》《未成年人保护法》《残疾人权益保障法》等。地方层面，在以经济领域立法为重心的同时，各地在社会、文化、政治和环境保护方面协调推进，制定了大量地方性法规与规章。并且在 2009 年，各地根据全国人大常委会的统一部署，对与当前经济发展不协调、不适应的地方性法规与规章进行了全面清理，以确保地方立法的实效性与内在一致性。截至 2010 年底，省、自治区、直辖市人大及其常委会共制定有效的地方性法规 5079 件，较大的市人大及其常委会共制定现行有效的地方性法规 2500 件，经济特区共制定现行有效的地方性法规 237件，并全面完成对现行法律和行政法规、地方性法规的集中清理工作。〔2〕至

---

〔1〕 参见胡健："改革开放四十年国家立法"，载《地方立法研究》2018 年第 6 期；曲頔："改革开放四十年地方立法"，载《地方立法研究》2018 年第 6 期。

〔2〕 参见王兆国："社会主义民主法制建设的一个重要里程碑"，载《中国人大》2010 年第 22 期。

此，涵盖社会关系各个方面的法律部门已经齐全，一个立足于中国国情、适应改革开放和社会主义现代化建设需要、集中体现党和人民意志的，由多个法律部门和多个层次的法律规范构成的中国特色社会主义法律体系已经如期形成，这是我国法治建设的重要里程碑，具有重大的现实意义和深远的历史意义。

（二）形式与实质并存：2010 年至今

如果说前一阶段，通过全面确立规则，以保障法律的公开性、明确性、完备性等形式特征，那么在社会主义法律体系全面形成之后，立法领域逐渐出现形式与实质并存的局面。

近年来，立法的方式更为丰富多样，但其主旨仍是追求法的形式特征。改革开放之初，由于经济社会发展需要，立法领域以制定新法为主。在社会主义法律体系逐步形成之时，修改法律开始成为立法的重心。立法的方式由制定法律为主转向以修改法律为主，多种形式并存转变。2000 年，修改法律的数量首次超过制定法律的数量，并且随后在立法中所占的比重逐年增加。第五届全国人大修改法律数量占全部立法的 10%，到第十二届全国人大，已经占全部立法的 80% 以上。修改法律主要包括全面修订与局部修正，局部修正所占比重更大，如关于《宪法》的五个修正案，《刑法》的十个修正案，都属于对法律的局部修正。在修改法律的同时，现阶段立法也注重采取多种方式，如解释法律、授权立法与立法决定等。据统计，2013 年至 2018 年，仅十二届全国人大及其常委会就制定法律 25 件，修改法律 127 件次，作出法律解释 9 件，通过授权决定和改革决定 21 件，其他重大问题的决定 30 件次。[1] 从上述资料可以看出，前一阶段以制定法律、全面立法为主，在于实现法律的公开性、规则的明确性以及法律体系的完备性。现阶段以修改法律为主，多种形式并存的立法方式，则是在确保法律完备性的前提下，更加注重法律体系的稳定性与科学性，法律内容的规范性与可操作性。

在立法方式趋于多样化的同时，对于立法精细化模式的追求也凸显出法律的形式特征。在改革开放初期，为填补立法空白，提升立法速度，我们国家的立法指导思想是"急用先立、宜粗不宜细"。这虽然一定程度上满足了急

---

〔1〕　参见罗小曼："改革开放四十年立法形态演进"，载《地方立法研究》2018 年第 6 期。

迫的现实需要，加速了法治化进程，但由此也导致了立法的粗放与笼统，片面强调大而全，而忽视了立法质量。随着社会主义法律体系的不断完善，立法开始从强调数量转变为强调质量，立法精细化的理念开始形成，少而精、有特色、可操作、不照搬、能管用逐渐成为共识。党的十八届四中全会通过的《中共中央关于全面推进依法治国若干重大问题的决定》（以下简称《决定》）中就指出"推进立法精细化"。精细化立法的目标是形成体例精简、内容充实、质量至上、切实可行的立法模式。在规模上要遵循立法规律，恰当把控立法数量，使之与现实的立法需求及立法能力相匹配。在内容上要精细设置条款，增加细化、量化与具体化的规定，注重用具体明确的量化标准来取代笼统含糊的原则性表述。在体例上简单易行，坚持有几条定几条，更加突出"关键的那么几条"，避免照抄照搬，面面俱到。总之，作为一种全新的立法模式、标准和方法，立法精细化通过精心的立法准备、精密的立法程序、精确的立法内容和精湛的立法技术，来实现立法的科学化。[1]精细化立法是提高立法科学化的重要途径，也是法律形式化的重要表征。

除了立法形式的多样性以及立法理念与技术的精细化之外，立法领域所体现的形式化特征还有很多，譬如，提出立法和改革决策相衔接，做到重大改革于法有据。实践证明行之有效的，要及时上升为法律。实践条件还不成熟、需要先行先试的，要按照法定程序作出授权。另外，定期开展法律清理，确保法律体系内部协调一致，适时开展法律编纂，推动法律规范法典化与系统化，都是推进法律形式化，建立形式法范式的重要途径。

与此同时，立法领域的实质化倾向也十分明显。首先，立法的主动性与回应性明显增强。《决定》中明确提出，建设中国特色社会主义法治体系，必须坚持立法先行，发挥立法的引领和推动作用。"立法的引领和推动作用符合马克思主义法律思想，是法律能动性的体现。"[2]立法应主动适应改革和经济社会发展需要，为维护改革发展大局，需要制定新法的，及时制定。如为深化国家监察体制改革，进一步推动和规范反腐工作，北京、山西、浙江等地先后进行监察改革试点，在此基础上适时制定监察法，并最终将监察制度写进宪法。为维护公众的基本民事权益，维护社会经济秩序，十二届全国人大

---

〔1〕 郭跃："论立法精细化的标准与实现路径"，载《学术界》2016年第2期。

〔2〕 熊菁华："发挥立法引领和推动作用的思考"，载《地方立法研究》2018年第3期。

五次会议审议通过《民法总则》，完成了新中国首部《民法典》编纂的重要一步。需要修改法律的，适时修改。十三届全国人大一次会议通过《宪法》修正案，及时将党的重大方针政策上升为法律，将习近平新时代中国特色社会主义思想写进《宪法》，作为全国人民统一行动的根本遵循。十三届全国人大六次会议修改《刑事诉讼法》，使其与《监察法》实现了良好对接，为后者的顺利实施提供了法律依据。同时，通过构建认罪认罚从宽制度以及完善律师辩护制度，维护了当事人对司法的参与性和自主性，进一步加强了人权保障力度。实践不太成熟，需要进行先行先试的，及时作出相关授权决定。党的十八大以来，全国人大常委会共作出 23 项授权决定，涉及司法体制改革、行政审批制度改革、金融体制改革等重要方面。可以说，立法工作主动适应改革需要、充分发挥引领推动作用，变"被动"为"主动"，通过打包修改、授权试点等多种方式努力使立法决策与改革决策相结合，在法治轨道上推进改革，着力增强改革的系统性、整体性与协同性。立法对改革的参与之深、之广，在新中国立法史上是前所未有的。[1]同时，为深入贯彻《决定》中关于依法加强和规范公共服务，完善教育、就业、收入分配、社会保障等方面的法律法规的精神，回应社会需求，为解决民生发展问题提供切实保障，近年在国家层面相继出台《慈善法》《反家庭暴力法》《特种设备安全法》《中医药法》等法律，修改《食品安全法》《人口与计划生育法》《民办教育促进法》《社会保险法》《个人所得税法》等法律。在地方立法层面，对民生的关注更为明显。譬如福建省近年采取多种措施，围绕民生重点领域立法。如推动生态文明立法，保障人民群众生态权益；加强公共服务立法，补齐社会领域"短板"；坚持城乡统筹，使民生立法惠及城乡广大群众；把保障民生与构建共治共享社会紧密结合起来。通过上述办法，该省制定了《土地保护条例》《水土保持条例》《老年人权益保障条例》《食品安全条例》《城乡供水条例》等重要的民生保障立法。[2]在海南省，2013 年省五届人大常委会在编制和实施立法规划时，充实了大量民生和社会立法内容，增强群众观点，紧紧结合该省经济社会领域的突出问题立法，取得了实质性进展。该省审议

〔1〕 胡健："改革开放四十年立法工作的七个转变"，载《中国法律评论》2018 年第 5 期。

〔2〕 福建省人大常委会："回应群众关切，推进民生立法"，载中国人大网，http://www.npc.gov.cn/npc/lfzt/rlyw/2017-09/13/content_ 2028843.htm，最后访问时间：2019 年 5 月 7 日。

通过和批准法规或法规性决定多达 20 余件，包括《海南省养老机构管理条例》《海南省实施〈中华人民共和国教师法〉办法》《海南省人口与计划生育条例》等一批法规，完善了该省民生和社会立法法律制度，形成了相对完整的社会法规体系。[1]总之，不管是国家立法还是地方立法，其中重要的趋势就是立法重心开始转向社会领域，注重增强立法对社会需求的回应，对人民利益的维护，切实提高普通民众的生活质量与生活水平，解决他们切实关注的生存与发展问题，最终使改革开放的成果通过立法惠及和回馈普通民众。

其次，立法的实质化还表现在立法的实质价值化趋势增强。一方面，将"依法立法"增列为立法的基本原则。另一方面，注重将国家与社会的主流价值观，深入贯彻到立法工作之中。在党的十九大报告中，就明确将"依法立法"与"民主立法""科学立法"作为立法的基本原则。从法理上看，"依法立法"的本质其实是强调法律的合法性价值，当然这里主要是指立法的合法性。对于合法性，西方不少学者作出过专门论述，实证法学派认为合法性就是指符合国家制定法，不管这种法律是否合理，是否是良法。自然法学派将理性、正义等自然法的价值观念作为衡量合法与否的依据，马克斯·韦伯、哈贝马斯等人则将其定位于一种政治或法律秩序的正当性，以及被人们所认可与尊重的程度。如哈贝马斯所言，合法性就意味着某种政治制度的尊严性，即该制度是否能得到人们事实上的承认。[2]国内有学者认为，"依法立法"原则主要是指立法主体依照《立法法》规定的法定权限、程序制定法律规范，而且所立之法与上位法不抵触。具体包括不得超越法定权限立法；以《宪法》为依据立法，不得同《宪法》相抵触；不得违反上位法以及要把好备案审查关，强化立法监督等层面。[3]归纳上述观点，本书认为"依法立法"原则主要包括三个层面：合宪性原则、法定性原则和正当性原则。合宪性原则是指立法理念、立法精神、立法程序、立法文本等都必须符合《宪法》的精神和内容，不得与《宪法》相抵触。法定性原则是指立法活动必须遵守法律，尤其是《立法法》的相关规定。一切立法权的取得与行使都必须于法有据，立

〔1〕 杜颖："近年来我省 20 余项立法覆盖民生各领域"，载海南省人民政府网，http://www. hainan. gov. cn/hn/zwgk/zfjs/yfxz/201508/t20150812_ 1637128. html，最后访问时间：2019 年 5 月 7 日。

〔2〕 [德]哈贝马斯：《重建历史唯物主义》，郭官义译，社会科学文献出版社 2000 年，第 262 页。

〔3〕 "'依法立法'是实现良法之治的基础"，载湖北省人民政府网，http://www. hubei. gov. cn/zhuanti/2017zt/sjdjs/bgjd/jd/201711/t20171127_ 1228113. shtml，最后访问时间：2019 年 5 月 8 日。

法活动的所有环节都得按照法律规定进行，立法主体行使立法权必须以法律特别是《立法法》为准则。同时，法定性原则派生出法制统一原则，即要从国家的整体利益、长远利益和根本利益出发，保持法律体系内部的协调与稳定，任何法律法规都不能与《宪法》冲突，下位法不能与上位法相抵触，同一位阶的法之间应保持一致，各部门法之间也应相互协调。正当性原则是指立法应具有正当性，符合社会主流价值观念，符合占主导地位的意识形态，并能够得到民众的认可与尊重。立法活动必须充分体现社会主义的制度属性，在坚持维护社会正义的基础上实现个体正义，保障公共利益的基础上维护个人利益，只有这样，立法才能既符合主流价值，又得到民众认同，从而具有正当性和可接受性。

正当性原则要求立法应符合社会主流价值观念，近年倡导社会主义核心价值观入法，正是该原则的具体体现。社会主义核心价值观是当前我党我国的主流价值观，是评价和指引人们行为的价值准则和道德律令，是将依法治国与以德治国紧密结合的重要依据。在国家立法层面，一大批法律法规将社会主义核心价值观转化为具体条款，如2017年10月施行的《民法总则》中，第一章基本规定第一条就明确提出弘扬社会主义核心价值观是民法的立法目的之一，随后该章又规定了平等、自愿、诚信、公序良俗、绿色环保等民法的基本原则，均从不同层面体现了社会主义核心价值观的内涵。该法第185条还规定，侵害英雄烈士等的姓名、肖像、名誉、荣誉，损害社会公共利益的，应当承担民事责任。随后于2018年5月施行的《英雄烈士保护法》，则以专门立法的形式加强了对英雄烈士权利的保护，弘扬了爱国主义精神，全面贯彻了社会主义核心价值观中关于"爱国"的要求。全国人大常委会还制定了《反家庭暴力法》，为推动解决家庭暴力、维护平等和谐的家庭关系，提供了更加完善的法律保障。《刑法修正案（九）》则将组织考试作弊行为规定为犯罪，维护了公平诚信的道德底线。诸如此类的法律还有很多，如《公共文化服务保障法》《电影产业促进法》以及《国歌法》等。在地方立法层面，很多省市都强调将社会主义核心价值观转化为地方立法的宗旨、原则以及具体条款之中。以河北省为例，2019年2月颁布的《河北省人大常委会五年立法规划（2018—2022年）》中，总计89件地方性法规中就有32件是为贯彻将社会主义核心价值观融入立法修法的项目，如《河北省反不正当竞争条例》（修订）、《河北省老年人权益保障条例》（修订）、《河北省学校安全条例》《河北省文明行为促进条例》《河北省医疗纠纷预防与处理条例》等。

三、执法领域：形式与实质并存

改革开放至今，在行政执法领域，法治范式的特征与司法和立法领域不同，基本上是形式与实质并存的局面。在这一阶段，建立有限政府，实现法律对权力的制约，最终建立法治政府始终是行政执法之主线和最终目标。形式法范式的典型特征就体现为法律与政治的分离，或者说通过法律对政治权力进行规范与制约。新中国成立以后，我们国家的行政体制长期处于一种"管理型"，甚至是"压制型"模式，在这种治理模式下，国家权力可以随意地"侵入社会的各个领域和个人生活的诸多方面"，[1]公共自主极大地侵占了个人自主的空间。"计划经济、全能行政和单位社会三者之间的契合，既无法提供社会发展活力的正当性，又无法提供社会生活稳定的有效性。"[2]改革开放之后，在市场经济正当性逐渐得到承认并深入发展的背景下，为充分发挥市场在资源配置中的基础性作用，消除长期以来计划经济与全能行政的不良影响，促成市民社会的发育，国家行政权力的规范运行就成为关键。在我国，正是通过推进依法行政、建设法治政府来限制和引导政府的权力，其目标既包括约束政治权力、激发市场活力而形成有限政府，也包括克服市场的盲目性与逐利性而形成有效政府。自改革开放以来，在顶层设计和具体制度方面，国家相继出台了大量的政策性文件以及行政性法律法规，为依法行政、建设法治政府指明了方向。

在宏观战略上，通过大量政策性文件的出台，实现了从"依法行政"向"建设法治政府"的转变。改革开放之初，党的十一届三中全会把加强社会主义法制建设确定为党的基本方针，1987 年，党的十三大报告又指出必须加强行政立法。在这一时期，加强行政立法，为行政活动提供基本规则和规范程序是行政领域的重心。1993 年 11 月十四届三中全会强调"各级政府都要依法行政，依法办事"。1997 年党的十五大报告明确要求"一切政府机关都必须

---

〔1〕 邹谠：《二十世纪中国政治：从宏观历史与微观运行角度看》，牛津大学出版社 1994 年版，第 223 页。

〔2〕 潘伟杰：《当代中国立法制度研究》，上海人民出版社 2013 年版，第 93 页。

依法行政"。1999 年国务院颁布《关于全面推进依法行政的决定》，要求各级政府和政府各部门的工作人员不断提高依法行政的能力与水平，这是历史上第一份关于推进依法行政的中央政府文件，具有重要的里程碑意义。2004 年，国务院在《政府工作报告》中第一次明确提出建设"法治政府"的目标，随后颁布《全面推进依法行政实施纲要》，该纲要明确规定了全面推进依法行政的指导思想与具体任务。可以说，"建设法治政府"是对"依法行政"理念的延续，但其外延内涵更为丰富。"依法行政"是规范行政权力运行的原则，"建设法治政府"则是全面推进依法治国的重要环节，是实现国家治理体系与治理能力现代化的必由之路，是体现现代政治文明的重要因素。2010 年国务院又颁布《关于加强法治政府建设的意见》，进一步提出要增强领导干部依法行政的意识和能力，规范行政权力运行。2012 年党的十八大报告中提出，法治是治国理政的基本方式，强调要全面推进依法行政，深化行政体制改革，建立健全权力运行制约和监督体系。并且，在十八大报告中，还明确提出了到 2020 年基本建成法治政府的时间表。2013 年党的十八届三中全会提出建设法治中国必须坚持依法治国、依法执政和依法行政共同推进。2014 年十八届四中全会对全面依法治国进行了总体部署和全面规划，其中从政府职能、政府决策机制、执法体制改革、执法方式、权力监督以及政务公开等方面系统论述了如何深入推进依法行政，建设法治政府。2015 年党中央、国务院印发了《法治政府建设实施纲要（2015—2020 年）》，在我国历史上第一次以党中央国务院文件的形式，对法治政府建设作出重大部署，明确了法治政府建设的总体目标，确立了法治政府建设的衡量标准，并提出了具体任务和推进措施。2017 年党的十九大报告中，明确对"建设法治政府，推进依法行政，严格规范公正文明执法"作出重要部署，开启了建设法治政府的新征程。其中，特别提出推进国家监察制度改革，建立统一高效的国家监察机关，对所有行使公权力的人员进行全面系统的监督。

在具体制度方面，这一时期则主要通过行政立法得以确立和完善的。1989 年第七届全国人民代表大会第二次会议审议通过了《行政诉讼法》，正式建立"民告官"的行政诉讼制度。2014 年，《行政诉讼法》重新修订，扩大行政诉讼的受案范围，更加注重监督行政权力，实现行政争议的实质性解决，保护公民、法人和其他组织的合法权益。2017 年 6 月，《行政诉讼法》再度修订，将行政公益诉讼制度以法律形式确定下来。1990 年 12 月，国务院发布了《行政复议条例》，1999 年第九届全国人民代表大会常务委员会第九次会议审议通过了《行政复议法》，对行政复议的范围、原则、程序及责任等方面进行了详细规定，为防止和纠正违法或者不当的行政行为提供了重要法律依据。[1] 1994 年通过了《国家赔偿法》，对国家赔偿的范围、赔偿义务机关、赔偿的方式、标准、程序及费用等问题作了全面规定。上述法律法规的制定与完善，标志着具有中国特色的公民权利救济行政法律制度以及行政法制监督制度得以初步确立。随着权利救济法律制度的逐步形成，一批直接规范行政权力行使过程的法律也相继出台。1996 年颁布《行政处罚法》明确规定了行政处罚的种类、程序、救济等问题，2004 年施行的《行政许可法》划定政府行政许可职能的边界，2012 年生效的《行政强制法》规范了行政强制的设定与实施，这三部法律分别规范了行政执法领域中三种重要的执法行为，初步构建了具有中国特色的行政行为法体系。在行政机关的设置与管理方面，1997 年出台《国务院行政机构设置和编制管理条例》，2007 年制定《地方各级人民政府机构设置和编制管理条例》，从而将各级政府的机构设置和编制管理纳入法治化轨道，这是规范行政权力运行的前提性条件。在行政人员的设置方面，1993 年国务院发布《国家公务员暂行条例》，初步确立了国家公务员制度。在此基础上，2005 年全国人大制定了《公务员法》，成为我国国家公务员管理的基础性法律。2009 年中共中央办公厅与国务院办公厅联合发布《关于实行党政领导干部问责的暂行规定》，规定了担任领导职务的公务员问责制度。职务越高，意味着掌控的行政权力越多，因此这项制度的出台对于约束权力运行具有重要意义。与此同时，对法治政府建设具有重要支撑作用的其他配套法律法规也陆续出台。比如，2008 年实施的《政府信息公开条例》，明确了政府信息公开的范围、方式、程序以及监督和保障，对于打造透明政府和阳光政府，转变政府行政管理方式，建立反腐倡廉长效机制，保障公民知情权、监督权与参与权具有重要意义。[2] 2018 年第十三届全国人民代表大会第一次会议通过了对《宪法》的修订并制定了《监察法》，为全面监

---

〔1〕 王敬波、宗婷婷："改革开放以来我国法治政府建设的基本轨迹"，载《中国发展观察》2018年第 C2 期。

〔2〕 参见李林主编：《中国依法治国二十年（1997–2017）》，社会科学文献出版社 2017 年版。

督行政权力的运行提供了宪法和法律依据。2019 年 9 月开始施行的《重大行政决策程序暂行条例》，进一步推进了行政决策的科学化、民主化和法治化，是建设法治政府、完善社会主义法治体系的重要步骤。

在行政执法领域，法治范式的形式特征是通过建设法治政府，规范行政权力运行展现出来的。与此同时，法治范式在行政领域也表现出明显的实质化倾向，最终形成形式与实质并存的局面。

行政执法主动性与回应性的内在特点决定了行政领域法治范式的实质化趋势。与司法不同，司法天然具有一定的被动性，"从性质上来说，司法权自身不是主动的，要想使它行动，就得推动它……它不能自己去追捕罪犯、调查非法行为和纠察事实"。[1]但行政执法具有能动性或主动性，这是两者的重要区别。司法的被动性主要表现为司法程序启动的被动性，特别是法院的裁判程序。没有诉讼当事人的申请，法院不能启动裁判程序，即所谓不告不理。行政执法则正好相反，行政机关在执行法律时，无需行政相对人的申请，即可主动实施。即使是行政许可、行政给付、行政复议等执法行为在程序上应由相对人启动，但在实质内容上仍然由行政机关决定。行政执法的主动性还表现在行政机关的自由裁量权上，在谨守合法性原则的基础上，行政机关可以在合理的范围之内，按照具体情况，充分发挥主观能动性，积极灵活因势利导地执行法律，从而实现立法目的。

在我国行政执法实践中，强调对行政权力的约束，推进依法行政，建设有限政府是法治政府的重要目标。同时，建设有效政府与责任政府也是法治政府建设的当然内容。新中国成立以来，我国的政府职能经历了从政治职能为主到经济职能为主，再到现阶段以社会职能为主的转变。政府职能的履行方式也从改革开放前的压制型模式到改革开放初期的监管型模式，再发展到现阶段的服务型模式。服务型政府要求创新政府管理方式，寓管理于服务之中，行政管理的最终目的在于为社会公众服务。[2]党的十七大报告中指出，坚持以人为本是科学发展观的本质和核心。坚持以人为本，就是把维护最广

---

〔1〕［法］托克维尔：《论美国的民主》（上卷），董果良译，商务印书馆 2004 年版，第 110-111 页。

〔2〕马英娟、李德旺："我国政府职能转变的实践历程与未来方向"，载《浙江学刊》2019 年第 3 期。

大人民的根本利益作为依法行政的出发点和落脚点。党的十九大报告指出，现阶段的主要矛盾已经转化为人民日益增长的美好生活需要和不平衡不充分的发展之间的矛盾。为解决这一矛盾，就要求将人民群众的根本利益和现实需求作为建设法治政府的最终目标。规范行政权力与保障公民权利是一体两面的，规范公权力是保障私权利的基础与保障，保障私权利则是规范公权力的宗旨与目标。政府在履行政治职能、加强市场监管的同时，应更加注重履行社会管理和公共服务职能，为社会提供企业或个人不愿或难以提供的公共产品，发挥政府作为公共权力机构的主动性与回应性，把体现人民意志、保障人民权利、促进人的全面发展作为政府工作的出发点和落脚点，最终实现发展为了人民、发展依靠人民、发展成果由人民共享的目标。

行政执法方式的人性化与柔性转变也体现了法治范式的实质化倾向。在概念界定上，执法人性化是指行政执法活动应充分体现人道主义，尊重行政相对人的人性尊严，保障行政相对人的合法权利。[1]柔性执法则是指在法定程序内，行政执法可以采取多种手段，保持一定的灵活性与变通性，以减少执法成本，取得良好的执法效果。[2]在执法实践中，近年在全国各地出现多种类型的人性化与柔性执法方式，譬如武汉城管推出的"眼神执法""列队执法"[3]，江苏无锡的"鲜花执法"[4]等。不管是人性化执法抑或是柔性执法，都是对传统强制性执法方式的修正与弥补。并且，这两种执法方式的共同之处在于，在执法手段上摒弃了传统执法方式的强制性与单一性，采取更为灵活与人道的方法，也不再仅仅采取单方执法模式，而是注重与行政相对人的协商，在充分尊重行政相对人意愿的基础上达到执法目的。这种新型的执法方式，所导向的理念在于，一方面，充分体现了以人为本和为民服务的执法理念。"严格执法并不意味着冷漠执法，在冰冷的法条之后应是以人为本的

---

〔1〕 岳光辉："公安执法'人性化'探讨"，载《湖湘论坛》2005 年第 5 期。

〔2〕 王春业："论柔性执法"，载《中共中央党校学报》2007 年第 5 期。

〔3〕 彭岚："'眼神执法'后，武汉城管又出'列队执法'"，载《楚天金报》2012 年 9 月 20 日，第 14 版。

〔4〕 哲肖："城管部门尝试鲜花执法——'钉子户'无证摊一改对抗态度自行离开"，载《无锡商报》2017 年 3 月 9 日，第 A06 版。

价值取向。"〔1〕执法在实现维护政治统治和经济发展职能的同时，必须明确执法的根本宗旨和最终归依在于保障人民的权利，维护人民的尊严，满足人民的需求。这种执法理念标志着从传统压制型行政模式向现代回应型行政模式的转变，〔2〕最终体现的仍然是法律的主动性与回应性特征。另一方面，也体现了人道、平等、法律的可接受性等实质性法律价值。上述两种执法方式以人为中心与尺度，消解了传统执法的刚性与僵化，充分考虑到行政相对人的人性尊严，体现了法治的人文精神与人道价值。同时，人性化执法与柔性执法强调行政机关与行政相对人的平等，他们之间不再是压制型或管理型的关系，而是平等和谐共处的关系。"行政相对人并非仅仅接受行政命令，而是能够在法定程序中通过自身努力，与行政主体平等对话，以形成双赢的局面。"〔3〕正是在双方相对平等的基础之上，执法才具有正当性或可接受性价值。传统理论认为执法具有单方性，但纯粹出于单方的执法行为由于缺乏行政相对人的参与，忽视行政相对人的感受，导致行政相对人对法律产生隔阂与排斥，从而难以顺利实现执法目的，执法的正当性受到质疑，可接受性也无从谈起。"行政机关合法地行使法定权力最终取决于被管理者的同意，因此，行政行为要在一定程度上被行政相对人所接受。"〔4〕人性化执法与柔性执法排除了传统执法的高压状态与单方的恣意，弱化双方倾斜不对等的地位，强调行政相对人对执法过程的参与，以及在参与基础上的意见表达。如此可以在双方平等协商基础之上实现双赢，既保障行政相对人的利益，又能实现执法的政治与经济职能，最终提高执法的可接受性程度，实现法律的可接受性价值。

四、一种可能的解决之道：走向沟通主义法范式

从上述可以看出，在我国改革开放之后，对于法治范式的追求在司法、立法与执法等领域的不同阶段都展现出不同特征，但殊途同归，不论是司法

〔1〕 侯登华、李双："试论行政柔性执法的理论基础"，载《北京科技大学学报（社会科学版）》2010 年第 4 期。

〔2〕 参见崔卓兰、蔡立东："从压制型行政模式到回应型行政模式"，载《法学研究》2002 年第 4 期。

〔3〕 罗豪才、宋功德："行政法的失衡与平衡"，载《中国法学》2001 年第 2 期。

〔4〕 骆梅英："英国法上实体正当期待的司法审查——立足于考夫兰案的考察"，载《环球法律评论》2007 年第 2 期。

领域从形式到实质再到形式与实质并存，立法领域从形式到形式与实质并存，还是执法领域形式与实质并存，最终所导向的都是形式与实质并存的法治范式。换言之，在我国改革开放之后四十多年的法治建设中，所欲求的是形式与实质并存的法治范式。迄今为止，我国的法治范式总体上呈现出形式与实质并存的特征。但是，我们也应看到，虽然法治发展具备很多形式与实质的因素，但真正意义上的形式法范式并未确立，实质法范式也远未形成。

审视我国的法治实践，法律至上原则以及法律的自治性作为形式法范式的标志性特征，并未完全确立。在法律的地位上，形式法范式强调法律至上原则，主张国家制定法在国家政治生活和公民社会生活中具有最高权威，任何组织与个人均应在法律范围内活动，任何权力包括政府与社会组织的权力都必须从属于法律，受法律制约。在法律的功能上，形式法范式强调法律的内容、机构与职业自治。但与西方资本主义国家的属性不同，我们国家的性质是中国共产党领导下的社会主义国家。西方的法治立基于个体自由之上，虽然近代福利国家的出现，使得个体自由受到一定的限制，但"对以有限政府为中心的政府权力规范性的捍卫和以私有制为核心的个体权利的维护仍然表明西方国家法律制度对资本主义制度属性约束的接受"。[1]作为社会主义国家，我们的制度属性必然要求在维护个体正义的同时，更为强调社会正义以及公共利益。而这两者的实现，均离不开一个强大的核心力量。"现代化政治体系的安定与否，取决于受大众支持的政党力量是否足够强大与稳定，在发展中国家尤其如此。"[2]目前，中国共产党正是这一核心力量的唯一担当者。但在从革命模式向现阶段社会治理模式转变中，党的意志要顺利转化为国家意志，成为民众普遍接受的行动纲领，只有通过健全法治、依法执政的方式。党的领导、人民当家作主与依法治国必须得到有机统一。党的领导是我国各项事业得以顺利进行的基础与前提，在人民广泛参与基础之上的法治治理则是切实保障与实现路径。因此，我国的社会主义国家属性决定了并不能完全追求制定法至上的单纯意义的形式法范式。在我国，法律必须反映执政党的意志，符合人民的利益。法律也无法完全超越政治权力，同时也应与社会主

---

〔1〕 潘伟杰：《当代中国立法制度研究》，上海人民出版社2013年版，第241页。

〔2〕 [美] 塞缪尔·亨廷顿：《变革社会中的政治秩序》，李盛平等译，华夏出版社1998年版，第396页。

流价值观念以及公认的道德规范保持一致，这些都是无法完全割裂的。立法机关、司法机关与执法机关作为国家机关的构成要素，统合于党的领导之下，既互相分工但又相互影响，在发挥各自的政治、经济与社会职能时，彼此之间难以保持明显的界限。作为司法职业化与现代化的司法改革取得了相当的成效，在一定程度上推动了法律职业化的发展，但是，司法改革同样存在不少问题，譬如，司法改革中法院的自身定位不够清晰。法院作为审判机关，其核心是按照司法规律依法审判，近年也强调"以审判为中心"，但无论是外部赋予的维护政治安全、保障经济发展以及民生需求的功能，还是法院内部的非审判的行政功能，都在很大程度上左右甚至驱使法院偏离其核心功能。司法公信力不足，民众对司法机关的信赖感不强，缺乏对规则的普遍服从和对程序的有效遵守。司法对人权的保障有待提高，特别是在《监察法》颁布之后，如何在监察机关办案程序中保障当事人的基本人权，相关理论与制度都有待进一步完善。司法职业品质尚需进一步提升，职业能力与职业伦理需要进一步完善，同质化、专业化、技术化的法律职业共同体还需要进一步巩固。因此，在这个意义上，目前我们国家法律的内容、机构与职业无法实现完全自治。一言以蔽之，完全的形式法范式在我国目前尚未真正确立，也并不适合我国的制度属性以及国情特征。

形式法范式并未全面确立，与此同时，实质法范式也未完全确立。改革开放以来的法治发展已经初步具备某些实质法范式的特征，尽管如此，作为法治模式与纲领意义上的实质法范式尚未全面确立。

首先，实质法范式是以目的为导向，以结果为指向的。它强调对社会需求的回应，认为法律不应只追求内在的品德，而应达到和满足一定的社会目的。"因为它要探究实质性结果以及为有效履行各种机构责任所实际需要的东西。"[1]但这种目的取向的范式追求有其内在的价值，即通过对多元利益的衡平和多元目的的协调，以协商的方式取得价值共识，从而满足社会需要。这也是彰显实质正义与社会整体利益的过程。但纵观近年我国的法治建设，却有逐渐沦为实用型工具主义的趋势。这种倾向只考虑了法律的实际效用，却忽略了其内在价值，呈现出一种"实践的、工具性的、向前看的、能动的、

---

〔1〕〔美〕P. 诺内特、P. 塞尔兹尼克：《转变中的法律与社会：迈向回应型法》，张志铭译，中国政法大学出版社 2004 年版，第 93 页。

经验的、反教条的、结果导向的"实用主义的特征。[1]以司法领域为例，最高人民法院"五五改革纲要"中明确提出，要健全人民法院服务和保障大局制度体系，健全为打好三大攻坚战提供司法服务和保障机制，健全为国家重大发展战略提供司法服务和保障机制，健全打造国际化、法治化、便利化营商环境司法服务和保障机制。可以看出，是否能取得政策上的实用效果成为引导司法改革的标准，这种实用型工具主义的缺陷在于，它是以特定时期的社会政策为根本导向，内在的价值取向是模糊而不明确，多变而不稳定的。而又如"解决问题，达到良好的社会效果与法律效果"[2]曾一度是司法改革的主要目标。良好的法律效果可以从是否严格按照法律裁决、是否严格遵循法律程序等角度进行判断，但良好的社会效果则难以确定和衡量。"社会效果是如何得出并证成的？很多法律人所言说的社会效果，只是依凭直觉，根据自己个人的价值倾向所推断出来的。"[3]社会效果的确立是一个复杂的过程，需要平衡各方当事人的利益，倾听各方当事人的意见，甚至需要一个较大范围内社会公众的反应。不同的利益代表不同的价值取向，良好的社会效果应是多种价值相互冲突、协商和最终妥协的结果。但在司法实践中，良好的社会效果往往是由司法机关提出和确证，这种"国家主义"的法律工具主义倾向于将所有的价值与利益服从于由国家决定的某些优先考虑的事项，[4]往往以法的安定性价值遮蔽正义、平等或自由等其他价值，极易形成价值衡量上的独断。

其次，实质性法范式强调法律的开放性，认为法律应保持一种开放整合的态度，与政治、道德、政策、宗教等其他社会规范保持一种运行上的关联，通过多元规范实现对国家和社会的综合治理。法律的开放性需要两个基本条件，第一，公众的参与度，无论是立法、司法或者执法，公众的参与程度都是衡量法律开放性的重要标准。在近年的法治实践中，公众参与法律运行的

---

〔1〕 参见 ［美］理查德·波斯纳：《法官如何思考》，苏力译，北京大学出版社2009年版。

〔2〕 王胜俊："深刻学习实践科学发展观，坚持为大局服务为人民司法"，载《人民司法》2009年第5期。

〔3〕 陈金钊："法律人思维中的规范隐退"，载《中国法学》2012年第1期。

〔4〕 特鲁贝克对"国家主义"类型的法律工具主义和"多元论"类型的法律工具主义进行了区分，前者使所有的价值和利益服从于追求由"国家"决定的绝对优先考虑的某种单一事项，因而势必是压制性的；后者则拥有范围更广的一批参与者，因而就能够考虑多种多样的价值和利益。具体论述参见 David Trubek, "Toward a Social Theory of Law: An Essay on the Study of Law and Development," *Yale Law Journal*, 82（1972）: 1, pp. 37-39.

机会和程度都得到普遍提高。立法方面，无论是中央或者地方层面，民主立法、强调立法的公众参与已经成为基本的立法原则和必经的立法程序。新时代立法工作取得新的进展，其中一个重要方面就是民主立法的深入推进。健全立法专家顾问制度，建立基层立法联系点制度，明确常委会初审和继续审议的法律草案都及时向社会公布征求意见，已公布近百件次。[1] 司法方面，十八届四中全会《决定》中提出："保障人民群众参与司法。坚持人民司法为人民，依靠人民推进公正司法，通过公正司法维护人民权益。"在司法实践中，公众参与司法也以多种形式体现出来，如举报、扭送、信息调查、见证司法机关行为、羁押场所巡视、陪审参审、旁听审判、协助调解、证人作证、社区矫正等形式。[2] 执法方面，十八届四中全会《决定》中提出：把公众参与、专家论证、风险评估、合法性审查、集体讨论决定确定为重大行政决策法定程序，确保决策制度科学、程序正当、过程公开、责任明确。2019 年 4 月，国务院发布《重大行政决策程序暂行条例》，并于当年 9 月 1 日施行，该条例明确将公众参与列为政府重大行政决策草案出台的必经程序。除依法不予公开的决策事项之外，应当充分听取公众意见。可以看出，无论是在政策倡导还是在具体实践中，法律运行过程中的公众参与程度都取得较大进展。但无法回避的问题是，公众参与的程度仍然不够，且参与难以产生实际效果，对法律制定与运行产生不了实际影响。在立法实践中，公众参与立法的主体多表现为专家参与立法，立法成为立法机关和有关专家合作的精英式立法，普通社会公众缺乏参与渠道。即使有立法听证会或网络征集意见等方式，但往往流于形式。更为重要的是，公众所表达的立法意见难以真正为立法机关所采用，无法对立法施加实质性影响。法律的承担者无法成为法律的制定者，长此以往，公众也逐渐丧失参与的兴趣和动力。司法实践中，公众参与司法的主要形式是陪审、参审，但人民陪审制度同样存在一些弊端。人民陪审员缺乏随机性与流动性，很多地方陪审员的选取由法院挑选，以便达成共识。人民陪审员缺乏法律专业知识，导致陪审员陪而不审，审而不用，公信度不高。在行政执法中，公众参与程度较低。由于具有传统强势地位和优势心理，

---

[1] 全国人大常委会法制工作委员会："新中国 70 年立法发展成就及经验"，载《旗帜》2019 年第 9 期。

[2] 陆洲："我国公众参与司法的价值挖潜及短板补救"，载《甘肃社会科学》2018 年第 5 期。

行政机关往往将公众视为管理的对象，而不是服务的对象。"一言堂""拍脑袋"，听取群众意见不充分，违法决策、专断决策、应及时决策而久拖不决等问题时有发生。虽然中央和不少地方政府都对政府重大行政决策进行了立法规制，但实际运行的效力却远远没有达到预期。第二，法律的开放性要求规范的多元性。"即使在典型的法治社会中，法律也不是唯一的权威，如伦理道德、宗教戒律、习惯以及行业规则等，都发挥着规范人们行为、维持社会秩序的功能。"[1]在实质法范式看来，法律只是复杂的社会调控机制中的一种类型，法律系统通过自身的内在循环得以发展，同时与经济、政治、道德、宗教等系统保持认知上的开放。法律规范拥有其他社会规范无法比拟的优势，但同时也存在自身难以克服的缺陷。因此，社会系统的良性运作必然需要多元规范的综合调控。但基于传统和现实的原因，目前我们国家更为强调法律的一元主义，重视制定法在国家和社会治理中的作用，忽视了其他社会规范的功效。然而，法律规范、党内法规、党的政策、国家政策、习惯道德等其他社会规范是当代中国社会中客观存在的规范类型，能够在不同场域发挥不同的作用。[2]国家制定法的主体地位需要坚守，但通过多元化规范的国家和社会治理是难以否定的发展趋势。

从上述可以看出，实质法范式是近年中国法治发展的一个重要表征，但是因为诸多因素的影响，实质法范式与形式法范式同样没有得以全面建立。除却上述原因之外，另外一个深层的根源在于，两种范式之间存在着内在矛盾和难以消解的分歧。如上一章所述，范式之间存在相对的不可通约性。特别是在人文社会科学领域，不同范式之间存在着超越和更新，但也存在着交流与互补。形式法范式和实质法范式之间在某些领域存在着互补，譬如，形式价值和实质价值的交融、形式正义和实质正义的弥合等，甚至还有学者认为，形式法治和实质法治在本质上是统合的，实质法治自身就蕴含着形式正义与实质正义的因素，未来我国的法治之路应是一条经由形式正义的实质法治之路。[3]但在本书看来，形式法范式和实质法范式之间在一些重要特征方

---

〔1〕 吴玉章："西方的法治理论"，载《法哲学与法社会学论丛》2000年版第0期。

〔2〕 刘作翔："当代中国的规范体系：理论与制度结构"，载《中国社会科学》2019年第7期。

〔3〕 江必新："严格依法办事——经由形式正义的实质法治观"，载《法学研究》2013年第6期。李桂林："实质法治：法治的必然选择"，载《法学》2018年第7期。

面的差异是无法消除的。譬如，在法律的地位上，强调法律的至上权威是形式法的重要特征和标志，然而实质法却强调国家制定法之上存在效力更高的准则，法律并不当然具有最高权威。在法律的功能方面，形式法强调自治与被动，实质法强调回应与主动。自治与回应，被动与主动之间存在非此即彼的关系，如司法一般，不可能既保持被动的中立地位，又主动出击，追求对国家政策和特定社会需求的满足。因此，形式法范式和实质法范式虽然在某些方面能够相互弥补，但其中存在的天然鸿沟和重大分歧却是客观存在且难以消除的。那种欲将形式法范式和实质法范式统合起来，兼具两者之长的做法，最后必然陷入一种混合型法范式的困境，即既不属于形式法范式，也不属于实质法范式。

总而言之，自改革开放至今，我国的法治发展始终处于一种混合型法范式的支配之下，准确地说，我国尚未建立一种统一、明确的法治范式。无论司法领域、立法领域还是执法领域虽然展现出各自不同的发展特征，但总体来看，迄今为止，形式法范式并没有充分确立，实质法范式也没有全面形成。在这种混合型、杂糅型法范式的支配之下，我们国家的法治现状存在着一些无法回避的问题。譬如，规则意识淡漠，法律权威性不足，法律并未成为人们据以行动的最重要准则。法律与其他社会规范之间形成了一种畸形的关系。政治和经济系统对法律系统介入过深，政治权力、国家政策、经济目标影响甚至左右了法律的正常运转及发展方向。相反，道德、习惯等社会规范并未较好地体现和融合进制定法之中。同时，法律对这些系统的回应性也严重不足，既没有为政治和经济系统提供约束性机制，也没有为道德、习惯等提供实施性保障。道德是一种符号系统，法律则是一种行动系统，然而，法律并没有为道德、习惯等提供行动和操作上的助力，相反，法律在某些时候还消减甚至破坏了道德观念。另外一个重要问题是，现阶段的法律存在严重的实用主义和工具主义倾向。新中国成立初期法律作为阶级统治的工具，改革开放之后则成为服务政治大局、保障经济建设、维护社会稳定的工具。在浓郁的法律工具主义观念主导下，政治与法律之间出现过度融合，权力过分介入法律，市民社会发育萎缩，政治国家基本支配全部社会领域。法治的形式与实质之间欠缺合理的法律程序架构，政治与法律的公共参与度严重不足，精英话语压制了大众话语的释放，无论是政治政策的出台抑或是法律的制定与实施，都缺乏民主协商与公共意见的交涉。法律系统逐渐成为国家政治治理的工具与手段，既缺乏制定者与承受者之间的互动与沟通，更缺乏内在的价值与信仰，这种本质上以工具理性为基础，以成功为取向的策略与工具行为，最终将导致法律的合法性不足。

因此，为了解决这些问题，推进法治建设的深入发展，我们亟需对我国的法治范式进行转换与更新。这就需要我们以我国的现实国情为基础，充分吸纳传统法律文化资源，立足新中国成立以来的法治实践，认真领会学习习近平法治思想，同时借鉴西方的相关理论与制度。如前所述，哈贝马斯的程序主义法范式理论其根本目的在于通过法律商谈，实现公民私人自主与公共自主的统一，确保法律基于公民广泛深入的协商而形成，从而解决法律的合法性危机。程序主义法范式是建立在对形式法范式和福利法范式批判继承基础之上，汲取了两者的优点，同时克服了两者的缺陷。反观我国，迄今为止尚未形成统一明确的法治范式，是重新发展形式法治，还是继续完善实质法治，或者保持两者杂糅混合的现状，这是摆在我们面前的难题。哈贝马斯的程序主义法范式理论虽然以西方的法治经验为基础，但对我国的法治建设仍然具有重要的借鉴意义，特别是其对形式法治和实质法治的批判与总结值得我们反思与审视。因此，在本书看来，上述三种思路都不是最佳选择，我们应以习近平法治思想为指导，充分吸收中国传统法律文化和长期的法治经验，借鉴程序主义法范式的理论，从中汲取沟通和商谈的思想，对中国法治的工具理性基础进行批判与检视，构建一种以沟通理性为基石的全新的法治范式——走向沟通主义法范式。

第三章　沟通主义法范式的证成:本体论阐释

为解决当前我国面临的范式危机，提高法律的合法性与正当性，我们应以习近平法治思想为指导，立足现实国情，吸收传统法律文化的"合和"思想，进一步发扬新中国成立以来"调解"的法律传统，同时充分借鉴德国学者哈贝马斯提出的程序主义法范式理论，构建一种新的范式理论。根据前述，程序主义法范式试图通过沟通与商谈的程序，实现公民私人自主与公共自主的统一，最终形成合法之法。"一种法律秩序之为合法的程度，归功于沟通的形式——只有通过这种形式，公民的私人自主与公共自主才能得以表达和捍卫，这是程序主义法律观的关键。"[1]沟通与商谈始终是程序主义法范式的核心范畴，也是解决我国范式危机的关键所在。我们可以汲取程序主义法范式理论的沟通内核，构建中国语境下的沟通主义法范式，为中国法治实践提供一种新的纲领与模式。根据玛格丽特·玛斯特曼的观点，范式可以在元范式、社会学范式以及构造学范式三种意义上使用，[2]那么，沟通主义法范式的建构也可以分为元范式——本体论阐释，社会学范式——运行论阐释以及构造学范式——部门领域阐释。本体论阐释从一般意义上探究沟通主义法范式的理论渊源、基础及本质等基本理论，运行论阐释力图探究沟通主义法范式在法律运行过程中的表现，部门领域阐释则从部门法出发探究沟通主义法范式如何应用于解决具体问题。在本章，我们将从本体论的角度，探讨法律沟通性的不同进路，以及沟通主义法范式的基础与本质。

---

〔1〕 J. Habermas, *Paradigms of Law*, in M. Rosenfeld & A. Arato, ed., Habermas on Law and Democracy: Critical Exchange, University of Carlifornia Press, 1998, p.18.

〔2〕 [英]玛格丽特·玛斯特曼: "论范式的本质"，载伊姆雷·拉卡托斯、艾兰·马斯格雷夫主编:《批判与知识的增长》，周寄中译，华夏出版社 1987 年版，第 72~115 页。

第一节 我国传统与现代法律中蕴含的"沟通"理念

在我国传统与现代的法律思想与制度中，蕴含着丰富的沟通理念，与西方学者所言的沟通商谈理论有着异曲同工之处，如传统法律文化中的"和合"思想，现代法律中对"调解""协商"的重视以及当前作为全体中国人民行动纲领的习近平法治思想中"和谐的法治秩序"，都体现了法律沟通性的不同进路和面向。

一、传统法律文化中的"和合"思想

"和合"一词始于春秋时期，《国语·郑语》称："商契能和合五教，以保于百姓者也。"孔子曾言"礼之用，和为贵"，"君子和而不同，小人同而不和"，将"和合"思想作为为人处世乃至治理国家的重要准则。

"和合"思想的理论基石是"天人合一"思想，"天人合一"是我国传统文化的核心命题，关于其内涵有着多种不同的论断。冯友兰认为"天"有五种含义：作为天空的"物质之天"；作为天神的"主宰之天"；作为天命的"命运之天"；作为天性的"自然之天"；作为天理的"道德之天"或"义理之天"。[1]西周时期，"天人合一"主要是指人与作为天神的"主宰之天"的合一；春秋时期，儒家要求人与作为天理的"道德之天"的合一；道家要求人与作为天性的"自然之天"的合一；宋代朱熹则强调人与作为天理的"义理之天"的合一。尽管各家观点侧重不同，但"天人合一"的核心思想却是大致相同的，即强调人道要合乎天道，个人应修身养性，不管是内在道德还是外在行动都要符合天道，顺应自然。与此同时，社会的整体秩序和运行规则也应顺乎天道，符合天理。与"天人合一"的思想一脉相承，"和合"思想同样强调人道与天道的符合与一致，但前者是一种整体的符合，无论个人还是社会均应与天道自然符合，后者则更为强调社会中的个体之间的和谐，以及个人与社会的和谐。正如邢贲思先生所言，和合文化的精髓在于："中国古代思想家首先将自然界理解为一个和合的统一体，其次强调人与自然要保

---

〔1〕 冯友兰：《中国哲学史新编》（第一册），人民出版社1964年版，第89页。

持和合的关系，但是他们最主要的贡献是将和合文化运用于社会的人际关系中，强调社会要保持和合的整体性。"[1]也就是说，形形色色的各个不同的万事万物，可以通过调和形成一个有机整体，这个整体并不完全改变原有个体的特性，只是在保留自身特色的基础上成为更为和谐的整体。

"和合"思想对我国的传统法律文化产生了深刻影响，主要反映在以下两个方面。

（1）在法律制定上，"和合"思想促成了"无刑""无讼"观念的诞生。"和合"思想所期望达成的终极目标是形成和谐的秩序，人与自然和谐相处，个体行动顺应天道运行的法则，人与人之间和谐相处，个体行动遵循"礼"之教化，避免相互间的纷争。在"和合"思想的影响下，法律的主要价值在于形成稳定和谐的社会秩序，而非实现个人权利或社会正义，因此法律的主要目的就是通过法律的制定达到消解法律的局面，而不是让法律成为治理社会的主要规则。正如老子云"法令滋彰，盗贼多有"，而最好就是"刑期于无刑"，"令出而不稽，刑设而不用"，最终实现陆贾所言的理想状态"是以君子之为治也，快然若无事，寂然若无声，官府若无官，亭落若无民，闾里不讼于巷，老幼不愁于庭"，即"无刑""无讼"、知礼知义、安分守己的和谐之治。

（2）在法律实施上，"和合"思想促成了情理法交融的局面。在"和合"思想和"无刑""无讼"观念的支配下，法律的实施主要在于辅助教化，敦促老百姓循礼而动，因此，法律适用是一个富有艺术的过程，强调情感艺术，强调在千差万别的具体案件中实现人情或大众道德。[2]在我国，传统法律适用从来都不是单纯适用法律的过程，而是交融着人情、天理、国法等诸多因素。当法律与人情天理相符时，自然依法而行，体现形式上的公正；当法律与人情天理相悖时，则在兼顾法律的基础上重点探究法律背后的"情"或"理"，以实现实质中的公正。这种情理法交融的局面正是"和合"思想的典型特征，融汇了形式正义和实质正义，将法律、道德、人情等不同特质的事

---

[1] 邢贲思："中华和合文化体现的整体系统观念及其现实意义"，载《文化研究》1997年第3期。

[2] 范忠信：《中西法文化的暗合与差异》，中国政法大学出版社2001年版，第38页。关于传统法律中人情、天理、国法的适用，可参考范忠信、郑定、詹学农：《情理法与中国人》，北京大学出版社2011年版。

物交织在一起，并不是绝对的非此即彼，而是进行"调和"与"整合"，从整体上系统性地考量具体案件，并通过个案的解决促成整体社会的和谐有序。因此，"调解"往往成为传统法律适用的主要手段，并且，如费孝通先生所言，乡村里的调解其实就是一个教育的过程。[1]对于具体案件，多以地方官员、乡绅贤人、宗族长老等人，凭借高尚德行，基于丰富的社会经验，利用道德、人情等标准来调解矛盾，消弭争议，最终通过个案的规训实现"和合"思想的倡导。

二、现代法律重视"调解"的理念

深受传统"和合"法律思想的影响，我国现代法律虽摒弃了"无刑""无讼"的观念，但"调解"的方法和理念仍然占据了十分重要的地位，对我国法治发展产生了深刻影响。

近年来，党和政府出台了一系列顶层设计，充分肯定了"调解"在社会治理中的重要意义，强调要构建包含人民调解、行政调解、司法调解等在内的整体性系统性调解机制。代表性的有2014年10月党的十八届四中全会通过的《中共中央关于全面推进依法治国若干问题的决定》中提出"健全社会矛盾纠纷预防化解机制，完善调解、仲裁、行政裁决、行政复议、诉讼等有机衔接、相互协调的多元化纠纷解决机制。加强行业性、专业性人民调解组织建设，完善人民调解、行政调解、司法调解联动工作体系"。2019年10月党的十九届四中全会提出"完善正确处理新形势下人民内部矛盾有效机制。坚持和发展新时代'枫桥经验'，畅通和规范群众诉求表达、利益协调、权益保障通道，完善信访制度，完善人民调解、行政调解、司法调解联动工作体系，健全社会心理服务体系和危机干预机制，完善社会矛盾纠纷多元预防调处化解综合机制，努力将矛盾化解在基层"。2020年12月中共中央印发的《法治社会建设实施纲要（2020—2025年）》中也提出"依法有效化解社会矛盾纠纷，坚持和发展新时代'枫桥经验'……完善社会矛盾纠纷多元预防调处化解综合机制，努力将矛盾纠纷化解在基层……充分发挥人民调解的第一道防线作用，完善人民调解、行政调解、司法调解联动工作体系"。

---

〔1〕 费孝通：《乡土中国生育制度》，北京大学出版社1998年版，第56页。

党和政府对于调解的重视，并非晚近形成的，而是有着长期的历史渊源与丰富的历史流变。调解存在诸多类型，不能一一呈现，本书在此仅以人民调解为例，简要介绍其特色及形成过程。

人民调解是依法设立调解民间纠纷的制度，是群众自我教育、自我管理、自我服务的一项重要制度，具有高度的群众性、自治性和民间性。人民调解制度深受传统民间调解的影响，以调处民间争议为目的，以自愿调解为原则，在大量调解人员为组织保障的基础上，以国家法律、行业规范、社会道德、亲情伦理等为依据，通过"调和""劝说"等方式，晓之以情动之以理，消除当事人之间的对抗，促进双方的沟通，最终及时、彻底地化解矛盾，恢复社会秩序。

人民调解制度随着近代中国社会的变迁，经历了一个形成、发展、波折与成熟的过程。人民调解制度产生于新民主主义革命时期，早在 19 世纪 20 年代，在共产党领导下的农会中就成立了专门的调解组织，成为人民调解组织的雏形。此时的人民调解包容甚广，并主要表现为政府组织的调解。抗日战争时期，各根据地政府相继制定了关于调解的政策，如 1941 年 4 月颁布的《山东省调解委员会暂行组织条例》、1942 年颁布的《晋察冀边区行政村调解工作条例》等，促进了人民调解的制度化与规范化。解放战争时期，在革命重心由农村向城市转移的时代背景下，人民调解也开始向城市发展，随着 1949 年华北人民政府《关于调解民间纠纷的决定》的颁布，人民调解制度进入新的阶段。新中国成立之后，人民调解制度得到了正式的法律确认，其标志就是 1954 年《人民调解委员会暂行组织通则》的颁布。该通则从法律上明确了人民调解制度的地位、性质、任务和实施方法，并将司法调解从人民调解中剥离，促进了人民调解制度的独立发展，成为该制度历史演变的第一个里程碑。随后，人民调解制度经历了一个较为曲折的时期。主要表现是 1957 年一些地区在"左"倾思想影响下，合并或撤销了人民调解组织，但随后及时得到恢复和发展，然而随着"文革"的全面爆发，人民调解制度又遭到全面破坏。十一届三中全会之后，人民调解制度得以恢复重建，并在接下来三十多年得到了稳定长足的发展。1982 年《宪法》明确了人民调解委员会的性质和基本职能，为人民调解制度提供了宪法保障。同年公布的《民事诉讼法（试行）》，把人民调解确定为民事诉讼法中的一项基本原则。1989 年国务院颁行了《人民调解委员会组织条例》，次年司法部发布了《民间纠纷处理办法》，全面规定了人民调解制度的内容。2010 年《人民调解法》颁布实施，该法是我国第一部专门规范人民调解工作的法律，是人民调解制度发展的第二个重要里程碑，由此宣告我国人民调解工作进入了新的发展阶段。

可以看出，人民调解制度从革命根据地开始直到现在，一直受到党和政府的高度重视，并将其视为国家和社会治理的重要政策方针。除了人民调解之外，还存在多种调解形式，如司法调解、行政调解、行业性专业性调解等。司法调解是诉讼程序内的调解，是在案件的审理过程中由法院主持，在平等自愿基础上通过当事人之间的沟通协商，达成协议终结诉讼的调解形式。司法调解属于商议式司法模式，它有利于缓解诉讼中的激烈对抗，充分尊重当事人的主观意愿，对于彻底消除矛盾，提高司法效率具有重要意义。行政调解是由国家行政机关主持，通过说服、劝导等方式，促使当事人各方平等协商、达成和解以解决纠纷的制度。行政调解属于协商型或柔性的执法模式，有利于化解社会矛盾，加快服务型政府的建设。除此之外，还存在很多其他类型的调解模式，如商事调解、律师调解、仲裁调解以及医疗卫生、道路交通、劳动争议、物业管理、环境保护等行业性专业性调解模式。

总之，在传统"和合"法律文化的深刻影响下，以革命根据地时期就长期存在和发展的调解政策、制度与经验为支撑，我们国家正在逐步形成以人民调解为基础，人民调解、行政调解、司法调解为主干，其他行业性专业性调解为重要补充的优势互补、有机衔接、协调联动的大调解工作格局。这些不同的调解制度，以其不同特点为消解社会矛盾、促进社会团结、提升国家治理现代化水平发挥着重要作用，体现了深厚的中华文化底蕴，彰显了鲜明的时代发展特色，形成了国家和社会治理的"东方经验"。

三、习近平法治思想中"和谐的法治秩序"

在 2020 年 11 月中央全面依法治国工作会议上，党中央正式提出习近平法治思想，作为新时代全面推进依法治国的根本遵循与行动纲领。

习近平法治思想博大精深，包含了一系列重要的命题和论断，其中一个重要理论就是强调要建立"和谐的法治秩序"。习近平总书记非常重视我国的传统文化，认为传统文化中蕴含着丰富的资源可供借鉴，对于国家和社会治理有着重要的参考意义。"治理国家和社会，今天遇到的很多事情都可以在历史上找到影子，历史上发生过的很多事情也都可以作为今天的镜鉴。"[1]"要注意研究我国古代法制传统和成败得失，挖掘和传承中华法律文化精华，汲取营养、择善而用。"[2]譬如，重视法律的人文精神，强调以人为本、民为邦本；重视法律的合和思想，强调"礼法合一"，法律运行必须将人情、天理、国法有机结合起来。因此，"和谐的法治秩序"正是在传统合和法律文化基础之上，并根据中国的现实国情而提出的。

法治是一个包容甚广的概念，如稳定的法律秩序、依法办事的原则、治国的基本方略、蕴含价值目标的生活方式等，同时法治也是一个融汇多种价值的范畴，如自由、民主、秩序、正义等，但在不同国家和相同国家的不同历史时期，法治基本内容的侧重以及基本价值的位阶是不尽相同的。但无论内容如何变迁，价值如何排列，法治最终都要呈现为一种良好的秩序。这种良好的秩序状态应该超越仅关注法律实效的静态的法律秩序，而是一种既作为法治的目标与结果，同时也作为法治衡量标准的"和谐的法治秩序"。

"和谐的法治秩序"是一个多面向、多层次、多领域相交融的秩序状态，[3]对此，习近平总书记提出了很多深刻的高屋建瓴的论断，涉及诸多具体领域，如"形成统一开放、竞争有序的市场秩序"[4]"构建和平安宁、合作共赢的海洋秩序"[5]"推动国际秩序朝着更加公正合理的方向发展"[6]"网络空间同现实社会一样，既要提倡自由，也要保持秩序"[7]等。在此基础上，习近平总书记提出了总括性的对于社会发展的整体性要求，即"一个现代化

---

〔1〕　中共中央党校组织编写、何毅亭主编：《以习近平同志为核心的党中央治国理政新理念新思想新战略》，人民出版社 2017 年版，第 74 页。

〔2〕　习近平："加快建设社会主义法治国家"，载《求是》2015 年第 1 期。

〔3〕　张文显："习近平法治思想的理论体系"，载《法制与社会发展》2021 年第 1 期。

〔4〕　习近平："关于《中共中央关于全面推进依法治国若干重大问题的决定》的说明"，载《求是》2014 年第 21 期。

〔5〕　习近平："携手追寻中澳发展梦想 并肩实现地区繁荣稳定———在澳大利亚联邦议会的演讲"，载《人民日报》2014 年 11 月 18 日，第 3 版。

〔6〕　习近平：《习近平谈治国理政》，外文出版社 2014 年版，第 324 页。

〔7〕　习近平："在第二届世界互联网大会开幕式上的讲话"，载《人民日报》2015 年 12 月 17 日，第 2 版。

的社会，应该既充满活力又拥有良好秩序，呈现出活力和秩序有机统一"。[1] 既充满活力又拥有良好秩序的社会，必定是一种和谐有序的社会，也必然要以法治为主导，法治、德治、自治有机结合来保障实现。习近平总书记在浙江工作期间，就明确提出"和谐社会本质上是法治社会"的命题，他指出："在推进和谐社会建设中，无论是人与社会的和谐关系、人与人的和谐关系、人与自然的和谐关系，还是公共权力与个人权利的和谐关系，都必然会表现为一定的法律关系。从这一意义上说，和谐社会本质上是法治社会。""法治也为社会和谐提供重要保证。法治通过调节社会各种利益关系来维护和实现公平正义，法治为人们之间的诚信友爱创造良好的社会环境，法治为激发社会活力创造条件，法治为维护社会安定有序提供保障，法治为人与自然的和谐提供制度支持。"[2]为了构建"和谐的法治秩序"，习近平总书记强调要坚持人民调解、行政调解、司法调解联动，鼓励通过先行调解等方式解决问题，坚持发展"枫桥经验"实现矛盾不上交等一系列重要指示。发源于20世纪60年代的"枫桥经验"是通过调解方式解决基层矛盾纠纷，实现群众依法自治的重要典型。在习近平新时代中国特色社会主义思想指引下，新时代"枫桥经验"得到了进一步的完善与推广，为加快形成共建共治共享的现代基层社会治理新格局，健全党领导下的自治、法治、德治相结合的城乡基层治理体系，为最终实现和谐的法治秩序作出了重要贡献，成为具有标杆意义的基层社会治理的"中国方案"。

第二节　西方学者关于法律沟通性的代表性阐述

一、卢曼：作为社会系统基本构成的沟通

在卢曼的社会系统理论中，沟通是社会系统的基本构成要素。最初，卢曼的社会系统理论是以开放系统论为基础的，开放系统论强调与环境交换产生的动力，坚持系统的内部和外在的交互开放，发展的不可逆性及系统对环境的反馈与物质/能量的互换，系统与环境处于不间断的输入—转换—输出的

---

[1] 习近平："在经济社会领域专家座谈会上的讲话"，载《人民日报》2020年8月25日，第2版。
[2] 习近平：《之江新语》，浙江出版联合集团、浙江人民出版社2007年版，第204页。

循环中。[1]但后来卢曼意识到该理论不足以解释现代社会高度分化的状态，于是将智利神经生物学家马图拉纳和法芮纳提出的自创生系统理论从生命科学领域引入社会学解释之中。自创生系统理论是用来描述生命体组织的自我再造以及自我生产，"这些构成体自己生产及制造出构成它自己的组成部分，也就是说，构成体持续地透过自己特有的运作来制造出特有的组织"。[2]卢曼将该理论运用至社会领域，他认为自创生系统不仅包括生命的自创生，也可解释为社会系统。当社会系统的构成元素，通过特有的运作能够生产及再生产出自己的构成部分，并且相互作用维持系统的运行，那么社会系统就是自创生的。卢曼将这种自创生社会系统的特征归结为以下几点：在运作上是封闭的，在认知上是开放的，在结构上是稳定的。同时，具有适应环境变迁的能力，但这种自创生也是需要时间的。[3]也即，结构上趋于稳定的自创生系统是封闭式自我运行的，同时对于外部环境，保持着认知上的开放性。在这里，外部环境对于自创生系统没有决定性影响。虽然，自创生的社会系统也需要与外部环境保持互动才能良好运作，但是这种互动是以社会系统内部的封闭性与独立性为前提的，社会系统可以根据需要自主选取对自己有利的环境。正如卢曼所说，"系统与环境之间的交换形式并不是由环境，而是由自我再造系统的封闭性组织方式来确立的，自我再造式组织的封闭性是组织开放性的前提"。[4]由此，整个社会系统被认为是自我指涉与自我关联的自创生系统。因为，在高度分化的现代社会中，任何一个功能系统的主要问题都不可能指望另一个系统来解决，只有通过这种自我创生的形式自治性地进行解决。

进而，卢曼认为，构成自创生系统的元素是各不相同的。生命系统的元素是细胞，意识系统的元素是思想，而社会系统的构成元素则是沟通。沟通是社会系统中的基本元素，也是无法再分解的最小元素，社会系统是一个以迂回性为原则，不断由沟通制造出沟通，循环往复的自我生产再制的过程。

---

[1]　[德] Georg Kneer、Armin Nassehi：《卢曼社会系统理论导引》，鲁贵显译，巨流图书公司1998年版，第26页。

[2]　[德] Georg Kneer、Armin Nassehi：《卢曼社会系统理论导引》，鲁贵显译，巨流图书公司1998年版，第63页。

[3]　泮伟江：《当代中国法治的分析与建构》，中国法制出版社2012年版，第167页。

[4]　[德] Georg Kneer、Armin Nassehi：《卢曼社会系统理论导引》，鲁贵显译，巨流图书公司1998年版，第67页。

在这里，社会系统的基本构成是沟通而不是人，传统社会理论中作为主体的人，则变成了自创生系统的环境。这是卢曼社会系统理论对传统理论最大的突破，也是其理论的一个关键之处。传统社会学理论中，人是社会活动的主体，沟通就是人与人之间的互动与交流。但是，在卢曼看来，沟通并不是人的行动方式，而是社会系统自身运作的产物。"人无法沟通，不仅他们的大脑无法沟通，他们的意识也从来都无法沟通，只有沟通才可以沟通。"[1]在卢曼这里，沟通被定义为由三个阶段组成的过程：讯息、告知与理解。这三个要素都无可替代并互相关联，共同组成一个完整的沟通过程，社会就是由不同的沟通自我指涉、前后相继、循环发生所形成的封闭系统。当然，人的作用在卢曼的理论中并没有被完全否定。虽然人不再是沟通和社会系统建构的主体，但是却演变成了必要的外部环境。"个人远离世界是为了看清世界，个人不属于任何特殊社会系统，而是依赖于系统间的相互依存。"[2]并且，每个沟通过程需要至少两人，都得以多个有机系统、神经系统以及心理系统的相互关联为前提。缺少人这种外部环境，沟通也无法进行。

社会系统可以分为多种形式，如法律系统、政治系统、经济系统、艺术系统、宗教系统等，在卢曼看来，法律系统是社会系统不可分割的一部分，它并非仅仅依靠外部资源以获取社会的支持和正当化，而是社会再生产网络不可或缺的一部分。[3]法律是社会中的法律，法律系统的运作是社会通过沟通——再生产——沟通的网络支撑的，作为社会系统基本构成要素的沟通，必然也是法律系统的基本构成要素。而政治、经济、艺术、宗教等其他系统，则成为法律系统运行的外部环境。在不同系统内部，沟通依据特定的二元代码自我封闭式地运行。每个系统的沟通媒介以及其内部运作代码是不一样的，譬如，经济系统的媒介是金钱，其二元代码是支付与不支付；政治系统的媒介是权力，其二元代码是掌权与在野；艺术系统的媒介是美，其二元代码是美与不美；法律系统的媒介是合法性，其二元代码是合法与不合法。正是这

---

〔1〕 朱渝阳："卢曼社会系统理论中的沟通"，载《浙江海洋学院学报（人文科学版）》2014年第6期。

〔2〕 宾凯："法律如何可能：通过'二阶观察'的系统建构——进入卢曼法律社会学的核心"，载《北大法律评论》2006年第00期。

〔3〕 Niklas Luhmann, "Operational Closure and Structural Coupling: The Differentiation of the Legal System", *Cardozo Law Review*, Vol. 13, No. 5, 1991.

种合法与不合法的二元代码，将法律与其他系统区别开来，所有涉及合法与不合法的沟通，都是法律沟通，而其他与此无关的沟通，则是与法律无关的沟通。如此，合法与否的代码划定了法律系统与其他系统的边界，即卢曼所言"只有法律才能产生法律，只有法律才能改变法律"，[1]判断合法与否的标准只能来自法律系统内部，而不是政治、道德或宗教等其他领域。这种沟通的封闭性就将系统与环境区分开来，从而决定了法律系统的封闭性。但同时，法律系统在认知上又是开放的，"法律是一个在规范上封闭而在认知上开放的系统"。[2]系统的封闭是开放的前提与基础，开放只有通过封闭才有可能。卢曼在这里使用了"结构耦合"的概念，来解释法律系统与其他系统之间的开放性。"结构耦合这一概念所针对的，乃是社会功能次系统之间，通过某些特定结构的媒介，使得不同功能系统能够在维持自身独立性的同时，保持较为紧密的联系。"[3]换言之，进入法律系统内部的外来环境信息，必须经过法律系统通过合法与不合法的媒介进行选择和重构，才能对法律系统产生影响。

二、哈贝马斯：沟通行动理论

对于卢曼的社会系统理论，哈贝马斯曾质疑与批判，认为存在三大悖论，即系统开放与封闭的悖论、专家语言与日常语言的悖论以及分化与整合的悖论。[4]因此，与卢曼将沟通视为法律系统的基本构成不同，哈贝马斯对法律沟通性的阐述，主要是基于其沟通行动理论的。

哈贝马斯阐述了四种基本的人类行动方式，并通过重点论述沟通行动与目的性行动的主要区别，解释了构建程序主义法范式的原因及基础，为解除西方资本主义国家的现代化危机以及法律的合法性危机提供了解决方案。

在哈贝马斯的社会行动理论中，他提出的世界观是一种超越宗教和世俗

---

〔1〕　［德］卢曼：《社会的法律》，郑伊倩译，人民出版社 2009 年版，第 23 页。

〔2〕　Niklas Luhmann，"The Unity of the Legal System"，in Gunther Teubner（ed.），*Autopoietic Law—— A New Approach to Law and Society*，Berlin：Walterde Gruyter，1987.

〔3〕　杜健荣："法律与社会的共同演化：基于卢曼的社会系统理论反思转型时期法律与社会的关系"，载《法制与社会发展》2009 年第 2 期。

〔4〕　高鸿钧等：《商谈法哲学与民主法治国——〈在事实与规范之间〉阅读》，清华大学出版社 2007 年版，第 245 页。

之上的综合世界观。在他看来，外部世界并不仅指由物所构成的实体世界，而且还包括由人与人的关系所促成的社会网络，以及人的内心自我。[1]换言之，哈贝马斯的世界观是包含着客观世界、社会世界与主观世界的三重世界观。"客观世界是共同属于事物的总体……社会世界共同属于一切个人交互关系……主观世界是个人经历的总体。"[2]具体说来，所谓客观世界是指事物现存状态的世界，是一种真实存在的客体世界。所谓社会世界是由一定价值规范构成的社会成员之间关系的整体。所谓主观世界则是指人的自发经历形成的世界。同时，哈贝马斯认为，不同的世界观是通过不同的行动模式得以展现的，因此他根据行动者与外部世界的对应关系，将社会行动分为四种类型，分别为目的性行动、规范性行动、戏剧性行动与沟通行动（交往行动）。[3]

第一种是目的性行动，它是以实现个人目的为终极取向的行动类型。它的特征在于，行为者在比较、权衡之后，选择特定状况下最有效的手段，并通过这些手段实现一定的目的。目的性行动主要考虑行为者与客观世界的关系，可以分为工具性行动和策略性行动两种。第二种是规范性行动，它是一个社会共同体的成员以共同价值规范为取向的行动类型。规范性行动主要关注行动者与社会世界和客观世界的关系。第三种行动是戏剧性行动，它是指行动者在公众面前有意识地表现自己主观性的行动。戏剧性行动主要关注行动者与主观世界和客观世界的关系。第四种即是沟通行动，它是多个行动者之间以语言为媒介的沟通与互动。主体间通过语言的交流，试图取得相互理解，以达成共识、形成合作。它必须遵循有效的规范，在特定的话语情境中进行。沟通是以语言为媒介的，而语言又是为理解服务的。所以，语言问题在沟通行动理论中居于重要地位，也是理解沟通行动的关键环节。[4]并且，沟通行动与上述三种行动不同，包含了它们全部的沟通性规定。它并非仅仅与某个世界发生直接对应关系，而是全面性地涵盖客观世界、社会世界和主观世界，由这三重世界共同构成了生活世界，体现了文化的再生产、社会的

---

〔1〕章国锋：《关于一个公正世界的"乌托邦"构想》，山东人民出版社2001年版，第115页。

〔2〕[德]哈贝马斯：《交往行动理论·第一卷——行动的合理性和社会合理化》，洪佩郁、蔺青译，重庆出版社1994年版，第119-143页。

〔3〕关于"交往行动理论"的译法，尚存争议。本书认为译为"沟通"既符合现代汉语的通常用法，也更为符合哈贝马斯以"理解"为导向形成"共识"的理论要旨。

〔4〕葛洪义：《法与实践理性》，中国政法大学出版社2002年版，第211页。

整合和个人的社会化进程，成为沟通行动发生和延续的背景与场域。

在哈贝马斯看来，沟通行动在本质上是一种言语行为，必须借助于行动者的言语表达隐含但准确地提出三种有效性要求。因此，沟通行动合理性的要求是全面而综合的，它要求同时满足真实性、正确性和真诚性标准。也即，人们在进行沟通行动时，其言语行为必须符合这三个基本的有效性要求，具体包括言语行为的内容具备真实性，与客观世界相符，即言语行为必须符合客观规律；言语行为的内容具备正确性，与社会世界相符，即言语行为必须符合法律、政策、道德等社会规范；言语行为的内容具备真诚性，与主观世界相符，即言语行为必须反映言语者的真实内心世界。与此同时，言语行为必须具备可理解性，即言语行为得符合基本的语法规范，为他人所理解，这是基础性前提。另外，沟通行动的发生除了必须满足以上几个有效性要求之外，还必须形成一种"理想的话语情境"，作为沟通与商谈的基础规范与基本平台。哈贝马斯曾详细论述过理想的话语情境，其理论要点主要涉及对沟通行动参与者的各项权利提供基本保障，譬如，沟通行动参与者都有同等的参与话语论证的权利，都有提出意见、表示同意、质疑甚至进行批判的不受压制的权利；参与者都有表达主观倾向与自身情感的权利，都有作出承诺或拒绝、进行自我辩护或要求他人进行自我辩护的权利等。[1]理想的话语情境本质上是关于沟通和商谈的基本规则，具有鲜明的先在性、抽象性、反事实性、互主体性、理想性、普遍性、合理性和沟通性等基本特征。[2]

在哈贝马斯的四种行动划分中，哈贝马斯重点区分了目的性行动与沟通行动，并将这种区分视为解决现代社会危机的重要方式，这也是他提出程序主义法范式的根本原因。在他看来，目的性行动分为工具性行动和策略性行动，"这些行动类型，当它们取向有效地干涉世界中的一个事态时（比如通过劳动），就是工具性的；或者，当它们取向试图成功地影响其他行动者的决定时（比如在统治关系中），就是策略性的"。[3]工具性行动指向自然界，与沟

〔1〕［德］哈贝马斯：《交往行动理论·第一卷——行动的合理性和社会合理化》，洪佩郁、蔺青译，重庆出版社1994年版，第47页。

〔2〕张斌峰："'理想的话语情境'及其中国情境"，载万俊人主编：《清华哲学年鉴2001》，河北大学出版社2002年版，第241页。

〔3〕［美］马修·德夫林编：《哈贝马斯、现代性与法》，高鸿钧译，清华大学出版社2008年版，第30页。

通行动界限分明。策略性行动则与沟通行动相同，都指向人类社会，但策略性行动是指行动者试图影响他人的决策，使得结果是对自己有利的选择过程。无论是在理性基础、行动目标还是行动方式上，策略性行动与沟通行动都存在重大区别。首先，在理性基础方面，策略性行动以工具理性为基础，工具理性是"一种自恋的权力，把周围的一切都作为征服对象，仅仅具有表面上的普遍性，坚持的是自我捍卫和特殊的自我膨胀"。[1]韦伯认为工具理性是现代资本主义发展的内在动力，理性只能扮演工具的角色、处理事实与手段，而不能引领价值。正是通过精密地计算与合理地选择，才能达致个体成功，并在此基础上推动社会前进。沟通行动则以沟通理性为基础，沟通理性"使得人们走到一起但又不失去他们之间的差异，使他们联合起来但又不将他们一体化，在彼此陌生的人中寻找共同性但又不使他者失去自己的他性"。[2]在哈贝马斯看来，理性并不能只从工具角度来理解，个人的社会化过程必然包含一个互为主体的沟通层面，社会信念与规则是通过不同主体之间的对话协商所形成的共识。其次，在行动目标方面，策略性行动取向于个体成功，忽视了相互之间的协作，类似一种精致的利己主义；沟通行动则取向于理解，其目标在于形成共识，实现个体共赢与社会整合。最后，在行动方式上，策略行动通过"影响"实现行动目标，沟通行动则通过"同意"实现目标。也就是说，策略性行动将个人成功视为唯一目标，因此他们往往通过暴力强制、威胁或利益诱惑等方式试图影响他人的决定，达成自己的目标。即使谋求与他人的合作，这种合作也是建立在利益基础之上，合作的协调性与稳固度取决于对自我目标的功利性计算程度。沟通行动则通过试图取得他人的同意与认可，来实现自己的目标。取得同意的方式并不通过外在压迫或利诱，而是通过最佳论据的力量，即通过谨守有效性要求的语言交流而达致共识。因此，追求主体间的合作是沟通行动进行的前提与保障。

在哈贝马斯看来，以达成主体间之共识为目标的沟通行动是人类的正常行为方式，仅仅取向于个体成功的策略性行动则是非正常的扭曲的行为方式，然而现代社会的一个重大误区是策略性行动占据了统治地位，支配着个人的

---

〔1〕［德］哈贝马斯：《现代性的哲学话语》，曹卫东等译，译林出版社 2004 年版，第 357 页。

〔2〕［德］哈贝马斯、米夏埃尔·哈勒：《作为过去的未来——与著名哲学家哈贝马斯对话》，章国锋译，浙江人民出版社 2001 年版，第 119 页。

行为乃至社会和国家的运行。从个人视角来看，实施策略性行动的个体其目标仅在于个人成功，以权力和财富为象征的成功是衡量一切的标尺，将自然界和他人均视为达致成功的工具与手段，忽视与他人的合作以及对社会和国家的责任。其后果就是人情淡漠，人际关系疏离，贫富差距扩大，社会问题丛生。为解决这一弊端，现代福利国家采取国家主动干预的方式，利用政治与经济系统对社会进行管理与控制。虽然在一定程度上缓解了策略性行动带来的危害，却引发了新的危机，即以权力为媒介的政治系统和以金钱为媒介的经济系统成为主要的社会支配力量，生活世界被系统殖民化，私人领域被国家公权侵入，私人自主被公共自主渗透。同时，作为政治和经济系统之媒介的法律也出现合法性危机，无法有效发挥其社会整合的作用。如分权体制的削弱、行政权力的扩大、社会组织力量凌驾于国家之上以及司法权的僭越等。因此，哈贝马斯认为，要走出这一误区，克服资本主义国家的现代化危机，只有立足于主体间性，以达成理解的沟通行动取代单纯追求成功的策略行动。沟通行动立足于沟通理性，它摒弃了工具理性的价值虚无或价值独断，主张个体之间凭借最佳论据的力量，通过言语行为的交流，在理想的话语情境中，对各种社会问题进行平等的协商与沟通，最终形成理解，达成共识。"指导性的思想是，如果共识仅仅是通过所运用的论证的说服力的话，那么共识将是'合理驱动的'或者是'被奠基的'。"[1]进一步而言，对于作为系统媒介和现代社会重要整合机制的法律，要克服其合法性危机，也必须以沟通行动为理论基础，以语言为媒介，通过平等商谈与理性论证，建立起特殊的立法程序，使得每个利益相关人身兼两职，既是立法者同时也是遵守者。唯有如此，所立之法才具有合法性，法律的合法性危机才有可能消弭。归根结底，哈贝马斯希望在沟通行动的基础上，构建其独特的程序主义法范式，以克服形式法下的工具理性，也摆脱福利法下的家长主义，最终解决西方资本主义国家的现代化危机。

三、马克·范·胡克：法律的沟通之维

在法律沟通性的表述上，比利时法学家马克·范·胡克与哈贝马斯是一

---

〔1〕［美］托马斯·麦卡锡：《哈贝马斯的批判理论》，王江涛译，华东师范大学出版社 2010 年版，第 382 页。

脉相承的，在哈贝马斯法律商谈理论基础上，马克·范·胡克对法律的沟通性作出了进一步阐释。他将法律商谈理论与法律的传统命题结合起来，将沟通作为法律存在的方式以及合法性的渊源，形成其独特的沟通主义法律观。马克·范·胡克从法律的概念、法律的功能、法律规范、法律系统、法律思维等层面探讨了法律的沟通之维，下面将分别予以介绍。

（一）法律的概念与功能

对于法律的概念，不同法学家给出了不同的解释。如规范论认为法律是调节人们行为的社会规范；命令论认为法律是来自主权者的命令；意志论认为法律是君主意志或神的意志或公意体现；民族精神说认为法律是不同民族精神的产物等。与上述进路不同，马克·范·胡克从沟通视角来重新建构法律的概念这一传统命题。他是从两个层面进行阐述的，首先，马克·范·胡克同意"法律是为人的行动提供一种框架"这一界定，但同时认为人之行动暗含着人际沟通与交往，因此，法律本质上是为人的沟通提供一种框架，即人们之间的沟通交往必须处于法律合法化的框架之中，接受法律的引导与规范。其次，马克·范·胡克认为法律本身就是基于沟通而运作的。这种沟通包括立法者与公民之间的沟通；法院与诉讼当事人之间的沟通；立法者与司法者之间的沟通；契约当事人之间的沟通；某一审判中的沟通等。[1] 法律成为人们互动的手段，是一种开放式的，而不是只具有自主目的、纯粹闭合的系统。同时，马克·范·胡克认为在法律的沟通过程中，语言是不可或缺的工具。在以沟通为目的的法律制定与适用过程中，语言的运用必须遵守包括命题真实、个人真诚以及规范正确等系列规则。

法律的功能也同样是法律的传统命题之一，霍恩、魏德士等学者都曾作出相关论述。[2] 在马克·范·胡克看来，法律的功能主要通过两种视角得以展现，即社会视角和个人视角。社会视角体现在两个方面，即建构政治权力，创造并维持社会聚合。[3] 法律与政治始终存在紧密的关联，建构政治权力和

---

〔1〕 ［比］马克·范·胡克：《法律的沟通之维》，孙国东译，法律出版社 2008 年版，第 13 页。

〔2〕 具体论述参见 ［德］N. 霍恩：《法律科学与法哲学导论》，罗莉译，法律出版社 2005 年版，第 28-32 页；［德］魏德士：《法理学》，丁晓春、吴越译，法律出版社 2005 年版，第 38-44 页。

〔3〕 ［比］马克·范·胡克：《法律的沟通之维》，孙国东译，法律出版社 2008 年版，第 85 页。

决策是法律的主要功能之一。"政治权力唯有通过法律代码才能发展"，[1]宪法不仅是法律系统的基础，而且也是建构政治权力的基础。政治权力的行使主体、参与主体、官员产生的方式、权力运作的内容及程序、权力运行的界限以及公民的基本政治权利等方面，都必须由法律或者宪法规定。同时，在日趋开放与多元的现代社会，政治权力合法化的唯一来源是法律的授权，经由正确的法律程序选择的政治机构所作出的政治决定也才能被普遍地接受。更为重要的是，现代社会政治争端的解决也常常诉诸法律，而不是军队或者暴力。2000年美国总统选举布什与戈尔之争，就深刻揭示了现代法治国家如何通过精密设计的法律程序来解决政治冲突，[2]也充分证明了法律对于政治的重要性。

除组织政治权力之外，法律另一个重要社会功能在于实现社会整合。哈贝马斯就曾论述过这一问题，他认为初民社会中，社会整合是通过仪式与宗教祭祀等方式，基于习惯、忠诚或信任来实现。而现代市民社会则通过法律，尤其是司法来提供一般性的规则与程序，为人们的互动提供框架和语境，为不同诉求的冲突提供解决办法。[3]马克·范·胡克则认为，现代社会法律实现社会整合的功能表现在为公民提供形成共同规范与价值，实现集体目标，协调相互竞争的利益以及解决冲突的框架，而这主要是通过在法律框架内人们相互的持续沟通以及常态化的公共政治辩论来达成的。当然，共同价值的凝练与固化则主要通过象征性立法而形成，这种立法有助于形成社会主流的价值观念，加强公众对国家的认同感，进而增强整个社会的凝聚力。当前我国强调社会主义核心价值观入宪入法，正是通过法律凝聚主流价值，实现社会整合的有力佐证。

从个人视角出发，马克·范·胡克认为法律的主要功能在于为个体生活提供便利。在通过规则实现社会整合的同时，法律其实就在为生活其中的人们提供便利。这种便利即是前文所述的为人们提供一种沟通互动的框架，一

---

[1] J. Hambermas, *Between Facts and Norms*: *Contributions to a Discourse Theory of Law and Democracy* (Trans Williams Rehg, Polity Press, Cambrige, 1997), p. 134.

[2] 参见［美］杰弗里·图宾：《法庭上的巅峰对决——布什与戈尔总统大选之争》，葛峰译，上海三联书店2017年版。

[3] J. Hambermas, *Between Facts and Norms*: *Contributions to a Discourse Theory of Law and Democracy* (Trans Williams Rehg, Polity Press, Cambrige, 1997), pp. 73~76.

种稳定的生活预期。富勒表述为"法律不仅有助于便利人的互动，而且也源于互动"，"法律创造一种共享的互惠预期"，[1]哈贝马斯称为"行为的稳定预期"，[2]卢曼则称之为"全然一般化的行为预期"。[3]马克·范·胡克则将这种允许和便利个体实现个人追求的功能具体分为七个方面，即通过承认最低限度的个人自由，创造私人自主的领域；阻止他人的不可欲行为，促进可欲行为；协调人们的行为；便利人们之间的私人安排；分配可利用的资源；促进物品和服务的再分配以及解决公民之间的争端。[4]

（二）法律规范与法律系统

法律规范是作为人的行动理由的规范，在规范发出者和接受者之间的沟通语境中得以展现。但马克·范·胡克认为，很多学者的理论都只是强调规范发出者、接受者或者规范文本中的一方，而忽视了发出者和接受者之间的沟通互动。法律命令说将法律视为纯粹的主权者的意志，如奥斯丁认为每个法律规则都是主权者的一个命令，[5]命令与制裁紧密相连，而制裁是对损害的威胁。在这种观念中，排他性的主权者的意志或命令决定着法律规则的内容，而忽略了规范文本的表达与具体适用带来的实践问题。现实主义法学派则走向另一个极端，将法律完全简化为规则接受者一方的行动与看法。如弗兰克认为，现实中的法律是一套可变的、仅仅在一定限度内可预言的决定，法律规则或原则只是一种虚幻的建构，不过是作为影响司法行为的刺激物而存在，[6]从而完全解构和清空了法律的规范性内容。马克·范·胡克认为，这一问题还是得通过沟通的进路来解决。规范发出者、规范接受者与规范文本应彼此互为前提，共同决定着规范的意义。如果规范发出者要想确信社会中

---

[1] L. Fuller, "Law as an Instrument of Social Control and Law as a Facilitation of Human Interaction" in L. Legazy Lacambra（ed.）, Die Funktion des Rechts, ARSP Beiheft 8（Fuans Steiner Verlag, Wiesbaden, 1974）, pp. 101–103.

[2] J. Hambermas, Between Facts and Norms: Contributions to a Discourse Theory of Law and Democracy（Trans Williams Rehg, Polity Press, Cambrige, 1997）, p. 122.

[3] N. Luhmann, "The Unity of the Legal System" in G. Tenbner（ed.）, Autopoietic Law-a New Approach to Law and Society（Walter de Gruyter, Berlin and New York, 1988）, pp. 27–28.

[4] ［比］马克·范·胡克：《法律的沟通之维》，孙国东译，法律出版社 2008 年版，第 88–97 页。

[5] J. Austin, the Province of Jurisprudence Determined（Weidenfeld and Nicklson, London, 1954）, p. 167.

[6] J. Frank, Law and the Modern Mind（New York, 1930）, p. 41.

的行为符合目的，规范信息应当充分传递给有关规范接受者。但是，如果规范接受者要想正确地解释和适用规范，他们也应当考虑规范发出者的目的。[1]

同时，一项法律规范要能够被适用，必须具备两个条件，即为规范接受者所知晓，并且让规范接受者感到必须按照该规范行为。也就是说，通过外部的了解，规范接受者从内心去认可或者接受该规范。关于这种接受的层次，马克·范·胡克区分了三种不同情况："完全接受——规则完全内化为接受者内心的准则，使得制裁成为多余"；"有条件地接受——当接受者自认为规则公平时愿意接受"；"被迫地接受——只有提供足够的制裁方能接受"。他进而认为，这些不同层次的接受，都是由社会所决定的，并建基于社会互动和沟通之上。[2]特别是在有条件的接受方面，表现得更为明显。因为只有通过法律制定与实施过程中双方的持续沟通，让接受者认为该规则是公平的且能平等地适用，才能建立起遵守该项规则的信心。

在马克·范·胡克看来，法律系统的基本构成要件是法律规则、法律概念、法律原则、法律语句、法律制度等一系列的总和。对于法律系统结构的解释，哈特与凯尔森提供的是一种"封闭式进路"，不管是基于承认规则还是基本规范，他们因循的都是一种线性静止的路径，在他们看来法律系统的有效性是建立在社会接受程度这一事实之上，并且法律系统只是一种封闭且融贯的整体。但是，马克·范·胡克认为对法律系统的确认必须诉诸一种循环的沟通进路。因为法律系统并不是一套预先存在的规则，而是一种在法律实践中不断发展与精造的规范性机理。[3]也就是说，一个法律系统的有效性不是基于一套静止的规范，而是基于法律制度之间的沟通互动。

马克·范·胡克认为，法律系统是一种动态系统，而不是静态系统。法律系统中包含着大量调控法律改变的规则，通过它们法律系统掌控着自身的改变。当我们观察法律系统运行机理时，必须从一种动态的视角出发。"我们不仅需要一幅法律的图像，更需要有关法律系统发展的一部电影。"[4]理解法律系统意味着对其内在诸要素，如法律规则、概念、原则及制度的产生、形

---

〔1〕［比］马克·范·胡克：《法律的沟通之维》，孙国东译，法律出版社 2008 年版，第 109 页。

〔2〕［比］马克·范·胡克：《法律的沟通之维》，孙国东译，法律出版社 2008 年版，第 123 页。

〔3〕［比］马克·范·胡克：《法律的沟通之维》，孙国东译，法律出版社 2008 年版，第 143 页。

〔4〕［比］马克·范·胡克：《法律的沟通之维》，孙国东译，法律出版社 2008 年版，第 151 页。

成、发展、变更与废止采取一种历时性视角。

（三）法律思维

除了上述法理学的传统命题，马克·范·胡克认为法律思维也具有沟通性，它建基于法律领域中不同行动者（即辩护人、法官、立法者、行政人员、法律学说等）之间持续的沟通之中。[1]语言是人类传递思想的方式，在法律思维的表达过程中，语言也是重要的沟通工具。无论是立法、制定法解释还是司法，都是通过语言的表达或言语行为的实施来实现沟通的。

立法是一种特殊的沟通形式，通过立法将规范传达给将要遵守法律之人，这不仅是一种信息传递，更是一种典型的言语行为，或施为性话语。在马克·范·胡克看来，法律的制定是一种单向的沟通过程，是立法者利用法律强制力将规则施加给遵守者，进而影响其行为的过程。不管接受程度如何，公民最终往往是被迫、直接或间接由于心理强力而遵从法律规则的。[2]正是由于立法的这种单向沟通特性，立法文本的表达必须要最大限度地清晰化和明确化，在立法过程中立法者还应该使用各种材料和例证，充分地说明立法理由，从而更好地激励公众去认可、接受和遵守将要颁布的规则。最后，立法的解释也不应仅限于表面上的接受者意义，而应探究立法者原初所欲赋予的意义。或者说，任何法律文本都必须视为言说者或发出者指向听者或接受者的一种沟通，即发出者、符号与接受者之间的意义三角关系。在法律实践中，由于大量干扰因素的存在，发出者意义与接受者意义往往存在差别，很难完全保持吻合。因此，我们需要有意识地采用一定的方法，譬如，马克·范·胡克所说的语境因素。他认为，在寻求某一特定的意义时，语境发挥着关键作用。"在语言科学和沟通科学中，语境对语词、语句和文本的意义具有基础性的影响力。"[3]同时，他也论及了其他一些解释方法，如平义规则、语法方法、系统方法、历史方法、目的方法以及立法材料的利用方法等。并且，他认为每一种单一的解释方法仅仅是全部语境的有限部分，必须综合地进行使用。在此过程中，法官既是规则的承受者，更是规则的评判性承受者。因此，为化解发出者意义与接受者意义之间的矛盾，法院应发挥更大的作用，法院、法

---

〔1〕［比］马克·范·胡克：《法律的沟通之维》，孙国东译，法律出版社 2008 年版，第 172 页。

〔2〕［比］马克·范·胡克：《法律的沟通之维》，孙国东译，法律出版社 2008 年版，第 177 页。

〔3〕［比］马克·范·胡克：《法律的沟通之维》，孙国东译，法律出版社 2008 年版，第 186 页。

官应与立法机关通力合作，持续沟通。法官不能仅仅局限于形式上的陈述，而应通过深入彻底地论证使得当事人确信其判决，从而消除法律的专断性解释与适用，使得司法裁决达致合法化。"正如法律是在不断的法律实践中创制的那样，合法化也是不断通过商议性沟通而获致的。"〔1〕在这里，马克·范·胡克描述了司法中的几个不同层次的沟通领域。第一个沟通领域是当事人之间的沟通以及当事人和法官之间的沟通，通过沟通还原案件事实，如果裁决理由充足，矛盾即可得到化解。第二个沟通领域是法院的裁决理由未能说服双方，导致上诉。在上诉审的过程中，沟通范围进一步扩大。此时，上级法院不仅需要考虑当事人的证据，同时也应与一审法院进行沟通。第三个沟通领域则是当有关案例得以出版时，面对法律学者们的关注和评论，沟通语境将继续扩大，而这些评论也必然会反过来影响法院的判决。第四个沟通领域是在一些情形下，由于媒体的介入，在非法律受众之间引起的讨论。最后一个沟通领域则是一些热点的、疑难的甚或敏感的案件，会在整个社会引发关注与讨论，普通公众都将卷入这种大规模的沟通之中。

第三节　沟通主义法范式的基础与本质

关于法的沟通性，卢曼、哈贝马斯以及马克·范·胡克所采取的进路是完全不同的，卢曼将沟通视为社会系统和法律系统的基本构成要素，沟通成为决定性力量，人并非沟通的主体而是沟通的环境。哈贝马斯与马克·范·胡克的进路则基本一致，仍然沿袭传统社会理论的视角，将人作为社会系统的基本要素和沟通行动的主体。"与卢曼系统论的观点形成对比，哈贝马斯在系统中恢复了主体的位置，设置了相互主观（论证性对话以及公共舆论）的视点，并通过意见的沟通网络和互动过程来适当调整事实与规范之间的张力，并对多元化的价值观和社会结构进行整合。"〔2〕本书所欲构建的沟通主义法范式，也正是从传统进路出发，借鉴吸收哈贝马斯与马克·范·胡克的理论，探究以人为主体，以语言为媒介，建立在人际互动沟通基础之上的法治范式

---

〔1〕　［比］马克·范·胡克：《法律的沟通之维》，孙国东译，法律出版社 2008 年版，第 237 页。

〔2〕　季卫东：《法治构图》，法律出版社 2012 年版，第 183 页。

的形成过程。在本体意义上，沟通主义法范式是以沟通理性为理性论基础，以沟通与商谈为方法论基础，以真理共识论为认识论基础的。并且，沟通主义法范式在本质上因循一种新的反思性的程序主义路径，以解决法的合法性问题。

一、理性论基础：沟通理性

沟通理性是多个主体置身于生活世界之中，以语言为媒介，以有效性要求为论证前提，彼此进行沟通，通过相互理解达成共识，从而实现社会整合的理性模式。沟通理性作为生活世界的理性结构和基本规范，是哈贝马斯在对生活世界和以语言为媒介的人际交往活动的语用学分析基础上归纳而成的。沟通理性是哈贝马斯沟通行动理论的重要基础，也是沟通主义法范式的理性论基石。归纳起来，沟通理性具有以下几个特征。

（一）沟通理性以主体间性为基础

沟通理性不同于实践理性诉诸单个主体或国家—社会层次上的宏观主体，它是经由不同主体之间自由沟通达成一致或共识的程序或过程。这种主体间性超越了单个主体的独断性与功利性，也避免了"国家—社会"层次中强调宏观主体而忽略个体的倾向。它坚持了社会交往中的"多主体性"，并且多个主体之间是处于相互平等的地位，从而使主体间的沟通理解成为可能。沟通理性不再将对"真"之要求局限于判断与客观实在之间的关系，而是形成了一个多维关系，其中，涉及不同主体（言说者、听众等）对有效性主张的辩护、质疑乃至最后消除分歧、达成共识。以真之"共识论"取代"符合论"，其本质是以语言之语内约束力塑造不同主体之间的共同认知。

（二）沟通理性以"语言"为媒介，以"有效性要求"为论证前提，使主体间达成共识，从而实现对实践的指导

"使沟通理性成为可能的，是把诸多互动连成一体，为生活形式赋予结构的语言媒介。这种合理性是铭刻在达成理解这个语言目的之上的，形成了一组既提供可能又施加约束的条件。"[1]社会交往中，最基本、最核心的形式是

---

[1] ［德］哈贝马斯：《在事实与规范之间——关于法律和民主法治国的商谈理论》，童世骏译，生活·读书·新知三联书店 2014 年版，第 4 页。

语言。唯有通过语言交往，单独的人才能组合为社会。而语言交往原初地蕴含着"有效性要求"，即合乎理性的要求。"沟通理性本质上是对话性的，每个参与者都必须通过好的理由和根据兑现自己提出的有效性要求，意义的理解是对语言行为中包含的有效性要求的主体际认可。"[1]具体言之，言语普遍有效的四个基本条件是言语的可理解性、陈述的真实性、言语的正当性和表达的真诚性。言语的可理解性要求使用的语言媒介符合共同体内语言使用规范；陈述的真实性要符合客观世界的经验要求；言语的正当性要求主体采用的标准、规范与社会规范相一致；表达真诚性要求主体如实表达自己的真实意愿。哈贝马斯发现了语言的密码，打破了传统哲学的认识路径，形成了哲学上的语言转向。主—客二分的认识论模式忽视了语言的媒介作用，他们没有认识到，主体对对象的判断与表达是以语言为媒介，对外界知识的摄入也得调动头脑中的语言概念。而哈贝马斯将语言作为一个媒介、介质，将主体之间、客观世界、社会世界、主观世界相勾连，最终实现对沟通行动的指导。

总之，人们在沟通过程中，应真实、正确和真诚地使用语言，出现意见分歧时，各方并不依靠威权或其他手段强迫对方接受，而是信守上述要求，用最佳的论据来支持自己的观点，并通过反复商谈达成共识。当然，也只有实现这些要求，一个社会或语言共同体的成员才能达到对客观事物的共同理解与认识，协调彼此的行动，建立起大家一致认同的伦理道德规范，以保持和谐的人际关系，维持社会生活的正常运转。

（三）沟通理性是程序主义的

在哈贝马斯看来，"沟通理性的标准在于直接或间接兑换命题真实性、规范正确性、主观真诚性以及审美和谐性等有效性要求所使用的论证程序"。[2]也就是说，沟通理性是从形式上被规定为纯粹程序性的操作原则，是通过一致性的商谈论证程序，满足有效性要求而达致共识的过程。这个过程是暂时的，一旦有新的批判性意见需要回应，又会重启商谈，直至消除分歧，也有可能多元价值导致无法形成共识，但它以程序的导向性保障论辩的展开，并

---

〔1〕　俞吾金等：《现代性现象学：与西方马克思主义者的对话》，上海社会科学院出版社 2002 年版，第 93 页。

〔2〕　［德］哈贝马斯：《现代性的哲学话语》，曹卫东译，译林出版社 2011 年版，第 366 页。

可以在程序内进行谈判与妥协。程序的正当性赋予结果的合理性与可接受性。

（四）沟通理性是具有启导性的

沟通理性的实施依赖具有理性论辩规则的程序，它并不直接提供一个结果，只是提供获取合理性的方法和路径。沟通理性最被诟病的是，沟通程序只是形式，将体现实践理性的规范性判断归于纯粹的形式则无法确保其内容的正当性，因为它没有经验之维的基石。魏因贝格尔即认为，"论辩规则空洞无物，丝毫没有谈及方式和内容，例如，根本就没有涉及我们应该做什么"。[1]本书认为，依靠程序进路解决价值困境便意味着程序与理性论辩规则的天然联系，其效用在于充分释放语言中的交往力量，依托论辩呈现出最佳论据。那么程序保障下的论辩与经验无涉吗？当然不是，语言的一个基本功能即是描述，它涉及与客观世界的关系，当在论辩交往中涉及事实争议时，依然需要借助经验、观察、比较、实验等自然科学的方法进行确证。阿列克西也指出外部证成的对象包括了实在法规则、经验命题以及既非经验命题又非实在法规则的前提，[2]若"用自然科学概念来表现文化生活，这种做法虽然可能有其正当理由，但仅仅用这种方法还是不够的"。[3]作为以研究规范性陈述为内容的实践学科，要揭示的往往不是事实问题，而是与合理与否、公正与否之意义有关的问题，"而与意义有关的问题，既不能通过实验过程来观察，也不能借助测量或计算来答复"。[4]因而程序保障的是包括经验之维在内的多重论辩层次，将规范之正当性寄托于程序，并非等于仅仅诉诸空洞形式，脱离符合理想论辩情境的程序。对论辩而言，意味着"皮之不存，毛将焉附"，程序推进的是最佳理由的步步展开，调整规范之认识与选择、调整权利义务的分配，具有一种反思合理性。

（五）沟通理性是包容性的

在实践领域，当今社会存在着价值多元的"诸神之战"的局面，不同主

---

〔1〕［德］阿图尔·考夫曼：《后现代法哲学——告别演讲》，米健译，法律出版社 2000 年版，第 22 页。

〔2〕［德］罗伯特·阿列克西：《法律论证理论——作为法律证立理论的理性论辩理论》，舒国滢译，中国法制出版社 2002 年版，第 284 页。

〔3〕［德］H. 李凯尔特：《文化科学和自然科学》，涂纪亮译，商务印书馆 2000 年版，第 72 页。

〔4〕舒国滢："寻访法学的问题立场——兼谈'论题学法学'的思考方式"，载《法学研究》2005 年第 3 期。

体、不同国家在不同利益诉求指引下，秉持着不同的价值观，且很难说哪一种观点是唯一正确的。沟通理性以一种开放性的姿态包容多元诉求，它既承认实用性商谈，"把认知——工具理性放到更加具有包容性的沟通理性当中"，[1]又重视伦理商谈、道德商谈，只不过它关注"什么是对所有人都好的"道德正义的问题的方式，不是去提供一个答案，而是主张将其纳入不同主体的商谈中，由相关主体商谈出一个共识性结果。

（六）沟通理性是反思性的

沟通理性以语言为沟通因子，语言的奥秘在于它与可批判性检验相伴相生。当一个主体提出一项主张，听众可以对其质疑与批判，那么言说者就要对之回应并作出合理解释与论证，直至听众同意并认可。而听众一旦认可言说者的理由，也就意味着他承诺了遵守言语行为的义务，如此以理解为取向地运用语言，可以协调不同主体之间的沟通行动。在现代复杂社会，生活世界不再是必然正确的，背景知识也是讨论的对象，生活世界借助沟通行动获得再生产，这意味着，"它可以被用来反思、质疑和修正我们通常用来引导我们日常交往的、被视为理所当然的规范"。[2]沟通行动中产生更好论据作为新知识更新既有的文化背景，继而实现社会规范的再生产与整合，作为个体，经由反思质疑、接受新知识实现新的社会认同。并且，此时此地被不同主体之间接受的主张，当放到历史长河中诉诸无限制交往共同体的交往条件预设，成为只是暂时的结论，"对于可能的实质性理由的链条来说，是不存在'自然的'终端的"，[3]随着沟通行动的持续进行与知识、信念的不断更新，生活世界也便成为暂时稳定又不断更新的状态。

沟通理性体现在三个层次：过程、程序和结果。从过程角度来说，保障论证的普遍交往前提，排除"一切不管是从外部施加于理解过程的，还是从理解过程本身内部产生的强制力"。程序方面涉及的是"一种专门进行调节的内在行动的形式"。结果方面，"论证就是制造合理的、以内部固有特性为依据

〔1〕［德］哈贝马斯：《交往行动理论·第一卷——行动的合理性和社会合理化》，洪佩郁、蔺青译，重庆出版社1994年版，第373页。

〔2〕［英］安德鲁·埃德加：《哈贝马斯：关键概念》，杨礼银、朱松峰译，凤凰出版传媒集团、江苏人民出版社2009年版，第27页。

〔3〕［德］哈贝马斯：《在事实与规范之间——关于法律和民主法治国的商谈理论》，童世骏译，生活·读书·新知三联书店2003年版，第278页。

的和令人幸福的论据的手段，通过所制定的这些论据可以体现运用要求"。[1]按照亚里士多德的理论对此进行划分，即修辞学研究的就是作为过程的论证，辩证法研究论证的实用程序，而逻辑学史研究论证的产物。"按过程角度分析的论证的结构是标准的，以特殊的方式摆脱压制和不平等的谈话状态；按程序角度分析的论证的结构是按一定仪式进行的争论，以求得较充足的证据；按产物角度分析的论证的结构又规定各个论据以及各个论据相互关系的结构。"[2]并且这三个方面在获得听众的一致赞同方面，是不能被割裂开来的，因为沟通理性是论证逻辑的体现，要回答的是如何才能用充足的论据去解释有争论的运用要求，三个层次中的任何一个都无法胜任。

综上所述，作为沟通主义法范式的理性论基础，沟通理性立足于实践理性之上，是实践理性在现代社会的改良与升华。不同于认识论的真理符合论判断，沟通理性并不局限于对客观对象的研究，而是涉及多维度的判断依据。它充分挖掘了语言的力量，强调主体间基于语内约束力而进行的相互沟通与理解，避免了单纯的以成功为导向的策略行动，代之以理解为取向的沟通行动。沟通理性的根本目的在于共识，它反对直接以成功为取向的客观化态度，而应采取语言运用的施为性态度，以协调行动、整合社会为根本旨向。沟通理性通过程序保障多元利益、多元价值诉求进行充分的论辩，能让所有主体接受的，只能基于更好的理由，如此形成不同主体间的共享信念，实现不同主体间行动的协调。

二、方法论基础：沟通与商谈

在方法论上，沟通主义法范式以沟通（communication）和商谈（discourse）为其主要方法。关于沟通的含义，一般在日常用语中作"信息交换、联系、使相互能通连"等意思，在学者看来，沟通广义上指一种互动，狭义上有的将其看作"经由某种已经建立的信令系统而为的信息的有意传输"，[3]或者是"在

---

〔1〕［德］哈贝马斯：《交往行动理论·第一卷——行动的合理性和社会合理化》，洪佩郁、蔺青译，重庆出版社1994年版，第43-44页。

〔2〕［德］哈贝马斯：《交往行动理论·第一卷——行动的合理性和社会合理化》，洪佩郁、蔺青译，重庆出版社1994年版，第45页。

〔3〕 J. Lyons, *Semantic*, vol（Cambridge University Press, Cambridge：1977），p. 32.

特定社会、文化和政治条件下提出并具协商意义的实践"，[1]哈贝马斯则认为，沟通是"基于习俗决定的意义规则而象征性地建构起来的互动"。[2]商谈这一概念哈贝马斯做过很多阐述，它是建立在沟通行动之上，与沟通意义关联但并不完全相同。行动者在进行沟通行动时，言语行为的意义取决于其有效性声称，这种声称如同担保，保证说者可以举出支持性理由来说服听者。一般情况下，听者以明示或默认的方式理解并接受了说者的意图，就表示接受了这种担保，那么双方在有效性要求的调节中就形成了共识，双方就完成了一次良好的沟通互动。但是，当听者拒绝接受说者的有效性声称，交流失败时怎么办呢？此时双方就在分歧的推动之下进入到商谈。商谈是关于沟通的沟通，是对于沟通行动之中没有达成共识的一种反思性沟通。如果说沟通是一种实践，那么，商谈是对沟通进行检验和反思的一种实践，因而是实践之实践。我们可以说，商谈是沟通行动的反思的继续，是达至共识完成沟通的方式，是沟通行动的本质所在。

除此之外，我们还要看到，商谈不是语言或言语的同义词，而是用来表示以理性共识为目的的反思性言语。它总是以达成共识或更新、修复未达成的共识为目标，即使实际上无法达成共识亦如此。[3]同时，商谈和言语行为的有效性要求密切相关，它来自听者要求说者举出理由支持自身有效性要求的主张。三种有效性要求，即真实性、正当性、真诚性分别对应三种不同的商谈：理论商谈、道德商谈和审美商谈。正是通过有效性要求在说者与听者之间被不断地提出、质疑然后兑现质疑，才实现持续的完整的沟通过程。

最后，商谈是一种具有严格约束条件、规则和要求的实践，不存在想怎么说就怎么说的自由。阿列克西曾多次论及商谈，他不仅将商谈理论运用于法律论证理论，而且将其用来构建法的一般理论。阿列克西认为，商谈规则的确立必须建立在一些基本规则的前提之下，这些基本规则的有效性是每个涉

---

〔1〕　T. Schirato and S. Yell, *Communication and Culture* (Sage Publication, London, 2000), p. 31.

〔2〕　J. Hambermas, *The Theory of Communication Action*, *Vol. 2*, *Lifeworld and System*: *A Critique of Functionalist Reason* (trans. T. McCarthy, Boston, 1987), p. 86.

〔3〕　因此，有学者认为商谈是沟通的非现实形式，或者说理想化形式。参见程德文："法律的商谈理论——哈贝马斯法哲学思想引论"，南京师范大学 2003 年博士学位论文。

及真实性或正确性问题的语言交往之可能性的先决条件。[1]哈贝马斯正是以阿列克西的理论为前提，推导出商谈的规范性原则，建立起"理想的话语情境"。关于"理想的话语情境"，哈贝马斯认为，它既不是一种经验现象，也不是纯虚构的。它是既来自现实，又是检验现实和超越现实的依据，是一个由商谈中不可避免的交互而作出的假定。"理想话语情境"的规范不是对实际商谈的描述而是评价商谈的合理性，以确定该商谈如何背离理想的批判性工具。它作为商谈原则本身也接受商谈的批判性检验，即对商谈原则进行商谈。综合两位学者的观点，我们可以将商谈规则归纳如下。

第一层次：基本的逻辑规则。它主要包括以下四个方面：（1-1）任何一个言谈者均不得自相矛盾。（1-2）任何一个言谈者只许主张其本人所相信的东西。（1-3）任何一个言谈者，当他将谓词 F 应用于对象 a 时，也必须能够将 F 应用于所有相关点与 a 相同的其他任一对象上。（1-4）不同的言谈者不许用不同的意义来做相同的表达。

第二层次：普遍证立规则。它主要是指：（2）任何一个言谈者必须应他人的请求就其所主张的内容进行证立，除非他能举出理由证明自己有权拒绝进行证立。

第三层次：商谈资格和商谈方式的规则。（3-1）任何一个能够讲话者，均允许参加论辩。（3-2）a. 任何人均允许对任何主张质疑；b. 任何人均允许在论辩中提出任何主张；c. 任何人均允许表达其态度、愿望和需求。（3-3）任何言谈者均不得在论辩之内或论辩之外由于受到统治强迫的阻碍而无法行使其在（3-1）和（3-2）中的权利。[2]

可以看出，商谈规则的第一层次主要是指基本的逻辑规则或语义规则。其中，（1-1）是指言谈者的主张不得前后矛盾，应该始终保持一致。（1-2）是指言谈者要保持言谈的真诚性。言谈者必须相信自己的陈述，排除任何说谎和欺骗。当然，这一点并不排斥言谈者的猜测，但是也必须建立在真诚的基础之上。（1-3）也称为可普遍化原则，即当言谈者对外在对象作出陈述

---

〔1〕 ［德］罗伯特·阿列克西：《法律论证理论——作为法律证立理论的理性论辩理论》，舒国滢译，中国法制出版社 2002 年版，第 234 页。

〔2〕 ［德］罗伯特·阿列克西：《法律论证理论——作为法律证立理论的理性论辩理论》，舒国滢译，中国法制出版社 2002 年版，第 234-240 页。

后，如果其他对象具有与之相同的特点，那么言谈者必须作出同样的陈述与表达。（1-4）则是指不同言谈者语言用法的共通性。即不同言谈者的语言用法必须一致，应该通过正宗语言加以规范化，确保表达的清晰性和可沟通性。这种共通性一般建立在日常语言的基础上，但是当使用日常语言出现交流不畅时，可以诉诸人工语言或者专业语言。商谈的第二层次主要是指普遍的证立规则，其本质上是言谈者的责任规则。也就是说，在商谈中任何言谈者都负有论证自己主张的责任，他必须应其他人的要求，对自己主张的真实性与正确性进行证立。即使言谈者意图拒绝证立，也必须对这种拒绝行为提出充足的论证理由。同时，言谈者要实现上述证立，与其证立活动相关的人必须与之保持平等的地位，由此，就引出了第三层次的商谈规则，即商谈资格和商谈方式的规则。（3-1）是指商谈的准入规则，所有具备发言能力的人都具备商谈资格，都可以进入商谈过程。（3-2）是指自由商谈的规则。在商谈中，任何人都有表达自己主张、愿望和态度的自由，也有对其他任何主张进行质疑和评论的自由。（3-3）其实是指商谈的保障规则。即言谈者在商谈过程中所提出的任何主张或质疑均不受外在强力的压迫，只有排除胁迫、阻挠和各种不公正，才能保障言谈者出自内心的确信作出最优的论证。

三、认识论基础：真理共识论

关于如何达致真理，有不同的认识。如真理融贯论认为真理是整个信念或命题系统内各部分的一致；真理符合论认为真理是主观陈述与客观事实的相符；真理冗余论认为真理只是冗余的概念，是方便人们进行交流的语词，并不指向任何实在真理构造论认为真理是由社会所型构并具有某种历史与文化特质；真理共识论则认为真理是主体间在取得理解基础上达成的一致同意。对于沟通主义法范式而言，是以真理共识论为其认识论基础。下面，我们将重点讨论真理符合论和真理共识论的区别。

真理符合论是一种最古老并且认可度最高的真理观，历史上曾有许多学者对其作出界定。亚里士多德是最早对真理符合论作出阐释的哲学家："每一事物之真理与各事物之实必相符……凡以不是为是、是为不是者，这就是假的；凡以实为实、以假为假者，这就是真的。"[1]黑格尔也认为"真理是观念和对象的符合"。[2]洛克、维特根斯坦等人都是真理符合论的代表人物。我国著名学者金岳霖也曾阐述过真理符合论，认为真理符合论最靠近常识，"在日常生活中，我们的确以真为命题和事实或实在的符合，虽然符合论存在实际上的困难，但这种论断不易取消，也不应取消"。[3]在真理符合论看来，真理具有客观性，是主观对客观的不断适应与符合，是我们的思想与行为对客观规律的无限接近。同时，这种思想与行为是通过具体的命题来表现的，因此，真理就体现为我们所陈述的命题与客观事实的符合。

但是，真理符合论也存在内在缺陷。哈贝马斯认为，真理符合论的缺陷主要是因为客观世界和语言世界的二元性以及由此产生的解释学循环。[4]"客观"或者"实在"是超越于主体意识的存在，与主体意识所表述的语言之间呈现出一种二元性关系。两者之间是否相符，难以得到证实，除非存在一种超越两者之上的判断主体或判断标准。金岳霖也有相似的看法，他认为真理符合论存在着实际上的困难，因为这种符合其根源在于"事实"或"实在"和命题是不是同样地或平行地存在于经验之中。如果是的，则二者都在主体方面，而不是客体方面，那么符合只是主体间的符合。如果不是，那么命题在内，事实在外，我们更无从知晓这种内外对立的二元性之间的符合，因为根本无从对照。[5]除这种二元对立外，真理符合论自身还包含着一种循环解释。即命题的真假取决于是否与事实相符合，但何为事实又需要通过另一命题得以呈现，而命题与事实之间的符合同样需要通过命题进行陈述。

真理共识论的学说源远流长，最早可以追溯到古希腊时期苏格拉底的思想。苏格拉底认为，任何个体对客观世界的观察都是不同的，因此，谁也不能断定他的观察就是唯一正确的，只有在与其他观察者的对话中，命题的真实性才能得以检验。[6]实用主义哲学的代表皮尔士也提出，"那种注定得到所

---

[1] [古希腊] 亚里士多德：《形而上学》，吴寿彭译，商务印书馆 1959 年版，第 33 页。

[2] [德] 黑格尔：《哲学史讲演录》（第二卷），贺麟、王太庆等译，商务印书馆 1959 年版，第 301 页。

[3] 金岳霖：《知识论》，商务印书馆 2011 年版，第 931—934 页。

[4] [德] 得特勒夫·霍尔斯特：《哈贝马斯传》，章国锋译，东方出版中心 2000 年版，第 76—79 页。

[5] 金岳霖：《知识论》，商务印书馆 2011 年版，第 932 页。

[6] [德] 得特勒夫·霍尔斯特：《哈贝马斯传》，章国锋译，东方出版中心 2000 年版，第 77 页。

有研究者同意的意见，是我们所谓的真理"。[1]哈贝马斯在前人研究基础上，系统阐述了真理共识论。在他看来，真理并非语言所构成的陈述和独立于语言的事实本身之间的符合，不是主观对客观的符合，而是主体间形成的共识。这种共识应是一种"合理驱动"的共识，通过"更好的论证力量"的论证而达成的共识，"我们所说的真理，是指那种与断定性言语活动相联系的有效性主张。一个陈述在如下情况下是真的：我们使用句子来断定那个陈述的言语活动的有效性主张得到了辩护……真理的观念，只有参照对有效性主张的商谈性兑现，才有可能加以说明"。[2]可以看出，哈贝马斯的共识真理观也就是商谈真理观，因为合理共识需要通过对各自主张有效性的辩护而达成，这种辩护必须置于平等的沟通与商谈之中，是经过对各种理由的考虑、比较、选择与认可而达成的。我国学者金岳霖在《知识论》中虽然没有明确提出真理共识论，但是也作出了相关论述，他认为，知识论中客观与真假都牵扯到所谓共同，所谓真有共同问题，证实有共同问题，讨论真假与证实也就是间接地讨论共同。[3]也就是说，讨论真理的问题最终要归结到讨论共同的问题，主观与客观的符合最后还要取决于主体间的关系，即主体与外物是不是符合取决于主体与他人能否达成共识。

综上，对于沟通主义法范式而言，其认识论基础并非真理符合论，而是真理共识论。真理的获得并不是主观对客观的符合，而是主体间在平等商谈的基础上所达成的共识。特别是在法律领域内，所谓的真理不是法律行为在证据支持下对客观事实的无限接近，而是来源于多主体间在公正的法律程序内，基于商谈论辩的规则所达成的合意。真理来源于共识，这也正是法律合法性的来源。

四、本质：一种新的反思性的程序主义

合法性问题是法的基本问题之一，不少学者都进行过深入的阐述，而且

---

[1]　Charles S. Peirce: *Philosophical Writings of Peirce*, selected and edited with an introduction by Justus Buchler, Dover Publications, Inc., New York, 1955, p. 38.

[2]　童世骏：《批判与实践——论哈贝马斯的批判理论》，生活·读书·新知三联书店 2007 年版，第 110 页。

[3]　金岳霖：《知识论》，商务印书馆 2011 年版，第 51 页。

大多数人都倾向于将法律的合法性形态归纳为形式合法性与实质合法性两种，但沟通主义法范式则试图超越形式合法与实质合法，通过一种沟通商谈的程序为法律的合法性提供依据。

纵观形式合法性的不同理论表述，霍布斯、马基雅维利等法律实证主义者认为法律的合法性来源于实证法本身，只要法律规则在形式上是由国家或其他强势政治权威所颁布，就自然具有合法性，不论内容上该法律是否正义。卢曼和富勒等人则提出了一种程序主义的进路。卢曼认为法律系统的合法性是自身通过制定适当、理性和公平的规则与程序而创造的，富勒则将其归结为一般性、公开性等八项程序性原则，这些原则即法律的内在道德。卢梭、洛克等启蒙思想家也认为单纯的政治权威并不能充分证成法律的合法性，政治系统与法律系统的合法性必须要与公众的意志联系起来，只有建基于公民同意（至少被假定）之上才能视为合法。韦伯亦曾作出类似的主张："什么样的政治上的统治才是合法的？即人们信仰它，发自内心地愿意服从它，而不是受到强制与压迫而接受。"[1]在此意义上，形式合法性已经具有一些实质合法性的因素，因为它们立基于一种最低的实质假设之上。与形式合法性的进路不同，实质合法性的进路则试图提供某些法律的道德可接受性的一些最低判准，在过去体现在不同种类的（神的、理性的和经验的）自然法理论之中，而现在往往体现在人权理论之中。[2]特别是进入福利国家之后，公民的社会权日益重要，但社会权利要求国家权力的保障与满足，因此出现政治权力的扩张以及法律开放性与回应性的增强，法律是否具备实质性价值，满足实质性需要成为法律合法性的判准。国内学者严存生也对合法性作出过系统阐述，他认为"合法性"一词，狭义上指形式上合于已有实在法的规定，特别是制定法的规定，广义上它还包括是否合乎所在社会的价值观念和社会理想，即内容不悖于公理、理想或所在社会占主导地位的意识形态观念。[3]可以看出，严存生也是沿袭形式与实质的进路，他所说的狭义合法性本质即是一种形式意义的合法性，而广义的合法性则是实质的合法性。

---

〔1〕 ［德］马克斯·韦伯：《经济与社会》（上卷），林荣远译，商务印书馆 1997 年版，第 238-239 页。

〔2〕 ［比］马克·范·胡克：《法律的沟通之维》，孙国东译，法律出版社 2008 年版，第 261 页。

〔3〕 严存生："法的合法性问题研究"，载《法律科学》2002 年第 3 期。

　　从上述可以看出，形式合法与实质合法都有各自的理论优势，但将法律的合法性依据单纯诉诸形式或者实质却都存在各自的问题。形式合法性建基于形式合理性之上，按照既定的一般性规则处理问题，追求同等情况同样对待的形式正义。无论是法律实证主义者从实在法权威中寻找法律的合法性，还是富勒从纯粹的程序性原则中寻找法律的内在道德，本质上所遵循的均是同一进路。同时，形式合法性主张法律系统的独立性与自主性，法律的合法性来源于自身，而非政治、经济、宗教等其他系统。其典型就是卢曼的系统论，法律系统作为社会系统的一部分，是一个运行上封闭，认知上开放的系统，"只有法律自身才能决定法律"，外部信息唯有经过法律代码的过滤，才能转化为法律问题。但是，形式合法性的问题在于，法律不可能立基于单纯的形式合理性之上，法律必须体现某种实质性价值，以满足社会道德的底线要求。否则就如同拉兹所言，法治只是一种工具性美德，就像尖刀可以用于惩治邪恶，也可用于谋杀。因此，将合法性单纯诉诸形式的缺陷在于，同等情况同样处理将不可避免地导致法律适用中的僵化与麻痹，而工具性价值的无限扩展也难免促使形式法治与专制的无限接近，甚至最终服务于专制与暴政。这一点，已经在人类历史上得到过多次证明。实质合法性建基于实质合理性之上，强调法律的合法性来源于实质性价值，这里的实质性价值可以是经院法学家强调的神的意志，可以是自然法学派所主张的自然法观念或现代人权理念，也可以是某一时期社会主流的意识形态或价值观念。不管范围如何界定，实质合法性始终与公平、正义、自由、平等、福利等实质性价值密不可分，同时，实质合法性主张根据具体问题作出具体判断，追求不同情况不同对待的实质正义原则，这些方面都较好地弥补了形式合法性的固有缺陷。但是，实质合法性的最主要问题在于，在现代社会中，那种支配整个国家的统一价值很难形成，或者说即使表面存在占主导地位的价值观念，但却未必能得到整个国家与社会的承认。福山所言的随着历史的终结价值一统的局面并未到来，相反，现代社会却呈现出亨廷顿所言的不同文明之间的剧烈冲突以及多元价值观之间的激烈碰撞。[1]国家之间如此，一国之内也是如此。因此，实质合法性的最大难题在于，现代社会中为彼此公认的实质性价值很难

---

　　〔1〕　参见〔美〕弗朗西斯·福山：《历史之终结与最后一人》，李永炽译，时报文化出版社1993年版；〔美〕塞缪尔·亨廷顿：《文明的冲突》，周琪等译，新华出版社2013年版。

形成。即使在某些国家由于政治权威的影响，形成了表面形式统一的实质性价值观，但由于缺乏公众认同而逐步走向专制与独裁，这似乎与形式合法性殊途同归。譬如，二战期间，纳粹德国所提出的所谓新的"法律原则"：民族共同体、领袖原则与人民运动原则，本质上就是一个实质性的、内容含混的国家社会主义法律理念。[1]正是在此专断价值支配下，纳粹德国才成为一个独裁暴力和进行残酷种族迫害的国家。

基于上述，将法律的合法性依据单纯诉诸形式或实质均是不可取的。沟通主义法范式认为，法的合法性问题并不能单纯从形式或实质出发，而应将形式和实质结合起来，以一种沟通的方式去衡量合法与否。

在沟通主义法范式看来，不能仅仅强调形式与实质的单纯面向，而应在个人主义与集体主义之间，在仅强调程序与民主的形式主义和仅强调法律的道德可接受性的实质主义之间寻找恰当的平衡。进而，在平衡的基础之上，将相互的对立理解为彼此互为前提。纯粹的程序性规则必须建基于平等、公正、合理性等实质性原则之上，而在法律的实质合法性层面上，也必须考虑某种形成参与、辩论及商谈的程序规则，任何缺乏形式要素或实体性原则的法律都是不可能存在的。[2]进一步说，法律的合法性问题并不来自纯粹的形式上的程序，也并不仅着眼于决定论意义上的实体价值原则，而是来自沟通、商谈、论辩的民主程序。"法律的正统性（合法性）根据，归根结底还是合意。"[3]合意意味着法律得到公众的同意与认可，如哈贝马斯所言，合法性就意味着某种政治制度的尊严性，即该制度是否能得到人们事实上的承认。[4]这种事实上的承认，是以自由沟通和相互交涉的程序机制作为前提的。法律合法性根本上在于它是否能够获得有效性辩护，是否体现了一种确保平等对话的法律商谈精神。

在当前多元价值观并存且相互冲突的时代，要达成实质性价值的统一是一项非常困难的任务，形成社会共识更是艰难。沟通主义法范式的进路在于，

---

〔1〕 陈林林："法治的三度：形式、实质与程序"，载《法学研究》2012年第6期。

〔2〕 〔比〕马克·范·胡克：《法律的沟通之维》，孙国东译，法律出版社2008年版，第255—263页。

〔3〕 季卫东：《法治构图》，法律出版社2012年版，第163页。

〔4〕 〔德〕哈贝马斯：《重建历史唯物主义》，郭官义译，社会科学文献出版社2000年版，第262页。

通过设立公正合理的法律程序，建立平等商谈的规则体系，保障思想与信仰的自由，促进不同利益群体之间的对话、商谈与论辩，最终达成合意与共识。换言之，沟通主义法范式将实质性价值冲突问题，通过沟通商谈的方式，试图在中立合理的程序制约下寻求相互理解与承认。这种商谈中立程序的设立，其目的在于激活公众与国家之间的互动，激活围绕程序的各种价值论辩。即使不能就实质价值理念形成共识，也可以通过程序共识作出各种决定，从而使得这种决定具有合法性，并在此基础上反复探索形成实质共识的途径。

因此，从本质上来说，沟通主义法范式因循的是一种新的反思性的程序主义路径，它既融合了形式与实质的因素，同时又反思并超越了形式与实质。一方面，它强调建立形式上公正中立的程序作为保障，同时这种程序是以国家与公众之间的沟通为前提而建立，并可以通过接受异议和反思来进行检验的。另一方面，这种形式上中立的程序在内容上是一种商谈论辩的程序，以相应的程序规则特别是商谈规则为依据，对不同正义与道德要求进行辩驳，最终在基于最佳理由的基础上形成共识。因此，这种新的程序主义路径，可以在形式与实质之间达成反思的平衡，既可以减少形式法的功能麻痹，也可以防止实质法的开放过度问题，最终实现规范依据上的封闭性和价值认知上的开放性，为法律提供合法性依据。在当前中国，沟通主义法范式所倡导的新的程序主义路径，可以扩大国家与公众之间的互动，将非正式的沟通通过中立公正的法律程序转化为正式的沟通机制，将不同层面的实质性价值问题以法律语言进行表达，最终通过商谈论辩的程序形成合意。

第四章　沟通主义法范式的证成：
运行论阐释之立法商谈

法的沟通性存在不同的进路，卢曼将沟通视为社会系统与法律系统的基本构成要素，却将人视为沟通的环境因素，淡化了人在沟通中的主体地位。哈贝马斯与马克·范·胡克则沿袭传统社会学进路，始终把社会中的人作为法律沟通之主体，将言语行为作为法律沟通的媒介，将形成理解、达成共识作为法律沟通的目的。本书所欲建构的沟通主义法范式正是采取后两者的进路，以沟通理性为理性论基础，以沟通商谈为基本方法，以真理共识论为认识论基础，在反思形式合法与实质合法基础上形成新的程序主义，实现法律的合法性。上述方面主要涉及沟通主义法范式的本体性证成，即元范式层面的建构，接下来本书将继续从社会学范式层面，基于法律运行的角度去探讨沟通主义法范式的证成。法律运行涉及立法、执法、司法、守法、法律监督等多个层面，因篇幅所限难以面面俱到，故本书将重点关注立法、执法与司法三个领域，探讨立法商谈、协商型执法以及商议式司法的相关理念与制度，本章则基于立法商谈的角度展开论述。

第一节　立法商谈的概念与模式

立法是各方利益相互博弈与平衡的过程，不同利益背后蕴藏着不同的价值取向。从立法规划的选定，到立法草案的起草、表决与通过，立法后评估的开展以至法律的修订与废除，立法的全部过程都贯穿着不同价值观的冲突与选择。代议式民主可以反映多数人的意见，却容易忽视少数人的声音。商议式民主以其广泛的公众参与、平等的商谈平台、充分的辩论与质询，成为弥合价值冲突、形成社会共识的重要选择。

一、立法商谈的概念

商谈被广泛运用于立法、司法及执法的过程中，在司法和执法中，通常被称为商议式司法和协商型执法，而在立法理论研究中，立法协商的概念则由来已久，并且在我国近年的政治与法律实践中也得到了广泛应用。立法商谈与立法协商这两个概念存在紧密联系，但也有很多区别。

立法协商在我国近年的立法实践中，已经得到深入发展，但在基本概念的界定上，理论界尚未形成共识。很多学者认为，立法协商可以从广义和狭义两个层面进行界定。在广义上，有学者认为，立法协商指具有立法权的人大及其常委会或其他行使相关立法权限的法定主体，在立法活动中与特定或者不特定主体之间的协商民主活动。[1]但也有学者认为，立法协商是指相关单位人员及社会公众围绕立法的有关事项进行的各种形式的协商活动。[2]在狭义上，有学者认为，立法协商主要是指行使国家立法权的全国人民代表大会及其常务委员会或国务院将立法草案提交全国政协或地方政协进行政治协商，听取意见和建议，然后由全国人民代表大会及其常务委员会或国务院审议决定的制度化规范化程序化过程。[3]但也有学者认为，立法协商仅仅是指政协有关专门委员会和政协委员，在立法机关初审之前，对有关法律法规草案进行论证、协商，发表意见和建议的活动。[4]除了广义与狭义之分外，还有学者将其归纳为人民政协、政党、政府、人大和人民团体等五个维度。[5]有学者则将其归纳为三个层次，包括 Consultation 意义上的协商，即以政治协商的视角审视立法协商；Deliberation 意义上的协商，即在协商民主的理论框架下审视立法过程的意见表达与公共参与；Negotiation 意义上的协商，即在行

〔1〕　郭杰："立法协商初探——以协商民主理论为视角"，载《特区实践与理论》2014 年第 5 期；戴激涛："立法协商：理论、实践及未来展望"，载《天津行政学院学报》2015 年第 4 期。

〔2〕　张献生："关于立法协商的几个基本问题"，载《中央社会主义学院学报》2014 年第 5 期。

〔3〕　胡照洲："论立法协商的必要性和可行性"，载《湖北省社会主义学院学报》2014 年第 1 期。

〔4〕　林忠武："关于立法协商与依法治理的思考"，载《政协天地》2005 年第 12 期；侯东德主编：《我国地方立法协商的理论与实践》，法律出版社 2015 年版，第 8 页。

〔5〕　肖存良："立法协商的概念与模式研究——基于人民政协的视角"，载《中国政协理论研究》2015 年第 4 期。

政法框架下审视行政立法协商。[1]

可以看出，立法协商的概念尚未形成共识，其主要原因在于对参与立法协商的主体没有达成共识，但是"协商"的核心意义却是相当明确的，即公共参与、平等商谈与意见表达。质言之，立法协商这一范畴的核心要义即是商谈，贯穿于整个立法过程中的商谈。因此，在此意义上，立法协商与立法商谈可以等同。但是，立法商谈的主体是广泛而不加限制的，如哈贝马斯所言，"有效的只是所有可能的相关者作为合理商谈的参与者有可能同意的那些行动规范"。[2]因此，与立法协商不同，立法商谈的参与主体应是所有与该立法利益相关的人。基于此，我们应该给立法商谈下一个更为宽泛的定义，即立法商谈是指国家机关、社会公众在立法的全部过程中，进行的广泛参与、平等商谈、深入论证及充分发表意见的活动。

二、立法商谈的模式

关于立法商谈的模式，哈贝马斯曾将其分为两个阶段，合法之法正是通过这两个阶段的循环往复得以产生。其中，第一个阶段是公共领域的商谈阶段，主要是指公众行使政治自主权，就法律问题在非建制化的公共领域进行开放的讨论与商谈，形成非正式政治意见的阶段。第二个阶段则是议会的立法商谈阶段，是指在吸收、审思和过滤公众立法意见和建议的基础上，在议会内部商谈论辩形成正式的政治意志的过程。但是，哈贝马斯这种场域式的类型化划分也存在一些问题，虽然清晰地界定了非正式的公共领域和正式的议会商谈两种不同模式，但遗漏了非正式商谈和正式商谈之间的连接形态，如立法机关和公众之间通过立法听证会、论证会、咨询会等形式进行的立法商谈，我国专门的协商机构政治协商会议组织的立法商谈等。因此，纯粹从上述两种场域划分立法商谈类型是不周延的，应该增加连接两者之间的场域，即类似于听证会这种耦合机制的商谈场域。当然，与公共领域的商谈相似，耦合机制的立法商谈并不必然形成政治意志。因此，基于效力相似将这两类商谈都列入广义的非正式商谈，也是可行的选择。对于立法商谈

---

〔1〕 朱志昊："论立法协商的概念、理论与类型"，载《法制与社会发展》2015年第4期。

〔2〕 ［德］哈贝马斯：《在事实与规范之间——关于法律与民主法治国的商谈理论》，童世骏译，生活·读书·新知三联书店2014年版，第62页。

的模式划分，不少国内学者基于我国的政治实践有着不同见解。如陈建华认为，立法协商的模式应按照主体划分，当前我国立法协商的参与主体有政协委员、民主党派、工商联、无党派人士、人民团体、社会组织，还有有关的国家机关、社会公众等。[1]苏绍龙认为，立法协商可以考虑设计建立"党委领导，人大及其常委会主导组织，以政协为主要渠道，相关主体积极联动，平等参与、形式多样地开展协商"的总体制度框架。[2]肖存良则认为，立法协商应由五种基本模式组成，分别是政党主动模式、人大主动模式、政府主动模式、政协主动模式与人民团体主动模式。[3]上述学者从立法协商的视角出发，基于不同立法主体的模式划分对于立法商谈模式归类同样具有重要参考价值。

十八届四中全会《决定》中提出"健全立法机关和社会公众沟通机制，开展立法协商，充分发挥政协委员、民主党派、工商联、无党派人士、人民团体、社会组织在立法协商中的作用……"党的十九大报告中，又进一步强调："统筹推进政党协商、人大协商、政府协商、政协协商、人民团体协商、基层协商以及社会组织协商。"因此，借鉴哈贝马斯及国内其他学者的类型化划分，并根据我国的政治制度与立法实践，可以基于立法主体的不同将立法商谈分成如下模式，即党主导型、人大主导型、政府主导型、政协主导型以及公众自发型。

第一，党主导型立法商谈。当前，党主导型立法商谈主要是指由党中央或地方党委发起、组织、推动、协调立法商谈的全部过程，在此过程中，党始终发挥主导性作用。党领导人民制定宪法和法律，这反映了执政党在立法过程中的领导地位。[4]"法律是治国之重器，良法是善治之前提。"要制定良好的法律，首先就要加强党对立法工作的领导，同时要善于发挥党对立法工作的领导。要善于将党的意志通过立法过程上升为国家意志，成为公众普遍遵循的行为准则，同时也要避免对立法权运行的不当干扰，影响立法机关职权的正常行使。特别是在立法商谈过程中，应当强调参与各方的平等与自由，

---

〔1〕　陈建华："立法协商主体探析"，载《河北法学》2016 年第 3 期。

〔2〕　苏绍龙："地方立法协商制度机制刍议"，载《暨南学报（哲学社会科学版）》2015 年第 5 期。

〔3〕　肖存良："立法协商的概念与模式研究——基于人民政协的视角"，载《中国政协理论研究》2015 年第 4 期。

〔4〕　桂宇石、柴瑶："关于我国地方立法的几个问题"，载《法学评论》2004 年第 5 期。

因此，党主导型立法商谈需要掌握二者之间的平衡，充分发挥党的领导与协调作用。在我国的立法实践中，2018年宪法修改过程就充分体现了党在立法商谈中的主导作用。在此次宪法修改过程中，党中央有关领导同志多次以邀请中央和国家机关有关部门党委（党组）负责同志、知名专家学者、各省区市人大常委会党组负责同志以及各民主党派中央、全国工商联负责人和无党派人士代表参加宪法修改座谈会或者提交书面报告的形式，进行广泛和深入的讨论，就宪法修改的内容提出大量意见和建议，在此基础上形成了中共中央宪法修改建议草稿。然后就该草案稿再次下发党内一定范围征求意见，并召开多场座谈会，听取党内外有关人士的意见。正是在党中央主导与协调下，经过各地区各部门的充分商谈与讨论，最后形成了成熟的修宪建议稿，并于2018年1月26日由党中央向全国人大常委会提出《中国共产党中央委员会关于修改宪法部分内容的建议》。在地方层面，2014年《北京市大气污染防治条例》的协商过程也是党委主导的范例。首先由北京市人大常委会党组就该条例的草案向北京市委常委会汇报，北京市委常委会集体研究后将草案交给北京市政协组织协商，并收集汇总协商成果。然后再转交北京市人大参考，最后将市人大采纳的情况反馈到市政协。在上面两个案例中，立法商谈的具体过程存在一些区别。宪法修改过程是由党中央直接召开座谈会，与各方代表面对面商谈，或者通过收集书面报告等形式进行间接商谈，商谈主体始终是党中央与各方代表。《北京市大气污染防治条例》则是由北京市党委组织人大、政协各方进行立法商谈，商谈的主要部分发生在政协内部领域。但不管有何区别，在这两部法律的起草过程中，党始终主导着立法商谈的进程，发挥着重要的领导、发起与组织作用。

第二，人大主导型立法商谈。人大主导型立法商谈是指人大作为我国最重要的立法机关，主导立法商谈进程的模式。这种类型的商谈可以分为两种情形，人大内部的立法商谈与人大外部的立法商谈。人大内部的商谈即哈贝马斯所言的议会商谈，指人大（议会）作为立法机构，在特定的时间与场所按照商谈规则，在对其他领域的商谈结果进行审思过滤基础上开展的立法商谈活动。人大内部的商谈在性质上属于正式的商谈，一般应在特定的时间与指定的场所进行，并且应遵守相应的商谈规则，并不是随心所欲，想怎么谈就怎么谈。[1]理论上的商谈规则，上一章已作论述，在本章中下一部分将继续探讨。在我国的立法实践中，法律上都规定了相应的人大议事规则。中央层面有 1989 年发布的《全国人民代表大会议事规则》，1987 年发布 2009 年修正的《全国人民代表大会常务委员会议事规则》。地方层面各省均制定了相应的地方性法规，如 1990 年制定 2010 年修正的《北京市人民代表大会议事规则》、1988 年制定 2010 年修正的《北京市人民代表大会常务委员会议事规则》、1991 年制定的《河北省人民代表大会议事规则》、1988 年制定 2018 年修订的《河北省人民代表大会常务委员会议事规则》等。正式商谈还表现在商谈的结果具有正式的法律效力。在我国，人大常委会例行会议以及各专门委员会会议的结果往往通过多数决的方式得出，但多数决仍然建立在代表们充分商谈的基础之上，这种商谈的结果即是正式的政治意志形成的过程。与人大内部的立法商谈不同，人大外部的立法商谈并不必然形成建制化的政治意志，属于广义的非正式商谈。外部商谈主要包括两种形式，即人大与一般社会公众的商谈以及人大与政协的商谈。人大与社会公众的商谈往往采取召开听证会、论证会、咨询会、座谈会等方式进行，由人大出面召集，按照不同的会议类别，选取相应的公众代表参加，在特定的时间与场地按照商谈规则进行立法商谈。人大与政协的商谈则主要指人大派员到政协听取有关立法的意见建议，或者以发函的形式将要商谈的立法内容，一般为立法草案，发送给政协，由政协机关组织政协委员对该草案进行商议讨论，将商谈结果整理成文，最后再反馈给人大。这两种情形在当前我国的立法实践中均为常态，实例较多。前者如 2018 年 8 月 27 日，湖北省荆州市人大常委会副主任张钦等到荆州市政协，与政协委员们就制定《荆州市长湖保护条例》的工作进行立法协商，市政协副主席胡荆琳主持立法协商座谈会。[2]后者实

---

〔1〕　关于正式商谈与非正式商谈，有学者认为，正式协商往往对协商参与者的条件、协商的内容与场域、协商的目的和协商所要达到的结果等都有比较明确的要求，有比较严格的时间性和程序性设计，一般体现出制度化、规范化、程序化的特征。非正式协商一般没有严格的时间和程序限制，也不会对协商场域作太严格的规定，它往往具有临时性和咨询性的特征。参见童庆平："当代中国政党协商民主的制度建设研究"，华东师范大学 2008 年博士学位论文。笔者认为，正式商谈与非正式商谈虽然存在时间、地点与程序的区别，但是都应遵守基本的商谈规则。当然，纯粹来自公共领域的大众商谈因其自发性与开放性，相比而言更难受到规则的约束。

〔2〕　荆州市人大常委会办公室："市人大常委会与市政协进行立法协商"，载荆州人大网，http://www.jzrd.gov.cn/news/rendayaowen/2018/0828/12667.html，最后访问时间：2019 年 7 月 19 日。

例更多，如 2018 年 2 月 1 日，受中山市人大常委会委托，广东省中山市政协召开《中山市停车场管理规定（草案修改稿征求意见稿）》立法协商论证会议。市人大常委会法工委的负责人，部分市政协委员及专家共 20 人参加会议。山东济南市自 2006 年以来开展的立法协商活动，都是由市人大直接委托市政协就法规草案进行协商，并在立法过程中与政协保持紧密的工作联系。[1] 总而言之，在上述两种形式中，无论是人大与公众面对面的商谈，还是人大委托政协进行商谈，人大始终发挥着组织、协调作用，占据着主导地位。但是，商谈的结果人大可以采纳，也可以不予采纳，并不必然在此基础上形成立法。因此，人大外部商谈并非正式商谈，也并不必然形成正式的政治意志。

　　第三，政府主导型立法商谈。政府主导型立法商谈是指拥有行政立法权的政府机关，由其具体立法机构政府法制办（司法部、厅、局）[2] 主导和组织的立法商谈活动。政府主导型立法商谈与人大主导型立法商谈比较相似，也可以分为政府内部的立法商谈与外部的立法商谈。[3] 政府内部的立法商谈是由负责行政立法的具体行政机构，在立法的规划、起草以及审议过程中进行的商谈。它往往通过各种正式的会议形式进行，有特定的时间与场地要求，需遵守一定的商谈规则。商谈的结果即具有正式的法律效力，因此属于建制化的正式商谈。目前，对于行政立法中相关程序或规则也有专门立法，如中央层面有 2001 年制定 2017 年修订的《行政法规制定程序条例》以及《规章制定程序条例》；地方层面有 1994 年制定 2018 年通过的《上海市人民政府规章制定程序规定》、2003 年制定 2017 年修订的《青岛市政府规章制定程序规定》以及 2001 年制定当前正在征求修订意见的《河北省政府规章制定办法》等。与之不同，政府主导的外部商谈则属于非建制化的商谈，商谈结果并不

---

　　〔1〕　谈火生："实践是政策创新的源头活水"，载《人民政协报》2015 年 8 月 5 日，第 4 版。

　　〔2〕　2018 年 3 月，根据第十三届全国人民代表大会第一次会议批准的国务院机构改革方案，将国务院法制办公室的职责整合，重新组建中华人民共和国司法部，不再保留国务院法制办公室。随后，各地也相继将负责行政立法具体工作的政府法制办公室与当地司法厅（局）合并。

　　〔3〕　有学者持相同观点，如杨积堂认为构建内部协商机制主要指立法机关内部在立法过程中开展立法协商应遵循的规则和制度。外部协商机制主要指立法机关之外没有立法权限的相关主体，如人民政协、民主党派、工商联、无党派人士、人民团体等，以广泛多层的社会主义协商民主为保障，构建制度化的协商机制。参见杨积堂："立法协商的民主源起与制度构建"，载《北京联合大学学报（人文社会科学版）》2016 年第 4 期。

对立法形成决定性的影响。其方式可以由政府立法机构组织公众进行商谈，也可以与政协商谈或委托政协机关组织商谈，这两种形式立法实践中均为常见。前者如 2013 年 7 月 23 日，湖北省政府法制办举行首次立法听证会，邀请 16 名社会各界群众代表，对《湖北省医疗纠纷预防与处置办法（草案）》进行立法听证。[1]后者如《据上海人民政协志》记载，1993—2003 年间，上海市政府法制办通过书面形式征求政协委员意见，或政府相关部门负责人亲自前往政协介绍立法情况、征求政协委员意见的立法协商共达 23 次。[2]浙江省杭州市早在 2009 年 7 月就制定了《杭州市人民政府法制办公室关于建立政府立法协商机制的实施意见》，意见中明确界定了政府立法协商机制的概念，规定了政府立法协商的程序、环节与具体制度。[3]

第四，政协主导型立法商谈。政协主导型立法商谈是指在立法商谈过程中，政协发挥主导作用。关于政协在立法商谈的主导地位，学界存在不同的观点。不少学者认为政协只是立法商谈的参与者，并不能成为主导者。如苏绍龙认为，立法协商属于立法活动，不属于政治协商的范围。政协主导立法协商，没有法律依据，也不符合政协自身定位。[4]张献生认为，在立法商谈中，政协可以充分发挥能动作用，但真正占主导地位的应是人大及政府立法机构。[5]但是也有学者持不同观点，如隋斌斌认为，人民政协能够单独主导立法商谈进程，并可以具体分为三种方式。[6]朱志昊认为，与有权机关组织的立法协商不同，在新型立法协商的模式中，人民政协扮演着主动者的角色。在这种模式下，人民政协的职能可以得到最大的发挥。[7]笔者赞同后一种观点，其原因在于：在理论上，政协的职能表明政协具备主导立法商谈的资格。

〔1〕 "湖北省政府将举行首次立法听证会"，载法制网，http://www.legaldaily.com.cn/index/content/2013-06/18/content_ 4568450. htmnode=20908，最后访问时间：2019 年 7 月 22 日。

〔2〕 参见肖存良："立法协商的概念与模式研究——基于人民政协的视角"，载《中国政协理论研究》2015 年第 4 期。

〔3〕 李宏、孙奕："杭州市政协确保立法协商制度到位——协商时'无知无序无责'的状态得到改变"，载《人民政协报》2010 年 1 月 19 日，第 A01 版。

〔4〕 苏绍龙："地方立法协商制度机制刍议"，载《暨南学报（哲学社会科学版）》2015 年第 5 期。

〔5〕 张献生："关于立法协商的几个基本问题"，载《中央社会主义学院学报》2014 年第 5 期。

〔6〕 隋斌斌："当前中国立法协商基本问题探讨"，载《党政干部学刊》2017 年第 8 期。

〔7〕 朱志昊："论立法协商的概念、理论与类型"，载《法制与社会发展》2015 年第 4 期。

政协的三大职能包括政治协商、民主监督与参政议政，而立法作为国家政治与法律生活中的重要内容，理应成为政治协商的重要组成部分。"立法协商是更大程度发挥人民政协作为协商民主重要渠道作用的一条途径。政治协商是政协三大职能之一，最重要的协商是在决策层面，而立法无疑是重大决策。"[1]同时，政协的性质说明政协具备主导立法商谈的能力与优势。在我国，政协并非国家机关，但也不是由普通公众组成。政协委员主要由社会各界精英人士构成，其中不乏熟悉政治和法律问题的专家。由政协委员进行的立法商谈，性质上具备"准制度性的公共参与"特征。一般在特定的时间和地点举行，应遵守相应的商谈规则与商谈程序，商谈结果也对立法机关具备一定程度的影响力。因此，政协主导的立法商谈，一方面，因其社会参与的公共性能够避免人大和政府等立法机构的自我商谈，自说自话，也可避免因立法机关的优势地位对商谈产生的不利影响。另一方面，其公共参与的准制度化又可避免公众商谈的随意性与非专业化，克服商谈意见的弥散化以及提高商谈结果的影响力。另外，在我国的立法实践中，由政协主导立法商谈的例子也越来越多，逐渐形成常态机制。2014年3月20日，全国政协举行例行的双周座谈会，会上就《安全生产法》修改问题进行立法协商。[2]这是历史上双周座谈会首次将法律修订作为协商的主题，也是第一次在国家层面由政协主动发起立法协商，并始终主导着协商进程。随后，全国政协又先后针对《科技成果转化法》的修正（2015年）、《快递条例》的制定（2016年）、《水污染防治法》的修正（2017年）开展了立法协商。在地方，2014年11月3日，云南省政协社会和法制委员会与省民政厅、省老龄办在昆明联合召开《云南省老年人权益保障条例》立法协商会。省人大常委会法制工作委员会、省政府法制办等有关部门负责人到会听取意见建议，并与政协委员、专家学者就《条例》修改进行了充分协商讨论。[3]2018年5月21日，河北省政协召开对口协商座谈会，邀请部分省政协委员，就《河北省行政执法监督条例（征求意

---

〔1〕 余荣华："北京探路政协立法协商"，载《人民日报》2014年4月16日，第20版。

〔2〕 潘跃："就'安全生产法修正'问题，全国政协召开双周协商座谈会"，载人民网，http://politics.people.com.cn/GB/353887/review/20140321.html，最后访问时间：2019年7月24日。

〔3〕 张潇予："《云南省老年人权益保障条例》立法协商会在昆举行"，载《云南日报》2014年11月4日，第5版。

见稿）》开展协商座谈。[1]

第五，公众自发型立法商谈。公众自发型立法商谈是指由社会公众自发组织的关于立法问题的商谈，它是在公共领域内进行，具有强烈的公共参与性与非制度性。上述四种立法商谈由政党、人大、政府或政协主导，虽然并不都是正式的立法商谈，其商谈结果也并非全部形成建制化的政治意志，但是其商谈都具备一定程度的制度化形式。鉴于公众自发型立法商谈最终形成的是非建制化的政治意见，所以相比其他类型的立法商谈而言，对立法机关的拘束力和影响力更弱，得到反馈的可能性也更小。关于公众在公共领域所进行的立法商谈，哈贝马斯曾作出详细论述，他将公共领域视为市民社会的表现形式，并从空间、内容和形式方面作出了具体分类，在本书第一章哈贝马斯程序主义法范式理论中已作过相关介绍。随着科技进步，大众传媒日益成为公共领域的重要平台，特别是网络传媒，以其迅捷便利以及相对自由的方式成为普罗大众发表政治意见的重要领域。在当下中国，以微博、微信、快手、抖音等短视频为主的网络交流方式，也逐渐成为中国普通公众发表、交流与讨论各种娱乐、体育、文化、法律、政治以及其他各种社会现象的新型的公共领域。

三、完善立法商谈模式的主要路径

在以上诸模式中，无论是党、人大、政府、政协主导或者公众自发型，均有着各自不同的特点与优势。要进一步完善立法商谈的模式，则主要需从以下两个方面着手。

（一）加强人大在立法商谈中的主导作用

十八届四中全会《决定》中提出："健全有立法权的人大主导立法工作的体制机制，发挥人大及其常委会在立法工作中的主导作用。"在我们目前的立法体制中，虽然存在多层级、多类型的立法权主体，但人大立法始终占据着立法的主导地位，发挥着重要作用。

首先，发挥人大在立法商谈运行机制中的职能作用，凸显人大的主导性。

---

[1]　"河北省政协召开对口协商座谈会"，载凤凰网，http://hebei.ifeng.com/a/20180522/6596122_0.shtml，最后访问时间：2019 年 7 月 24 日。

立法商谈需有相应与之配套的运行机制，具体可以分为立法商谈的启动与联动机制、相关主体的商请机制、参与主体的遴选机制、立法商谈的终结机制、商谈结果的回应反馈机制以及商谈过程的评估与激励机制等。[1]在上述运行机制中，人大的主导性都应得到充分发挥。在立法商谈的启动与主体的商请机制中，因立法商谈并非立法的必经程序，所以某项法案是否应作为商谈的主题，应主要由人大及其常委会向党委请示之后作出决定。当然，其他参与主体如政协委员、人民团体或社会组织等也可以向人大提出启动立法商谈的建议，但决定权应由人大掌握。同时，在参与主体的遴选机制方面，人大应采取指定、单位推荐、公众推选、自荐、随机抽选等多种方式，保证参与者分布的广泛性以及与具体议题的关联性。在名单确定之后，由人大及其常委会进行公示并接受社会监督，最后由人大公布最终名单。在立法商谈的回应反馈机制方面，人大及其常委会有关部门应及时总结整理立法协商的结果，将商谈的参与人员、各方的主要观点、争论的核心问题以及最后形成的意见等内容形成文字，提交给参与该法案起草、审议或表决的人大代表。人大代表在立法过程中对该商谈结果的采纳情况，或者未采纳的原因，也应及时由人大相关部门回馈告知各参与主体，从而提高立法商谈的有效性。在立法商谈的过程评估和激励机制方面，立法商谈完成之后，人大及其常委会应对全部过程进行评估，以总结经验发现问题。并对积极参与协商，提出的意见建议被最终采纳使用的，给予适当的奖励，以鼓励公众参与，增强立法商谈在立法过程中的重要性。

其次，优化商谈主体的结构，保障人大代表的广泛性与专门性。人大的立法商谈属于一种正式的建制化的立法商谈，是对公共领域民众意见的提炼与升华，需要大量的专家学者及政治精英，因此其主体构成必然具有一定的专门性，但与此同时更应保证代表组成的广泛性与人民性。据统计，2018 年十三届全国人大代表共 2980 名，其中少数民族代表 438 名，占代表总数的 14.70%，全国 55 个少数民族都有本民族的代表。与十二届相比，妇女代表 742 名，占代表总数的 24.90%，提高了 1.5 个百分点；一线工人、农民代表 468 名，占代表总数的 15.70%，提高了 2.28 个百分点；党政领导干部代表

---

〔1〕 苏绍龙："地方立法协商制度机制刍议"，载《暨南学报（哲学社会科学版）》2015 年第 5 期。

1011 名，占代表总数的 33.93%，降低了 0.95 个百分点。[1]可以看出，虽然一线工人、农民代表占有所提高，官员人数有所降低，但与总人口相比仍然存在巨大的差距，占人口绝大多数的工人、农民代表数量远远低于官员代表数量。因此，我国人大代表组成的结构需要进一步优化与完善。若没有相关阶层特别是基层的代表，该阶层的利益诉求就难以得到顺畅表达。只有保障代表来源的普遍性与广泛性，才能真正体现人大制度中人民主权的本质特征。

最后，加强人大主导立法商谈的质量，保障立法基于广泛真实并充分的商谈而形成。"商谈最适合形成和检验法律、政治原则和公共政策问题。"[2]我国的人民代表大会制度主要体现的是一种代议民主，人民通过选票产生代表，代表通过投票产生法律。这种多数决的方式往往掩盖了商谈与辩论的过程，而且政治权威与专家精英的力量容易左右商谈的过程和投票的结果，最后的立法往往难以在充分商谈的基础上形成。因此，人大代表不仅应具有广泛性，各个阶层都具备相应的话语发出者，更为重要的是，这些话语表达者应具备言语表达、沟通协商与辩论交锋的能力与勇气。敢于质疑权威，敢于发出声音，积极运用商谈的手段，开展平等的对话协商，使最后的表决建立在充分讨论与磋商的基础之上。

（二）进一步发挥政协作为专门协商机构的职能

在我国，政治协商会议作为专门的商谈机构，属于国家政治系统的组成部分。通过收集公共领域中的政治意见形成政协提案，并提交给人民代表大会，政治协商会议充当着两者之间的连接渠道。按照哈贝马斯的类型化划分，政协所组织和参与的立法商谈属于一种耦合机制。在立法商谈中，耦合机制是连接公共领域和立法机构不可缺少的中间环节。政治意见或社会民意本身并非政治议题，它虽然浮现在社会空间，形成了社会压力，但必须经过相关渠道或体制过渡、整合与传递，才能转化为政治议题进入立法机构。耦合机制通过提炼民意和传递议案，一定程度上实现了公共领域与政治系统之间的良性包容，满足了公众对合理公共政策的规范性期待。作为一种典型的耦合

---

〔1〕　"领导干部比例降低，一图看懂全国人大代表构成"，载中国网，http://www.china.com.cn/lianghui/news/2018-03/04/content_ 50652401. shtml，最后访问时间：2019 年 7 月 30 日。

〔2〕　陈家刚选编：《协商民主》，上海三联书店 2004 年版，第 44 页。

机制，政治协商会议是一种具有中国特色的民主形式，参与立法商谈具有政治合法性以及天然优势。"就其性质而言，人民政协参与立法协商，既是中国特色多党合作与政治协商的重要内容，是中国社会主义立法正当程序中不可或缺的政治性因素，也是人民政协履行职能的具体表现形式。"[1]政治协商会议通过程序化、正规化和渠道化的协商合作，使社会公共问题进一步得到公开理性的讨论和商谈，形成更具科学理性和公共道德内涵的政策预案，提交给正式的立法机构以供参考与借鉴，从而提高立法过程的合法性、民主性与科学性。

但是，政治协商会议作为专门的商谈机构，在商谈主体、商谈程序、商谈内容等方面也存在不少问题，需要进一步完善。首先，应加强参与商谈主体的多元性与代表性，这是完善立法商谈的前提与基础。当前我国政治协商会议共分为34个界别，范围比较广泛，但是界别构成仍存在一些问题，如占人口绝大多数的工人、农民没有单独设置界别，"我们虽然已经将人民政协划分为34个界别，但在人民政协这一统一战线组织中，不仅一直没有农民的一席之地，也没有落实工会的位置"。[2]一些新兴的重要阶层如金融界、法律界也没有被及时吸纳。另外，界别设置存在交叉与重叠，从而导致代表分布不平衡。按照现在的界别划分，党派界与职业界存在交叉，如民建的成员多为经济界人士，民盟、民进的成员多为教育界人士，农工民主党的成员多为医药卫生界人士，但人民政协在界别设置中又专门设置了经济界、教育界、医药卫生界，这就使得这三个行业拥有的委员比例明显偏高。团体界与职业界也存在交叉。共青团界和青联界、科协界和科技界、工商联界与经济界等就有着十分明显的包含与被包含的关系。[3]因此，应根据社会发展需要，增设一些新的界别，从而使政协真正代表不同社会群体的利益，以与人大的地域性代表机制形成互补，保证立法商谈过程中利益表达和社会视角的"条块结

---

〔1〕 江国华、肖妮娜："人民政协参与立法协商的法理与机制"，载《湖南大学学报（社会科学版）》2019年第2期。

〔2〕 刘冀缓："中国政治协商的发展探析"，载《江苏省社会主义学院学报》2009年第1期。

〔3〕 周青山、俞玲："人民政协界别设置及其作用发挥研究（一）——人民政协界别设置的历史特点及当前存在的主要问题"，载《湖北省社会主义学院学报》2016年第6期。

合"。[1]具体措施如增设反映绝大多数人利益的工农界以及反映依法治国要求的法律界。同时，通过合并优化重组等方式整合部分界别，避免重复交叉的出现，缩小界别之间代表数量的差距，从而保证代表来源的平衡性。

其次，完善政协主导和参与立法商谈的运作机制，构建规范合理的商谈程序。具体包括：建立立法商谈计划的启动机制，即由政协通过召开座谈会等形式收集政协委员的提案及反映社情民意的报告，将其中认为需要提请立法商谈的项目，以书面形式报送人大或者政府法制办（司法厅、局）。建立立法计划项目的商谈通报机制，即人大或政府起草年度立法计划时，在立法项目计划草案上会之前，应征求政协对该草案的商谈意见。规范政协参与立法商谈的核心程序，即通过制定相应的规范性文件，对立法项目草案的商谈频次、商谈主体、商谈时间、商谈内容、商谈过程中的询问与答辩机制、商谈意见的采纳反馈情况等都作出详细规定。如河北省2013年就率先在全国省级层面制定《河北省关于建立政府立法协商工作机制的实施意见（试行）》，对政协委员参与地方立法作出规范，其中对立法协商的内容、形式、程序和协商结果的反馈等程序都作出了明确规定。[2]杭州市在2009年出台的《杭州市人民政府法制办公室关于建立政府立法协商机制的实施意见》中也明确规定，市政府的立法项目在提交市人大表决前应与市政协开展两次协商，协商的内容至少应提前一星期告知市政协办公厅或社会法制委员会。对事关民生、社会关注度较大的立法协商重点项目，应提请主席会议协商讨论。市政府对协商意见的采纳情况应通过适当形式及时向市政协或社会法制委员会反馈。[3]

最后，要提高商谈提案的质量，充分吸纳公共领域的政治意见，形成良好的商谈内容。这可从以下三个方面予以完善：其一，改革政协委员推选制度。当前实行的是委员邀请制度，通过提名推荐、综合评定和政协常委会审查的方式邀请委员，直接导致了大量明星委员的产生。这些委员通常难以保证正常参会时间，也缺乏提交议案的能力与动力，议案都无法正常提交，何

---

〔1〕　白帆、谈火生："人民政协参与立法协商：模式、特征和原则"，载《当代世界与社会主义》2018年第2期。

〔2〕　马竞、柏学聚："河北出台首个省级立法协商规范"，载《法制日报》2013年12月23日，第3版。

〔3〕　殷啸虎："人民政协参与地方立法协商的目标与路径"，载《江西师范大学学报（哲学社会科学版）》2013年第3期。

谈保证质量。其二，要提高政协委员的自身素质与能力。通过培训班、报告会、辅导课等形式，增强政协委员的责任感，提高商谈水平与能力。可以参照人大的模式，设置政协专门委员制度，专门委员由各领域专业人士组成，专职从事协商工作，可以有效保证提案质量。其三，通过调查研究提高提案质量。提案要能充分反映民意，必须建立在调查研究基础之上。因此，应引导政协委员积极深入生活，参与实地调查研究，广泛听取基层民众意见，使提案及商谈建立在民情民意之上。

第二节　立法商谈的类型与规则

哈贝马斯将商谈分为运用型商谈与论证型商谈，立法商谈属于论证型商谈，可以分为不同类型，包括实用商谈、伦理商谈、道德商谈、法律商谈以及谈判等。同时，商谈规则在立法过程中也得到广泛应用。与之相比，立法协商则没有明确的类型划分以及规则适用，这也是立法商谈与立法协商的重要区别。

一、立法商谈的类型化区分及实践阐释

哈贝马斯将商谈分为运用型商谈与论证型商谈，运用型商谈主要指司法适用过程中的商谈，通过在合理的程序中利用理由来证明某一法律原则或规则的适用条件是否得到满足，从而缓解司法判决的确定性与正确性之间的张力。论证型商谈则指立法过程中的商谈，是在公共领域与议会等场域中通过沟通、协商、辩论、审议等方式进行的民主的立法过程，其目的在于形成正式的政治意见和政治意志，最终实现合法之法的生成。"作为论证理论模式，商谈理论的典型特征是，个体的事实性与规范性确信以及利益，能够依据在程序进行过程中提出的论据被改变。"[1]立法商谈即是一种论证型商谈，是在商谈中通过理由的提出证成法律合法性的过程。立法商谈又可具体分为不同类型，分别是实用商谈、伦理商谈、道德商谈、法律商谈以及作为特殊形式

---

〔1〕［德］罗伯特·阿列克西：《法·理性·商谈：法哲学研究》，朱光、雷磊译，中国法制出版社 2011 年版，第 104 页。

的谈判。这几种不同的商谈类型其重要性是不同的或者说在应用时是具有先后顺序的。道德商谈处于最基础也是最为优先的地位，其次是伦理共同体的商谈，最后是涉及具体技术和方法的实用性商谈，法律商谈则是将道德、伦理以及实用的各种主张在法律上进行表述的过程。谈判则是最后应用的特殊方式，是一种替代性措施。

　　紧急状态下的立法是一个商谈的过程，特别是涉及对公民权利的限制与克减，更需要在公共领域和人大、政府等建制化立法机构中进行普遍与充分的商谈。在这个过程中，公共领域的相关主体可以通过各种渠道发表意见，提出或论证各种道德、伦理、实用性以及法律理由。公共领域扎根于生活世界，具有公共性与开放性、自由性与独立性，意见表述是一个解释与论证的过程。在论证过程中，更具合理性的理由逐渐显现，共识逐渐形成。建制化的立法机构同样需要基于不同的商谈类型对立法意见进行论证，并对公共意见进行回应。论证或商谈的目标是达成共识，当因为利益问题或价值选择难题导致共识无法形成时也会进行谈判，形成妥协结果。下面，本书将以紧急状态下的立法对公民基本权利的克减为例，分析立法商谈的具体类型及其不同表现。

（一）道德商谈

　　在所有的商谈类型中，道德商谈是最基础也是应最先考虑的类型。在进行实用商谈和伦理商谈时，如果涉及道德问题，就必须首先进行道德商谈，这是不可回避的前提。道德商谈要回答的是关于我们应当做什么的问题，是我们的主张、理由以及由此形成的法律是否具有正当性，是否符合社会正义的问题。同时，相对于伦理商谈而言，道德商谈的涵盖面更为广泛，并不仅仅指向某一伦理共同体，而是涉及全体人类。换言之，道德商谈立足于一个无限交往共同体的无所不包的视角，[1]维护的是普遍的人类利益，所欲解决的是什么对所有人都是同等好的问题。以紧急状态立法为例，如果立法要对公民的基本权利进行克减，那么，首先要进行的即是道德商谈。在这里，必须要回答的问题是公民权利克减的正当性问题，即权利克减是否符合人类的

---

〔1〕［德］哈贝马斯：《在事实与规范之间——关于法律与民主法治国的商谈理论》，童世骏译，生活·读书·新知三联书店 2014 年版，第 198 页。

普遍利益，是否符合社会的正义观念。是否存在一些根植于人类本性的道德权利，无法也不能被克减。要回答这些，首先明确的是，在普遍的道德意义上，为了人类的整体生存权利，是可以对公民的部分权利进行克减的。但是，随之而来的就是在立法中应明确权利克减的具体类型，哪些权利是可以克减的，哪些权利是不能克减的。"即使在紧急状态下，公民也有一些最基本的需要和利益，这些基本的需要和利益构成了人之为人所应有的承认和尊重，不可避免地具有不可限制的性质。"[1]一般而言，对于公民的人身自由权、财产权、迁徙权、出版结社集会等权利是可以克减的，但是对于公民的生命权、人格尊严权、信仰自由权、思想自由权等权利是不能克减的。因为生命权、人格尊严权等权利是人之为人所必备的前提与基础，体现了人类的基本利益与需要，是在任何情况下都不能被剥夺或限制的权利。而信仰自由权、思想自由权等权利则是完全归属于个人的权利，也是与权利克减的目的无关的，因此是没有必要克减的权利。

（二）伦理商谈

与道德商谈的普遍性相比，伦理商谈指向的是特定伦理共同体，如民族的或国家的。伦理商谈要回答的问题是"于我而言，什么样的生活方式是好的"。也就是说，当特定伦理共同体内基于各自的偏好而产生不同的价值取向甚至是利益对抗时，背后涉及的是伦理共同体的生活方式的选择问题，即历史地传承下来的对不同生活形式的自我理解的诠释学澄清。[2]因此，在伦理商谈中，必须容许所有伦理共同体成员的广泛参与，以选择能被普遍接受的生活方式，即一种可能短期内对部分成员不利但长远来说对整个伦理共同体是好的生活方式。在紧急状态立法中，如果要对公民基本权利进行克减，既涉及道德意义的商谈，也涉及伦理意义的商谈。在立法中明确权利克减的具体类型时，对于那些根植于人类基本利益和需要的道德权利，属于道德商谈的范畴。而对于那些可以克减的权利类型，如是否可以限制公民的人身与通讯自由、是否可以征用公民的合法财产、是否可以不经允许获取公民的隐私

---

〔1〕 王祯军："从权利限制看不可克减的权利及其功能"，载《大连理工大学学报（社会科学版）》2009年第3期。

〔2〕 ［德］哈贝马斯：《在事实与规范之间——关于法律与民主法治国的商谈理论》，童世骏译，生活·读书·新知三联书店2014年版，第197页。

等，以及这些权利克减的程度和相应的救济措施，都属于伦理商谈的范畴，是关涉特定伦理共同体的生活方式和价值选择的问题，其背后隐藏的则是特定国家与民族共同体对于整体安全和利益的考虑。当然，对于这些伦理商谈的问题，不同的伦理共同体基于不同价值观作出的选择也不尽一致。

（三）实用商谈

实用商谈是在道德商谈和伦理商谈完成之后，根据既定的目标寻找合适的手段、技术和策略的过程。相较于道德商谈基于什么是正义的和伦理商谈基于什么是好的，实用商谈是为了解决实用问题、实现合目的性的商谈类型。实用商谈的过程，是从效率的角度出发，对于各种实用性手段、技术和策略，进行比较与权衡的过程。因此，如何更有效率地完成既定目标是实用商谈中最佳的理由，而这往往需要特定领域专家参与论证。同时，需要注意的是，在实用商谈的过程中，如果遇上价值选择的争议以及道德上的难题，则必须首先进行伦理与道德的商谈。在紧急状态立法中涉及公民权利克减的，实用商谈包括多个方面的内容。以突发的公共卫生事件为例，我国的《突发事件应对法》《突发公共卫生事件应对条例》以及《传染病防治法》均规定了对公民进行疏散、隔离治疗、禁止人群聚集、对疫区进行封锁等限制人身自由的内容，但在确定突发公共卫生事件的级别，特别是传染病的类别及危害程度，是否启动突发事件应对预案，如何进行流行病学调查以确定疫区和疫点，以及确定隔离观察的方式、期限等一系列疫情防控措施时，都涉及专门的技术和方法，因此必然需要专业的医疗人员参与论证和商谈。

（四）法律商谈

法律商谈是将商谈的结晶转化为法律规范的过程，是将实用的、伦理的以及道德的理由进行法律表述的过程。[1]道德正义、伦理价值都是抽象的形而上的观念，实用理由则往往是与特定领域相关的专门技术，这些都需要经由法律商谈转变成法律话语和法律符号，即通过严谨的论证和充分的商谈，在体系化的法律框架内，将道德和伦理话语转变成体现法律基本精神与价值的法律原则，并体现在具体的法律规则之中，将实用性技术上升和提炼为具

---

〔1〕　高鸿钧等：《商谈法哲学与民主法治国——〈在事实与规范之间阅读〉》，清华大学出版社2007年版，第116页。

体而明确的法律概念与法律规则，并力图保持道德、伦理、技术和法律在逻辑上的一致和精神上的圆融。在紧急状态立法克减公民权利时，上述关于克减权利的道德和伦理上的正当性都应转化成相对抽象而稳定的法律原则，成为整部法律的内在理念和精神支撑，进而再通过法律类型化将权利克减划分为不同类型，或者是静态的权利式清单，或者构建动态化的权利限制模式。[1]那些属于特定领域的专门技术，譬如，公共卫生事件中医疗专家的充分参与，医疗技术的广泛应用等技术规范，都需要通过法律商谈落实为具体的法律条款，以具备有效的法律约束力。

（五）程序公正下的策略性谈判

谈判是在各方的价值冲突过于激烈，无法通过商谈形成共识时而采取的一种替代性措施。它是以成功为取向，基于各方实力之上的许诺或威胁而实施的策略性行动，并不是以理解为旨向、基于平等对话的沟通性行动，因此并不属于真正意义的商谈类型。但在社会现实中，由于商谈所需的理想化的话语情境难以得到普遍满足，因此策略性谈判并不少见。当立法商谈无法平衡不同利益和价值冲突时，往往通过不同群体之间的谈判形成妥协性的协议，并最终反映在立法之中。作为一种替代措施，哈贝马斯对谈判的采用也提出了相应的限制，即所有利益相关者都可以平等地参加谈判程序，都有向其他人施加论证的机会，并且谈判结果要经过道德论证的检验，满足正义要求。[2]换言之，可以实施策略性谈判，但必须经过公正的程序，并且要得到道德上的辩护，满足道德商谈的内在要求。在紧急状态立法克减公民权利时，通过策略性谈判达成妥协的情况也时有发生。譬如，当对一些少数民族的习惯性权利进行克减时，由于价值认同和文化传统的不同，可能无法形成共识，那么此时就需要通过程序公正下的策略性谈判来达成协议，当然，这种协议不能违背人类的普遍道德要求，即不能制定对少数民族施加耻辱和歧视的条款。

---

〔1〕 张帆："论紧急状态下限权原则的建构思路与价值基础——以我国《突发事件应对法》为分析对象"，载《政治与法律》2020 年第 1 期。

〔2〕 ［德］哈贝马斯：《在事实与规范之间——关于法律与民主法治国的商谈理论》，童世骏译，生活·读书·新知三联书店 2014 年版，第 204 页。

二、商谈规则在立法中的运用

在上一章中，我们曾详细讨论过商谈规则，主要包括三个层面，即基本的逻辑规则、普遍证立规则以及商谈资格和商谈方式的规则。目前，我国的立法过程主要包括问题的提出，立法提案的形成，草案的拟定、讨论、审议及表决，法律的公布和法律实施的评估等。商谈规则在我国立法过程中的运用可以提高立法质量，促进立法的合法性、民主性和科学性。

（一）基本逻辑规则：能够客观地获取对方信息并且让对方准确接收自己的信息

1. 立法商谈参与者主张的一致性可以保证信息交流的通畅性

商谈规则要求，商谈参与者在提出自己的见解和主张时，首先，在最基本的语言表达上，要符合基本的句法和语义。做到流利通畅，不能颠三倒四，含糊不清，要能够让对方准确获取并理解自己发出的信息。这是立法商谈最基本的条件，也是商谈能够延续的基础前提。当然，在立法过程中，语言表达并非仅仅指向口头的表达，书面形式或者高科技背景下的电子演示和网络传输，也应视为语言的表达形式。但无论何种形式，都应该符合基本的逻辑和语义规则，从而保证信息交流的通畅。其次，立法商谈参与者提出主张时，应该前后一致，合乎逻辑，禁止自相矛盾。商谈参与者不管处于立法的何种阶段，从问题提出到草案形成、审议和表决，其核心观点都应该是前后相继，保持统一的。无论商谈参与者面对的对象和场域发生什么改变，只要所有相关要素均与其当初作出主张时的情形完全相同，那么他就应该作出完全相同的主张。[1]当然，这并不排除局部的修正，但商谈参与者应作出及时的说明和充分的理由论证，以便对方能够准确客观地接收信息。

2. 立法商谈参与者语言用法的共通性可以保证信息交流的清晰性

在这里，首先，是指多个商谈者应该使用相同或类似的语言进行沟通。体现在我国立法过程中，要求商谈参与者尽量使用本国的语言或者是普通话，尤其是在建制化的商谈过程之中，如人民代表大会或政府机关内部对法律草案的审议或表决中。其次，语言用法的共通性还应区分日常语言和专业语言

---

[1]　R. M. Hare：*Free and Reason*. Oxford 1963. p. 11.

以及日常语言和人工语言之间的关系。在立法商谈中，经常会涉及专门的法律知识，这就要求商谈参与者具备一定的法律素养，掌握一定的法律概念和术语，不能完全依赖日常语言，而应借助于法言法语在同一平台上进行交流。最后，立法商谈应从日常语言入手，但是当日常语言出现歧义无法表达清楚时，为准确理解其含义，可能就得借助于人工语言。如阿列克西所说，"作为这种分析的工具，像道义逻辑语言这样的人工语言是可以利用的"。〔1〕但是，我们也不能过分依赖人工语言，人工语言只起辅助性的作用，天然语言或日常语言经过缜密的逻辑分析和解释，仍然应该处于支配性地位，成为最主要的商谈媒介。

3. 立法商谈参与者提出主张的真诚性能够保证信息交流的客观性

真诚性规则杜绝说谎和欺骗，要求商谈参与者从内心相信、忠于并维护自己的主张。只有对自己的主张形成内心确信，才能具备动力和刺激去全面地收集资料举出理由，才能使主观想法无限接近客观真实，从而使对方客观地接收信息。在立法过程中，商谈规则排斥商谈参与者对于自己无法把握或者不能确信的问题，随意发表主张，那种完全附和政治要求、没有真诚意愿的主张也是不允许的。当然，真诚性规则并不排斥预测。特别是在立法项目的征集中，基于法律的前瞻性，立法商谈参与者可以对将来的立法计划进行预测，但所有的预测都必须建立在内心确信和充分理由基础之上。

（二）普遍证立规则：保证立法商谈参与者的主张建立在充分理由论证之上

在社会交往中，最基本、最核心的形式是语言。商谈是通过语言达成的，唯有通过语言交往，单独的人才能组合为社会。而语言交往原初地蕴含着"有效性要求"，即合乎理性的要求。"沟通理性本质上是对话性的，每个参与者都必须通过好的理由和根据兑现自己提出的有效性要求，意义的理解是对语言行为中包含的有效性要求的主体际认可。"〔2〕在商谈过程中，每一个商谈参与者都有责任提出充分的理由来论证自己的主张，证明其观点符合有效性要求，即陈述的真实性、言语的正当性和表达的真诚性。具体言之，人们在

---

〔1〕 ［德］罗伯特·阿列克西：《法律论证理论——作为法律证立理论的理性论辩理论》，舒国滢译，中国法制出版社 2002 年版，第 238 页。

〔2〕 俞吾金等：《现代性现象学：与西方马克思主义者的对话》，上海社会科学院出版社 2002 年版，第 93 页。

商谈中，要预先设定他们得满足的言语交往的规范条件，即言语行为的内容是真实的（真实性），语言行为是正确的（正确性）和说话人的意思是真切的（真诚性）。在立法的过程中，无论是问题的提出，还是法律草案的拟定、讨论与审议，只要展开立法商谈，商谈参与者提出自己的观点，就必须建立在充分的理由论证之上。理由所证明的主要对象就是主张要符合客观事实，如实地反映正在发生的社会问题，没有夸大、渲染或者丑化；主张符合社会规范，没有违反既存的法律制度，与社会主流道德相一致，与执政党或者国家的政策相切合；主张符合提出者的内心意思，是其内心意愿的真实表达。这三个层次的要求体现了立法商谈者的商谈责任，保证了商谈是基于理由而展开，而不是迫于政治、经济等压力，从而能够最大限度地促进共识的形成，制定各方都信服、尊重进而严格遵守的法律。

（三）商谈资格和商谈方式的规则

1. 保证立法商谈参与者的广泛性

在立法过程中，只要是能够自由表达自己观点的人，都应该具备商谈的资格，这是保证立法民主化和法律合法性的必然要求。正如哈贝马斯所言，"制定法不再从道德法则中获得合法性来源，而是仅从理性论辩的程序中获取合法性，即得到全部可能的利益相关者的同意"。[1]也就是说，只有所有可能受到该法影响的人均参与理性商谈，并形成共识，在此基础上制定的法律才具有合法性。立法商谈可以分为公共领域的商谈和议会商谈，公共领域商谈具有更大的广泛性，所有普通民众均可参与。它扎根于生活世界，将来自于生活世界的种种问题，通过自发的沟通商谈形成公共意见，并利用传播媒介对政治系统施加影响和压力。议会商谈作为一种建制化的商谈，是正式的政治意志形成过程，一般仅面对社会精英。议会商谈通过建制化的类型与程序将重要的社会意见纳入政治系统之中，使政治系统充满活力，并不断程序化地获取政治合法性和大众忠诚。正是通过这两种类型的循环往复，所有受法律影响的人们均可进入商谈过程，使立法真正建立在民意基础之上。

---

[1]　高鸿钧："法范式与合法性：哈贝马斯法现代性理论评析"，载《中外法学》2002年第6期。

2. 保证立法商谈参与者自由发表意见的权利

在立法过程中，所有具备言语能力的人都有进入商谈过程的资格，进而，所有商谈的参与者都有表达自己主张、愿望、态度及需求的自由，也有对其他人的主张进行评论和质疑的自由。当然，表达和反驳主张都必须谨守言语行为的有效性要求，以充分的理由来论证自己的观点合乎要求，质疑别人的观点不符合要求。因此，无论是公共领域商谈或是议会商谈，每个参与者都可以自由表达自己的观点，并对其他任何人的观点进行反驳。这是商谈规则赋予的不受剥夺的权利，它与商谈资格一起，保证了每个商谈参与者的平等地位。并且，这种权利对于普通公众而言更为重要。在我国的立法中，公众参与商谈有多种形式，如立法听证会、论证会。但是，很多时候这些都流于形式，公众只听不说，只听不论，没有真正实现提出主张和质疑主张的权利。谨守自由商谈的规则，将会有效避免这一问题。当然，我们要注意的是，"任何人均允许在论辩中提出任何主张"并不意味着商谈参与者可以提出与主题毫不相干的主张，相反，他必须紧扣主题展开讨论。

3. 保障立法商谈参与者不受强迫干扰的权利

立法商谈的最终目的是形成共识，共识是参与者通过对话商谈所形成的被一致认可的结论，这种共识只有通过对有效性要求的遵守才能达成。当然，这种要求是可以被批判的，出现分歧也是在所难免的。但批判和质疑的依据只能是基于更好论据的力量，而不是权力话语、暴力干涉或其他任何外在压力。所有参与者的言语权利都在程序和规则上得到保证，每一主体都存在着选择和运用言语行动之机会的平等分配，唯一起作用的只是论证的充分性和正确性。因此，通过立法商谈取得共识的过程，实际上只能是合理论证，不受任何外在压迫的过程。本质上，这一商谈规则是保障上述商谈规则得以实现的规则。

第三节　地方立法协商机制的困境及完善
——基于立法商谈理论

2015 年立法法修改后，享有地方立法权限的主体迅速扩大，地方立法在数量上呈现快速上升的趋势，在 274 个新被赋予地方立法权的主体中，243 个设区的市已经拥有自己的地方性法规，占全部设区的市总数的 88.7%，[1]但在立法质量上还有待进一步提高。立法商谈是提高地方立法质量的重要途径，在我国很多地方的立法实践中，以立法协商形式存在的商谈过程早已普及，但也存在不少问题。本节将从我国地方立法协商入手，探讨其概念、模式及存在的困境，并借助立法商谈理论提出相应的解决方案。

一、地方立法协商的概念及其模式

对于立法协商的概念，目前理论界并没有达成共识，主要存在广义和狭义的区分，前文中已经列举过相关学者的观点。本节则基于立法商谈理论倾向于从广义的角度来理解，即认为立法协商的参与主体范围是广泛的，核心含义是公众参与、平等商谈与意见表达。因此，地方立法协商是指享有和行使地方立法权的机关在地方立法的过程中，与有关组织机构和社会公众就立法中的有关事项进行平等交流、充分论证等多种形式的协商活动。地方立法协商本质上是一种提炼民意、凝聚民智的方式，[2]通过积极开展立法协商活动，可以进一步提高地方立法的民意基础，更好地获取民众认同。

基于立法主体的不同，对现行地方立法协商的模式可以划分为五种，即地方党委主导型、地方人大主导型、地方政府主导型、地方政协主导型以及公众自发型。第一，地方党委主导型。地方立法协商的开展、组织、协调、反馈由地方党委来主导，这是党领导立法在立法协商中的体现。具体而言，在地方立法时，地方人大将其形成的法律草案交给地方党委，由地方党委研究后将该法律草案转交给地方政协来提出建议和意见，然后对意见和建议再按此种方式反馈给地方人大的模式。如北京在 2014 年 1 月制定的《大气污染防治条例》就是采用这种模式来进行的相关立法协商。第二，地方人大主导型。即地方人大作为地方立法的主要机关，主导立法协商进程的模式。人大主导型立法协商可以分为内部协商和外部协商两种形式，本节主要探讨的是外部协商，即人大作为协商主体与其他对象进行的协商。现实地方立法实践中包括人大与一般社会公众通过召开听证会、论证会、咨询会等形式进行的

---

〔1〕　闫然、毛雨："设区的市地方立法三周年大数据分析报告"，载《地方立法研究》2018 年第 3 期。

〔2〕　戴激涛："立法协商：理论、实践及未来展望"，载《天津行政学院学报》2015 年第 7 期。

立法协商以及地方人大同地方政协通过派员出席或书面征求意见等形式进行的立法协商活动。如 2014 年 12 月 24 日河北省人大常委会及人大法工委负责人等一行带着《河北省国土保护和治理条例（草案）》走进省政协，与省政协 8 个界别和 12 名委员进行面对面协商，以及在 2014 年 8 月河北省政协应省人大之邀就《河北省行政许可条例（草案）》组织开展了协商活动。[1] 第三，地方政府主导型。行政机关的立法活动同样也需要通过各种途径的沟通交流与论证，政府主导是指具有行政立法权的地方政府机关来主导地方立法协商的模式。其具体形式也可以分为内部协商和外部协商，与人大主导型一样，本节主要探讨外部立法协商。具体实践中，一般由地方政府中的立法机构来组织公众或地方政协来进行立法协商。如 2004 年南京市政府与南京市政协共同颁发的《关于加强南京市政府立法协商工作的意见》；原河北省政府法制办与河北省政协社会和法制委员会联合颁发的《关于建立政府立法协商工作机制的实施意见（试行）》，[2] 就是以政府主导型的立法协商模式来建构的。第四，地方政协主导型。关于政协是否可以主导立法协商，存在着不同的观点，前文已经从政协的资格、能力与优势论述了政协主导的可行性。在现实的地方立法协商实践中，政协主导也已经逐渐成为一种常态。如早在 2013 年 6 月 21日，辽宁省政协人口资源环境委员会与社会和法治委员会就《辽宁省机动车排气污染防治条例（草案）》与省政府相关部门进行立法协商。[3] 第五，公众自发型。公众自发型是指地方立法协商的启动与开展由社会公众来决定，并主导着立法协商的内容与进程。现实表现为以社会团体或者社会公众的形式来进行，前者主要是与地方立法相关的一些社会团体，如环境保护协会、消费者权益保护协会等；后者则是和立法相关的利益主体自发组织的关于立法问题的协商。相比前四种模式而言，公众自发型的地方立法协商在实践中并不常见，其形成的协商意见对地方立法的实际影响也更弱。

---

〔1〕 陆岭："河北省政协参与立法协商成履职新常态"，载《人民政协报》2015 年 1 月 17 日，第 3 版。

〔2〕 马竞、柏学聚："河北出台首个省级立法协商规范"，载《法制日报》2013 年 12 月 23 日，第 3 版。

〔3〕 韩冬梅："各地政协开展立法协商实践探索"，载《团结》2014 年第 5 期。

二、地方立法协商实践中的困境

目前公众参与地方立法的途径在不断扩大，在立法协商方面不少省、市都出台了相关法律或政策，在保障地方立法科学性与民主性上有了长足进步。但现阶段地方立法协商在立法理念、协商能力、协商主体、协商程序以及协商结果等方面仍存在很多不足之处，需要进一步完善。

（一）单向度的立法理念

立法理念是指立法者对立法规律的理性认识，以及在此基础上形成的价值取向，它是指导立法活动顺利开展的前提与基础。传统立法理念将立法视为一种单向的过程，立法只是立法机关单方面制定规则的行为，缺少充分的沟通与交流。当前在地方立法实践中也是如此，立法者往往以工具理性为基础，将立法活动视为快速解决社会问题的一种工具，而没有考虑到所立之法的合法性与合理性问题。随之而来的则是所颁布的法律得不到遵守，未达到应有的社会效果，这样不仅造成立法资源的严重浪费，而且还削弱了法律的权威性。追根溯源，主要是立法理念未能及时地发生转变，这种单向度的立法理念与现代立法的合法、民主、科学三原则是不相符的。首先，单向度的立法理念体现为地方立法过程中立法者与民众缺乏沟通与交流。地方立法的内容与民众生活息息相关，所制定的法律不仅应解决社会中出现的突出问题，同时也应得到人们的普遍遵守。因此地方立法的地方特色性和可操作性至关重要，对于这两个关键指标，各地的基层民众是最为了解，也是具有充分话语权的。但在地方立法实践中，立法往往变成了地方立法机关的闭门造车和单向决策，忽视了与基层民众的沟通与交流，屏蔽了民众的意见和建议。地方立法变成了一种自上而下的单向输出，而不是上下联通的双向互动，这样所立之法必然缺乏相应的民主性和科学性。其次，单向度的地方立法理念重视立法的实用性，因此立法过程中对于立法的技术性考虑较多，但对于立法中的公平与正义问题、伦理与道德问题考虑较少。尤其是一些涉及义务和责任的条款，背后往往蕴藏着加重民众义务，减轻政府责任的趋向。这种立法理念虽然形式上并未违背上位法，但实质上是与法治的精神和宗旨背道而驰的，因此也不符合立法的合法性原则。

（二）缺乏协商的能力与积极性

主体的协商能力与积极性，是立法协商能否顺利开展的基础。缺乏协商能力，通过行使公共参与权、表达权、批判权与辩论权，共识也难以达成。现实中由于我国各地经济发展水平差异较大，公民的受教育程度不一致，参与协商主体的沟通商谈能力参差不齐。提出意见的公民并不都具有独立的思维能力，都能清晰明确地表达自己的想法与观点，并充分说明理由。对于那些社会中的弱势群体而言，他们很难在协商中准确地表达自己的观点，也就更不用说拥有和运用理性的批判能力来不断论证，以达成最后共识。但地方立法事项中却往往会涉及这一群体的利益。现实协商的情况往往向着两个极端的方向发展：其一是完全听从他人的提议进行决定，掩盖了商谈所要求的辩论性；其二是不能基于合理的批判与论证达成共识，从而陷入无止休的商谈。

上一节已经对立法商谈的模式进行了相关阐述，根据商谈的结果是否能必然形成正式的政治意志，可以将不同模式的商谈分为正式的商谈和非正式的商谈两种形式。目前在地方立法协商中也可以据此分为正式的协商和非正式的协商两种，但这两种形式的立法协商，参与主体的积极性都比较低。一是在非正式立法协商中，参与主体对政治参与表现出敬畏与冷漠，对社会问题习惯采用一种观望的态度，将保护自身利益的希望寄托于其他人身上，个人的权利意识较低。当立法机关向社会公众征求意见时，公众参与协商的积极性不高，真正的有效意见则更少。如 2016 年河北省政府统计了面向社会公开征集立法项目意见的情况，2012 年河北省政府共收到通过来信、来电、电子邮件等提出的立法项目建议 72 件，2013 年收到 24 年，2014 年收到 14 件，2015 年收到 16 件，2016 年收到 14 件。[1] 可以看出，在立法数量没有发生较大变化的前提下，立法意见的提出量呈现逐年减少的趋势。二是在正式协商中，协商主体在各自领域里都属于精英阶层，其知识储备、专业技能、政治参与意识等都远超普通公众，但在立法协商时却"遇冷"或者"流于形式"。地方立法中非正式立法协商参与者积极性不高，正式立法协商又"流于形式"，这对开门立法，增强立法民主性提出了新的挑战。

---

〔1〕 孟庆瑜主编：《地方立法与国家治理现代化》，法律出版社 2016 年版，第 104 页。

（三）缺乏统一完备的协商程序

地方立法协商在程序上存在很多不足，主要表现在立法协商的启动、组织协调以及对协商结果的反馈上。首先，表现在启动程序上，也就是在地方立法过程中问题的提出，立法提案的形成，草案的拟订、讨论、审议及表决，法律的公布和法律实施的评估等在哪些环节或涉及什么事项时要启动非正式协商。协商的实质是各方主体充分地交流与表达以体现立法的民主性，但并不意味着参与协商的主体与立法机关分享立法权。因此在具体的步骤中，对正式协商和非正式协商要进行区分，对协商程序的启动需要统一的规定。其次，表现在组织协调上，协商程序一旦启动，便需要一个组织者来进行信息发布和协调相关工作。参与协商的主体能及时地获取有关协商的信息，充分地做好协商前的相关准备工作，这是保障协商主体之间信息对称以及能够平等地参与对话的前提。从目前我国地方立法协商的实践来看，在组织者方面主要存在四种形式，一是由地方党委来担任组织者，二是由地方人大来担任组织者，三是由地方政府来担任组织者，四是由地方政协来担任组织者。但由于地方性法规的制定与地方政府规章的制定中立法协商主体不同，到底由谁来组织需要明确。最后，表现在协商结果的反馈上，对于协商过程中所发表的意见以及形成的建议草案，立法机关是否予以采纳以及采纳实施的情况需要统一的反馈程序，这种反馈程序的确立是立法协商免于形式化的最终保障。开展立法协商理想化的结果便是协商所形成的共识被采纳，从而转化为具体的法律规范。当前地方立法的内容很大程度上由起草单位和审议单位决定，对协商提出的建议或意见只有一个简单的采纳通报。这种采纳通报没有实质上的意义，在程序和制度上并不能确保立法协商的结果被完全采纳，当然也就不能保障协商的内容上升为法律条文。这样不仅降低了立法协商结果的实效性，同时也极大地削弱了协商主体的积极性。

（四）协商结果的有效性较低

目前地方立法协商有效性较低的原因除了上文所说的参与主体能力与积极性不高这些主体因素以外，很大程度上还取决于客体方面的因素，也即协商过程缺乏相应的规则与要求。当前地方立法实践中对于协商过程的评价处于一种缺位的状态，但协商结果的有效性正寓于协商的过程中，这就使得协商过程的规则与要求显得尤为重要。尤其表现在地方政府规章的制定中，规章草案的起草工作一般都是由负有直接管理职权的相关政府部门来负责，不可避免会存在主体利益保护的倾向。由相关部门来起草是因为这些部门往往是直接的行政主体，对于行政管理活动中的相关情况比较清楚，委托其负责起草工作更具有针对性和现实意义。但是这样势必会造成行政机关通过立法扩大本机关、部门的职权，甚至进一步获取本机关、部门的利益，特别是经济利益。[1]因此很多地方立法中带有明显的部门利益，立法成为扩充部门权力的一种手段。不仅如此，在进行地方立法协商时，因参与协商主体之间的利益冲突使得少数意见声音微弱，协商的过程变成了一种简单的投票过程。协商过程缺乏相应的规则与要求约束，那种为寻求共识而达成的共识是违背立法协商初衷的，这样的协商结果并不具备有效性。地方立法协商在促进地方立法民主性时虽然强调达成共识，但如果走向极端化的共识强调，则会忽视那些少数群体的要求，过分强调公共自主而忽视私人自主，从而违背商谈所强调的平等参与和表达的要求。对此有学者甚至认为："协商民主隐含着在各个议题上寻求确定答案或者共同声音（common voice）的内在意图，以至极有可能为了追求共同的声音或者共识，而漠视处于少数地位者和有着特殊利益要求者的真实需求，而这种倾向在本质上是可怕的，反民主的。"[2]

三、完善路径：基于立法商谈理论

立法商谈和立法协商都是促进民主立法，提高立法质量的重要途径。立法商谈指的是在立法的各项过程中，凡是能够自由表达自己意志的人都能通过平等沟通的方式来发表自己的意见，并对自己的意见提出论证或者通过合法途径对他人的观点质疑，要求对方对其观点进行论证，从而通过双方的论证与辩论对立法中的某项问题达成共识的一种活动。通过立法商谈使所形成的法律能获得其自身合法性，通过其实施达到社会整合的目的。与立法协商相比，立法商谈的参与主体范围更广泛，商谈的场域更透明，商谈的过程更为思辨，商谈的目的更加明确。立法商谈理论作为沟通主义法范式在立法中的体现，对立法协商而言是重要的理论来源与理论参照。因此，地方立法协商作为立法商谈的一种实践形态，可以借鉴立法商谈中关于商谈理念、商谈

---

〔1〕　刘松山："国家立法三十年的回顾与展望"，载《中国法学》2009年第1期。

〔2〕　Lynn M. Sanders, "Against Dliberation," *Political Theory*, 1997, Vol. 25, No. 3.

模式、商谈类型、商谈规则等相关理论来提出解决问题的方案。

（一）培养主体间性的立法理念：以保障立法理念的先进性

为了保障协商民主的有效性，需要确保公共协商机构之间以及协商机构与行政机构、普通公众之间有充分的互动。[1]传统单向度的立法理念无法满足互动式的立法需求，必须向主体间性的立法理念转变。以主体间性的立法理念作为现代立法实践的指引，不仅强调享有立法权的主体理念的转变，还强调参与立法协商主体立法理念的培养。沟通主义法范式以沟通理性为基础，是对传统工具理性的一种超越与取代。其中立法商谈理论就是以主体间性的沟通为前提来建构的，立法的过程被视为以主体间性为中心的反思，是主体与主体之间相互交往、论证和辩论的过程，而不是一种主客二分单向理念指导下的立法工具主义。通过这种主体间的立法理念指导下的立法实践，一方面能够自觉形成沟通交流机制，确保立法过程是建立在充分的沟通与对话基础上，保障法律的内在合法性；另一方面对于地方立法协商而言，确保立法协商结果的有效性，使其上升为政治意志，转变为法律条文，据此传统立法理念下的立法民主性、科学性的缺失能得到有效弥补。针对主体间性立法理念的转变和培养可以从两个方面展开：一是对于享有地方立法权的主体而言，要加快立法理念的转变。享有地方立法权限的主体同时也是开展立法协商的主体，在立法协商中居于重要地位，其理念的转变至关重要。具体而言可以形成相关的制度与程序，对相关主体的行为进行审查与考核，确保建制化的政治意志形成于一种讨论、论证与辩论的过程之中，进而通过此种制度规定使得主体间的沟通与交流成为立法协商的常态模式。二是对参与地方立法协商的主体而言，要培养主体间性的交流意识。主体间性的交流其实普遍存在于社会大众中，也正是因为其具有普遍性，沟通主义法范式才将其作为沟通与商谈的交往方式，以此来获得普遍有效性。对参与协商的主体来说就是要认识到参与立法协商就代表着不同的利益诉求，要在理性的基础上对自己的诉求进行充分论证，发挥主体间沟通理性的作用。作为立法协商的相关活动一定要破解一团和气、各说各话的"行为定式"，破除有争论就代表不团结不

---

〔1〕　赵吟："立法协商的风险评估及其防范"，载《中共浙江省委党校学报》2013年第2期。

和谐的"思维惯性",[1]激活普遍存在于公众中的主体间的沟通理性。同时也应注意在制度上进行规定,不管是作为立法协商的主导者还是作为立法协商的参与者都享有平等的协商权,在协商过程中平等地进行沟通、对话、讨论与论证。作为主导者的一方不能压制其他参与者的不同意见,特别是作为社会弱势群体的意见,要让立法协商中的主体之间形成辩论交锋。当然,所有的批判与辩论都建立在最佳论据的基础之上,排除言语及其他任何形式的暴力,最后使不同的观点在博弈和相互妥协的基础上形成共识。

(二)增加教育投入:以提高参与主体的商谈能力与积极性

参与主体的商谈能力是立法协商能得以有效开展的必要条件,主体协商能力不足不仅会影响到所代表的社会阶层利益,还会影响到立法协商的结果。沟通商谈的能力主要包括两个方面:言语沟通能力和理性批判能力。对于参与协商主体的言语沟通能力而言,需要各地加大教育投入,继续推进义务教育向更高层次发展,大力推进现代化教育,避免应试教育,提高教学水平与质量。同时还要注重教育资源的合理分配,避免同一地区城乡之间、中心城区与边缘城区之间出现严重的教育资源分配不均的现象,尽量减少因教育资源配置等客观原因导致参与协商的主体言语沟通能力不均的现象发生。通过义务教育的普及以及现代化教育的提供,使得在开展地方立法协商时参与协商的主体具有基本的言语沟通能力,能够正确地、真实地、真诚地表达自我的经验、感受与意见主张。对于理性批判能力而言,是在基本言语沟通能力基础上更高层次的协商能力,难以通过普及教育的方式来对所有潜在的协商主体进行培养的,应通过专业培训的方式进行。具体而言就是建立协商主体库,主体库中的成员分别是不同阶层的代表,涵盖地方人大、地方政府、政协委员、民主党派、工商联、无党派人士、人民团体、社会组织以及社会公众等。同时主体库中的人员并不是固定不变的,各人员的产生由各自的阶层共同体选举产生。在启动地方立法协商时随机在主体库各个阶层中抽取人员,确保参与者在数量上的均等性。在此基础上,对协商主体库中的成员定期进行专门培训,使其具备理性的批判能力,具体包括理性的思维能力和合理的批判能力。理性的思维能力要求其面对大量信息时能进行思维加工与整理,

---

[1] 苏绍龙:"地方立法协商制度机制刍议",载《暨南学报(哲学社会科学版)》2015年第5期。

将实践经验上升为理性认识，进而对实践结构进行思维重构，以形成自己的主张。合理的批判能力要求在立法协商过程中为自我的意见主张寻求具有公共说服力的理由依据，并对他人的观点提出合理的批判，使立法协商的过程成为一个相互辩论与说服的过程，最后基于合理论据进行公共决策以形成共识。这样既可以避免因为缺乏合理批判能力而导致协商过程辩论性的缺位，又可以避免因为缺乏理性的思维能力无法形成合理有效的共识而导致无止休的商谈。

对于参与协商主体的积极性问题，本书倾向于"以教辅法"的方式来进行。所谓"以教辅法"便是在地方政治社会生活中尽一切可能进行"民主""自由""平等""法治"的宣传教育，继续完成前人未完成的民主自由启蒙的任务。[1]在非正式的立法协商中公民积极性不高，很大原因在于没能形成独立自由的公民意识。公民意识所呈现的是与民主政治和市场经济相适应的主体追求自由与理性自律的精神，它包含了对自身独立地位与身份的觉醒与认同，对个人自由与权利的崇高追求，对社会公共事务的关切与参与。[2]其中最重要的便是个人权利意识，这是现代法治的最根本的要求，表现在地方立法协商过程中则是公民行使政治参与权，对地方立法广泛和深入地参与。因此应该加强现代法治的宣传与教育，为培养现代公民意识而服务。这种宣传教育不仅要面向非建制化公共领域的社会公众，同时也要面向建制化中的协商主体。因为对建制化的协商主体而言，一方面可以强化其法治精神，提高其作为阶层代表的责任意识，另一方面通过宣传教育以防止正式的协商过程流于形式。

（三）完善相关机制与程序：以推进协商程序的统一性

完善相关机制与程序应该从构建相应的制度、组织机构和程序来入手，区分两种不同形式协商的相关机制程序。对于非正式立法协商的信息发布、意见征集与整理、采纳与反馈应该建立起一套完整的制度与程序。对于正式立法协商的开展、组织讨论以及最后的反馈也应该建立起一套相对独立的机制和程序。本书重点论述的是前一种形式的立法协商，后一种形式的立法协

---

〔1〕　范忠信：《中西法文化的暗合与差异》，中国政法大学出版社 2001 年版，第 342 页。

〔2〕　陆洲：《论哈贝马斯程序主义法范式及其中国意义》，人民出版社 2014 版，第 242 页。

商一般都有相应的议事规则加以规定。因此，对非正式立法协商应加强法律法规的规范和引导，从政策导向逐渐转变为法律规定。以法律规定来使立法协商程序建制化，同时建制化的协商程序又可以保障立法的规范性，从而形成良性循环，让商谈民主的效果在立法协商中得以真正体现。

首先，在启动程序上，即地方立法的哪些环节或涉及什么事项时需要开展协商。目前理论界的共识是制定地方性法规在立项、起草和审议环节；制定地方政府规章在立项、起草和审查阶段；或者立法直接涉及公民、法人或者其他组织切身利益以及有关机关、组织或者公民对某项立法有重大意见分歧时应开展非正式的协商。具体包括政治意见形成初端的非建制化公共领域进行的协商以及中间的耦合场域里开展的协商。同时应该注意对于是否启动地方立法协商，应根据制定的相关法律所涉及利益主体范围、立法前的评估与分歧情况等综合因素来考量。其次，对于立法协商的组织协调要有统一的规定。组织协调的作用在于使立法相关的信息交流及时有效，保障信息获取平等，符合商谈原则所要求的平等商谈。目前在地方立法协商组织者的四种形式中，地方人大和政府主导型最为常见。地方人大及其常委会或者地方政府为立法协商的组织者，分别对应地方性法规制定与地方政府规章制定过程中实施的立法协商，因此必须强化人大常委会的有关专门委员会以及政府具体立法机构的组织协调能力。这些主体对立法中的相关问题最为了解，对相关信息掌握得最为全面，由其来担任组织者进行信息的发布与沟通不仅能保障信息传递的及时性与准确性，同时也能提高效率节约协商成本。最后，是建立统一的反馈机制，即立法协商活动结束之后进行统计与调查。一是在审议结束之后对于协商中提出的意见以及达成的共识，要统计被采纳的情况，然后以整体的形式反馈给所有参与协商的主体，适当的时候应该向社会公布。对于反馈的方式有学者主张分别对待，对共性意见进行集中统一反馈，对特殊意见和个别意见，应对提出意见者进行专门反馈和个别反馈。[1]但不管是以整体的形式向所有参与协商的主体进行反馈，还是采用区别的方式进行反馈，都应该在反馈时说明不予采纳协商意见的理由。二是在具体的法律施行后调查法律实施的具体情况，可以采用基层调研的形式，或者是引入第三方

---

〔1〕 肖志恒、柳建启、陈上琦："立法协商机制及其改革：基于广东经验的实证调研"，载《地方立法研究》2017年第1期。

评估机构，对于法律实施的具体效果进行评估并反馈给参与协商的主体。一方面使协商参与者知晓之前提出意见被采纳予以实施后的具体效果，增强协商参与主体的积极性；另一方面可以及时总结实施过程中所出现的相关问题，对之后开展的立法协商活动具有重要的参考借鉴价值。

（四）推进商谈规则与类型的适用：以提升协商结果的有效性

开展地方立法协商理想的效果是将协商的结果从公共领域的政治意识上升为正式的政治意志，最后转化成具体的法律条文。要实现这样的转换，协商的结果应具有合理性、可行性与针对性。基于协商结果有效性较低的客观原因，我们可以以将商谈规则和商谈类型运用到协商过程中，作为立法协商的规则与要求。

首先，运用商谈规则保障地方立法协商结果的合理性。由于商谈的逻辑规则和资格规则主要是针对主体的要求，在此处不再强调，重点论述商谈普遍证立规则和商谈方式规则。商谈的普遍证立规则要求任何一个言谈者必须应他人的请求就其所主张的内容进行证立，除非他能举出理由证明自己有权拒绝。商谈的方式规则是要求任何人均允许对任何主张提出任何质疑以表达其态度、愿望和要求。当然，表达反驳主张也必须遵守言语行为的有效性要求，以充分的理由来论证自己的观点合乎要求。因此在地方立法协商时，起草部门应就协商参与者所提出的疑问对起草内容进行解释与论证，对反对意见的提出也应有合理的理由和论证来作为支撑。基于此种普遍证立规则和商谈方式规则指引下的立法协商过程不仅能充分体现协商的辩论性，同时又将隐藏于规范文字下的利益保护置于协商场域中接受大众的检验，从而形成有效的制约。因此，推进商谈规则的适用不仅能解决起草部门的利益保护问题，同时也能作为评价标准来检验协商过程是否遵循了相应的规则，防止在协商过程中出现简单投票现象，增强协商结果的有效性。

其次，推进商谈类型的适用来保障协商结果的可行性与针对性。立法商谈理论中的商谈类型包括道德商谈、法律商谈、伦理商谈、实用商谈以及作为特殊形式的谈判。关于对立法的可行性与必要性所开展的立法前协商以及针对特殊问题所开展的立法中协商，都要求不能简单地开展单一种类的协商，而要全面地考虑立法可能涉及的相关问题，并对协商按照类型化来开展。同时也应注意各种类型协商的顺序问题。立法协商不仅要强调立法的民主性，也要注意协商结果的可行性。并且，在进行立法的可行性协商时应考虑地方立法的实用性，对社会问题的出现不能仅靠单一的立法思维来武断解决，通过现有法律能够解决的，就不再专门进行立法。对实用性所依据的前提有疑问的时候，则需要进行道德和伦理的考量，充分发挥地方立法的自主性与因地制宜的效果。

总之，不管是商谈规则还是商谈类型都应作为一种规则与要求，一种衡量地方立法协商结果有效性的评价标准。在沟通主义范式的立法商谈理论中，商谈规则是作为一种检验商谈的依据，商谈规则的规范不是对实际商谈的描述，而是评价商谈的合理性，以确定该商谈是否为合理的批判性工具。当然，这些作为检验协商结果有效性的标准同样也要接受协商共同体来进行批判与讨论，以此形成一种循环的过程，来保障协商结果的有效性。因此，通过将商谈规则与商谈类型引进地方立法协商中，作为一个评价手段可以促使协商结果的有效形成，并将此形成的有效共识转化成具体法律规范，以保障地方立法的民主性、科学性与合法性。

第五章 沟通主义法范式的证成：
运行论阐释之协商型执法

在行政执法领域，执法权一直都是一种以"强力"作为基本特征的权力形态，并且在执法实践中，这种强力模式往往会导致激烈的对立或反抗。究竟是执法过程不可避免地存在执法主体与相对人之间难以调和的矛盾，还是我们执法的方式仍存在缺陷？在本书看来，其主要原因在于传统执法模式面临着困境，不仅无法达到良好的执法效果，还加剧了公众的对抗心理。为解决这一问题，我们仍然应该承袭沟通合作的进路，从以强制为基础的压制型执法模式和以监管为核心的管理型执法模式转向以沟通为基础的协商型执法模式，从单主体的执法理念转变为主体间性的执法理念。通过行政机关与相对人协商合作的方式，取得良好的执法效果，这也是建设法治政府与服务型政府的应有之义。因此，本章将从协商型执法的角度出发，论述沟通主义法范式在法律运行过程中是如何得以实现的。

第一节 协商型执法的基本要素

一、我国行政执法模式的发展历程及现实困境

伴随着中国特色社会主义法律体系的形成，我国行政立法领域也取得了尤为瞩目的成绩，《行政诉讼法》《行政许可法》《行政复议法》《行政处罚法》《行政强制法》等法律陆续颁布，为行政执法奠定了良好的制度基础。同时，伴随着行政法律法规的逐步完备，我国行政执法模式也经历了十分深刻的转变。

（一）我国行政执法模式的发展历程

新中国成立以来，我国行政执法模式经历了几个不同的发展阶段，大致可以分为：第一，"依领导人指示行政"时期。新中国成立初期，各行业属于"百废待兴"的状态，人民在经历战争之余痛的同时也对新生活充满期待，当然，这来源于对带领人民走出战争与压迫的领导集体和国家的充分信任。所以，此时虽行政法规尚属缺位状态，但并未暴露过多的行政执法问题。简单地说，当时社会本身以"依据领导人指示行政"为基本执法特征。事实证明，这样的"依指示执法"本身就是不合法治要求的，缺乏民主性与正当性。但我们必须承认的是，在当时的特殊历史环境下，确实也起到了非常关键的稳定社会之效用。第二，依政策行政时期。1954年《宪法》出台后至改革开放开始这一时期，是新中国成立后法治遭到严重破坏的一个时期。但比起先前的"依领导人指示行政"，这一时期的执法类型为"依政策行政"，摆脱了单一且主观的领导指示，表现为以自上而下所传达的政策为执政依据。此时的行政执法从国家权力的逻辑出发，表现出非常明显而直接的压制型执法特点。第三，管理型执法时期。改革开放之后的很长一段时间内，由于受到传统计划经济模式的影响，行政执法都呈现出行政机关高高在上，民众被迫服从的特点。由于行政层级制的原因，行政机关只需对上负责，民众对执法的态度和反应难以进入执法者的视野。唯上的政绩观和便于管理的执法理念导致行政机关过于注重上级的检查与考评，往往以简单的管理、约束、处罚等作为行政执法的方式，并呈现出执法力度不断强化的趋势。行政立法往往也从管理视角出发，从抽象的公共利益出发，很少关注公众的承受能力。[1]这一时期的执法模式，呈现出高度的管理与服从的特点。第四，建设服务型政府时期。进入新世纪之后，政府自我约束和自我控制的机制逐步完善，建设法治政府、服务型政府的要求逐步提上日程。建立现代政治文明的第一步是塑造服务型政府，即政府从形象到职能全方位地重塑，体现为以服务者形象取代传统的监管者形象，由重权力控制职能的"以政府为中心"转换到强调公共服务职能的"以顾客为中心"上来。在这一要求下，政府应把主要精力聚焦到宏观调控、维护市场规则、提供公共服

---

〔1〕 卢剑锋："试论协商性行政执法"，载《政治与法律》2010年第4期。

务方面上来，其目标应在于完成市场与个人层面无法达致的、不愿完成的或能力不足的事情，重心应该是放在该管的事情上，从而优化政府的行政资源，提升政府的行政效率。[1]但传统管理型执法方式仍然广泛存在，这种执法模式将重点放在监管层面，与服务型政府的理念格格不入，并且常常陷入两难境地。

（二）我国行政执法的现实困境

无论是从经验角度还是从逻辑角度出发，我们都不难得出行政执法是法律适用的基础环节这一基本论断，与此同时，行政执法也最为直观地使得公权力探入私主体利益内部架构中，从而实现政府公共治理职能。正是如此，行政执法本身被赋予严格的责任，行使权力的过程必须慎之又慎，因为执法方式选择会直接影响执法的社会效应。[2]在中国传统行政理念中，专断主义倾向十分明显。比如，在我国漫长的封建史中，政府是"衙门"，行政长官是"父母官"，浓重的行政管制主义色彩就在这些称谓中被直接表达。到目前为止，这样的错误理念仍然存在，政府的官僚作风也饱受争议，这与行政机关的功利性是分不开的。行政机关工作人员在执法时往往过于追求完成执法任务，而不顾及行政相对人的人格尊严与平等地位，执法者往往态度粗暴且蛮横，无法和行政相对人形成有效沟通，一些不当的执法方式甚至侵犯了行政相对人的人身与财产权利。这是对法律所赋予的行政权力的滥用，也容易导致政府与民众的对立冲突。与此同时，民众也不具有表达自我利益的渠道与能力。在执法依据层面，法律制定过程缺乏充分的民众参与；在执法过程中，民众也缺乏对不满意的行政处罚进行表达并获得救济的畅通渠道。[3]究其原因，这与传统执法方式和计划经济下全能型政府的管理模式是密不可分的。长期以来行政关系的不对等导致了行政主体一直无须也不愿意"屈尊"与行政相对人进行有效沟通，由此行政法律关系呈现出由行政主体指向行政相对方的单向关系，而行政过程也自然表现出自上而下、命令与服从的封闭式过

---

〔1〕　肖金明、马明生："关于行政执法方式与规则的思考"，载《中国行政管理》2002 年第 12 期。

〔2〕　[德] 哈特穆特·毛雷尔：《行政法学总论》，高家伟译，法律出版社 2000 年版，第 124 页。

〔3〕　胡建淼：《行政法学》，法律出版社 2005 年版，第 59 页。

程。这样的传统行政法律关系基本特征已经是学界的普遍共识〔1〕。当然，这并不意味着在传统行政执法模式中没有"互动"，只是此种"互动"仅仅是停留于口号与法条之上的"形式互动"。

在转型期，理论与现实存在一些脱离的情况，是不可避免的。面对这种情况，纵然法律法规体系健全，但是由于缺乏正当行政模式的构建以及转型期的其他客观因素，法律无法直接精确地对行政行为予以规制，同时也给"执法必严"埋下了陷阱。在行政执法过程中，许多行政机关工作人员仅以达成执法任务为目标，其简单粗暴的执法方式，使行政相对人无法真正理解并接受，往往诉诸上访的渠道，导致执法机关不得不花费更多时间与精力去处理执法所带来的后续问题。因此，面对这些困境，一方面，要解决我国传统行政执法中行政权与行政相对人权利失衡问题；另一方面，在执法理念、执法方式、执法内容上也应以多元化、人性化、协商性为客观要求。

在民主与法治的发展进程中，行政权力本身的正当性应予以高度的确认与保障。观之我国近年来出现的许多暴力性执法、暴力性抗法，无一不反证了执法模式转变的必然要求。如 2003 年的"孙志刚案"直接促使国务院在1982 年发布的《城市流浪乞讨人员收容遣送办法》被废止，《城市生活无着的流浪乞讨人员救助管理办法》的出台，从此"强制收容遣送"的执法方式转变为"自愿救助管理"的方式。2014 年山西省太原市小店区龙城派出所民警王文军在出警过程中，违反公安执法办案规定，滥用执法权。农妇周秀云为阻止警察铐走其子，与王文军发生撕扯，被王文军"一个动作"致倒地不能动弹并最后死亡。在该案中，王文军明显存在不规范执法的暴力行为，由此引发了关于执法方式的讨论。诸如此类的案件已然暴露出与当前社会需求不相符的现状，亟待新的行政执法模式的出现。协商型执法是行政执法的一

---

〔1〕 目前，对于单向性的理解学者们是存在争议的。有学者将单向性理解为权利义务设定的单向性，即在行政法关系中有着主体之间的权利义务设定，只有行政主体一方享有此权，它是行政主体的一个特权，而与行政主体处于相对的一方无此权。参见罗豪才主编：《行政法学》，中国政法大学出版社 1996 年版，第 24 页。有学者将单向性理解为处分权的单向性，即行政法关系中主体双方的意思表示是不对等的，行政主体有独立的意思表示的能力，而且这种表示具有法律效力，而行政相对方的意思表示则没有这种效力。参见张尚鷟主编：《行政法教程》，中央广播电视大学出版社 1988 年版，第 3 页。有学者将单向性理解为决定权的单向性，即行政过程中的决定权只有行政主体享有，而行政相对方则无该权利。参见金国坤主编：《行政法与行政诉讼法通论》，经济管理出版社 1996 年版，第 20 页。

种新理念，也是实现服务型政府的具体实践方式，可以作为破解上述困境的一种出路与选择。

二、协商型执法的概念及其法律关系

正如英美等国对于传统行政法合法性解释理论所宣称的那样，行政法本身是对于行政权力运行的合法性解释的系统。[1]"合法性"是人们针对政治运行的基本评价标准，它是"任何一种人类社会的复杂形态都面临的一个问题，即该社会的秩序是否和为什么应该获得其成员的忠诚"。[2]在前资本主义时期，神明旨意往往被视为国家权力的合法性来源。统治者为了得到民众认可经常把自己打造为"天选之子"，以神明代表身份进行统治。进入现代社会后，理性的检验与批判催生了新的合法性来源。国家行政权力作为公权力的合法性来源只能是民众的认可与同意，难以再借由强制力来进行自我鼓吹。协商型执法模式是增强行政权力合法性的重要方式，它是行政主体与行政相对人基于平等基础，进行沟通与妥协，最终达成合意的过程。在这一过程中，民主化程度成为行政执法的合法性构成要件之一，行政相对方的主体地位得以增强的同时，行政执法的合法化与民主化程度也得以增强。

因此，协商型执法是指行政法律关系各方主体在行政执法过程中，遵循法定程序，通过对话、商谈、说服、妥协和劝诫等互动方式谋求行政相对人的支持与理解，从而形成共识并解决行政纠纷的行政执法模式。协商型执法是一种新型执法方式，是对传统行政执法方式的改善。与传统的压制型执法和管理型执法相区别，协商型执法为行政执法提供了理念和制度相衔接的新视角，其实质是通过各种利益的充分表达，进行富有意义的交流以及妥协来赋予行政执法以合法性的活动。

协商型执法的法律关系基于行政自由裁量权而存在，是对传统行政执法法律关系的优化和完善，也是符合我国法律体系要求和行政执法实际需求的新型的法律关系。传统行政执法的法律关系，是指行政执法主体严格依据法

---

〔1〕　王锡锌："英美传统行政法'合法性解释模式'的困境与出路——兼论对中国行政法的启示"，载《法商研究》2008年第3期。

〔2〕　[英]戴维·米勒、[英]韦农·波格丹诺主编：《布莱克维尔政治学百科全书》，邓正来译，中国政法大学出版社2002年版，第439—440页。

律规范，对相关行政执法相对人实施行政执法行为。此过程中主要涉及行政执法主体与行政执法相对人之间的权利与义务的分配。[1]在传统的行政执法法律关系中，行政执法主体与行政执法相对人处于不平等的法律地位，尤其是体现在权利与义务分配的不平等上。行政执法主体享有调查权、取证权、决定权等，同时具有依法履行职务的义务、遵守社会公德和执行纪律的义务等。行政执法相对人享有参与权、了解权、陈述权、申辩权等，同时具有接受行政执法监督的义务、遵守法定程序的义务、服从行政执法管理的义务等。在此种权利义务分配中行政执法相对人处于被动地位，虽然具有保护自身合法权益的权利，但是此类权利缺乏对行政机关的制约，因此，此种权利义务的分配仅可看作是形式上的平等，并未实现实质上的平等。

针对传统行政执法法律关系中存在的弊端，协商型执法应运而生，在传统行政执法法律关系的基础之上，基于行政自由裁量权这一前提条件，使得行政执法过程也可被协商。在协商型执法法律关系中，力图实现行政执法主体和行政执法相对人之间权利与义务分配的实质平等。行政执法相对人具有参与协商执法的权利，同时这种权利具有有效的保障机制。行政执法的主体承担协商执法的义务，通过说服、商谈、沟通等协商执法方式，解决行政纠纷。在行政执法主体与行政执法相对人履行义务与行使权利的过程中，两方主体在同一平等的沟通平台上，进行有效地参与与互动，平等地影响行政执法法律关系的变化，从而形成理解与共识，最大程度上实现执法中的实质平等，高效便捷地达到行政执法的目的。

三、协商型执法的特征与原则

（一）协商型执法的特征

与传统压制型或管理型执法模式不同，协商型执法具有自己鲜明的特征，主要表现在以下方面。

1. 自愿性与合作性

协商本身不应是双方彼此强制，而应出于双方自愿。合意是协商型执法的本质，而合意是基于双方当事人平等自愿基础上达成的。为避免变相成为

---

〔1〕 张敏："协商治理：一个成长中的新公共治理范式"，载《江海学刊》2012 年第 5 期。

传统的强制命令式行政方式，当事人尤其是行政相对方应该是真正地出于自我意愿的进行协商。首先，非强制性要求不能是走形式、走过场，在协商型执法的名义下行强制执法之实，这样协商性行政执法将变得毫无意义。其次，协商性行政执法相比传统行政执法方式的一大优点是最大限度地取得了行政相对人的接受与认可，而这种认可必须排除行政主体以利诱、欺骗、胁迫甚至乘人之危等违法方式所得到的行政相对方"自愿"，否则就不能称其为接受与认可，也并非真正意义上的协商行为。与此同时，作为协商双方的行政执法主体与行政相对人之间，合作是共同选择的方式也是其目标所在。区别以往的由行政主体单向作用于行政执法相对人的直接与强制，协商型执法将传统的"行政主体——→行政相对人"的单向度执法转变为"行政主体←→行政相对人"的双向度执法。在此模式下，行政主体自觉与行政相对人进行沟通协调，行政主体与行政相对人双方的合作性得以加强，从而改变了传统的"单边主义"。

2. 平等性

在协商过程中，平等是行政主体与行政相对人双方对话与讨论的基础与前提。行政主体和行政相对人的法律地位应是平等的，前者不可以高高在上，忽视后者的尊严，而应以平等身份履行职责。"交往要求平等的参与者，不平等的交往是矛盾的说法，不平等的主体间的交流或者是命令或者是默许。"[1]传统行政语境下，行政行为往往因为行政权的垄断性而导致结果经常由行政主体单方决定。[2]在执法实践中，行政主体常以管理者身份自居，以高高在上的强势态度应对处于弱势地位的行政相对人，由此常常导致冲突产生与矛盾激化。而在协商行政中，行政结果是双方平等自愿所形成的结果，无平等则无法保障真正的合意。对于协商型执法而言，在平等自愿基础上形成的合意是其根本特征。并且，行政主体与行政相对人无论是在形式上还是实质上都是平等的，而且这种平等应贯穿于协商全部过程。从本质上来讲，协商型执法是由私法理论对公法理论的一种渗透，如果失去了私法理论目标——平等这一特征，协商性行政执法无法真正发挥其在行政公法领域的优越性。

---

〔1〕［美］福克斯、休·T. 米勒：《后现代公共行政——话语指向》，楚艳红等译，中国人民大学出版社 2002 年版，第 113 页。

〔2〕王洪树："公共政策执行路径的协商合作视角"，载《领导科学》2011 年第 29 期。

3. 参与性与相对性

在传统行政执法模式中，行政相对人处于一种极为被动的地位，甚至可以说处于"待处理"的地位，因此行政相对人往往容易出现无奈地接受处理结果或者诉诸暴力反抗这样两个极端。但协商型执法与之不同，它强调行政相对人的积极参与，即行政相对人通过陈述、申辩、质证、听证等程序性权利参与行政执法过程，通过对话和商议，对行政主体及其行政决定施加影响。[1]同时，协商也是相对的，这种相对性表现在行政主体与行政相对方之间以追求公共利益和相对人利益的平衡为目标。由于行政执法涉及主体多，影响范围广，面对涉及第三人利益的情况时，协商的相对性显得尤为重要。行政执法主体与行政执法相对人仅能针对双方的权利义务进行协商，或者在征求第三人意见的基础上进行协商，任何恶意损害第三人利益的协商行为都是无效的。[2]如果第三人利益因行政协商行为而受损，可以通过传统的行政复议、行政诉讼等渠道获得救济。

（二）协商型执法的原则

协商型执法原则是协商型执法活动依据的基本准则，协商型执法原则主要反映在以下两个方面：第一是坚持协商的精神要求。协商的精神要求就寓于沟通主义法范式中，要求协商是符合沟通理性要求的、是遵循商谈沟通规则的。第二是符合我国的法律规范。协商型执法并非突破我国已有的法律规范，而是在法律规范的框架内，对基于行政自由裁量权的制度进行优化和完善，使之趋向于协商执法的精神，更好地实现行政执法的目的。

1. 坚持协商的精神

协商的精神来自在沟通主义法范式中提出的要求。沟通主义法范式强调以沟通理性为基础，以沟通与商谈为主要方法。行政主体和行政相对人应以语言为媒介，以有效性要求为论证前提，相互沟通理解最终达成共识。因此符合沟通理性和商谈规则的要求，是坚持协商精神的关键。

沟通理性首先要求实现主体间性的沟通，而不是单主体的自我独白。在协商执法中要求，行政执法主体与行政执法相对人之间形成互动沟通的模式，

---

[1] 王锡锌、章永乐："我国行政决策模式之转型——从管理主义模式到参与式治理模式"，载《法商研究》2010年第5期。

[2] 马奔："公民参与公共政策：协商民主的视角"，载《中共福建省委党校学报》2006年第8期。

这种模式是一种双向的互动沟通，而不是作为对立的单方主体，一方主体单向作出指令，另一方主体被动接受。在主体间沟通中应强调以下几点：第一，主体间的沟通是建立在主体间平等的基础之上，此种平等不仅是形式上的平等，更是一种实质意义上的平等。尤其是在行政执法中，行政执法主体较于行政相对人天然处于一种优势地位，如果两者间的协商从开始就处于不平等的起点，后期也不可能形成协商的实质平等，最终也不会达成理解性共识。因此在协商执法之初就应当实现主体间的平等。第二，以"语言"为媒介，以"有效性要求"为论证前提，实现主体间的沟通。正如本书中提出的关于语言有效性的三点要求：真实性、正当性与真诚性，在协商执法中也应当符合以上三点要求。首先行政执法主体与行政相对人，应当处于同一语境中，这就要求双方公开相关信息，尤其是对于掌握较多信息的行政执法主体来说，需要及时充分地公布与行政相对人切身利益相关的信息。其次行政主体与行政相对人在沟通协商过程中，语言的表达应当与客观事实相符合，与既有规则相符合，并忠实于自己的内心意思，不作出虚假陈述。

坚持协商的精神应当符合商谈的一般规则。在协商执法中要求，行政执法主体对于自身作出的行政执法行为，应当向行政执法的相对人清晰地阐明作出该行为的法律依据和事实，并且在此过程中语言的阐述应当具有权威性与可信度，不得随意变更依据和事实情况，不得作出相互矛盾的陈述。行政执法的相对人在知晓行政执法主体论述的依据后，应当不基于外在任何强制性力量压迫，针对行政执法主体进行有效的质疑和反驳，形成符合真诚性要求的陈述。继而行政执法主体再针对行政执法相对人提出的质疑，进行回应和反驳，在如此反复的过程中，最终实现理解性共识的达成。

2. 符合我国现行法律规范

为保证法律的权威性与稳定性，协商型执法应当符合我国现行法律规范的要求。协商型执法在我国得以产生与发展的法律基础是，法律法规赋予行政执法主体一定的自由裁量权，由于这类自由裁量权具有法律上的依据，因而协商型执法也具有法律上的依据。同时，协商型执法所依据的自由裁量权不仅符合法律法规的要求，也是符合合理行政执法的需求的。威廉韦德指出，"过去，人民通常认为，广泛的自由裁量权与法不相容，这是传统的宪法原则。但是这种武断的观点在今天是不能接受的，确实它也并不含有什么道理。

法治所要求的并不是消除广泛的自由裁量权，而是法律应当能够控制它的行使"，"现代统治要求更多且尽可能广泛的自由裁量权"。[1]在我国现行立法中有多部法律法规体现了行政执法的自由裁量权，例如，2017年修正的《行政处罚法》第42条第2项规定"行政机关应当在听证的7日前，通知当事人举行听证的时间、地点"，只要符合"听证的7日前"，具体哪一天通知，行政机关可自行决定。此外在执法中对于相关行为的事实性质认定和情节认定行政主体也是具有较大的自由裁量权的，行政执法自由裁量权为协商型执法提供了法律依据和基础。例如，行政执法主体在确定听证时间上可在法律规定的期限范围内与行政执法相对人进行充分的沟通和协商，保障行政执法相对人有充分的时间来收集和组织相关信息，最后主动参与听证活动，充分表达个人意见，实现听证会举办的目的。

四、协商型执法的效力

明确协商型执法的特征和原则是为了促进协商型执法程序的开展，最终形成具有效力的协商型执法结果，行政执法主体和相对人都要受该结果的效力影响，并且该行政执法结果应是合法和合理的，是符合司法机关审查要求的。

在协商型执法中，应保障协商型执法结果对于行政执法主体和相对人均产生法律效力，具有有效性。协商型执法产生的行政执法结果，是在法律法规中已经规定的相关行政执法自由裁量权基础上作出的，因此符合法律法规要求，具有法律效力。但是行政执法自由裁量权的行使是基于法律法规中的概括性规定，并没有明确具体的法律规定，因此，协商型执法的主体和相对人可在法律的限度范围内进行协商，达成合意，因此此种协商和达成的合意也是具有法律依据的。故双方基于法律和合意作出的协商结果，必然对双方主体产生同其他由法律法规具体规定的执法行为同等的法律效力。

此外协商型执法产生的结果不仅对于行政执法的相对人和主体产生效力，并且应当具有对外的效力，这是符合司法机关审查要求的。在行政诉讼中，司法机关审查的重心并非协商性行政执法结果本身是否合理合法，而是审查

---

〔1〕 〔英〕威廉·韦德:《行政法》，徐炳等译，中国大百科全书出版社1997年版，第54-55页。

协商性行政执法结果的作出是否严格依据法律法规，是否符合协商型执法的一般程序要求。例如，行政执法主体是否依法履行了职责，行政执法的相对人是否享有相应的权利参与到协商型执法的程序中。只有保障协商型执法符合法律法规和协商性精神的要求，才能使得协商型执法的效力不仅限于行政执法的主体和相对人，还同时具有对外的效力。

第二节　协商型执法的实现方式

在当前中国社会持续性变迁的背景下，传统执法方式面临着许多现实困境。因此，协商型执法对于整个行政执法本身的建构性功能显得尤为重要。实践证明，协商为行政执法提供了一种合法性基础。面对行政行为频频遭遇合法性追问的现实压力，协商型执法为行政合法性提供了更大的可能性与现实性。在协商过程中，不同观点的交锋会有助于澄清那些偏好性信息，帮助公民深化对其自身偏好的理解，必要时促使公民自行修正最初的目标。[1]协商在行政执法中可以增进行政主体与相对人之间的信息交流以及相互了解，使执法能得到公众更大程度的接受与认同，也更易得到遵循。总的来说，协商型执法意在重塑行政执法模式，建立新型沟通行为，优化行政权力，实现与公民的良性沟通互动，从而维护社会秩序与法治秩序。当前在我国要真正实现协商型执法，则应从理念转变、平台建设和制度完善等方面着手。

一、理念转变：从单主体到主体间性

当前行政执法方式依然是单向度的刚性执法，行政机关通常是以强势的地位、强硬的管理措施来推进行政执法，行政相对人则处于被动服从的地位，即使在形式上完成行政执法，但也无法真正实现维护行政法治秩序的目的。同时，因为运动式执法、暴力执法等现象的存在，行政主体与行政相对人之间的关系也趋于紧张，双方之间对抗性不断被放大，甚至会引发群体性事件，从而影响政府权威破坏法治秩序。可以看出，执法困境出现的根本原因是执法主体与相对人之间缺少平等沟通，基于主客二分的执法思维导致了这一不

---

〔1〕　杨临宏、马琼丽："行政中的协商机制初论"，载《思想战线》2013 年第 2 期。

平等的"命令—服从"机制，同时执法的功利化和效率化追求，也加剧了该现象的发生。

与此不同，沟通主义法范式下的协商型执法强调沟通理性基础上的主体间性。与主客二分不同，主体间性以承认他者为前提，承认他者并非普通的、被动的客体，而是一个与自我并存的他者。不能仅仅将自我视为主体，而是自我与他者互为主体。主体间性是以主体间言语及行动中的互动、理解、融合为内容，双方通过对话、交流、沟通的方式来解决分歧，形成共识。沟通主义法范式认为，沟通对话是语用过程，同时也是一个针对现实的解决过程。它产生的不是主客体之间的符合问题，而是主体相互之间能否理解的问题。[1]在行政执法过程中，根据主体间性的要求，行政主体与行政相对人应该处于和谐共处、通过妥协达成合意的沟通状态，而不是对立甚至敌对的状态。忽视公民的地位，行政主体的行政行为是不具备有效性和合法性的。"个人、社会和国家都在作为主体从自己的生存状况出发在管制中结成伙伴关系，……在一种'游戏'或者说在博弈活动中平等协商对话，达成一种主体间性的合意，不再是一种主客关系的命令—服从。"[2]从主客二分到主体间性的转变，从根本意义上提高了行政相对人的地位，其诉求和意见被重视，其不满情绪被消解，使其更加发自内心地接受执法的结果。

协商型执法应以主体间性为基本理念，这也反映了行政法理论的转变。在权力本位的行政法理论背景下，行政法致力于增强行政效能，维护社会公共秩序。但是，它忽视了行政相对方的平等地位，忽视了对于个人权利与自由的维护。在行政主体单方面所实施的行政行为的过程中，行政相对人处在弱势，甚至是被迫的地位，只是行政行为的被动领受人，行政相对人并没有处在行政法律关系主体的地位。权利本位的行政法理论则将重心放在行政相对人的自由与权利上，忽略了个体对国家的法律义务。然而，单独强调"权力"或者"权利"只会将执法主体与行政相对人置于失衡的地位，加剧彼此间的冲突，从而丧失对话的共同基础。建立在主体间性哲学基础之上的行政

---

〔1〕 理解是现代西方哲学的基本课题，尤其是自哲学的语言学转向之后，理解的问题就成为哲学的基础和核心命题。参见龚群：《道德乌托邦的重构——哈贝马斯交往伦理思想研究》，商务印书馆2003年版；殷鼎：《理解的命运》，生活·读书·新知三联书店1988年版。

〔2〕 陈小文："行政法的哲学基础"，载罗豪才等：《行政法平衡理论讲演录》，北京大学出版社2011年版，第65页。

法理论，则汲取了权力为本位的行政法和权利为本位的行政法的有益部分，在保护个人权利的同时，确保公共利益的实现；在强调国家职能的同时，也注重个人自由的保护。行政过程不再是行政主体和行政相对人一方之事，它需要多方主体的共同参与，行政争议正是在行政主体与行政相对方的沟通、互动中得到妥善解决。

二、平台建设：形成理想化的协商情境

作为协商民主广泛兴起的逻辑结果，协商型执法是行政相对方权利保障的必然要求。根据沟通主义法范式的基本理念，要想在沟通行动中达成理解、形成共识，就必须在某种理想的话语情境下进行。在这种理想话语情境下，参与商谈的主体各方都必须遵循一定的规则或条件。换言之，理想的话语情境就是作为沟通与商谈的基础规范与基本平台。如前文所述，其理论要点主要涉及对沟通行动参与者的各项权利提供基本保障，譬如，沟通行动参与者都有同等的参与话语论证的权利，都有提出意见、表示同意、质疑甚至进行批判的不受压制的权利，参与者都有表达主观倾向与自身情感的权利，都有作出承诺或拒绝、进行自我辩护或要求他人进行自我辩护的权利等。[1]而在协商性行政执法中，协商平台建制极为关键的一步就是根据以上理想的话语情境的规则要求进行创新平台建设，具体建议如下。

第一，确定特定行政过程设计或者将要影响的各种利益，以便界定相应的参与强度。基于商谈自由平等的特征，我们应保障商谈主体自由提出自己的要求、意见和建议，但在表达过程中，主体应真诚地表达意见，而非漫无边际的交谈。这就要求在确定行政协商过程设计时，充分考虑商谈边界与强度的设立。当考虑具体行政过程如何进行协商时，领导者与设计者应该充分考虑多方利益，除了行政主体、行政相对人，还有第三方等，要将协商的利益予以最大化，不可以忽视任何一方的利益或是极端追求行政主体利益最大化。同时，对通过参与过程而提出的各种方案，决定者应当在适当考虑各种利益诉求基础上进行协调，作出决定或选择，并且说明理由。

---

〔1〕　[德] 哈贝马斯：《交往行动理论・第一卷——行动的合理性和社会合理化》，洪佩郁、蔺青译，重庆出版社 1994 年版，第 47 页。

第二，为各种利益的代表参与行政协商过程提供多元程序，并考虑新兴群体的便捷化参与。在新的时代形势下，我们应意识到原有的单一、固化的征求建议、听证等模式无法支撑协商型执法这一新建制。面对日趋火热的新媒体之风，协商型执法理应抓住此项新式传媒渠道，扩大平台建制，增加公共领域对于执法内容的宣传力度。同时，采取 APP、微信小程式等新兴媒介来增进商谈平台多元化的建设。

第三，对参与各方是否获得了公平有效的参与和表达机会以及参与者是否遵循规则进行有效的监督和审查。如同所有程序与机制一样，协商本身必须受到监督和审查，一味地进行协商平台的扩展只能得到一时的成效，想要协商型执法的平台建制得以发挥最大功效，就必须进行配套的监督与审查。参与各方能否真正有效地参与协商、能否将协商平台予以充分利用，这需要监督与审查机制有效进行，得出相关结果，并且针对相关结果进行改进，才能最大化地发挥平台建制的作用，才能称得上是理想化的商谈平台。

三、制度完善：以几项代表性制度为例

协商性行政执法作为一种行政执法理念，应当贯穿于执法全过程，形成稳定和完善的制度。协商性行政执法具有不同的表现形式，如行政指导、行政听证、行政调解、行政和解、行政给付、行政约谈等制度形式。并且，按照行政行为作出的不同阶段，可以概括为事前协商、事中协商以及事后协商。下面，本书将以行政程序、行政执法和解、行政听证与行政约谈等几项代表性制度为例，特别是对行政约谈制度进行深入阐述，以揭示协商型执法的实践逻辑。

（一）行政程序、行政执法和解与行政听证

1. 行政程序

遵守程序是行政执法价值保障中的重要内容，也是行政执法合法性的重要来源。目前，我国行政执法"无程序可依"，《行政程序法》尚属缺位状态。正如姜明安教授所说，现在除了《行政处罚法》和《行政许可法》对处罚和许可两种行为程序做了规定外，诸如行政强制、行政征收、行政裁决、行政规划和

行政契约等一系列影响公民权益的行政行为，均处于无程序可依的状态。[1]虽然我国目前尚未制定统一的行政程序法典，但有关行政程序的规定还是存在的，主要体现在一些单行实体法中，如《行政处罚法》《行政强制法》《行政许可法》等单行法律在规定行政处罚、行政强制、行政许可的同时，也规定了行政处罚、行政强制、行政许可的程序。同时，在地方立法层面也在不断地实践和探索中作出有益尝试。例如，2008 年湖南省颁布《湖南省行政程序规定》，2011 年山东省颁布《山东省行政程序规定》，2015 年江苏省颁布《江苏省行政程序规定》。通过整理可以发现，上述规定在行政公众参与、行政服务、行政合作、行政公开等方面均建立了切实可行的制度，立足于建设重大行政决策机制、临机决断机制、多元化纠纷解决机制、行政协助措施等，强化了对非强制行为的方式和程序的相关规定，从而为解决任意执法问题提供了方法，同时也为协商型执法提供了程序上实施的可能性。

　　协商型执法如何嵌入行政程序规定之中，是一个重要的命题。可从以下几方面入手进行相关尝试。首先，将协商的理念融入行政执法程序法规中。在统一行政程序法制定或是地方行政程序立法中，应强化协商型执法理念，将其作为行政程序法的基本立法理念。其次，在法律法规中将协商型执法的理念融入具体的法律制度中，尤其是在非强制行为中要彰显协商型执法的重要性。例如，在行政给付、行政奖励、行政补偿中，应加强与行政执法相对人的沟通协商，最大程度地发挥行政执法行为效用。最后，应做好协商型执法程序与传统执法程序的衔接。明确将协商的程序置于强制性程序前，在执法程序开展之初，建立相应的程序机制，促使行政执法主体与行政执法相对人首先在协商程序中，就相关问题进行交流与沟通，达成相应的共识，减少强制性行为的发生，减弱行政执法主体与行政执法相对人之间的对抗性。例如，行政约谈程序就属于协商程序中的一种，在较大程度上有利于减少协商程序向强制程序和强制手段的转化，符合协商型执法的精神与要求。

---

〔1〕　姜明安："新世纪行政法发展的走向"，载《中国法学》2002 年第 1 期。

2. 行政执法和解

行政执法和解，是指在行政执法过程中，行政机关对拟作出的行政决定所依据的事实或者法律关系经调查仍不能确定，或者由于调查所需费用过于巨大，为有效达成行政目的，而与相对人相互让步并达成书面协议的活动。[1]行政执法和解的本质在于行政执法的主体与行政执法的相对人之间进行协商与沟通，最终达成合意，形成和解。行政执法和解与行政执法之间的重要区别在于：行政执法作出的具体行为，是在行政执法主体查明相关事实基础之上，依据法律法规单方面做出的行为，无须取得行政执法相对人的意见和谅解，更无须与行政执法相对人进行协商。而在行政执法和解中，行政执法主体与行政执法相对人应当相互协商沟通，最后达成协商结果，而这种协商结果又可视为一种具体的行政行为。

目前在我国，关于行政执法和解的有关规定散见于多部单行法规之中，行政执法和解制度并未在行政执法领域全面铺开，仅在证券、反倾销与反垄断、海关知识产权、行政强制的行政执法领域有相关规定。例如，我国《行政强制法草案（一审稿）》第8条第2款规定："实施行政强制执行，行政机关可以在不损害公共利益和他人利益的情况下，与当事人达成执行和解。"这称作是行政强制的和解原则。行政强制能否适用和解这一问题始终存在争议，这也影响了行政强制法制定中的相关表述，立法最终没有"执行和解"的表达，但是尽管如此，行政强制的协商理念并没有被完全抛弃，这从《行政强制法》第42条所确立的执行协议制度就可看出。[2]《行政强制法》确立的执行协议制度实际上就是执行和解的制度妥协。从强制执行的内在规定性上来讲，强制执行本身并不是目的，其目的是督促义务的履行，义务人在强制的压力下主动履行义务，行政强制执行就不再必要。也就是说，只要有其他柔性的措施可以替代强制，强制就没有出台的必要。正如博登海默所说："一个法律制度的首要功效保证必须是它能为社会所接受，强制性的制裁只能作为次

---

[1] 涂怀艳："行政执法和解初探"，载《法商研究》2008年第2期。

[2] 《行政强制法》第42条规定："实施行政强制执行，行政机关可以在不损害公共利益和他人合法权益的情况下，与当事人达成执行协议。执行协议可以约定分阶段履行；当事人采取补救措施的，可以减免加处的罚款或者滞纳金。执行协议应当履行。当事人不履行执行协议的，行政机关应当恢复强制执行。"

要的辅助性的保证。"〔1〕我国《行政强制法》第 5 条也规定，采用非强制手段可以达到行政管理目的的，不得设定和实施行政强制。

但是由于我国法律法规对行政执法和解制度缺乏统一规定，这也导致行政执法和解在实践中存在较多问题，主要体现在协商的结果并非当事人之间达成的真正合意，行政执法相对人只是与行政执法主体具有形式上法律地位的平等，但实际上并未实现实质平等。以至于协商的结果并非行政执法相对人真正的意思表示，从而导致协商的结果在实际执行中存在困难。此外，还可能存在达成的协商结果与"同等情况同等对待"的公平原则相违背，使得部分行政执法的相对人存在侥幸心理，降低预期违法的成本，损害社会公共利益，因此行政执法和解在实践中仍然存在一定的风险。

降低行政执法和解的风险，使之符合协商的精神和原则，主要从以下几方面入手。首先，在风险可控的范围内，应进一步扩大行政执法和解的适用范围，为行政执法和解提供可以协商的范围界定和法律依据。借鉴行政执法和解在已有领域内实施的成熟技术，建立相应的规则体系，尤其是在经济领域、社会法领域内引入行政执法和解制度。其次，在行政执法的协商过程中就协商程序的开始与结束时间、协商的形式、协商的参与人员，行政执法主体与行政执法相对人都应当具有话语权和决定权。最后，就协商的内容看，行政执法主体与行政执法的相对人应在法律规定的范围内进行协商，两类主体的协商不应当损害第三人的利益。

3. 行政听证

行政听证是协商型执法中的重要制度设计，其主要功能在于吸纳行政执法相对人和社会公众的参与，排除偏见，给予行政相对人充分的表达话语权，以实现程序的公正价值。我国听证制度的设计理念和具体程序与协商行政的标准存在一定差距，使得双方主体难以通过沟通协商达成合意。首先，在理论上，听证制度使行政相对人参与到行政程序中来，但实践中我国听证制度形式主义倾向严重，难以实现公众实质性参与听证。例如，我国听证会制度中的"逢听必涨"，背离了听证制度的设计初衷，阻碍了听证制度的进一步发展。其主要原因在于行政相对方和公众的意见没能发挥实实在在的约束力，

---

〔1〕　［美］E. 博登海默：《法理学：法哲学与法律方法》，邓正来译，中国政法大学出版社 2004 年版，第 314 页。

行政主体在听证过程中只"听"不"取"。其次，听证制度的协商性理念体现不够，行政机关在行政听证程序中往往占据主导地位，与公众地位不平等。但听证制度设计初衷是为了便于各方提供表达意见和主张，赋予各方在陈述意见、提出证据、交换意见时更多的表达空间，通过各方多次的质证和辩论，实现听证的目的。最后，目前我国行政执法法定听证的范围较窄，主要是针对当事人权益影响较大的行政决定的听证。例如，《行政处罚法》中规定，我国行政机关作出责令停产停业、吊销许可证或者执照、较大数额罚款等行政处罚决定之前，当事人有权主张听证。

完善行政听证制度，尤其是行政听证制度在行政执法领域的运用，是推进协商型执法的关键。首先，行政听证制度在执法领域运用的适用范围应当进一步明确，例如，在《行政处罚法》中规定了行政机关对行政相对人处以较大数额的罚款时，行政相对人要求听证就可以启动听证程序。但是此规定未明确较大数额的具体适用标准，使得协商中行政执法相对人进入听证的标准不明确，影响协商的启动。其次，确立独立的听证主持人选拔机制和保障机制，保障听证主持人不仅为"非本案调查人员"，还应具有独立、客观与公正的地位。最后，应优化听证的方式。无论是正式的听证还是非正式的听证，都应当保障听证前行政执法主体和行政执法的相对人有充分的准备时间，了解相关信息，尤其是行政执法主体应将相关的事实信息告知行政执法的相对人。同时在听证中应维持一种充分、有效的双方论辩状态，必要时应当允许律师等专业人员的参与。

（二）行政约谈

1. 行政约谈制度的现状描述及概念界定

作为一个新兴领域，近年来，无论在理论研究还是实践探索方面，行政约谈制度都得到了不少关注。在理论研究方面，通过以"行政约谈"为关键词，对中国知网上的学术论文进行检索分析，共检索到 194 篇[1]关于行政约谈的中文学术论文。

如图 5-1 所示：

---

〔1〕 检索日期截至 2019 年 8 月 25 日。

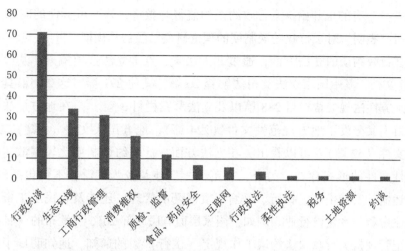

图 5-1　关于行政约谈的中文学术论文的分布

注：纵坐标表示论文数量；横坐标表示论文主题。

对于行政约谈，相关学术研究结果所涉及的领域较多，如上图所示，研究行政约谈基本制度的学术论文有 71 篇，占总数的 37%；研究涉及生态环境领域约谈的学术论文共计 34 篇，占总数的 18%；涉及工商行政管理领域约谈的学术论文 31 篇，占总数的 16%；涉及消费者领域约谈的相关文献 21 篇，占总数的 11%；涉及质检、监督领域约谈的相关文献 12 篇，占总数的 6%；涉及食品药品安全领域约谈的相关文献 7 篇，占总数的 4%；涉及互联网领域约谈的相关文献 6 篇，占总数的 3%；涉及研究行政执法、柔性执法、税务、土地资源约谈的学术论文各 2 篇，各占总数的 1%。上述的 194 篇论文中，112 篇为期刊论文，28 篇为报纸，51 篇为硕士论文，2 篇为辑刊。在关于行政约谈的 71 篇学术论文研究文献中，大多学术论文集中于对行政约谈的性质进行界定，以及从宏观的角度上进行法治化、规范化研究；有的集中于分析行政约谈的性质是否应当具有强制性，是否具有独立价值；[1]有的探索行政约谈的理论基础，分析行政约谈问题显现的原因，提出行政约谈法治化的基本方向；[2]有的倾向于保护行政相对人的合法权益，限制行政主体不合理的执

---

〔1〕　孙利春："行政约谈法律问题研究"，辽宁大学 2017 年硕士学位论文。

〔2〕　孟强龙："行政约谈法治化研究"，载《行政法学研究》2015 年第 6 期。

法方式；[1]有的也开始探索行政约谈的监督与救济，乃至可诉性的问题。[2]上述研究表明，对于行政约谈制度的理论研究已经初具规模。

在行政约谈的立法方面，通过北大法宝，点击立法选项检索，共检索到311篇文档，其中国家立法及司法解释20篇，其他291篇，这291篇具体包括：地方性法规规章栏目288篇以及立法草案栏目3篇。[3]在地方性法规规章栏目下又分设了地方规范性文件（224篇）、地方司法文件（2篇）、地方工作文件（62篇）。可以看出，在立法方面，行政约谈制度比较零散，多以规范性文件的形式存在。另外，在范围上，涉及较为广泛，不仅包括环保、铁路运输、安全生产、银行、教育、食品药品管理，还涉及农民工工资、旅游、住房和城乡建设行业。例如，国家层面有民政部2016年发布的《社会组织登记管理机关行政执法约谈工作规定（试行）》的通知，通知明确了约谈的对象和约谈的方式与程序；国家铁路局2018年印发的《铁路安全生产约谈实施办法（试行）》的通知，该通知也明确了约谈的对象和约谈的事由，并且对约谈的事由列举较为明确，还明确了约谈通知书的样本。地方层面更多，典型的有2017年北京市环境保护局办公室印发的《北京市环境保护局约谈暂行办法》；2019年上海市安全生产委员会印发的《上海市安全生产委员会安全生产约谈警示办法（试行）》等。虽然，关于约谈的规章制度如雨后春笋般出现，基本遍布于行政管理的各个领域。但是，关于行政约谈制度并没有有效的上位法进行明确的规定。

与此同时，在涉及"约谈"的法律动态方面，共检索到94篇学术论文。[4]经过统计，在互联网领域中的通信网络服务、网络安全、网络购物消费者保护、网约车、网络直播平台、网上房地产买卖租赁、网上订餐、共享单车、网络订票等约谈法律动态共计31件，占总数的32%；在环保、土地领域的约谈法律动态为15件，占总数的15%；在食品、药品领域的约谈法律动态6件，占总数的6%；在房地产行业和农民工资的约谈法律动态分别为5件、2件，占总数的7%。剩下的为重大安全事故约谈法律动态2件、重大交通事故

---

[1] 江莎："行政约谈制度规范化研究"，浙江工商大学2017年硕士学位论文。

[2] 庞鹏："试论行政约谈机制的可诉性及实现路径"，载《知与行》2016年第2期。

[3] 检索日期截至2019年8月25日。

[4] 检索日期截至2019年8月25日。

约谈法律动态 1 件、甘肃检察院预防职务犯罪约谈法律动态 1 件、纪委监察机关约谈法律动态 1 件、邮政局行业约谈法律动态 1 件等。除此之外，还有很多领域涉及约谈制度，因所占比重较小，不一一列举。通过分析上述数据，我们可以看出，运用约谈制度较多的是互联网行业和环保、土地领域。从互联网领域看，互联网行业具有信息量巨大、传播信息快速、灵活性强的特点，所以仅仅依靠传统的行政手段很难进行有效的管理，而约谈制度却可以有效避免传统执法手段的弊端，高效地解决问题。从环保、土地领域看，近年来我国的环境与土地问题越来越突出，需要进行全面治理。但是，任何问题都不能一刀切，需要具体问题具体分析，应抓住重点区域进行重点治理。约谈制度具有灵活性，可以很好地达到这一要求，解决环境治理中的难题。总之，行政约谈制度在实践中已经取得了一定的成效，其不仅能有效化解行政机关与行政相对人的矛盾，而且还可以对不正当行为予以督促、整改，更好地建设服务型政府。

关于行政约谈的概念，在上文所提到的现行有效的立法或规范性法律文件中并没有统一的界定，存在许多分歧之处。如《电力安全监管约谈办法》和《社会组织登记管理机关行政执法约谈工作规定（试行）》中将约谈视为行政机关约见企业或社会组织，就安全生产或社团管理中的问题提醒告诫、督促整改的谈话活动。《铁路安全生产约谈实施办法（试行）》将约谈界定为上级行政机关约见下级行政机关或相关地方政府，就安全生产问题进行提醒告诫、督促整改的谈话活动。国家发展和改革委员会 2011 年曾指出："约谈是为了引导企业正确行使定价自主权，不是行政干预，更谈不上干涉企业定价自主权。"[1]在很多学者的理论研究中，对行政约谈的概念也有不同的说法。一般来讲，行政约谈有广义和狭义之分，它们的区别主要体现在"内外"上。坚持广义说的学者认为行政约谈不仅包括内部行政约谈，也包括外部行政约谈，并且认为行政约谈是一种"类行政指导的独立行政行为"。[2]坚持狭义说的学者则认为行政约谈仅指外部行政约谈，即一种"非权力性的行政行为"。[3]

---

〔1〕　钟晶晶："发改委：约谈不是行政干预"，载《新京报》2011 年 4 月 20 日，第 B05 版。

〔2〕　邢鸿飞、吉光："行政约谈刍议"，载《江海学刊（南京）》2014 年第 4 期。

〔3〕　孟强龙："行政约谈法治化研究"，载《行政法学研究》2015 年第 6 期。

综上所述，可以给行政约谈的概念作出初步界定。所谓行政约谈，是指行政机关为了达到良好的行政管理效果，约见行政相对人，[1]通过理性对话的方式，对行政相对人存在的违法行为或潜在的违法行为进行指导、沟通、协调、告诫和督促整改的非强制性的具体行政行为。行政约谈作为一种"柔性"的行政执法手段，主要是通过行政主体与行政相对人之间的沟通和协商来解决问题。其中约谈的对象可以是行政机关内上下级之间，也可以是行政机关与企业之间或者行政机关与行政相对人之间。约谈主要是将行政机关和行政相对人置于一个平等的对话场景中，通过此种方式，指出工作中所存在的问题，并进行相应的提醒告诫与督促整改。约谈具有任意性和及时性，任意性主要体现在对约谈内容的选择方面较随意，并没有明确的规定。及时性主要体现在约谈可以根据出现的问题及时进行，采取有效措施，控制发展势态，及时解决问题。但是，行政约谈作为一种"柔性"的执法手段，在实践中仍可以看到其刚性的一面，即只要行政机关对行政当事人下达了约谈通知书，行政相对人就必须参加约谈，并且对行政机关所作出的最终约谈结论书，也必须作出行动。

从性质上来看，行政约谈制度与一般"管理—服从"型行政执法模式不同，属于一种协商型执法模式，其核心在"协商"两字之上。协商就是人们围绕公共事务展开自由、平等的辩论、对话并最终形成共识的过程。协商对话扩展了公民对民主的参与，增强了公民对公共理性追求的责任感，促进了不同文化共同体的相互理解，提升了民主治理的品质。协商的本质是商谈，它指的是在不受强迫控制环境中的沟通。行政约谈这种协商型执法模式，恰恰体现了行政机关与行政相对人之间的商谈。商谈的前提是相互理解，只有相互理解才能达成共识，进而协调彼此之间的行动，减少或消除冲突。商谈需建立在双方平等的基础之上，双方的意志和利益都受到了法律的同等尊重和认真对待，并在一定程度上使行政机关与行政相对人之间的利益趋于平衡。这种平衡与我们日常生活中所说的天平的平衡并不相同，并不要求两者之间的权利义务都是一一对应和相同的。行政机关和行政相对人两者的主体地位虽然是相同的，但是二者的结构和权利义务是不对等的，但这并不影响两者

---

〔1〕 这里的行政相对人，为广义的行政相对人，包括行政机关的成员。

的平衡。平衡是以行政主体的权力和行政相对人的权利之间利益的关系为核心，并不存在一种绝对意义上的平衡。[1]行政机关通过协商机制来实现各方主体之间的平衡和稳定，双方协商的过程被理解和塑造成一个各方主体都可以博弈的场域，相关利益主体都被授权进行比较充分的参与。这些制度容许各方利益主体进入行政协商执法的过程，来表达各自的利益诉求，进行讨价还价，并据此采取有利于各自最大化利益偏好的策略，形成基于合意的均衡。[2]也即，赋予行政相对人充分的自由选择权，在平等的基础上行政机关和行政相对人进行协商和合作。只有行政相对人认可行政机关的约谈活动，并且完全基于自愿参加到行政约谈中，约谈才可能取得成功。此时双方的目的和利益是一致的，就是找到双方利益中的平衡点，达到双方利益的最大化。

2. 行政约谈制度的价值

（1）推进行政民主，维护公民的合法权益。

在中国传统社会，官员的"官本位"思想严重，等级尊卑明显。国家作为高高在上的权力拥有者，执法手段强硬，在执法过程中公民的合法权益很难得到有效保障。随着社会的不断发展，公民的法治意识不断增强，对维护自身合法权利的要求也越来越强烈。面对行政机关的强硬执法手段，公民开始运用法律的武器来保护自己。与此同时，行政机关也开始转变观念，在进行执法活动时，为民服务的行政民主理念不断加强。行政民主理论认为，行政行为要最大化地代表和表达社会公共利益，要保障公民权利，实现政府与民众之间的协调互动，把维护人民利益作为最重要的执法效果。[3]但是，观念的转变并非一日之功，在行政执法实践中仍然存在不少问题。尤其是当前因上级行政机关盲目追求工作绩效，将压力转嫁于下级行政机关或基层一线工作的行政人员。例如最近发生的"鹤壁城管街头围殴商贩"事件[4]，行政机关在执法中手段强硬，与群众发生肢体冲突。虽然涉及该事件的执法人员和相关群众都受到了相应的处罚，但是对行政机关的影响是十分恶劣的。

〔1〕　罗豪才等：《现代行政法的平衡理论》（第三辑），北京大学出版社 2008 年版，第 498 页。

〔2〕　靳澜涛："行政法平衡理论的新探"，载《行政与法》2017 年第 5 期。

〔3〕　谢昕、成书玲："行政民主理论视角下的政务透明和公众参与关系研究"，载《湖北社会科学》2006 年第 10 期。

〔4〕　孙凯杰、雷燕超："鹤壁城管街头围殴商贩视频曝光 纪委与警方均已介入"，载新京报网，http://www.bjnews.com.cn/wevideo/2019/05/17/580310.html，最后访问时间：2019 年 5 月 25 日。

从更深层次上讲，这些纠纷并没有得到实质性解决，群众也并未真正做到内心服从，只是被行政权力所威慑。群众参与行政管理活动和维护自身合法权益的诉求并没有得到满足，由此开始盲目寻找解决途径，导致后期信访案件数量激增，实际上增加了行政执法成本。

为民服务，建设服务型政府是当前我国行政机关改革的重要目标，但是如何真正做到为民服务，让人民群众理解并感知到行政机关为民服务的决心，如何更好地维护人民群众的合法权益？相较于行政强制措施、行政处罚等这种强制性执法手段，行政约谈可以更加深入群众，与群众直接对话，满足群众的不同诉求，真正做到为人民服务。行政约谈通过约见、会谈的方式预防违法行为的发生或纠正、监督已经发生的违法行为，不仅表明了行政机关践行行政体制改革原则、建设服务型政府的决心，也展现了其为人民服务的态度和理念。只有通过全面理性的协商，行政相对人才能心悦诚服地接受行政机关的意见或相关行政行为，并自觉纠正自己的违法行为。这样不仅能满足群众参与行政管理和保护自身合法权益的诉求，也能有效地减少和避免矛盾的发生或激化。同时，既然行政约谈是双方在平等的地位上进行协商，以达成共识，那么行政相对人就应享有异议权，可以对行政主体的约谈行为和约谈事由提出异议，异议权的行使可以发生影响或改变将要形成或已经形成的某些行政决策的法律效果。[1]这表明，行政约谈制度注重双方的协商性，可以尽量避免对行政相对人权益的侵犯，反而为行政相对人的权益提供了一个保护空间。通过约谈，行政机关代表国家最大限度地表达了公共利益的要求，并且找到了国家公共利益与个人利益之间的平衡点，不仅促进了行政民主，而且进一步保障了行政相对人的合法权益。

（2）提高行政执法效率，更好实现行政管理目标。

行政约谈制度通过协商，可以减少不必要的程序和要求，提高行政机关执法效率，在最短的时间内使约谈双方利益达到平衡，快速实现行政管理目标。

第一，就执法成本来看，行政约谈程序简单，极大地减少了执法成本。首先，行政约谈不需要繁琐的报备程序，履行相应的手续即可完成约谈工作，

---

〔1〕 崔卓兰：“试论非强制行政行为”，载《吉林大学社会科学学报》1998年第5期。

减少了向上级报备的时间成本，大大提高了行政机关的办事效率及办事质量。其主要程序是行政机关在发现行政相对人的违法行为后，向上级请示约谈，填写约谈审批表，然后执法人员出具行政约谈通知书送达行政相对人。行政相对人在收到之后，在指定的时间前往指定的约谈地点进行约谈，并制作约谈笔录留档。若相对人未在约定的时间进行约谈，行政机关可以在告知行政相对人的行为违法的情况下，给予一定的整改期限，若期限截止行政相对人未采取措施，则行政机关采取相应的行政强制措施，以实现行政管理的目的。行政约谈相较于复杂繁琐的行政执法程序，更加简便快捷。行政机关可以选择在违法行为发生时进行约谈，避免问题的升级，起到事半功倍的效果，提高行政效率。也可以在事后进行约谈，起到监督、督促其整改、补救的效果。其次，约谈事项是直接针对行政相对人的违法行为进行的，内容直接明确。行政机关可以针对行政相对人的违法行为直接向其阐述政府的政策要求，提出解决方案，说明行政人员是如何针对其行为开展工作，双方应如何协作以实现双方利益最大化。行政机关也可以先与行政相对人进行协商，针对问题在法律允许的范围内共同商讨出一套解决方案，使行政相对人的整改变"被动"为"主动"，达到良好的实施效果。简言之，行政约谈可以在较短的时间内，以最快的方式达到行政机关的行政规制目标，优化行政资源配置。同时这也符合我国传统文化中以"和"为贵的思想。[1]

　　第二，从行政执法的效果来看，行政约谈运用警示、告诫等柔性执法方式，使行政相对人认识到自己行为的违法性，及时停止违法行为，从而达到执法目的。譬如，行政机关在针对企业涉嫌违法行为时及时采取措施，不仅可以避免损害结果的扩大，也大大降低了行政机关的执法成本。因及时避免了损害结果的扩大，故企业的生产经营成本也不会随之增长，从而达到"一举两得"的效果。可以说，行政约谈在一定程度上给行政相对人参与行政决定和纠正自身违法行为提供了机会。双方通过约谈产生良性互动，行政主体征求和听取行政相对人的意见，行政相对人也认识到自身的违法行为。通过双方平等对话将问题扼杀在萌芽阶段，阻止了危害结果的发生，并且大大节省了行政相对人的成本，同时促使行政相对人参与到行政执法的过程中，提

---

〔1〕　曹昭："儒家角色伦理与哈贝马斯的沟通行动理论探析"，载《前沿》2010 年第 10 期。

高了对行政机关执法的认同感。

3. 行政约谈制度的完善路径

行政约谈制度在我国的行政执法实践中已有长足发展，但由于各种原因，仍存在不少问题，需要我们予以进一步完善。

首先，应进一步强化行政约谈的协商标准。行政约谈是协商型执法的一种代表性模式，它的固有特点是平等协商，因此建立健全行政约谈制度必须以平等协商为中心点。目前在行政约谈中，虽然存在着约谈人与被约谈人协商的可能性，但是行政机关始终掌握着主动权，时常出现行政主管部门利用政府权威来威慑被约谈人从而实现整改的目的。这种缺乏平等协商的行政约谈会造成约谈人与被约谈人的地位不平衡，出现行政机关利用职权要求被约谈人完成某些没有在实体法中明确规定的要求，从而变相损害了行政相对人的合法权益。因此，需要从以下几个方面来加强行政约谈的平等协商。一是改变行政管理理念。行政机关长久以来习惯以威慑的态度对待行政相对人，这是由于我国长期受到传统的管理理念和管理方式的影响。因此要让行政机关意识到自己既是社会管理者又是服务者，要明确行政约谈是一种以平等协商为主要特点的执法模式，只有平等协商才能从实体与程序中保证协商合作的实现。[1]二是要尽量避免使用强制性措施。行政约谈从创立之初就具有平等协商和非强制的特点，因此应在约谈中尽量减少强制性措施的使用。行政机关自身本来就具有国家权威性，这种威慑力很容易给行政相对人造成压力，如果在约谈中行政主体仍然采取强制性手段，将使协商无从谈起，使行政约谈演变成为行政处罚。平等对话是行政约谈的主要方式，这种平等协商与交流的温和执法方式比威慑和处罚更加有效和更容易接受。总之，要始终坚持行政约谈的协商合作，这有利于提升行政机关的公信力以及行政机关与行政相对人之间的信任感，提高解决问题的效率。三是通过健全行政约谈的监督机制，保障行政约谈中的平等协商。充分公开才能使公众和媒体对行政约谈实施更好的监督，有关部门应当在对国家秘密和个人隐私保密的前提下将行政约谈进行全方位公开，方便公众及时了解行政约谈的最新动态。在监督行政约谈方面，可以分为内部监督和外部监督。在内部监督上，上级机关要严

---

[1] 王虎："风险社会中的行政约谈制度：因应、反思与完善"，载《法商研究》2018年第1期。

格监督约谈的程序和内容，要依法处分那些实施违法行政约谈的行政机关；在外部监督上，要使新闻媒体、社会舆论发挥监督作用，尽快形成一种新型的行政约谈监督模式——把媒体和公众联合起来进行监督。因此，我们应当实施内部监督与外部监督相结合的模式，让人大、行政监察、司法审查以及群众充分参与到这种监督模式中来，最大限度防止约谈演变为行政命令的可能。[1]

　　其次，要进一步完善行政约谈的救济途径。这可以从两个方面采取相应的措施。第一，建立行政约谈的补偿机制。行政约谈中的行政补偿是指约谈机关在综合考虑市场条件、社会环境和具体情形等因素后，对约谈对象作出的公权力行为不仅是合乎情理的，而且还是不违反强行法的。约谈对象出于对约谈协议的信任，会在约谈机关作出规制性指导措施后去观察市场秩序，探寻社会需求，并调整自己的生产经营模式等属于自由处分的行为，从而满足市场秩序的要求。但是约谈对象对自己的行为作出调整后需要适应期，况且由一种模式转变到另一种模式会涉及多个环节，成果不会立马显现。加之市场和社会需要不是一成不变的，因此利益遭受损失在所难免，而这种利益损失在行政约谈之前是很有可能无需遭受的。对于约谈对象所遭受的损失，虽然不是由行政机关的违法行为所致，但是也与行政机关有千丝万缕的联系，所以基于公平原则约谈机关有必要对该损失给予适当的补偿。行政补偿的启动方式是由约谈对象向行政补偿义务机关提出申请，并且提交相关证据。补偿的方式大致可分为两类，一是直接补偿，如给予一定的金钱补偿；二是间接补偿，如优惠资源调配、提供技术和信息服务等。第二，探索行政约谈制度的诉讼救济。当行政约谈对约谈对象的合法权益造成侵犯时，其救济途径除了申请行政补偿外，还可以申请行政复议、提起行政诉讼、请求行政赔偿等，将行政约谈的救济渠道与传统的行政救济途径相衔接。[2]但目前还缺乏有关的规范性文件，因而现阶段应当制定统一的有关行政约谈的规范性文件并提高其效力位阶。譬如，新修订的《行政诉讼法》就明确扩大了受案范围，但在涉及行政约谈方面仍付之阙如，需要进一步补充与完善。

---

〔1〕　郑毅："现代行政法视野下的约谈——从价格约谈说起"，载《行政法学研究》2012 年第 4 期。
〔2〕　蔡秀卿："行政检查"，载《东吴法律学报》2006 年第 2 期。

第六章 沟通主义法范式的证成：
运行论阐释之商议式司法

在探讨沟通主义法范式在立法领域和执法领域的具体表现之后，我们将视角转向司法领域。判决是最主要的诉讼方式，无论是职权主义抑或当事人主义，判决都是通过严格的质证辩论、激烈的两造对抗而形成的，即使最后法官是在查明事实的基础上按照法律判决，纠纷与矛盾也未必能真正得以化解。"案结事未了"成为常态，破损的社会关系更加难以得到修复。那么，如何保障司法判决的合法性，司法判决如何才能被公众真正认同和接受，并成为修复社会关系的重要纽带？司法的运作是否必须依循对抗的模式，能否在司法机关和各方当事人之间形成良好的沟通商谈机制，通过一种沟通合作的商议式进路来实现？下面，本章将试图阐述这种商议式司法的基本理念。首先探讨商议式司法的基本概念、原则与特征，以及在我国司法实践中的表现方式，进而更加深入地探讨司法判决在本质上是否都应秉承商议理念，司法判决的过程是否都应基于商谈论辩而展开。

第一节 商议式司法的概念与原则

一、商议式司法的生成

商议式司法在我国的生成，有深厚的历史文化因素、复杂的现实背景和丰富的实践参照。中国传统文化中"以和为贵"的儒家思想和民众的"无讼""厌讼"心理为商议式司法的生成提供了思想渊源，当代国家与社会治理的复杂状况为商议式司法的生成提供了现实背景，非正式司法程序领域内的探索与进展则为商议式司法的生成提供了重要参照，而从革命根据地时期就开始重视调解结案的传统则为商议式司法的生成奠定了坚实基础。

传统儒家文化崇尚"天人合一"，认为天地人是自成一体，和谐有序的，人们应追求与自然以及他人的和谐共处。这种和谐文化反映在法律领域内，便是官方和民众的"无讼""厌讼"心理。官方如果不能使民无讼，起码得劝民息讼，民间也以讼为耻，当纠纷发生时求助公权尚不如求诸氏族乡绅，以调和的方式化解冲突，如此方能不损颜面不伤感情。在当代，随着我国改革开放进入深水区，整个社会处于深度转型阶段，国家和社会治理日趋复杂，以调和而非对抗的方式解决民间冲突、恢复破损的社会关系也成为很多人的选择。特别是在正式的司法程序之外，通过商议达成合意从而化解矛盾的各类纠纷解决方式层出不穷。无论是新中国成立后的"枫桥经验"，还是20世纪后半叶兴起的ADR（Alternative Dispute Resolution，替代性纠纷解决方式），都属于典型代表。20世纪60年代，浙江诸暨枫桥镇依靠和发动群众解决民间纠纷的做法取得了良好效果，并得到广泛宣传成为著名的"枫桥经验"。随着社会进步"枫桥经验"也在不断地自我调整与完善，在"自治、德治和法治相结合"的理念指导下，"枫桥经验"推动了人民调解制度在新时代的创新发展，成为我国基层社会治理的典范。[1]ADR则发源于美国，于20世纪后半叶逐渐兴盛，最初是指各种诉讼外纠纷解决方式，现在则指各国普遍存在的民事诉讼制度以外的非诉讼纠纷解决机制，可以称之为"替代性纠纷解决方式或审判外（诉讼外或判决外）纠纷解决方式"。[2]ADR包括很多实现方式，调解、仲裁与谈判是其最主要的三种方式。除此外，还有很多相似的方式，如仲裁调解、律师调解、商业调解、家族调解、邻里调解以及诉讼外的和解等形式。这些解决纠纷的模式都是一种以自治为主的模式，其依据不单是法律，还包括道德规范、民间公约、行业规范以及风俗习惯等。解决纠纷的程序更为灵活快捷，解决纠纷的过程以自愿为基础，充满了妥协与让步，常常以协商替代对抗，通过达成合意来化解矛盾。在正式司法程序内，从革命根据地时期至今，我国就延续着重视调解方式裁处纠纷的传统。根据地时期兴

---

〔1〕 费艳颖、赵亮："枫桥经验视域下我国知识产权纠纷人民调解制度及其完善"，载《东北大学学报（社会科学版）》2019年第4期。

〔2〕 相关论述可参见胡仕浩、龙飞主编：《多元化纠纷解决机制改革精要》，中国法制出版社2019年版；范愉：《非诉讼纠纷解决机制研究》，中国人民大学出版社2000年版；范愉主编：《多元化纠纷解决机制》，厦门大学出版社2005年版。

起的马锡五审判方式，其主要特点就在于司法为民，调判结合、注重调解，注重调查研究、发动群众。虽然关于调解是否应成为马锡五审判方式的核心尚存争议，[1]但马锡五审判方式在当代的司法实践中仍然发挥着重要作用，重视调解的工作方式也被广泛认同、接受与推广。[2]特别是新中国成立之后，司法机关秉承马锡五审判方式的内在精神，不断健全完善诉讼调解机制，创新诉讼调解方法，较好地实现了调判结合，促进了案结事了人和。据统计，新中国成立以来至 2010 年在人民法院审结的 1 亿多件民商事案件中，有六成以上的案件以调解的方式得到圆满解决。[3]2019 年 3 月 12 日，最高人民法院院长周强在十二届全国人大二次会议上的工作报告中指出，2019 年地方各级法院坚持自愿原则，以调解方式结案 313.5 万件。

在国外，正式司法程序内商议式解纷模式的兴起也进一步影响和促成了我国商议式司法的生成。商议式司法理念在司法领域中的运用，发端于 20 世纪 70 年代的刑事司法实践之中，并以美国的辩诉交易制度为最具标志性的蓝本。最初这种司法模式被称为恢复性司法，后又发展为协商性司法，在英美法系和大陆法系国家司法实践中不断蔓延和转变。由于各国（地区）在司法理念、历史、文化、社会环境等诸多方面的差异，商议式司法呈现出不同的特点，并由此形成相应的具体制度。这些制度在实践中多集中在刑事司法领域，与之相比，民事司法领域鲜有对商议式司法的讨论。如美国的辩诉交易制度、英国的警察警告制度、法国的有罪答辩制度与刑事和解制度、德国的附条件不起诉制度和处罚令制度、新加坡的污点证人豁免制度等。

---

〔1〕 有学者认为"马锡五审判方式以及由此推动的人民调解成为中国共产党法律制度中影响最为深远的主要传统之一……调解为马锡五审判方式的核心"。参见杨永华、方克勤：《陕甘宁边区法制史稿（诉讼狱政篇）》，陕西人民出版社 1987 年版，第 78-82 页。但也有学者认为，马锡五审判方式经过了一系列变化的过程，决不能将马锡五审判方式与调解简单相联系，调解不构成马锡五审判方式的本质特征，马锡五审判方式的核心在于群众路线。参见肖周录、马京平："马锡五审判方式新探"，载《法学家》2012 年第 6 期。

〔2〕 相关代表性论述参见郑重："在新时代继承和发展'马锡五审判方式'"，载《人民法院报》2020 年 1 月 10 日，第 5 版；张扬："马锡五审判方式的司法理念在当代的实践价值"，载《人民法院报》2018 年 12 月 28 日，第 6 版；张立勇："论马锡五审判方式在当代的继承与发展"，载《人民司法》2009 年第 7 期。

〔3〕 佟季："新中国成立 60 年人民法院诉讼调解情况分析——马锡五审判方式在我国的当代司法价值"，载《人民司法》2010 年第 7 期。

正是基于以上原因，在我国，随着转型期的社会矛盾愈发尖锐复杂，在司法领域内传统的强加式司法、对抗式司法已经难以满足和适应现代社会对于司法的要求，商议式司法、合作式司法逐步出现与发展，商谈的精神逐步渗透于我国的司法体系中，并开始在不同的法律程序和法律部门中形成具体制度。譬如，检察院审查起诉阶段的相对不起诉制度以及量刑建议制度，法院审判阶段的简易程序对案件的简化审理，以及在部门法中实行的刑事和解制度、认罪认罚从宽制度、民事委托调解制度、民事诉讼当事人陈述制度等，均是商议式司法的充分体现。

二、商议式司法的概念阐释：与协商性司法及恢复性司法

关于商议式司法的概念界定，我们应注意与相关概念的辨异。首先，在一些学者的论著中，将以商议为主要方式的诉讼模式界定为协商性司法。如有学者认为"协商性司法是一种以真诚对话、自愿协商、和解合作为特征的、兑现着交往理性的新型司法程序"。[1]还有学者认为"协商性司法是一种有别于传统刑事司法的全新司法范式"，[2]"它是在刑事案件的处理方面，不同程度地给当事人之间的协商或者合意留有一定空间的案件处理模式"。[3]"刑事司法领域中的协商性司法可以初步定义为：诉讼主体通过对话与相互磋商、达成互惠的协议，以此来解决刑事争端的司法模式。"[4]在本书看来，关于协商性司法与商议式司法，其本质都在于摒弃对抗，通过沟通、协商、谈判与商议来形成共识达成合意以解决纠纷，因此，这两个概念虽表述稍有不同，但在本质上是一致的。但是当前学者所界定的协商性司法，多指向刑事司法领域内的协商性模式，商议式司法则不尽然，并不局限在刑事司法领域，而是包括所有部门法领域在内的以商议为本质特征的诉讼模式。

---

〔1〕　韩德明："协商性司法：理论内涵、实践形态及其语境"，载《南京社会科学》2010年第5期。

〔2〕　吴思远："论协商性司法的价值立场"，载《当代法学》2018年第2期。

〔3〕　Francoise Tulkens, *Negotiated Justice*, Mireille Delmas-Marty and J. R. Spence（ed.）, European Criminal Procedures, Cambridge University Press（New York）, 2002, p. 642.

〔4〕　参见马明亮："正义的妥协——协商性司法在中国的兴起"，载《中外法学》2004年第1期；马明亮：《协商性司法——一种新程序主义理念》，法律出版社2007年版。

另外，商议式司法与恢复性司法也有着密切联系。[1]恢复性司法缘起于20世纪70年代西方世界普遍存在的"司法危机"，在90年代得到飞速发展，在90年代末期，全世界已经有超过1000个不同形式的恢复性司法计划。[2]恢复性司法的主要特征或基本理念是以被害人为导向，通过调解或和解，修复破损的社会关系。有人认为，恢复性司法与协商性司法都是以商谈的方式来解决纠纷，都体现了一种合作关系，因而并无本质不同。[3]本书并不赞同此种看法，商议式司法或协商性司法与恢复性司法之间固然存在一些重合之处，特别是在实施的方式上，都强调通过对话和协商来完成，但也存在较大区别。[4]主要表现在，恢复性司法只是体现为一种司法理念，其核心在于强调通过对被害人的经济补偿和情感修复以达到修复破损社会关系的目的，商议式司法或协商性司法则不仅是一种司法理念，而成为一种实体的司法模式，并衍生出众多的具体制度，其根本目的在于形成一种商谈型的诉讼运行结构和合意型的纠纷裁决机制。

因此，商议式司法与恢复性司法有相同之处，但也存在根本区别。与协商性司法在本质上是一致的，但商议式司法外延更广，包含所有部门法领域在内的商议模式。商议式司法既体现一种对话正义和互惠正义的司法理念，也在实践中逐渐形成了各种具体的诉讼制度。对于商议式司法的概念，我们可以将其作如下界定，即商议式司法是指诉讼当事人各方以沟通理性为指导，依循正当程序，摒弃单纯对抗，对案件的相关内容，如在程序选择、事实认

---

[1] 关于恢复性司法的论述相当可观，代表性的可参阅王平主编：《恢复性司法论坛》，中国检察出版社2007年版；周长军、于改之主编：《恢复性司法：法理及其实践展开》，山东大学出版社2008年版；陈晓明：《修复性司法的理论与实践》，法律出版社2006年版；宋英辉、许身健："恢复性司法程序之思考"，载《现代法学》2004年第3期；丹尼尔·W.凡奈思、王莉、温景雄："全球视野下的恢复性司法"，载《南京大学学报（哲学·人文科学·社会科学版）》2005年第4期；李挚萍、田雯娟："恢复性措施在环境刑事司法实践中的应用分析"，载《法学杂志》2018年第12期。高丽丽："环境刑事犯罪的刑法规制与完善——以恢复性司法的引入为视域"，载《大连海事大学学报（社会科学版）》2018年第3期。

[2] 张庆方：《恢复性司法——一种全新的刑事法治模式》，载陈兴良主编：《刑事法评论》第12卷，中国政法大学出版社2003年版，第438页。

[3] 唐力："论协商性司法的理论基础"，载《现代法学》2008年第6期。

[4] 有学者曾详细比较了协商性司法与恢复性司法之间的区别，具体参见马明亮：《协商性司法——一种新程序主义理念》，法律出版社2007年版，第72-73页；魏晓娜：《背叛程序正义：协商性刑事司法研究》，法律出版社2014年版，第6-7页。

定、证据采信和责任归结等方面进行沟通、商谈、论辩与对话，寻求共识、达成合意最终解决纠纷、化解矛盾的诉讼模式。商议式司法是一种新的程序主义，它强调在正式司法程序内，通过对话、商谈、妥协和合作实现纠纷的有效解决，最终达致社会团结与整合。这是一个由单主体向主体间性，由独白式向沟通式，由对抗性向协商性转变的过程。在此过程中形成的共识是由多个主体共同参与，经过沟通和商谈而形成的，既遵守既定的形式意义上的法律程序，也秉承商谈论辩与理念交融的实质性价值，因此更具有合法性与可接受性。

三、商议式司法的基本原则

（一）自愿原则

商议式司法理念的灵魂是充分尊重主体意志，只有秉承自由、开放的精神，在司法参与主体自主自愿的基础上开展对话与商谈，获得的司法裁决才是正当的、可接受的。具体言之，应通过搭建一种平等、有效的沟通平台，赋予诉讼主体程序选择权以及可以自由表达关于案件事实、法律规范和法律适用的意见的权利。在这些商谈空间内，排除强制与专断，充分尊重诉讼主体的意愿。例如，"自愿认罪"指的是，"是指犯罪嫌疑人、被告人自愿如实地承认被指控的犯罪事实。犯罪嫌疑人自愿承认，是犯罪嫌疑人、被告人内心真实的意思表示，而不是因受到外界的压制、恐吓或诱导所致"。[1]只有在无强制之下的自由的商谈过程，才能够产生合法性的共识。自愿性原则保障了司法过程中司法参与主体多元化价值得以共生共存，当一个诉讼结果体现了诉讼主体的意志并且是每个主体自愿接受的，才实现了商谈的最高理想。

（二）平等原则

平等原则是指相关主体言说机会的平等。在商议式司法模式中，司法参与主体通过有说服力的理由来影响他人改变选择，其方式主要是通过平等的言说机会来实现的。相关主体既包括诉讼参与人，也包括受案件影响的相关主体以及最广泛意义的普通听众。对诉讼参与人来说，无论是当事人还是法

---

〔1〕 陆洲、陈晓庆："认罪认罚从宽制度的沟通之维"，载《湖北大学学报（哲学社会科学版）》2017 年第 6 期。

官、检察官都享有同等的言说、批判、反驳以及回应的机会。对当事人、检察官意味着充分论辩的权利，对法官而言意味着进行说理论证的义务，否则诉讼参与主体以及普通听众无从得知裁判的内在合理性。由此衍生的是相关主体的知情权以及获得专业帮助的权利，知情权意味着了解案件、复印卷宗、会见当事人等权利，后者如聘请律师的权利。对普通听众来说，意味着可以发表关于案件的看法，可以在公共领域进行关于案件的讨论、论辩，这是社会价值评价凸显的一个过程，法官进行司法裁决也应该回应相关的论点，由此进行有说服力的裁判。

（三）沟通有效性原则

沟通的有效性是商谈的基本原则。商议式司法并不意味着无休止的商谈，不能忽略司法的效率与限制性规定，要避免出现"明希豪森困境"式的困境：无限倒退、循环论证以及在某个主观选择的点上断然终结论证。沟通的目的是形成合意，在此价值导向下，提出言说规则。哈贝马斯指出："任何处于交往活动中的人，在施行任何言语行为时，必须满足若干普遍的有效性要求并假定它们可以被验证。"[1]从普遍意义上来讲，要求语言的可理解性、表达的真诚性、论据的真实性；具体到关于特定主题下的沟通中，要遵守合作原则：（1）数量原则，要求论证的话语既不能太多，也不能太少，能提供所需要的信息即可，避免冗余、繁琐或论据不足；（2）关系准则，会话内容要与主题和目的相关，当然既包括直接相关，也包括间接相关，不能答非所问。

沟通有效性对于对话的另一方来说，要具有成熟的批判性思维，掌握针对不同类型的论证所匹配的批判性思路，例如，面对关于诉诸权威论证，可以提出的批判集包括专长问题、领域问题、意见问题、可信赖问题、一致性问题、支持证据问题等。[2]具有适格的批判性能力，可以快速确定争议点，再经过与言说者的多次反复沟通，才能凸显出最具竞争力的理由。

---

[1] ［德］哈贝马斯：《交往与社会进化》，张博树译，重庆出版社 1989 年版，第 2 页。

[2] 参见武宏志：《论证型式》，中国社会科学出版社 2013 年版，第 491-492 页。

第二节　商议式司法的基本特征

一、以合作取代对抗，形成裁判共识

传统的司法程序是以对抗为核心的模式，这表现在当事人之间的对抗以及当事人和司法机关之间的对抗两个层面。首先，在传统的对抗式司法程序中，较少关注规范评价的主体间性视角，对抗式仅仅是指消极和中立的事实裁判者以对立和冲突的当事人各方提出的证据为基础裁判争议案件。[1]在己方利益最大化的目标驱使下，当事双方努力的方向是证明自己所以为的"事实"是唯一的正确性，竭尽全力削弱、攻击、否定对方当事人的主张。现代司法程序正是基于当事人之间的对抗而展开的，为确保当事人之间的平等竞争关系，法官逐渐成为诉讼的中立者，程序的完整性要求愈加严格。然而随之而来的则是程序更为繁琐和缜密、诉讼成本增加、诉讼进程延长，现代司法程序日益陷入对抗式危机之中。其次，在传统司法程序中，当事人与司法机关往往也处于对抗状态，特别是在刑事诉讼之中。因为利益的直接对立，侦查机关、检察机关与被追诉人处于明显的对抗状态，即使是审判机关，由于我国特殊的司法状况，公检法机关之间的密切联系，与被告人之间难以形成合作关系，而体现为一种消极的对立。这在本质上是辩护权与侦查权、控诉权与审判权的对抗，这种对抗直接影响了犯罪追诉的难度，消解了司法的权威。"要改变这些因素，律师和法官就必须接受一种解决纠纷的新概念，即争讼双方减少对抗，坦诚相对，更多地考虑司法成本、他人权利以及公共利益等因素。"[2]也就是说，要化解现代司法危机，应减少当事人之间的对抗，缓和双方的紧张关系，加强法官、检察官对司法程序的参与以及与当事人之间的沟通，这些正是商议式司法的基本理念和主要特征。

不同于传统对抗式司法中法官的中立性，也不同于德沃金所言"赫拉克

---

[1]　Stephan Landsman，"Rise Of The Contentious Spirit：Adversary Procedure in Eighteenth Century England"，*Cornell Law Review*，Vol. 75，Issue 3，March，1990，p. 500.

[2]　[英] 阿德里安 A·S·朱克曼主编：《危机中的民事司法：民事诉讼程序的比较视角》，傅郁林等译，中国政法大学出版社 2005 年版，第 17 页。

勒斯"式全能独白式法官的司法理想，[1]商议式司法强调从主体间性出发，以语言为媒介，以沟通商谈为方式，通过法官、检察官、当事人双方等各个行为主体之间平等无强制性的沟通，实现行为主体自治性对话，从而达成共识性裁判。这是从当事人对抗式和法官"独白式"的单主体性向主体间性的转变，打破了现代封闭式司法模式的运行体系，充分考虑了诉讼参与人在诉讼中的自治权利，把对话、沟通、协商作为司法裁决结果产生的基本途径。

商议式司法模式的开展依赖"沟通"这一途径，沟通旨在以合作的态度，通过有效的理由达成共识。在商议式司法中，合意不仅是纠纷解决的终点，也是纠纷处理的起点。[2]在双方当事人之间，不再仅仅局限于单方利益，而是同时考虑私人利益与他人利益，期望通过妥协与让步，以更好的理由进行沟通商议，最后达成合作态势下的双赢局面。在当事人和司法机关之间，当事人享有平等的机会阐述自己的观点或意见，经过意见的交锋不断修正自己的认知和判断，对抗、怨怼情绪自然而然地被逐渐消减。为更妥善地解决争端，司法机关也期望形成合作的关系。侦查权、控诉权具有准行政权的性质，不应再局限于打击犯罪的单纯目的，而要实现打击犯罪、保障人权以及维护公共利益的复杂目的，审判机关也不再仅仅是案件的裁决者，而成为刑事政策的实施者，以及被告人重新社会化的引导者。正是通过这种沟通合作的态度，当事人之间、当事人与司法机关之间具有共识性的理解逐步达成，最后形成了为各方能够接受的司法判决。譬如，在我国刑事司法程序中的认罪认罚从宽制度，对自愿认罪和认罚的犯罪嫌疑人、被告人，从实体和程序上予以从宽处理。在认罪认罚从宽制度下，法官、检察官、原告、被告就犯罪的量刑达成共识，从多方面消减了冲突因素：从法官和检察官的角度看，认罪认罚从宽制度有利于减轻庞大的案件数量带来的压力，节约有限的司法资源，充分发挥司法资源的效用；从原告的角度看，认罪认罚从宽制度使冗长的司法程序进程进一步加快，通过被告认罪获得心理的慰藉，避免双方当事人矛盾的进一步激化，有助于修复破损的社会关系；从被告角度看，认罪认罚从宽制度给予其认罪和从宽处罚的机会，增加了对判决的认可程度并减少了报复社会的可能性。

---

〔1〕 ［美］罗纳德·德沃金：《认真对待权利》，信春鹰、吴玉章译，上海三联书店2008年版，第148页。

〔2〕 季卫东：《法治秩序的建构》，商务印书馆2014年版，第388页。

二、达成新的程序主义

作为一种正式的纠纷解决机制，商议式司法仍然要尊重法定程序，在法定程序的框架内，依循特定的方式与步骤进行。但是，商议式司法程序与传统程序相比，更为简化和快捷。更为重要的是，商议式司法所遵循的程序与传统的程序不同，不仅是一种解决具体纠纷的程序，也是一种道德论证和价值衡平的程序。[1]不只是追求形式理性的程序，而是形式和实质兼具的新的程序主义。

商议式司法不可能超越正当的法律程序，绝大部分体现形式理性的程序要素都会在商议式司法中得以体现。如裁判者的中立性、体现各方平等地位的程序对等性、程序设置的合理性、程序裁决的及时性、程序完成后的终结性等方面。但不可否认的是，商议式司法在某些环节，相对而言更为简化和快捷。譬如，在程序的完整性方面，法庭调查、法庭辩论等法庭审判程序在某些具体制度中会得以省略，如在刑事和解制度中，由调解人主持的双方当事人参与的协商和解程序就取代了对抗性的法庭审判程序。在认罪认罚从宽制度中，法庭审判也只是针对调解协议的自愿性和合法性进行审查。

尽管程序有所简化，但形式理性一直是商议式司法程序的重要目标。然而商议式司法并不仅仅止于形式理性，而是通过其过程性和交涉性实现形式和实质的交融。"程序的本质特点既不是形式性，也不是实质性，而是过程性和交涉性。"[2]过程性和交涉性是商谈与论辩的过程，是在受形式理性束缚的基础上，不同价值理念的交涉与妥协。司法论辩的过程本身是受程序规则限制的。相对于普遍实践论辩，司法论辩受到更多的时间、场所、程序的限制，司法论辩不可能一直进行，在经过特定程序之后必须以判决书的形式终结诉讼程序。针对商议式的司法理念，程序要为各主体之间搭建沟通和对话的平台，保障诉讼主体可以平等、自由地发表关于案件的意见和看法，通过关于论证责任的负担规则，推进对话的展开与诉讼程序的进行。这种"过程性"容纳了诉讼主体的意见、理由乃至情绪、情感，融汇了不同的价值取向；其

---

〔1〕　王建源："迈向对话的正义——协商性司法的制度逻辑及本土实践"，载张卫平、齐树洁主编：《司法改革论评》（第5辑），厦门大学出版社2007年版，第130页。

〔2〕　季卫东：《法治秩序的建构》，商务印书馆2014年版，第20页。

"交涉性"则是优势理由被分辨而胜出的过程。也就是说，商议式司法理念不仅依赖程序去建构，而且通过其过程性和交涉性鉴别出更好、更优的理由促成司法裁判的说服力。换言之，商议式司法程序的过程性与交涉性是商议的过程和更好理由的交涉，商议式司法的本质就是在尊重形式理性所构建的程序前提下，通过充分意思自治基础上的商议与交涉，体现不同价值观念和道德观念的衡平，实现形式和实质的融合，是一种内在和谐的新的程序主义。

三、实现对话与互惠的正义

程序设计的最终目标在于促进正义的实现，在对抗式的司法程序中，体现的是传统意义上的分配正义与矫正正义。分配正义是指社会资源、劳动产品、财富、荣誉的相互关系，在社会中的结构和地位以及在社会成员之间如何得以合理分配的正义。矫正正义则是当资源分配之后，社会成员的财产、人身、心灵等物质和精神利益被侵犯后，如何得到赔偿、补偿以及恢复原状的正义。分配正义给予各人应得的东西，主要涉及规则的制定，通过制定规则、安排制度实现资源的合理分配，因此分配正义是立法上的正义。矫正正义则为受损的社会关系提供救济措施，主要涉及规则的适用，属于司法上的正义。但是，在法律运行过程中，当法律规定不明或出现法律空白时，法官往往充当立法者的角色，进行社会资源的实质性分配，此时司法程序体现为分配正义。但无论是矫正正义抑或分配正义，传统对抗式司法程序体现的都是一种单向的正义，司法机关所采取的司法救济或者代行立法，都是单方施加的行为，没有考虑接受者的意见和需要。司法者提供的正义是否就是当事人所需要的正义，并未进入司法程序的视野之内。并且，对于正义到底是什么，当事人需要的正义是什么，法官无法回答，更无法一一满足。裁判的正义受到多种因素的影响，如证据的证明程度、耗费的诉讼成本、当事人的接受程度等，无论对抗式司法程序设计得如何精巧，都不可能完全满足上述条件而实现理想中的正义。因此，从这个意义上说，现代司法所追求的正义与其说是完美的正义，不如说是合意的正义，互惠的正义。

与对抗式司法模式相比，商议式司法模式较好地克服了它的不足，以双向的对话正义取代了单向的矫正正义，以互惠的正义取代了理想的正义。对话是同意或反对关系，肯定和补充关系，问和答的关系。[1]对话是地位平等的不同个体间信息交换和价值交融的过程，是通过相互作用实现双赢的过程。与矫正正义相比，对话正义的优势在于当事人对于自己的事务拥有参与和决定的权利，"当某人就他人事务作决定时，可能存在某种不公正；但当某人就自己的事务作出决定时，绝不可能允许出现不公正"。[2]在商议式司法中，通过对话当事人深度参与了司法进程。在地位平等和出自自愿的前提下，当事人之间、当事人与司法机关之间可以对全部司法进程实现对话与协商。对于程序的适用、证据的采信、法律责任的归结等方面，当事人与司法机关都可以凭借最佳的理由进行对话、论辩与商谈。"对话不仅仅是论争与反对，更重要的是赞同。"[3]对话的过程是论辩的过程，更是赞同、妥协与让步的过程。当事人最为了解案件的事实真相也更清楚双方的利益所在，因此当事人通过平等对话所作出的自愿选择更加接近正义的本来面目。这是基于双向的沟通和对话之上的，以形成合意为标志的，当事人之间、当事人和司法机关之间双赢的互惠的正义。

第三节　商议式司法的实现方式

以不同标准分类，商议式司法有多种实现方式。依据案件的法律性质，可以分为刑事商议式司法、民事商议式司法和行政商议式司法等；根据商议式司法理念所体现的方式，可以将商议式司法分为"显性的商议式司法"和"隐性的商议式司法"；以法律认可的程度为标准，可以分为一国法律条文明确允许的商议式司法模式，一国法律条文明确禁止的非法商议模式以及存在于两者之间的类型。在此，主要按照案件的不同性质，基于不同的领域来讨论商议式司法的实现方式。

---

〔1〕 董小英：《再登巴比伦塔——巴赫金与对话理论》，生活·读书·新知三联书店 1994 年版，第 3 页。

〔2〕 ［德］康德：《法的形而上学原理——权利的科学》，沈叔平译，商务印书馆 1991 年版，第 133 页。

〔3〕 ［苏联］巴赫金："1961 年笔记"，载钱中文主编：《巴赫金全集第 4 卷》，河北教育出版社 1998 年版，第 334 页。

一、刑事司法程序内的商议

纵观我国《刑事诉讼法》及相关的司法解释，都蕴含着许多通过商议解决刑事争端的制度，如刑事和解制度、刑事速裁程序、认罪认罚从宽制度等。在调解以及和解方面，自诉案件可以调解，同时在法院宣判之前，自诉人可以与被告人自行和解或撤回自诉。公诉案件中由于当事人之间的冲突与对抗性较强，同时刑事诉讼不仅关乎当事人的利益，更关乎国家和社会的稳定，因此是不能调解的，但是可以进行刑事和解。2012 年《刑事诉讼法》修改后，明确规定了刑事和解制度。与民事诉讼程序中当事人的和解相比，刑事诉讼和解中双方当事人对抗性更强，刑事和解协议的达成难度更大，此时更应注重第三方的引导，通过检察院等中间机构实现双方充分有效的沟通。2016 年两高三部联合发布了《关于在部分地区开展刑事案件认罪认罚从宽制度试点工作的办法》（以下简称《认罪认罚从宽制度试点办法》），推进了认罪认罚从宽制度在司法实践中的应用，并且该制度在2018 年修正的《刑事诉讼法》中得到确认和体现。可以说，对话与协商，妥协与合作的协商理念在刑事司法程序规则和实体规则中都得以体现与贯彻，且初具体系与规模。除了上述具体制度之外，在刑事诉讼领域的程序选择环节、事实认定环节以及量刑判决环节都可以发现商议式司法的表现方式。

在刑事司法程序选择环节，目前有三种程序可进行选择，分别为简易程序、刑事速裁程序与普通程序，在三种刑事司法程序的选择上充分考虑了各方诉讼参与人的意见和建议。在简易程序的适用过程中，检察院可以提出适用简易程序的建议，法院应依法进行充分的考虑，但最终要尊重被告人的意见，被告人不接受简易程序的不得适用简易程序。这样的规定在诉讼程序开始之初就将各方置于平等的地位，为后续良好表达和理解商谈环境的形成奠定了沟通基础。在速裁程序中，该程序本身就是通过被告人的认罪认罚使得程序简化，并可让被告人获得从宽处罚的制度，这也是刑事速裁程序区别于简易程序的重要特点。新修正的《刑事诉讼法》第 15 条确定了认罪认罚从宽制度的基本原则，第 222 条规定了速裁程序的适用条件。[1]也就是说，速裁程序适用的范围是在认罪认罚从宽制度中由基层法院管辖的轻罪案件。这些案件必须是犯罪嫌疑人、被告人自愿如实供述自己罪行，对指控的犯罪事实没有异议，同意人民检察院量刑建议并签署具结书的案件。上述规定的适用应把握两个关键词"自愿""如实"，即犯罪嫌疑人、被告人应自愿如实供述自己罪行。首先，"自愿"说明在刑事速裁程序中当事人是在无强制的沟通环境中主动作出的选择，正如哈贝马斯所言在参与人达成共识的过程中，建立一种"理想的话语情景"，要求"一种话语的所有潜在参与者均有同等参与话语论证的权利。任何人都可以随时发表任何意见或对任何意见表示反对，可以提出疑问或反驳"，[2]因此被告人可以选择是否适用刑事速裁程序。其次，在被告人决定选择刑事速裁程序后，应"如实"供述自己罪行。被告人在与司法机关的沟通中对于自身罪行事实的陈述应是有效的，有效性要求被告人在陈述中的内容应具有沟通事实的真实性、沟通态度的真诚性、沟通语言的规范性。具体表现在被告人对于案件事实的陈述是真实的，是符合客观已发生的事实，是其内心主观世界的真诚表达，并通过符合一般的社会规范要求的语言表达出来，不故意歪曲事实，试图通过有歧义性的语言进行沟通误导，获得个人量刑上的宽待。

普通程序是刑事司法程序的常态机制，我国的司法程序实行两审终审制度，借用马克·范·胡克的理论，[3]并结合中国的司法实践，可以将商议式司法的内部程序的沟通过程分为三个领域。第一个领域是当事人与初审法官之间的商谈与沟通，在一审诉讼过程之中，在法官的主持之下，通过事实陈述、举证质证、辩诉交易等方式，以沟通对话来有效解决纠纷、化解矛盾。第二个领域是上诉语境中上级法院与双方当事人及下级法院之间的沟通与商议。如果双方当事人对一审商谈内容、程序或结果不服，提起上诉或者再审，那么这一沟通过程就扩大了，上级法院或再审法院不仅要考虑双方当事人提供的论据和证据，也要考虑到下级法院的裁决结果。第三个领域是指终审案

---

[1]《刑事诉讼法》第15条规定，"犯罪嫌疑人、被告人自愿如实供述自己的罪行，承认指控的犯罪事实，愿意接受处罚的，可以依法从宽处理"。第222条规定，"对于基层人民法院管辖的可能判处三年有期徒刑以下刑罚的案件，案件事实清楚，证据确实、充分，被告人认罪认罚并同意适用速裁程序的，可以适用速裁程序。

[2]［德］得特勒夫·霍尔斯特：《哈贝马斯传》，章国锋译，东方出版中心2000年版，第80页。

[3]［比］马克·范·胡克：《法律的沟通之维》，孙国东译，法律出版社2008年版，第240页。

件如果得到书面的出版与发行，将会置于一个更大的语境中进行检验与商谈，在这一领域中，法律专家或学者往往会基于专业的角度，去审视、评论、批判或支持这些裁决。其中涉及的往往是对于法律问题的商谈，在商谈过程之中原有裁决的法律价值或者缺陷就会彰显无遗。当然部分第三领域的内容也会演变为司法程序外部内容，因此司法程序内外之间的界限是存在一定的交叉地带的。

其次在刑事司法案件事实认定环节，审判人员、检察人员、侦查人员在收集和认定证据的环节不得对当事人进行刑讯逼供，不得以威胁、引诱、欺骗或者其他非法方法收集证据。这一要求首先将司法机关工作人员和当事人处于相对平等的地位，司法机关的工作人员不得强制要求当事人作出或者提供与个人意愿相违背的证据，这是对哈贝马斯"理想的话语情景"的践行，通过赋予处于弱势地位的犯罪嫌疑人、被告人如实陈述的权利，为权利保护提供了制度保障。其次在举证质证的环节中，在举证责任的分配上，任何人都不得要求被告人自证其罪，除非是被告人自愿主动适用认罪认罚从宽制度。公诉案件中被告人有罪的举证责任由人民检察院承担，自诉案件中被告人有罪的举证责任由自诉人承担，这在一定程度上保障了沟通的有效性。理性人总是基于趋利避害的本性对自身进行本能保护，因此使一个人自证其罪不符合客观规律要求，而由案件相关的其他诉讼参与人进行案件事实的证明更具客观性。最后在证据收集后的采纳和保护上，司法机关建立了非法证据排除制度、检察机关证明证据合法性的制度以及对于证人证据的保护制度等，法院对于一切案件的裁决都要重证据，重调查研究，不能轻信口供。从上述规定中，可以明显看出我国刑事诉讼法的倾向性，一方面加重检察机关对于案件证据的查明义务和证明合法性义务，同时法院对于案件事实证据的认定标准较高，应做到证据确实充分，并依法排除非法证据。另一方面此种做法的目的是保护诉讼参与人的诉讼权利，保证诉讼参与人能平等自主地表达自己的观点，提供相应的证据理由，保证理由的有效性。

最后在刑事司法案件量刑环节，在双方当事人举证质证、辩论等程序进行后，法官对于案件的基本事实作出相应判断，依据当事人在司法过程中展开的沟通商谈，基于已被证据证明的案件事实，得出被告有罪或者无罪、罪轻或者罪重所对应的具体量刑的结论，最终得出合法合理的判决。在司法实践中法官一般会关注被告人是否做到以下三点，以此来判定是否可适用量刑和量刑的幅度。第一点是被告人认罪并如实陈述案件事实，第二点是在刑事附带民事诉讼中对于被害人及亲属进行赔偿并获得对方谅解，第三点是在需判处罚金的案件中，被告人及其亲属可以通过在判决下达前预先缴纳全部或部分罚金。上述三种行为都是被告人或其家属积极主动与法院和被害人及其家属进行沟通和商谈的过程，被告人认罪认罚和向法院预缴罚金是表达其良好悔过态度的体现。在法院看来，被告人具有良好的悔过态度可以达到审判中的教育功能，又能在一定程度上提高诉讼效率，节约司法资源。在上述过程中法院、检察院、诉讼双方处于一个沟通和商谈的情景中，平等自主地进行对话，这种对话克服了对抗式司法下非此即彼的绝对性。通过沟通和商谈，最终真正化解矛盾，达到定分止争的目的。

二、民事司法程序内的商议

民事司法程序的商议强调诉讼参与人对于民事诉讼程序的选择、民事诉讼程序的开展、民事诉讼程序中争议的解决等进行沟通商议，最后形成共识。主要是指法院在审前及庭审过程中的适当阶段，就民事纠纷解决方式、选择程序和场域等事项同当事人进行沟通协商。在方式方法上，可以通过协商选择判决或调解和解等方式结束纠纷；在程序方式上，可以在法律规定的程序范围内，就普通程序与简易程序的转换、答辩环节的缩减、案件合并审理、二审开庭审理等方面进行协商；在场域选择方面上，可以协商选择远程立案、巡回审理等方式，在最适合案件解决的空间展开诉讼程序。

由于民事诉讼领域本就以当事人意思自治为主要精神，因此在民事诉讼领域调解与和解制度运用最为广泛。在民事诉讼程序中和解制度与调解制度最大的区别在于，和解制度是当事人之间秉承私法自治的精神进行的沟通商议，在沟通过程中往往会受到习惯法、民间法以及道德伦理观念的影响，但不受其他组织和个人的影响。调解则是在法官的主持下，当事人双方就争议的事项进行沟通和协调，最终形成共识的程序。在这一过程中，当事人是程序的主体，法官往往也发挥着重要的引导作用，但不能对调解过程施加不当的影响，譬如诱导或强制。在商议式司法精神的要求下，当事人之间的沟通过程也应符合商谈规则，否则调解中的商议是难以顺利开展的。譬如，原告在民事调解的商谈过程中提出一个主张，要求对方将已经毁坏的古董花瓶恢复原状，显而易见，原告提出的主张是不符合客观规律的，同时也是不符合沟通行动理论的。因为其语言从符合行为规范的角度看是不可能的，因此被告就可对现实条件加以质疑："花瓶是不可能恢复原状的"，双方之间的沟通此时就陷入僵局。此外，双方当事人达成的调解协议作为具有规范意义的行动结果，应当具有有效性与合法性，不仅双方当事人之间应当达成共识，同时也应当受到法律规范和普遍性道德的约束，否则就是不合法和不可接受的。

我国的民事诉讼程序中的基本原则也体现了商议式司法的特点，如当事人诉讼地位平等原则、辩论原则、诚实信用原则、处分原则等。当事人诉讼地位平等原则要求民事诉讼当事人有平等的诉讼权利，法院应依法保障当事人行使诉讼权利和平等地适用法律，不因当事人身份、性别、种族的差异而区别对待。以商议式司法的视角观察，双方当事人处于平等的沟通商议环境下，表现为双方具有平等的话语权，这种平等不仅仅是形式意义上的平等，更具有实质意义。我国《民事诉讼法》第8条规定了当事人的平等诉讼地位，同时规定法院有保障这种平等的义务，这种保障义务贯穿《民事诉讼法》许多条文，大致可概括为两类：第一类是在程序上，保障民事诉讼程序的有序开展，减少当事人恶意诉讼、拖延诉讼的现象，利用代表人诉讼、网上开庭等制度便于当事人参与诉讼，同时也提高了民事诉讼的效率。第二类是在实体内容上，保障当事人获得信息的相对平等，法官对案件相关内容具有释明义务。在法官释明下，当事人提出更有效的证据来进一步证明案件事实，这对处于弱势地位一方的诉讼当事人来说，有利于平衡双方的诉讼地位，实现当事人诉讼地位的平等。

我国民事诉讼程序中当事人有权进行辩论，辩论原则是民事诉讼程序中的关键内容，辩论多围绕诉讼争议点进行，影响案件的最终判决。在辩论中双方当事人通过提出自己的主张，质疑、批驳对方的论证，来证明自身主张的合法性，如此循环数次，在不断地沟通和协商中达成相对的共识，而辩论的最终目的也是达成共识性、有说服力的判决。其实，商议式司法模式并不否认当事人的策略性言语行为，通过影响对方当事人，从而实现对于自身诉讼利益的维护。只是商议式司法模式通过保障其他相关主体的程序参与权、论辩的权利，通过相互批判、质疑与论证，即便是妥协，也是出于对真相、自身利益等知情的情况下的综合考量。我国《民事诉讼法》第13条明确规定了诚实信用原则和处分原则："民事诉讼应当遵循诚实信用原则。当事人有权在法律规定的范围内处分自己的民事权利和诉讼权利。"民事诉讼诚信原则所体现的是对商议式司法中各主体言语行为的陈述真实性和表达真诚性的要求。当然，从我国《民事诉讼法》的立法目的出发，诚实信用原则的主体主要指诉讼中的当事人，但笔者认为在商议式司法下诚实信用原则应涵盖的主体包括民事诉讼的当事人和法官。当事人和法官在诚实信用原则的要求下，要保证陈述的真实和真诚，建立起一种"理想的话语情境"，才能真正参与到沟通行动中来。具体表现为：第一，当事人和法官都有真实陈述的义务，此种真实的标准对应当事人的内心主观世界的认识，并不是要求一定要与客观事实相符合；第二，当事人和法官均不得故意拖延诉讼，虚假诉讼；第三，"禁反言"即禁止当事人与法官在诉讼中作出相互矛盾的行为，不得随意否定先前的行为或言语。处分原则是指当事人在我国法律范围内，可以自主选择如何使用自己的民事实体权利和诉讼权利，表现在民事诉讼程序中为有权决定起诉开始和诉讼结束的权利，以及起诉的范围、实践与内容。同时，当事人自主处分自身权利的过程也是当事人参与沟通的表现，当事人通过实施和表达言语行为，表达他们的好恶、情感和愿望，也是推动沟通行动不断开展的方式之一。

三、行政司法程序内的商议

行政商议式司法是指行政诉讼中，在法官的主持下，利用对话、沟通、协商等方式，尽量化解行政机关与行政相对人之间的矛盾，减少对抗，促成纠纷合理解决的方式。行政商议式司法存在的首要难题是行政诉讼双方在地位上存在着天然的不对等，对抗性较强。因此在行政司法程序中实现双方沟通商谈的地位平等，弱化双方的对抗是保证沟通结果具有公正性和合法性的关键。在行政诉讼程序中建立规范的程序制度对于促进双方平等参与，了解案件相关信息，自愿表达自身要求，实现真正的沟通与商议具有重要意义。我国《行政诉讼法》对于规范的程序制度作了明文规定，该法第8条明确规定当事人在行政诉讼中的法律地位平等。第3条规定法院应保障公民、法人和其他组织的起诉权利，行政机关不得妨碍诉讼，必须出庭应诉。此外还有多项具体制度也充分保障了公民的诉讼权利，譬如被告对作出的行政行为负有举证责任等。

对于行政诉讼中的调解与和解，我国《行政诉讼法》第 60 条明确规定法院审理行政案件不适用调解，但同时也规定了例外情况。[1] 上述规定主要考虑到，行政诉讼主要审理具体行政行为的合法性，此合法性的判断有明确的事实标准和法律依据，不容双方当事人相互协商。但是在行政赔偿、补偿以及行政机关行使法律、法规规定的自由裁量权的案件中，当事人双方对其权利享有实体上的处分权，因而此类案件可以调解。《行政诉讼法》中没有对和解制度进行规定，但是《行政诉讼法》第 62 条规定的内容，也为和解后程序的开展提供了操作的可能性。[2] 即原告提出申请，经法院同意可以撤诉。其原因主要就是司法机关居中协调化解矛盾，使双方形成了实质性和解，最终原告实现诉讼目的而撤诉。在我国的司法实践中较高的行政诉讼撤诉率也形成了印证。从全国范围看，据统计，2018 年我国各级法院共受理 25 万件一审行政案件，其中 20% 当事人最终撤诉，而撤诉原因主要是他们的问题得到了较好的解决。[3] 在地方上也有不少案例，如 2015 年海南省第二中级人民法院受理行政案件 426 起，协调撤销案件 93 起，撤销率为 21.83%。据报道，该法院积极发挥法官在协调行政案件中的主导作用，努力缓解当事人与行政机关之间的对抗和冲突，平衡各方利益，引导当事人通过和解解决纠纷。[4] 目前学界对于行政诉讼程序存在争议，在立法上未对行政诉讼程序中的和解制度进行明文规定，但在实务中呼吁和解制度入法的声音不绝于耳。本书也认为行政诉讼程序可适用和解制度，在适当的时候可以形成相关立法。

---

〔1〕《行政诉讼法》第 60 条规定："人民法院审理行政案件，不适用调解。但是，行政赔偿、补偿以及行政机关行使法律、法规规定的自由裁量权的案件可以调解。调解应当遵循自愿、合法原则，不得损害国家利益、社会公共利益和他人合法权益。"

〔2〕《行政诉讼法》第 62 条规定："人民法院对行政案件宣告判决或者裁定前，原告申请撤诉的，或者被告改变其所作的行政行为，原告同意并申请撤诉的，是否准许，由人民法院裁定。"

〔3〕曾金秋："2018 年一审行政案件中有 20% 的当事人撤诉"，载搜狐网，https://www.sohu.com/a/342474681_ 313745，最后访问时间：2019 年 11 月 1 日。

〔4〕"海南二中院 2015 年受理行政案件 426 件，93 件协调撤诉"，载海口网，http://www.hkwb.net/news/content/2016-01/08/content_ 2786987.htm，最后访问时间：2019 年 11 月 1 日。

第四节　商议式司法理念之根：以法律规范评价为分析进路

与传统对抗式司法不同，商议式司法本质上是一种合作型司法，诉讼参与人通过自愿平等的商谈与沟通过程，在程序选择、事实认定、证据采信和责任归结等方面达成合意，形成共识性裁判的模式。但我们可以进一步追问，商议式司法是否仅仅包含上述模式，对抗式司法在形成判决过程中是否也要经过商谈论辩的过程，是否也体现了商谈的理念？

探析这一问题需要我们追根溯源至法律规范评价本身，因为司法适用的本质即是法律规范评价。本部分将以刑法中的定罪量刑为例，由点及面，以法律规范评价的内在规定性为分析进路，呈现其中事实与价值的面貌，从而更好地理解商谈在法律规范评价过程中的内在逻辑。

一、刑法规范评价中价值与事实的张力

（一）价值否定论

李斯特和贝林开创的古典犯罪论体系将犯罪构成要件看作纯粹的事实要件，认为犯罪构成要件的该当性与价值判断无涉。在实证主义盛行的背景下，法律领域也倾向于将经验置于优先于价值的地位，他们认为价值是虚无的、无法证实也不具有严格的逻辑必然性，因而拒绝将法律适用建立在价值评价基础之上。在刑法建设初期，古典犯罪论体系更好地贯彻了罪刑法定原则的精神，严守法治国的信念。

我国借鉴了苏联的四要件体系，将犯罪构成机械地分割为"主体、主观方面、客体、客观方面"，本质上是对事实判断的平面分割，然后根据法定违法阻却事由进行出罪判断，并没有为价值判断在事实定性、规范选择中预留下合适空间。即便在后来不得不承认价值作用时，也只能将价值评价强塞进客观方面的判断中，但问题是犯罪客观方面是描述性的事实，二者理论上无法相容，也不符合司法实践中"先形式后实质"的思维规律。

刑法规范评价的存在论着眼于法律事实构建犯罪论体系，在方法论上形成了司法适用的涵摄模式，将小前提的案件事实涵摄于作为大前提的法律规范之下，进而推理出法律适用的结论。如果世界是整齐划一、规规整整地对

应主体的认知，那么法律完全可以成为一种工具性存在，司法"自动售货机"不再是美谈，而会变成事实。然而法律是开放的，构建一个全能的法律概念金字塔涵摄一切行为超出了人类的能力。哈特指出概念的核心语义是清晰的，但是边界地带是模糊不清的，考夫曼认为在司法过程中究竟能不能将"盐酸"认定为法律规定的"武器"需要结合法律的目的进行解释。也就是说，在事实清楚的情况下，刑法的规范评价并非明确无误没有争议，法律解释、漏洞补充都需要价值判断的指引，正义是司法适用的最高目标。

（二）刑法规范评价的价值论

与全盘拒斥价值的存在论相对的另一种声音是全面接受价值评价。功能性犯罪理论注重预防功能对罪责认定的渗透与指导，其基本主张是：对于行为是否成立犯罪的评价，需要考虑刑法的形势政策基础。[1]功能性犯罪的提倡者克劳斯·罗克辛认为，"罪责概念只有和预防性需求相结合，才能得出行为人受刑法处罚的结论"。[2]我国有学者从事实判断与价值评价的二分出发，认为"犯罪不是生活行为的固有属性，而是将生活行为与刑法目的（保护法益）进行比较得出的价值判断。犯罪不是由事实、条件等'构成'的，不能通过认知活动来把握，而只能通过评价活动根据评价规则来把握"。[3]

将刑法规范评价完全等同于价值评价实际上只认识到刑法规范评价与一般价值评价的相同之处，而没有认识到二者之间的区别。对价值的完全肯定意味着法律事实性的边缘化，但事实性也是法律的基本属性，法律规范兼具事实性与价值合理性，将刑法规范评价等同于价值评价的主张无法为事实性提供有力的解释。价值与事实的关系应该在刑法规范评价的内部进行消解。否定定罪量刑的事实性，脱离对事实的恰当定位，刑法规范评价难免落入不确定性的窠臼中。

（三）中间道路：局部承认价值评价

在新康德主义思潮影响下，价值全面介入法学领域。拉德布鲁赫从"存在"和"应然"二元区分中建立法哲学体系，但他并不认为法律是价值无涉

---

〔1〕 周光权："价值判断与中国刑法学知识转型"，载《中国社会科学》2013年第4期。

〔2〕 ［德］克劳斯·罗克辛：《德国刑法学总论》（第1卷），王世洲译，法律出版社2005年版，第125页。

〔3〕 邵维国："犯罪只能是价值判断"，载《法商研究》2009年第4期。

的，法学的任务就是把法与价值相连，认为价值、意义和目的才是法哲学的研究对象。刑法学界开始将规范与评价纳入犯罪构成要件，"构成要件并非纯然评价中立的，而系具有评价的规范要素存在"。[1]反对古典犯罪论仅进行事实判断的做法。这一思路激活了刑事司法中的价值评价，但终究，价值的地位还是没有摆正，它与事实判断的地位是基本等价的，甚至更多地属于从属地位。

刑事司法中，价值获得了辩证推理的辩护，有了一席之地。越来越多的人认为，"法官的裁判过程是事实判断与价值判断两者的结合"。[2]但一直没变的，是人们对价值判断的担忧，"先进的法律制度往往倾向于限制价值论推理"，[3]博登海默认为，只有在分析推理无法解决问题的疑难案件中，才有价值辩证推理的适用空间。这一观念对我国法学界影响巨大，以至于在很长一段时间内我国刑法方法论对价值论证的基调是："形式逻辑必须居于主导地位，而辩证逻辑则是对形式逻辑的必要补充。"[4]

本书认为，刑法规范评价中价值的地位还没有得到正确的论证。价值否定论完全拒斥价值评价的做法，只看到了刑法背负的现实任务，忽略了刑法的价值目标导向。中间道路只看到了价值评价在疑难案件中的分量，没有认识到刑法规范评价与价值的内在关联。而法律适用的价值论完全将刑法规范评价等同于价值评价又走得太远，毕竟，规范不等于价值，规范评价与价值评价相关但又不完全等同。正本清源需要从刑法规范评价自身去剖析，从事实判断、价值判断、规范评价的内在联系中寻求价值的正确定位。

二、刑法规范评价的内在规定性

（一）定罪量刑本质是一种评价活动

世界万物的存在是客观的，而我们认识的世界是经过语言和思维加工后呈现的状态，概念、判断、推理是人类认知世界的基本方式。对一个客观实

---

〔1〕　柯耀程：《变动中的刑法思想》，中国政法大学出版社 2003 年版，第 15 页。

〔2〕　黎丽："价值判断之于法官"，载《法学》2003 年第 6 期。

〔3〕　［美］E. 博登海默：《法理学：法律哲学与法律方法》，邓正来译，中国政法大学出版社 2004 年版，第 528 页。

〔4〕　郝铁川："论逻辑思维与法律思维"，载《现代法学》1997 年第 3 期。

体，我们通过认识它的属性来习得知识，事物的属性基本可以分为两类，主体通过感知和认识形成两类判断：一类是事实判断，描述的是事物的事实属性，比如，颜色、长宽高、运动还是静止，它是事物本身固有的、客观的，主体通过概念、判断进行认知；另一类是价值判断，它涉及对象对主体的意义关联，反映主体的偏爱、需求或者对象效用对主体需求的满足，是评价性的。比如，同样一个榴莲，它释放的气味是它的事实属性，有的主体觉得它难以忍受，而有的主体觉得它芳香迷人，这源于价值属性关涉不同主体的需要和主观偏爱，因而形成了价值评价的相对性。也就是说，价值属性（好坏善恶等）不是事物本身固有的，它是主体赋予事物的一种评价，评价的依据是主体自己的需要、好恶、目的和标准。事实判断和价值判断的区别在于：事实判断的内容与主体因素无关，意在呈现事物本身固有的属性和规律；而价值判断的内容必须有主体因素的介入，其生成依赖于主体的心理背景、认知图式、评价标准等。事实判断有一个客观的"真"之标准进行检验，而价值评价并没有一个这样的"真"之标准，[1]对于协调共同行动的价值选择与价值导向需要诉诸主体间的共识。

如果定罪量刑只是简单的事实认知，那么刑法适用应该具有百分之百的确定性。在于海明案中，案件查明的事实判断包括："刘某在击打过程中将砍刀甩脱，于海明抢到砍刀，刘某上前争夺，在争夺中于海明捅刺刘某的腹部、臀部，砍击其右胸、左肩、左肘。"但即便在查清事实后，对于海明的行为属于"故意伤害罪"抑或是"正当防卫"仍然存在巨大争议。事实判断借助于证据链可以基本还原，任何人对它的反驳只能提供新的事实证据证明原有证据的瑕疵。但无论是"故意伤害罪"还是"正当防卫"都不是行为的本质属性和固有规律，而是法治社会为了维持社会秩序对行为的评价，表达社会主体对这种行为的否定、贬抑或肯定、支持，本质上是一种评价活动。刑法规范评价并非在于揭示行为的本质属性和内在规律，而在于揭示行为对社会的

---

〔1〕 这一点并非没有争议，例如，根据王海明先生的伦理学真理论推导公理，如果客体事实判断为真且主体需要判断为真，那么可以推出价值判断是真的。参见王海明：《伦理学方法》，商务印书馆 2003 年版，第 331 页。但是，这种判断只适合于相对简单的功能性价值判断，对于相对复杂的协调社会行动的价值判断，并没有一个清晰的标准来判断真假。法律是以实践理性为导向，涉及的价值取向关涉授予权利与科以义务的利益之争，那么价值评价的标准本身就是一个争议性存在，法律需要的是经过商谈、谈判后形成的价值共识来提升法律的价值合理性。

意义关联，评价主体的不同造成了结果的差异性。

（二）刑法规范评价不等于一般价值评价

定罪量刑是一种评价活动，是刑法规范评价，是以刑事法律为标准对行为事实进行的规范评价。法律规范评价与价值评价本质上都是评价，法律规范凝聚了社会基本共识，是价值观念的社会历史积淀，是价值目标、价值诉求经由法定程序生成的，法律规范是价值的制度化、规范化，是可普遍化的行动规范，体现了可普遍化的价值期待。因而法律规范评价本质是一种特殊的规范性价值评价，与事实判断共存于法律规范评价中。

定罪量刑是一种刑法规范评价，规范评价与价值评价是有区别的，我们需要警惕的是一种将规范评价完全等同于价值评价的倡导。有学者认为，"犯罪只能是价值判断"，[1] 这种说法陷入了"规范评价等于价值评价"的误区。本书认为，犯罪不是生活行为的固有属性，只能通过评价活动来把握，但同时，刑事司法中的定罪量刑不是一般的价值判断，而是法律规范判断，上述学者的说法显然将法律规范评价与价值评价划上等号，然而这是两种不同的评价方式。（1）评价方式不同。规范评价以合法/不合法二值存在；价值评价以是否合理、是否恰当为评价形态。（2）强制性不同。法律规范的适用具有强制性，是以国家强制力为后盾的；而价值的适用是被建议的，被违背的情况并不会受到国家强制力的惩罚。（3）适用标准与范围不同。一般价值评价以评价主体的标准和目的进行评价，评价主体的个性、知识系统、价值观念、情感、意志与评价结果直接相关。刑法规范评价是按照刑事法律的标准和目标进行价值评价与衡量，代表了社会整体的价值取向，并且评价域是法定的事实要素。（4）可普遍化程度不同。法律规范涉及社会整体利益，也关涉每个个体的利益，因此必须满足对所有人都好的正义视角。但正义只是个体所秉持诸多价值取向中的一种，并且不一定是优先于其他价值的选择。

刑法规范评价的价值论将定罪量刑建立在评价基础之上，是否会陷入法律现实主义的担忧？毕竟，价值评价具有相对性、主观性、易变性和不确定性，在不同的利益需求、偏好、情感和目标导向之下，不同主体会作出不同的价值判断，而这些价值判断，可能完全相反但其论证又各有千秋。但法律

---

[1]　邵维国："犯罪只能是价值判断"，载《法商研究》2009 年第 4 期。

的形式化要求的是一种可重复性程序设置，使得法官是可替代的，即任何法官在相同的程序中都能得出相同的结论。评价的不确定性继而危及法律的确定性，那么，刑法规范评价如何实现人类理性对秩序的追求？毕竟，秩序的基本要义在于给予行动合理预期，在于法律调整社会生活的确定性，因而如何消解评价的相对性与法律形式化之间的悖论是刑法规范评价必须解决的问题。

（三）刑法规范评价是价值对事实的统摄

为了统合刑法规范评价中事实判断与价值评价，有学者主张"以事实与价值一元论为基础构建一元评价体系"，论据是"事实与价值二分的崩溃"，"根据一元论，犯罪构成的事实判断与价值评价应当是辩证统一的有机整体"。[1]最先提出事实与价值二分法崩溃的是普特南，他认为一些词语，例如"冷酷"，兼具描述性和规范性。[2]不得不承认，对某一事物的判断是在一定文化背景中生成的，已有的价值观念指引着主体的认知，普特南的观点混淆了"受价值观念指引的判断与自身包含价值诉求的判断"，[3]休谟意义上的事实与价值如果都置于价值观指引下分析，则这样的划分不再有任何意义。事实判断与价值判断的二分在于：前者描述事物客观属性，后者探讨事物对人的意义。本书认为，刑法规范评价是事实判断与价值评价的有机整体，但其理论基础不在于"事实与价值二分的崩溃"。就好比静止和运动，我们是在概念对比分析中得以认识与其相对的另一概念，但不能否定静止和运动二分的方法和意义。

刑法规范评价实现了事实与价值的统一。刑法规范评价建立在承认事实判断与价值判断二分的基础上，但刑法既不仅仅是事实系统，也不仅仅是价值系统，而是规范系统，"是事实与价值的统一体，是价值对事实的统摄"。[4]刑法规范评价之所以能够统合事实与价值，在于价值评价不能脱离事实而独立存在，

---

〔1〕 彭文华："犯罪构成：从二元论体系到一元论体系——以事实和价值关系论为视角"，载《法制与社会发展》2012 年第 6 期。

〔2〕 参见 ［美］希拉里·普特南：《事实与价值二分法的崩溃》，应奇译，东方出版社 2006 年版，第 43 页。

〔3〕 文兵："普特南论事实与价值之分离之谬：普特南《事实与价值二分法的崩溃》述析"，载《南京社会科学》2009 年第 10 期。

〔4〕 张斌峰主编：《法学方法论教程》，武汉大学出版社 2013 年版，第 89 页。

规范事实的认定又不能脱离价值指引，法律集事实性与规范性于一身。[1]犯罪的本质既不仅仅是形式上的"刑事违法性"，也不仅仅是"法益之侵害"，毋宁是二者的结合，既有法益侵害的事实，又受到刑法的否定性评价，缺失任何一个方面都不是犯罪。有学者即认为，法律适用的大前提法律规范的逻辑结构应当是 $\forall(x)(Fx \wedge Vx \rightarrow OPx)$ 而不是 $\forall(x)(Fx \rightarrow OPx)$，小前提的逻辑结构应当是 $Fa \in Fx \wedge Va = Vx$ 而不是 $Fa \in Fx$，结论为 OPa。[2]

价值导向经过立法过程形成以语言表述的调整行为的法律规范，但价值并没有完成它的使命，法律的确定性与开放性之间的张力需要价值判断的指引去弥合。法律判断存在多个可选择的答案时，要从这些答案中依据正义、公平、正当程序与整体性原则选择一个最佳的答案，价值权衡相当于法律适用的掌舵者，指引着法律推理朝着符合人类理性和正义感的方向前进。价值始终是法律的精神内核，并非只在疑难案件中才涉及价值推理与权衡，只不过在简单分析推理中，案件事实与法律规范中的事实要素较容易等置而忽视了价值的作用。

三、法律规范评价的客观规约与商谈空间

（一）法律规范评价的客观规约

1. 价值评价的语境考量：法定事实要素

价值评价在具体语境中生成。在语言语境中，语境包括上下文蕴含的因素，在非语言语境中，一个事件的语境包括显性因素：主体、时间、对象、方式等，也包括隐形因素：宗教、文化背景、风俗习惯、心理状态、价值观念等。语境的差异形成了价值评价的相对性，伴随价值相对性而生的是法律的不确定性。价值在法律适用中曾经因为法律现实主义的诟病而被视为洪水猛兽，将"法律是逻辑严密的规则体"转变为"法是法院或法官的实际行

---

[1]　事实性体现为一种客观存在或强制性力量，规范性彰显法律的价值有效性，但规范又不等于价值，规范具有刚性，价值体现弹性。与分析法学强调事实、自然法学强调价值不同，哈贝马斯通过诉诸一种保障"公民自决"的程序主义进路实现了二者的弥合："法律的合法性来自一种立法程序，而这种程序本身又是以人民主权原则为基础的，即合法性来自合法律性。"参见［德］哈贝马斯：《在事实与规范之间：关于法律和民主法治国的商谈理论》，童世骏译，生活·读书·新知三联书店2014年版，第105页。

[2]　张继成："从案件事实之'是'到当事人之'应当'——法律推理机制及其正当理由的逻辑研究"，载《法学研究》2003年第1期。

为"，认为只有现实中的法律才是真实的法律思想，其中蕴含的一个前提即：价值评价等于规范评价。

日常生活中的价值评价都只有在切合具体语境的情况下才能说是恰当的，但刑法规范评价并非考量一切语境因素，而只采取对社会比较重要的语境要素进行考量，是对语境要素的裁剪。例如，主体心理要素，故意和过失是法定的语境要素，而不考虑其价值观念、宗教信仰和知识系统。法律规范的事实性除了强制力量的后盾外，更在于，其落脚点在具体的行为事实，只有具备法律规定的事实要素才能给予特定的规范评价。我国刑法规范评价的"四要件说"包括主体（身份、年龄等）、主观方面（故意、过失、精神状态等）、客体（财产、身体等）、客观方面（方式、手段等），既是法律规范规定的事实要素，也是规范评价的语境要素。可以说，法律规定的事实要素是刑法规范评价的法定语境要素，是刚性的评价规则，事实要件不具备，不可能得出相应的规范评价。例如，谭秦东案件中，没有"损害商业信誉商品声誉罪"的行为事实——指捏造并散布虚伪事实，损害他人的商业信誉、商品声誉，给他人造成重大损失或者有其他严重情节的行为，不可能被评价为犯罪。规范所蕴含的事实因素是刑法规范评价必须考量的，是刑法规范评价的权威来源，司法工作者不能超出刑法规范的范围做其他类型的超规范评价。

承认刑法规范评价的评价本质和属性是对传统刑法理论和法学方法论的一个颠覆，不论是价值否定论还是部分承认价值适用的中间道路都认为，只要立法完成，价值就已经固化于法律规范之中，司法适用只要去遵从规则之治即可，价值在司法适用中没有作用的空间或仅有有限的空间。将规范事实作为评价的规范语境，虽然外部呈现的是既包括事实评价又包含价值评价，但其根本底蕴在于价值相对于事实的绝对根本性地位和统领性地位，而法定事实因素又成为价值评价的有力制约，事实的确定性（核心语义的相对确定性）贡献了规范评价确定性的绝大部分力量，也正是基于此，忽视价值的形式推理成为主流方法论。

2. 法律规范评价的逻辑分析进路

佩雷尔曼曾失望地断言："价值判断的逻辑根本不存在。"[1]但是最高或

---

〔1〕 ［比利时］佩雷尔曼："逻辑学与修辞学"，许毅力译，载《世界哲学》1988年第4期。

最终极的价值规范无法从事实推导出来，并不意味着价值推理没有应该遵循的逻辑法则，价值命题之间逻辑的、必然的分析推理仍是价值论证与选择的最有力的说服方式。逻辑为价值评价提供一种理性和批判性处理，逻辑的方法使得价值概念更加精确，推理步骤更加严谨。[1]

规范命题、价值命题作为一种符号形式，符号之间有其分析性的逻辑推理关系。阿列克西对规范性命题的证立只提出简单的两条逻辑规则："任何一个言谈者均不得自相矛盾""不同的言谈者不许用不同的意义来做相同的表达"。[2]但其实，规范命题的证立需要遵循更多的逻辑规则限制。演绎推理、归纳推理、类比推理属于价值命题的语形、语义逻辑，但是不同于普通逻辑，作为价值命题的推理遵循着特殊的规则。[3]其中，有的是必然的推理关系，例如，价值演绎推理，有的是或然的、非必然的推理关系，例如，不完全归纳推理、类比推理。道义逻辑的研究也为规范命题的推理提供了诸多有效规则。

但是关于规范评价的逻辑分析进路，虽然已经认识到，"深入探讨法律的实质推导规律、规则与方法，建立法律的实质推导系统是法律推理研究领域的最新动向"，[4]但源于法律推理的非单调性、可废止性、动态性，将法律评

---

〔1〕 在广义逻辑观的视角下，逻辑功能体现为两个层次：语形、语义辩护和语用辩护。语形、语义辩护关注命题组成的序列，语形要求考察其中的形式关系，例如呈现的矛盾关系、推演关系、一致或者不一致等。语形有效考察命题序列之间的形式关系，但抽离了命题的语境，缺乏对前提的适切性考察。语用有效需要考虑理据、后果以及对争议点能否有效解决，它包括 a. 前提是否被充分接受；b. 前提与结论相关，除了直接相关，也可以间接相关；c. 所有前提放在一起足以支持结论，使结论具有可接受性。参见熊明辉："论证评价的非形式逻辑模型及其理论困境"，载《学术研究》2007 年第 9 期。

〔2〕 参见［德］罗伯特·阿列克西：《法律论证理论——作为法律证立理论的理性论辩理论》，舒国滢译，中国法制出版社 2002 年版，第 234-235 页。

〔3〕 在普通逻辑中，逻辑推理的前提命题和结论命题都是事实判断。价值推理也遵从着相似的逻辑推理规律，但它还有独特的规律，以演绎推理中的三段论推理为例，在普通逻辑中三段论推理是一种直言命题间接推理，是指由两个包含有一个共同词项的直言命题作为前提从而推出一个新的直言命题的推理，共有 24 个有效式。除了普通逻辑的三段论的规则必须遵守，价值命题三段论的规则还有：a. 前提至少有一个价值命题，才能推理出价值命题；b. 前提中没有价值规范命题，结论不可能是价值规范命题；c. 前提中没有价值评价命题，结论不可能是价值评价命题。（价值命题有两种语言表达方式："价值评价判断"与"价值规范判断"，前者是关于评价有无价值、有什么价值、有多大价值的判断；后者是对人的行为给予某种规定、约束或命令的价值判断，如"摩西十诫"，其标志是一般含有"应该""禁止""允许""有义务"等规范词。）

〔4〕 王洪："法律逻辑研究的主要趋向"，载《哲学动态》2009 年第 3 期。

价的语境因素全部融合进一套完备的系统之内的设想至今没有实现，毕竟形式系统的严格性、封闭性无法全然涵盖变动的语境因素。

3. 语义的可普遍化限定

法律规范评价是法官作出的权威性裁判，其裁判结果的合理性要经受可普遍化原则的检验。康德批判功利主义拉低了道德的地位，他认为道德不是形成功利价值的手段，道德应来自人的理性，其无条件的"绝对命令"第一原则即是："要这样行动，使得你的意志的准则任何时候都能同时被看作一个普遍立法的原则。"〔1〕按照理性主体的思维逻辑，不要去做你不希望它成为普遍原则的事。如果你不想别人对你说谎或者违约，那你应该不去做这样的事，不应该让说谎或者违约成为普遍规范，这与儒家的"己所不欲，勿施于人"异曲同工。但这种确立普遍原则的方式容易陷入个人主义的视角，仍然可能引起价值冲突，一个主体所意愿的不一定是其他主体希望的，同理，一个主体不希望的事，可能是其他主体所希望达成的。法官作出的规范评价就是要跳出个体思维局限，接受社会公众的价值检验。同时，需要认识到，康德将先验的人类理性作为根基，经由可普遍化原则并不能推导出一切道德价值判断，因为可普遍化原则是一种否定性论证，只能排除不正当的道德。道德价值之外的其他价值，如功利价值、审美价值等并不能从可普遍化原则推导出来。

黑尔从语言的语义分析寻找价值评价可普遍化的依据，它将语言内部划分为评价性成分和描述性成分，并且是命题中的描述性成分内在地规定了命题的可普遍化。"所有类似 a 的情况，都应当像 a 一样对待。"〔2〕而阿列克西本人将可普遍化原则形成一条商谈规则："任何一个言者，当他将谓词 F 应用于对象 a 时，也必须能够将 F 应用于所有相关点上与 a 相同的其他任一对象上。"〔3〕但是，语言的语义并不是单一的，在面对分歧、模糊、开放的语义解释时，法官也可能作出符合语义但不具有普遍接受性的裁判。将可普遍化原

---

〔1〕 ［德］康德：《实践理性批判》，邓晓芒译，人民出版社 2016 年版，第 37 页。

〔2〕 ［英］R. M. 黑尔："可普遍化"，载《亚里士多德学会年报》第 55 期。转引自 ［德］罗伯特·阿列克西：《法律论证理论——作为法律证立理论的理性论辩理论》，舒国滢译，中国法制出版社 2002 年版，第 84 页。

〔3〕 ［德］罗伯特·阿列克西：《法律论证理论——作为法律证立理论的理性论辩理论》，舒国滢译，中国法制出版社 2002 年版，第 234-235 页。

则贯彻到实处并不能局限于概念的语义解释，还需要诉诸语用学的进路。

（二）法律规范评价的商谈空间

虽然价值命题、规范命题的推理受一定的逻辑规律的限制，但单纯的语形、语义层面的价值推理并不能解决全部价值难题：（1）终极价值规则不是一个合乎逻辑推理链条所得出的结果，这些前提无法经由更具前提意义或者终极性的理由进行论证，而是与人们的信念、本性和经验相关。（2）价值推理的语用维度。价值推理包括价值演绎推理、价值归纳推理、价值类别推理（涉及对两个相似的行为能否赋予相同的价值评价）。以价值演绎推理为例，在"彭宇案"中，案发当天彭宇在医院给付原告200元钱，关于其是借款还是彭宇基于侵权的垫付款，法官运用了一个隐含的价值前提进行推理，即"任何人都不存在乐于助人的品质"，由此演绎推理出彭宇"彭宇借款给原告的可能性不大"。对于给定的大前提，价值演绎推理形式正确，但关于大前提本身是否恰当、合理却是价值演绎推理本身不能解决的，由此预留了价值推理的语用空间。（3）法律作为调节行动的社会规范，其评价的合理性内在于交往主体的理解一致，并没有一个客观标准为规范评价的合理性提供标准答案。这三个方面的原因决定了法律规范评价的语用维度。将主体、语境因素纳入价值语用逻辑的研究范式，以合理理由提升前提命题对结论命题的支持。

法律规范评价对商谈的内在诉求促成了从三段论式推理向法律论证的转化，前者侧重将案件事实涵摄于法律规范的大前提之下进而推理得出结论，后者主张通过一定的理由来支持法律适用结论的正确性。这一进路的生成是随着人们对法律演绎推理认识的深入而发生的，法律适用中的演绎推理并非自足和封闭的，法律实践远比理论丰富和复杂，它为人类实践理性的施展预留了开放性空间。当演绎推理不能解决案件事实向法律规范的涵摄时，需要论证的是，对案件事实的某一评价为什么是合理的？麦考密克将法律推理的过程分为演绎推理与二次证明，二次证明需要仔细甄别各种可能的裁判，解决"在制度中究竟什么是有意义的"的问题，是一种主观性、评价性的"后果主义论辩"，并依据一致性和协调性论辩对裁判进行检验。[1] 阿列克西将

---

〔1〕　参见［英］尼尔·麦考密克：《法律推理与法律理论》，姜峰译，法律出版社2005年版，第100页。

法律证立划分为内部证成与外部证成，前者相当于麦考密克的演绎推理，后者相当于其二次证明。说到底，二次证明和外部证成解决的都是法律规范评价的正确性宣称问题：为什么对一个案件事实作出这样的规范评价是合理的？为什么是这个规范评价而不是别的选择？

法律规范评价的商谈进路将对可普遍化原则关注的重点从单个主体转移到主体间对话式的把握。所有商谈的参与者在理想的言谈情境中进行商谈、沟通，其结果和产生的利益影响能够为所有相关者接受，这种目标的实现，依赖一种程序主义进路来构建。程序的本质特点不是形式性或实质性，而是过程性和交涉性。在程序主义进路中，各方的意见和理由被充分展示，任何一方，包括法官，都有说服他人的论证机会，最佳意见和理由在多主体的对话论证中逐渐被凸显出来。阿列克西提出的诸多程序规则其目的在于充分释放相关主体的话语力量，在寻求百分之百确实性无法达成的情况下，依靠商谈规则，实现规范性命题的可证立性与可接受性。

四、广义商议式司法：通过商谈实现价值权衡

以上论述的是在刑法领域，一般司法判决的形成过程。可以看出，刑法的规范性评价因循商谈进路，推广来看，不仅是在刑事领域，其他任何领域的司法判决都应基于商谈论辩的进路来权衡多元价值和实现的可接受性。可以说，法律是价值的客观化，通过立法将行为类型化实现行为期待，但这并不意味着价值问题可以一劳永逸地解决，司法是法律规范的应用，在具体情境中实现对价值与规范的权衡与选择。但价值终归具有相对性，在不同的价值导向下，案件事实的认定、法律规范的选择以及法律方法的选择都可能出现分歧。价值导向仍然存在于司法适用中，并且并非只存在于疑难案件中，只是疑难案件放大了价值争议。价值导向存在于任何案件中，只是对一般案件的价值评价与法律规范评价较容易划上等号因而被忽视了。但只要承认司法适用之评价的本质，就必须承认商谈在司法过程中的必要性，因为商谈是实现法律规范评价正当化的必然之路，并非像自然科学仅凭归纳推理、演绎推理得出结论，规范评价之合意必然经商谈达成，最终形成具有可接受性的裁判结果。换言之，不同价值观之间的冲突，不可能通过强力、压制或者威胁来解决，只能诉诸平等基础上的沟通与商谈。因此，正当合理的司法判决，

也必然应该建立在法官以及各方参与人平等商谈基础之上，通过商谈化解价值冲突达成合意。正如哈贝马斯所言，"司法判决的正确性之衡量标准，说到底是判决过程对那些使公平判断成为可能的沟通性论辩条件的满足程度……司法判决本质上就是合作寻找真理的论辩过程"。[1]在本书看来，这种通过商谈论辩形成合理判决结果的司法过程，可以称为广义的商议式司法。

广义商议式司法的关键词是沟通、说服与共识。裁判具有合理性、可接受性的条件包括事实认定正确和价值评价合理。其中，事实认定可以经由证据链印证，经过合理的价值评价才能最终形成可接受的规范评价。许霆案、于欢案之所以引起巨大争议，并不是公众对发生的客观事实有争议，而是因为基于不同的价值导向形成了法律解释、法律规范评价之间的差异。法律规范评价本质上作为一种评价，并非等同关于事物事实属性的事实描述和事实判断。我们无法以某种客观实在为标准进行主—客二分意义上的"真"之判断，无法找到一个唯一的"真"，鉴于评价的相对性，对同一事项会产生多种评价。法律规范评价的作用在于产生一个普遍可接受的结果规范人们的行为，那么依循什么样的一个标准才能说一个法律规范评价是合理的？正如哈贝马斯所言，"很少有人能单纯从自身出发寻求到实践中的真理，只有在相互论证与商谈的过程之中，使得每个人都必须考虑对方的观点，从而最终产生一种有效的真理性认识"。[2]

因此，广义商议式司法探究的是具备可接受性的司法判决如何基于商谈论辩而形成的过程，在这一过程中，法官发挥着重要的作用，法官如何运用最佳理由说服当事人甚至普通听众，显得至关重要。对法官而言，如果司法裁判缺乏说理与论证，裁判文书将只会呈现为"案件事实+法律规范=判决结论"的模式，包括诉讼参与主体在内的听众无从得知法官进行价值评价与价值选择的过程。修辞说理的欠缺无法使当事人心悦诚服地认可裁判结果，甚至动摇司法的权威性。那么，法官进行价值衡量和价值评价的标准是什么？法官个人的价值评价无法成为可普遍化的标准，也无法说服普通听众真正地

---

〔1〕［德］哈贝马斯：《在事实与规范之间——关于法律和民主法治国的商谈理论》，童世骏译，生活·读书·新知三联书店 2014 年版，第 280-282 页。

〔2〕［德］哈贝马斯：《对话伦理学与真理的问题》，沈清楷译，中国人民大学出版社 2005 年版，第 2 页。

接受。具有说服力的是那些被普遍遵从的、具有可普遍化的价值，就像哈贝马斯所说的"终极准则"和"终极根据"不再是客观的存在，它们只存在于商谈沟通的论辩过程中。通过商谈和论辩，社会成员的个体利益和价值观念被理解，同时社会成员的价值观念也要接受其他司法参与主体的批判性审视的检验。商谈主体各方的利益和提出的任何主张都可以成为论证的对象，并经由更好的理由获得裁判权的支持，法官借由普遍化的价值导向进行法律规范评价，因而可以实现对普通听众的说服。

在广义商议式司法中，法官应基于商谈论辩的精神，说服当事人以及普遍的社会听众，以更好的理由作出合理判决。这是广义商议式司法的重要一面，而另外一面，社会公共领域的商议也会影响和促进法官形成判决的过程。公共领域中的商议具有自己独有的特征，主要表现在公共领域具有公共性与多元性，独立性与自由性，强调对政府的批判和理性的守护等。[1]社会公共领域的司法商议过程，是商议式司法中涉及主体类型最多、最为广泛的商谈领域。各类主体通过各种渠道和媒介表达自身对司法案件的意见和判断，引起社会上对该类案件的热烈讨论，从而产生公众道德观、价值观的分歧或政治上的争议，形成对应的社会舆论，促成更为合理的司法裁决，甚至会发现法律中的漏洞或局限，最终还会形成公共意见，导致法律的修改或废止。

社会公共领域的司法商议是从外在的社会视角出发，对疑难案件的裁决（并不局限于通过商议方式结案，而是涵盖所有形式）进行涉及法律、道德、伦理、政治等方面的商谈。这一领域近似于前述立法商谈中的公共领域，这种公共领域的讨论专业性更少，而是蕴含着更多的伦理性与道德性。尤其是在互联网和自媒体飞速发展的当代社会，信息传播速度和公众获取信息速度进一步加快，因此吸引了更多的人参与，进行更为广泛的辩论。但各类主体从自身角度出发，对于案件的同一行为作出不同的价值判断和选择，这就需要司法机关在面对社会舆论时，基于法律与道德作出正确的判断和价值衡量，使司法裁决具有合法性和可接受性，引导社会正确价值观念的形成。

以张扣扣案为例，案件充斥着法律与人情，事实与价值的激烈冲突，由此公众产生了两种截然相反的观点。一部人认为，张扣扣的杀人行为符合我

---

〔1〕　参见李佃来：《公共领域与生活世界——哈贝马斯市民社会理论研究》，人民出版社 2006 年版，第 95-99 页。

国传统道德中的"为父母复仇合法"；另一部分人则认为，张扣扣有预谋地残忍杀害三人的行为已经构成故意杀人罪，造成了严重的社会影响，应当判处死刑，否则在一个允许复仇的社会，公民最基本的生命权都难以得到保障。在这一案件的裁判过程中，司法机关、当事人、社会公众进行了充分的商议。尤其是在社会公共领域，社会公众积极参与和发表意见，使得专业化的司法辩论可以为大众所了解与认识，不局限于特定场所之内的特定当事人，而是面向普遍的社会公众，最终将在市民社会中形成一种广泛的持久的商议共同体。同时司法机关对于案件相关信息及时公开，保障公众的知情权，对于社会公众参与商议进行正确引导，对于案件依法依理作出判决，最终在全社会范围形成了一个良好的教育和引导作用，充分发挥了商议式司法的优势。

社会公共领域的司法商谈同立法领域的商谈存在联系与区别，在社会公共领域的司法商谈过程中，通过具体的司法案例更能吸引公众对司法案件背后的法规进行反思，这种反思与讨论往往会形成更为规范的法律解释，譬如，"孙志刚案件""许霆案件""827昆山反杀案"都促进了法律和司法解释的完善。在这个意义上，这种最为广泛的商议式司法也是一种立法商谈，通过公共领域的商谈，司法与立法实现了紧密的勾连。同时社会公共领域的司法商谈与社会公共领域的立法商谈存在区别。首先，社会公共领域立法商谈的程序更具规范性，立法机关主动推动社会公共领域立法商谈的开展，召开立法听证会、在官网公布立法草案征求公众意见、开展调研、组织专家学者开展立法咨询会，充分吸收公众建议，并及时对公众建议的采纳情况进行说明回馈。而社会公共领域的司法商谈多为公众主动参与其中并发表相关建议，并未形成规范的固定机制。其次，在社会公共领域的立法商谈中，耦合机制是连接公共领域和立法机构不可缺少的中间环节。政治意见或社会民意本身并非政治议题，它虽然浮现在社会空间，形成了社会压力，但必须经过相关渠道或体制过渡、整合与传递，才能转化为政治议题进入立法机构。但在社会公共领域的司法商谈中，缺乏有效的耦合机制，社会公众的意见尽管形成了社会舆论，但是难以受到司法机关的有效吸收和反馈，尤其是普通公众的意见。最后，社会公共领域的司法商谈和立法领域的商谈具有不同的关注重点和功能定位，社会公共领域的司法商谈关注具体的司法个案公正，社会公共领域的立法领域关注立法文本的合法、科学、民主和社会正义。因此社会公共领域的司法商谈尽管可以发现法律的漏洞，弥补立法上的缺陷，但不以规范法律文本为主要功能。

质言之，广义商议式司法从本质上与民主的精神相契合，倡导主体间的平等参与、自由表达，有效沟通，最终达成理性的共识。它可以推动民主在司法领域的贯彻，使得民众在每一次司法参与中都感受到民主，使得社会交往蕴含着更加深切的民主关怀。同时，商议式司法正是基于这样一种开放的民主性才具有存在的合理基础，通过在司法领域将多元评判价值观念纳入商谈式沟通的运行程序之中，使司法裁决结果具有更加广泛的合理可接受性，进而激发民众参与司法的热情。倾听普通听众的诉求和论证并不意味着民粹意义上的"舆论审判"，"民主司法"或"司法民主"不等同于单纯的人民司法。在现有权力划分体制下，审判权仍归属于法院，商议式司法理念强调的是对公众意见的听取、反馈和说服，最终形成具有普遍说服力的裁判结果，凝聚社会共识。

基于上述，我们所探讨的商议式司法不应仅仅指向与对抗式不同的合作式司法，而应该包含所有司法判决的形成过程。商议式司法不仅指合作式司法中蕴含的商议精神，也包括对抗式司法中形成判决的商谈论辩式进路。司法判决只有遵循商谈论辩的进路，通过法官、当事人以及普通听众之间广泛的商议，方能避免价值独断，成为被普遍接受的兼具形式和实质的合法合理的判决。

第七章　沟通主义法范式的证成：部门领域阐释

关于沟通主义法范式的证成，第三章基于元范式的视角进行了本体性阐释，描述了法律沟通性的不同进路，以及沟通主义法范式的基础与本质。第四章到第六章则基于社会学范式的视角进行了运行论阐释，分别阐述了沟通主义法范式在立法、执法和司法这三个法律运行层面的表现，并将其归纳为立法商谈、协商型执法以及商议式司法的相关理论与制度。本章意欲继续沿袭这一思路，基于构造学范式的视角进行部门领域阐释。如果说元范式的证成是立足于宏观视角，社会学范式的证成是立足于中观视角，那么，本章将立足于微观视角，选取刑事法领域、民事法领域以及环境法领域为代表，探究沟通主义法范式在部门领域的形成与表现。

第一节　刑事法领域：认罪认罚从宽制度

一、认罪认罚从宽制度的概念界定与辨异

认罪认罚从宽制度的关键词在于"认罪""认罚"与"从宽"，何为"认罪"？《刑事诉讼法》第 15 条规定"犯罪嫌疑人、被告人自愿如实供述自己的罪行，承认指控的犯罪事实，愿意接受处罚的，可以依法从宽处理"，从而将认罪认罚从宽制度确立为《刑事诉讼法》的重要原则。因此，认罪是指犯罪嫌疑人、被告人自愿如实地承认被指控的犯罪事实。这里存在两个关键之处，第一是自愿承认，是犯罪嫌疑人、被告人内心真实的意思表示，而不是因受到外界的压制、恐吓或诱导所致。第二是如实承认，即不仅仅要在形式上承认犯罪，并且要实质性地全面供述所指控的犯罪事实。当然，罪名是否与指控达成一致并不能强求，因为这属于法律适用问题，应由司法机关作出最后

认定。何为"认罚"？可以说，"认罪"是"认罚"的基础与前提，"认罚"则是"认罪"在逻辑上的自然延伸，即在认罪的基础上自愿接受相应的处罚结果。这里的处罚结果内涵较为丰富，既包括刑事处罚结果，也包括其他种类的处罚结果；既指接受处罚，同时也包括随后的退赃退赔等附带行为；既指接受检察机关的量刑建议，也指必须接受法院的判决。最后，"从宽"是"认罪""认罚"的逻辑结果，不仅包括实体处理上的从宽，也包括程序意义上的从宽。前者如从轻、减轻或免除处罚等措施，后者则可能导致某些司法程序的变更或终结。[1]

可以看出，在认罪认罚从宽制度中，"认罪认罚"与"从宽"是互为前提的，只有犯罪嫌疑人、被告人认罪认罚，才能从宽；同时，只有法院从宽处理，犯罪嫌疑人、被告人才能真正地认罪认罚。[2]并且，"认罪认罚"的成立决然不是司法机关单方面的行为，也不是传统对抗模式下，法院居中主持控辩双方两造对抗的结果，而是侦查、检察、审判机关与犯罪嫌疑人、被告人、被害人以及他们的辩护律师等多方主体沟通互动的结果。

认罪认罚从宽制度与刑事和解制度有很多相似之处，刑事和解制度是指犯罪嫌疑人、被告人与被害人在司法机关主持下进行商议，通过犯罪嫌疑人、被告人的真诚悔罪、积极赔偿来换取被害人谅解，以减轻处罚的制度。二者都属于协商合作性的诉讼模式，都具有商议的性质，力图通过协商的方式来修复已受损的社会关系，节约司法资源，提高司法效率。但是二者也存在很多区别。首先，制度的宗旨不同。认罪认罚从宽制度主要是在保障司法公正的前提下，提高司法效率，缓解司法资源紧张的局面。刑事和解制度虽然也有提高司法效率和缓解司法压力的考虑，但主要目的在于保障被害人的合法权益，给被害人提供在刑事司法程序中提出主张的契机。[3]其次，协商的主体不同。认罪认罚从宽制度中协商的主体是侦查机关、检察机关与犯罪嫌疑人、被告人，刑事和解制度中协商的主体则是犯罪嫌疑人、被告人与被害人。刑事和解制度的重心是犯罪嫌疑人、被告人与被害人之间权利义务的

---

〔1〕 陆洲、陈晓庆："认罪认罚从宽制度的沟通之维"，载《湖北大学学报（哲学社会科学版）》2017年第6期。

〔2〕 朱孝清："认罪认罚从宽制度的几个问题"，载《法治研究》2016年第5期。

〔3〕 ［德］汉斯·约阿希德·施奈德：《国际范围内的被害人》，许章润等译，中国人民公安大学出版社1992年版，第287页。

协商,〔1〕司法机关只是居中调停,对和解内容没有决定性影响,因此来自国家权威的压力较小。相比之下,认罪认罚从宽制度中的侦查机关、检察机关则对协商过程产生一定的影响,形成基于国家权威下隐性的压力,甚至有强制犯罪嫌疑人、被告人认罪认罚的危险。最后,被害人的地位不同。认罪认罚从宽制度的重点是考量犯罪嫌疑人、被告人的认罪态度、悔罪情节和程序选择适用等问题,对被害人关注较少。被害人的同意只是该制度启动的充分条件,而非必要条件。刑事和解制度中被害人则是和解的当事人,处于主导地位,对于是否启动和解、和解的内容、和解的结果等主要环节都拥有决定权。

二、认罪认罚从宽制度的价值维度

（一）探索合作型诉讼模式,追求公正与效率的统一

传统对抗式诉讼模式对于约束国家追诉权的不当扩张,维护被告人平等的诉讼地位,具有重要的意义。但是,这种基于两造对抗的诉讼模式也存在自身难以克服的缺陷。譬如,随着诉讼程序的不断增加,案件审结周期随之延长,在司法资源相对稳定的前提下,必然导致诉讼成本的增加和司法效率的低下。同时,对抗式诉讼模式是以"国家—被告人（犯罪嫌疑人）"的两造对抗为核心,旨在通过对被告人的追诉达到保护国家利益,维护社会秩序的目的,但却忽视了对被害人个体利益的保护。因此,有学者认为认罪认罚从宽制度是实体权利和程序权利的统一,司法机关应回归权利,以权利为基点确立新型的合作性诉讼模式。〔2〕并且,在刑事侦查与审判过程中,由于犯罪嫌疑人、被告人和公诉机关之间地位的不对等,以及对犯罪分子过于高压的打击力度,会促使犯罪嫌疑人、被告人产生消极抵触情绪,从而导致拒不认罪、翻供悔供的状况层出不穷。另外,对抗式诉讼模式通过严格的程序来保障诉讼当事人之间的对抗,是一种侧重于形式平等的程序正义,忽略了基于个案之间的差异以及当事人不同诉求基础上的实质正义。更为重要的是,这种对抗式诉讼模式虽然有较为完善的程序设置,但并不适用于所有的刑事

---

〔1〕　杜宇：《理解"刑事和解"》,法律出版社 2010 年版,第 355 页。

〔2〕　闵春雷："回归权利：认罪认罚从宽制度的适用困境及理论反思",载《法学杂志》2019 年第 12 期。

诉讼，特别是被告人自愿认罪的情况。

因此，在刑事诉讼中为提高诉讼效率，保护被害人利益，缓和犯罪嫌疑人、被告人与司法机关和被害人之间的紧张对立关系，以及满足当事人的不同诉求，更好地修复和弥补被破坏的社会关系，对抗型诉讼模式开始逐渐向合作型诉讼模式转变，基于协商合作基础之上的认罪认罚从宽制度就是一种积极的探索。

与此同时，我们必须认识到，公正优先，在保障司法公正的基础上提高司法效率是认罪认罚从宽制度的基本价值立场。如何实现程序分流和司法效率的提升，保障司法资源的投入能够最大程度上实现案件的侦破和判决，一直是司法工作人员所面临的难题之一。因此对司法效率的考量是设立认罪认罚从宽制度的重要原因。但是，在司法效率与司法公正之间，公正永远优先于效率，因为司法公正是保障人权的终极屏障。有学者指出："效率是当前认罪认罚从宽制度改革的主流追求，但应扬弃效率至上的观念，而是以人权保障为基本的价值立场，将被追溯人的权利保障与制度获益置于首位。"[1]换言之，认罪认罚从宽制度应始终以司法公正下的人权保障为首要价值追求，在保障司法公正的前提下追求诉讼效率的提升，实现公正与效率的内在统一。

（二）实现新的程序正义

沟通主义法范式在本质上是一种反思性的新的程序主义，是对形式法范式和实质法范式的融合与超越。认罪认罚从宽制度作为沟通主义法范式在刑事法领域内的具体体现，其主要宗旨在于实现融合了形式与实质的司法正义——一种新的程序正义。在传统对抗式诉讼模式中，程序正义是其根本价值追求。传统诉讼模式通过设置一系列严格的程序，赋予控辩双方平等对抗权，形成公平正义的判决结果。季卫东将程序正义的特征归结为四个方面：对恣意的限制、理性选择的保证、作茧自缚的效应及反思性整合。[2]陈瑞华认为，程序正义是一种"诉讼对抗性价值"，其构成要素主要包括程序的参与性、裁判者的中立性、程序的对等性、程序的合理性、程序的及时性与终结性。并且，程序正义所规范的司法程序要以控辩双方存在利益争端为前提，在对立双方

---

[1] 吴思远："论协商性司法的价值立场"，载《当代法学》2018年第2期。
[2] 季卫东：《法治构图》，法律出版社2012年版，第124—130页。

达成协议与和解的案件中，就失去了存在的前提与空间，或者说协商性司法只与程序正义的部分要素相容。[1]

确实，一般意义上的程序正义是一种基于对抗的价值，是在控辩双方通过平等对抗解决利益冲突的过程中，对诉讼各方参与人提出的道德要求。与传统对抗式诉讼模式相比，在认罪认罚从宽等沟通性或协商性诉讼模式中，程序正义的价值取向具有不同的表现形式，是一种基于合作的价值。

当然，如上所述，沟通性司法程序与程序正义的部分要素是相容的，这主要表现在裁判者的中立性、程序的对等性、程序的合理性、及时性与终结性等方面。

以认罪认罚从宽制度为例，法院仍然要保持中立，以公正的态度对检察机关的量刑建议进行审查，以保证其合法性、真实性和真诚性。在沟通程序中，参与各方始终处于平等地位，这是认罪认罚的基本前提。裁判的合理性是认罪认罚从宽制度的基本要求，及时性则是认罪认罚从宽制度的特点，它比普通程序更为高效快捷。然而，相容并不能掩盖两类诉讼模式中程序正义价值表现的巨大差异，这种差异主要体现在程序的参与性以及完整性方面。

程序的参与性又可称为"获得法庭审判机会"的原则，即权益有可能受到裁判影响的主体都应有充分的机会参与到裁判的形成过程中，并对结果发挥积极有效的影响。[2]在传统对抗式的诉讼模式中，程序的参与性是实现程序正义的基本构成要素。它要求所有可能受到裁判影响的人都必须在场，并且有充分的机会提出各种证据证明自己的主张，对不利于自己的证据进行质疑与反驳，法庭调查、法庭辩论等公开程序必不可少，最终的裁判也必须建立在经过反复质证和辩论的证据基础之上。但是，在认罪认罚从宽制度等沟通式的诉讼模式中，程序的参与性存在较大差异。在认罪认罚从宽制度中，整个程序一般由侦查、审查起诉与审判几个环节构成。在侦查讯问阶段，侦查人员向犯罪嫌疑人介绍认罪协商程序之后，若犯罪嫌疑人同意选择适用，侦查部门则终结侦查收集证据移送检察机关。在审查起诉阶段，检察机关对于侦查机关提请认罪协商的案件进行审查，不符合起诉条件的依法作出不起诉决定，符合起诉条件的则在征询被害人意见之后，与犯罪嫌疑人及其辩护

---

[1] 陈瑞华：《程序正义理论》，中国法制出版社 2010 年版，第 98-130 页。

[2] 陈瑞华：《程序正义理论》，中国法制出版社 2010 年版，第 99 页。

人就量刑问题进行沟通协商。若侦查机关未提出认罪协商建议，检察机关也可自行启动相关程序。经协商达成共识的，检察机关应制作认罪协商协议，并提交法院。在审判阶段，法院应在法定时间之内开庭审理，通过询问被告人、检察机关，确认认罪协商协议的合法性与真实性，并依法作出判决。

可以看出，认罪认罚从宽制度设置的初衷是提高司法效率，因此，其程序较之传统对抗式大为简化。整个程序的核心是各方当事人以较为平和舒缓的方式，围绕认罪与否以及如何量刑进行沟通，避免了两造对抗激烈冲突的局面。庭前证据的审查、评估与开示取代了庭上证据的交换与质证，法庭仅对认罪协议是否合乎法律规定，是否符合客观事实，是否出自当事人自愿进行审查，法庭调查、辩论与质证的程序均被取消。因此，这种以"沟通"取代"对抗"的程序设置，大大消减了当事人对于审判的参与程度，也消减了犯罪嫌疑人、被告人的相关权利。如无罪答辩的权利、保持沉默的权利、协议合法性前提下上诉的权利等。

因此，正是程序参与性或完整性的根本区别，导致在认罪认罚从宽制度中，程序正义的构成要素发生了重要改变，其性质也从主要偏向形式转向为形式和实质的融合。程序正义并不等同于形式正义，更不是实质正义，程序正义应是对形式和实质的扬弃，兼有两种属性的构成。平等是形式正义的核心要义，即同等情况同样对待。在传统对抗式的诉讼模式中，证据的提出、交换、质询，观点的辩论、反驳与争锋，各种程序的因循与谨守，无不彰显着基于平等基础上的形式正义。这与罗尔斯所言纯粹的程序正义较为相似，即"程序的公正证明结果的正确"。只要严格使用某种形式化的程序，那么，必然能够达到公正的结果。或者说，无论结果如何，公平的程序本身就能证明结果的正义性。[1]但是，在认罪认罚从宽制度这样沟通式的诉讼模式中，程序正义不再偏向于形式，而是形式与实质的融合。从形式上看，传统诉讼模式中程序正义的大部分构成要素依然存在，裁判者必须保持中立，当事人进行平等对抗，裁判以合理与高效的方式作出等。从实质上看，实质意味着差异，不同情况不同对待，因地因时制宜地具体分析。在认罪认罚从宽制度中，控辩双方放弃了程式化的举证、质证、调查、辩论等环节，而是基于不

---

〔1〕 曹刚：《道德难题与程序正义》，北京大学出版社 2011 年版，第 234 页。

同个案的具体情况，对量刑问题及赔偿问题进行协商。这里不存在严格的证明标准与苛刻的程序限制，控辩双方只要在符合沟通诸原则的基础上，可以进行最大限度的讨价还价，使得不同的观点、主张、价值渐趋融合，最终形成各方均满意的结果。在这里，程序正义表现为"程序与结果的合一"，即先确定一个实体正义的标准，然后将这种标准分解实现在沟通程序之中。当然，由于立场不同，控辩双方对于所谓实体正义标准的理解自然大为迥异，但是只要能够通过沟通求同存异，达成共识，那么，就可以将这些不同的实质性价值通过程序价值的范畴进行体现。也就是说，通过类似认罪认罚从宽的制度模式，将控辩双方的沟通协商转化为法律语言，置于法律程序之内，并以形式化的程序正义构成要素为约束，以沟通诸原则为保障，从而既可以在多元化的价值观下促进共识的形成，同时也可以避免诉诸法律程序之外的先验的、人为的或其他难以掌控的价值依据。

三、认罪认罚从宽制度中沟通原则之体现

在前述沟通主义法范式的本体性阐释中，我们借鉴哈贝马斯的思想，提出沟通理性是沟通主义法范式的理性论基础，言语行为的有效性要求是沟通理性的论证前提。具体言之，人们在沟通交流时，必须满足四项言语规范条件和基本原则：言语行为的可理解性、真实性、正当性与真诚性。可理解性要求只限于言语是否符合语义和句法，其他三项要求则分别对应于客观世界、社会世界与主观世界。反映在认罪认罚从宽制度中，就要求沟通协商程序必须符合客观事实、谨守法律规定并出自当事人的真实意愿。

（一）沟通之真实性原则：符合客观事实

沟通协商的内容必然要建立在客观事实基础之上，这是沟通的首要前提。在沟通过程中，参与各方应对自己的主张是否与客观事实相符合进行辩护，无论是侦查机关、检察机关还是犯罪嫌疑人、被告人或被害人，都应对自己主张的真实性提供理由。对于犯罪嫌疑人、被告人而言，从形式上承认犯罪，并且实质性地全面供述所指控的犯罪事实，这是认罪认罚从宽制度中"认罪"的基本要求，也是该制度实施的基本前提。对于侦查机关、检察机关而言，沟通程序要求的真实性证明义务主要就是对犯罪事实的证明义务。因此，在认罪认罚从宽制度中，侦查、检察机关对犯罪事实的证明标准并不能随着程

序的简化而降低。但有学者认为，"提高认罪轻案办案效率的主要手段是简化侦查和审判程序，降低证据标准"。[1]降低证明标准，达到排除合理怀疑的程度，能扩大认罪协商的适用范围，提高诉讼效率。[2]诚然，降低证明标准，以"达到排除合理怀疑"替代"犯罪事实清楚、证据确实充分"，可以提高诉讼效率，但却于法无据。"犯罪事实清楚、证据确实充分"是我国刑事诉讼法明确规定的证明标准，适用于所有的刑事案件，认罪认罚从宽制度当然不能例外。另外，擅自降低证明标准，将会破坏"疑罪从无"的刑事诉讼基本原则，造成"疑罪从有"或"疑罪从轻"的局面。其实在司法实践中，很多侦查机关、检察机关也常按照正常标准收集和获取证据。

因此，在认罪认罚从宽制度中，侦查机关、检察机关必须严格坚持证明标准，不能因为犯罪嫌疑人、被告人自愿认罪而降低要求，而应对犯罪嫌疑人、被告人认罪的事实是否存在、是否构成犯罪以及证据是否确实充分进行严格审查。当然，在认罪认罚从宽制度中，因犯罪嫌疑人、被告人一般均能如实供述犯罪事实，检察机关的重心就从当庭举证转移至庭前或庭下的审查与评估证据。

（二）沟通之正当性原则：谨守法律规定

在认罪认罚从宽制度的沟通协商程序中，正当性原则体现为沟通协商必须谨守法律规定，主要体现为参与沟通协商的主体必须由法律规定，各主体必须在法律授权的范围内进行沟通协商，协商的内容也不能超越法律限制。沟通协商应是多方主体参与的结果，其中应包括侦查机关、检察机关、审判机关、犯罪嫌疑人、被告人、被害人及其辩护律师。各方参与的权限前文已有论述，需要特别注意的是，检察机关是唯一有权向法院提出认罪协商请求的主体。侦查机关在侦查终结后只能向检察机关提起认罪协商的建议，犯罪嫌疑人、被告人在审查起诉和审判阶段，也只能向检察机关提起认罪协商的建议，最后发动认罪协商程序的主体仅限定为检察机关。一般而言，被害人往往要求严惩犯罪嫌疑人、被告人，不会主动提出认罪协商。但是，因判决

---

〔1〕 邓楚开、杨献国："构建中国式认罪协商制度的实践探索：浙江省绍兴市基层检察机关认罪轻案程序改革实证分析"，载《中国刑事法杂志》2009 年第 2 期。

〔2〕 庄永廉、张相军、顾永忠等："检察环节认罪认罚从宽制度的适用与程序完善"，载《人民检察》2016 年第 9 期。

结果直接关涉被害人利益，犯罪嫌疑人、被告人应对被害人作出合理的精神及物质赔偿，并征得被害人的原谅和同意，才能由检察机关启动认罪协商程序。另外，为保障当事人的沟通协商能力，应充分维护其辩护权利。对于可能判处较重刑罚的被告人，如果被告人没有聘请律师，必须由法院指派法律援助律师为其辩护，保证其能够真实有效地参与协商。

在沟通协商的适用范围上，学界多有争议。有人认为应当将控辩协商的对象仅仅限于 3 年以下有期徒刑、拘役、管制和单处罚金的轻微刑事案件。[1]有人则认为应限于依法可能判处 9 年以下有期徒刑、拘役、管制或者单处罚金的公诉案件，不适用于自诉案件和重罪案件。[2]但也有学者建议扩大其适用范围，认为从宽处理制度不应当有案件适用范围的限制，包括可能判处死刑刑罚在内的重罪都应当适用该制度。只有确保无论轻罪、重罪案件都有适用从宽制度的可能性，才能维护法律适用的公平性。[3]或者认为仅就刑事诉权理论而言，对控辩协商案件的适用范围不应当有所限制，最终的目标是实现所有案件的被告人都有控辩协商程序之选择权。[4]从立法上看，2016 年 11月 16 日"两院三部"印发的《关于在部分地区开展刑事案件认罪认罚从宽制度试点工作的办法》第 1 条规定："犯罪嫌疑人、被告人自愿如实供述自己的罪行，对指控的犯罪事实没有异议，同意量刑建议，签署具结书的，可以依法从宽处理。"2018 年 10 月 26 日新《刑事诉讼法》修改之后，从基本原则到具体程序增加了十三项与认罪认罚从宽制度有关的条文，占据了总修改条文的一半，形成了较为完整的认罪认罚从宽制度体系，该法第 15 条也继续肯定了 2016 年办法中确定的适用范围。从中我们可以看出，目前我国关于认罪认罚从宽的适用范围是比较宽泛的，一般意义上讲，认罪认罚从宽制度可以适用于所有的轻罪与重罪案件，这也符合法律适用的公平公正之意。同时，认罪认罚从宽制度是坦白从宽刑事政策的具体化和制度化，是宽严相济刑事政策的重要组成内容。宽严相济是贯穿指导刑事立法司法的基本刑事政策，适用于所有刑事案件，没有特殊的范围限制。因此，认罪认罚从宽制度原则

---

〔1〕　陈卫东："从建立被告人有罪答辩制度到引入辩诉交易——论美国辩诉交易制度的借鉴意义"，载《政法论坛》2002 年第 6 期。

〔2〕　谭世贵："构建中国认罪协商制度研究"，载《浙江工商大学学报》2010 年第 2 期。

〔3〕　陈卫东："认罪认罚从宽制度研究"，载《中国法学》2016 年第 2 期。

〔4〕　冀祥德："构建中国的控辩协商制度"，载《法律适用》2007 年第 8 期。

上没有限定适用的罪名和刑罚，适用于所有的刑事案件。但同时也要注意防止"一刀切"、一律从宽。要坚持宽严相济刑事政策，对犯罪性质恶劣、手段残忍、社会危害性大、群众反映强烈的案件，适用时应当特别慎重。

在沟通协商的具体内容上，学界的观点较为一致，即协商的内容应限于量刑协商，不应包括指控协商，即关于罪名和罪数的协商，这与新《刑事诉讼法》体现出来的原则和相应规定是一致的。从证据法角度来看，犯罪嫌疑人、被告人的认罪供述并不必然构成犯罪或此罪彼罪的条件，而是需要形成完整的证据链。从我国刑法罪刑法定的基本原则以及该原则支配下的犯罪构成要件理论来看，符合特定构成要件的行为即构成特定罪名，并应接受相应的刑事处罚，控辩双方无权基于协商而擅自改变。因此，无论是将重罪改为轻罪，还是将指控的若干罪名减少数量，都难以成为控辩双方协商和交易的对象。[1]但是，与量刑协商相关的负担协商应纳入协商范围之中。负担协商是指有被害人的案件中，犯罪嫌疑人、被告人向受害人承担的物质和精神层面的赔偿负担，没有被害人的案件中，犯罪嫌疑人、被告人承担的某些公益性的负担。这些负担的补偿有利于促进量刑协商的展开，并且其具体内容均是可以协商的。

（三）沟通之真诚性原则：出自当事人真实意愿

真诚性原则意味着沟通协商的内容必须出自当事人的真实意愿，是其内心真实意思的表达，排除任何外在强制与干涉。在认罪认罚从宽制度中，真诚性原则主要是指最终提交给法院的量刑建议是出自犯罪嫌疑人、被告人内心的真实意愿，而不是在侦查、检察机关的强制、诱导或欺骗下作出的。为保障该原则的实现，需要从以下几个方面加强对犯罪嫌疑人、被告人的权利保护。首先，充分保障犯罪嫌疑人、被告人的知情权。侦查、检察机关与犯罪嫌疑人、被告人进入沟通协商程序之前，应全面、如实地告知与其利害相关的所有事项，包括认罪认罚的内容、后果、从宽的幅度和限制、沟通协商的主体、内容及范围，适用认罪认罚从宽的程序，犯罪嫌疑人或被告人的各项权利等方面，使犯罪嫌疑人、被告人对认罪认罚从宽制度，特别是沟通协

---

〔1〕 陈瑞华："'认罪认罚从宽'改革的理论反思——基于刑事速裁程序运行经验的考察"，载《当代法学》2016 年第 4 期。

商的程序产生清楚与正确的认知，这是其表达真实意愿达成共识的基本前提。其次，充分保障犯罪嫌疑人、被告人的辩护权。由于犯罪嫌疑人、被告人被限制人身自由，又缺乏专业的法律知识，要使其充分知晓认罪认罚的法律后果，切实保证其决定出于内心真实意思，必须为其提供专业辩护。因此，政府应通过提供必要经费，完善值班律师和援助律师制度，切实提高辩护质量和效率。并且，律师辩护要求覆盖该制度的所有阶段，特别是侦查机关、检察机关与犯罪嫌疑人、被告人的沟通协商阶段，以及法院最后的询问阶段，律师必须在场，否则真实自愿只能形同虚设。[1]最后，保障犯罪嫌疑人、被告人的救济权。救济权是真诚性原则的最终保障，这要求审判机关在检察机关提出量刑建议之后，应通过开庭或其他方式询问被告人，对量刑建议是否出自被告人自愿进行严格审查，如果发现违背真诚性原则，应立即进行程序回转，重启普通程序，回溯至侦查阶段重新处理整个案件。

四、完善认罪认罚从宽制度的路径

作为商议式司法的典型制度，认罪认罚从宽制度在提高司法效率和维护司法公正方面都发挥了重要作用，但在具体实践运作中，由于各种原因仍然存在诸多问题，如案件证明标准过低、犯罪嫌疑人与被告人的自愿性保障不足，从宽幅度不够明确具体以及程序衔接不当等，需要我们对症下药，寻找完善该制度的具体路径。

（一）严格遵循证明标准

在认罪认罚从宽制度实施过程中，公诉机关存在降低证明标准的现象，究其根本，是因为混淆了证明标准的认定。认罪认罚从宽制度与我国现行轻微刑事案件之刑事速裁程序相衔接，而刑事速裁程序的案件证明标准为"基本事实清楚，基本证据确实"。但两者的案件适用范围存在很大的区别，刑事速裁程序仅仅适用于轻微刑事案件，又称轻微刑事案件速裁程序，而认罪认罚从宽制度案件范围没有限制，适用于所有的刑事案件。刑事速裁程序因为其案件范围的限制，一般加害人主观过错较小，对社会危害程度较低，所以仅达到基本事实清楚、基本证据确实的证明标准即可。但认罪认罚从宽制度

---

[1]　祁建建："'认罪认罚从宽制度中的律师'研讨会综述"，载《中国司法》2016 年第 7 期。

并不具备这样的前提，公诉机关降低证明标准的行为并不可取。

如前所述，有部分学者认为认罪认罚从宽制度的设计目的就在于简化程序，提高司法效率，因而证明标准可以降低，达到排除合理怀疑即可。但这种将程序简化直接等同于证明标准简化的观点不具有逻辑自洽性。因为无论实施何种刑事政策，保障案件与客观真实相符，实现司法正义始终是刑事审判的重要价值追求。认罪认罚从宽制度中虽然加害人的人身危险程度有所降低，但并不能因此降低对案件证明标准的要求。对于侦查机关、控诉机关而言，沟通程序要求的真实性证明义务主要就是对犯罪事实的证明义务，必须坚持严格证明标准，不能因为犯罪嫌疑人、被告人自愿认罪而降低要求，而应对犯罪嫌疑人、被告人认罪的基本事实是否存在、是否构成犯罪以及证据是否确实充分进行严格审查，形成完整的证据链是该制度实施的底线保障。

实践中某些地方公诉机关降低案件证明标准的问题，已经超出了自由裁量的范围，不符合现行法律规定。这种做法最直接的危害在于公诉机关会因案件证明标准的下降而出现不作为，同时也加大了暴力取证行为出现的概率。陈瑞华教授也明确指出案件证明标准不可降低，[1]他认为，在指控事实的证明标准上公诉机关没有商量的余地，必须严格按照《刑事诉讼法》《证据法》及其相关司法解释的规定，做到"事实清楚，证据确实、充分，排除合理怀疑"的最高标准。其根本原因在于无罪推定是我国刑事诉讼法的基本原则，任何人在审判前都被推定为无罪，因此公诉机关必须承担相应的举证责任。认罪认罚从宽制度的适用范围与普通案件相同，因此证明标准也必须达到普通案件的程度。

（二）保障犯罪嫌疑人、被告人的自愿性

认罪认罚从宽制度的程序设置使得犯罪嫌疑人、被告人丧失了无罪辩护和量刑辩护的机会，犯罪嫌疑人、被告人之所以选择适用该制度正是希望通过"牺牲"部分诉权来达到减少国家惩罚的目的。通过与公诉机关的沟通与协商，犯罪嫌疑人、被告人接受指控的罪名和量刑幅度，服从国家强制力给予的惩处，从而换取一定程度的司法宽容。因此，建立在双方真实自愿基础上的沟通程序是认罪认罚从宽制度的重要保障，也是沟通主义法范式的基本

---

〔1〕 陈瑞华："认罪认罚从宽制度的若干争议问题"，载《中国法学》2017 年第 1 期。

理念。

但是，在认罪认罚从宽制度的实践运用中，犯罪嫌疑人、被告人自愿性保障不足的问题普遍存在。司法机关办案过程中，对犯罪嫌疑人、被告人适用认罪认罚从宽制度的自愿性缺乏重视，甚至存在强迫认罪的情况。一些地区还出现司法机关急于寻找充足明确的证据，在没有形成完整证据链的支持下，通过引诱、隐瞒、欺骗犯罪嫌疑人、被告人来达成合意。可想而知，合意建立在非自愿甚至强迫引诱的基础之上，必然导致反悔翻供风险的增加，也必然会阻碍司法公正的实现。

强化犯罪嫌疑人、被告人权利保障是解决当事人自愿性问题的重要途径，其内容主要包括知情权、辩护权与救济权等方面。知情权是前提，辩护权是核心，救济权是保障，三者缺一不可。在保障知情权方面，修改后的《刑事诉讼法》进一步完善了权利告知程序。要求侦查人员在讯问时如实告知犯罪嫌疑人享有的诉讼权利，以及如实供述自己的罪行可以从宽处理的法律规定和认罪认罚的法律后果，检察机关审查起诉阶段也要履行相应的告知义务，审判机关在开庭审理时也应当告知被告人享有的诉讼权利和认罪认罚的法律后果，审查认罪认罚的自愿性和认罪认罚具结书的真实性与合法性。在保障辩护权方面，该法进一步强化了律师的作用。第36条规定应指派值班律师为没有辩护人的犯罪嫌疑人、被告人提供法律援助，充分保障犯罪嫌疑人、被告人的辩护权。第174条规定，犯罪嫌疑人签署认罪认罚具结书时，应当有辩护人或者值班律师在场。在保障救济权方面，第190条也明确规定，法官应当在庭前会议中充分"阅卷"，在开庭审理时详细询问犯罪嫌疑人、被告人及其辩护人对检察机关的指控与量刑的意见，对认罪认罚的自愿性、真实性与合法性进行严格审查。如果发现违反真诚性原则，应立即进行程序回转，重启普通程序，从而充分保障犯罪嫌疑人、被告人的救济权。

（三）进一步区分从宽幅度

当前，关于认罪认罚从宽制度的量刑幅度问题没有统一完善的规范可供参考，绝大部分罪名的量刑缺乏相应的细则标准，没有对认罪、认罚的不同层次进行区分并给予不同处置。认罪认罚从宽制度虽然赋予了犯罪嫌疑人、被告人与检察机关就量刑进行协商的机会，但从宽到什么程度，检察机关相对于犯罪嫌疑人、被告人具有更为主动和便利的地位。检察机关的量刑建议书和适用程序的选择建议，均能够对犯罪嫌疑人、被告人的权利产生至关重要的影响，这也容易导致犯罪嫌疑人、被告人消极抵抗或拒不认罪。因此，有学者认为检察机关的量刑建议十分重要，以精准为主、幅度为辅是较为妥当的量刑建议内容模式。[1]本书也赞同这种看法，在定罪量刑上应规定适宜的法定从宽幅度，这对于鼓励被追诉人及时认罪认罚，提高认罪认罚的积极性具有重要意义。

区分从宽幅度是由认罪认罚从宽制度的受案范围决定的。2019年10月24日发布的《关于适用认罪认罚从宽制度的指导意见》中明确提出，认罪认罚适用于侦查、起诉、审判各个阶段，所有刑事案件都可以适用，并且应当区别认罪认罚的不同诉讼阶段、对查明案件事实的价值、罪行严重程度等，综合考量从宽的限度和幅度。因此，认罪认罚可能适用于轻微的刑事案件，也可能适用于重大疑难复杂的刑事案件，如果给予不同案件相同的从宽幅度，则不符合罪行相适应的原则，也不利于犯罪嫌疑人、被告人的主动认罪。因此，要根据认罪认罚从宽制度中罪名罪行的不同在量刑幅度上加以区分，达到对被追诉人的激励效果。在衡量从宽幅度的时候，我们要坚持的几个重要原则是：认罪认罚从宽制度中犯罪嫌疑人、被告人罪行较重的量刑从宽幅度要小于罪行较轻的从宽幅度，这是基于社会危害性不同所做的考量。罪行较重的犯罪嫌疑人、被告人所造成的社会危害性更大，社会影响更为持久，其从宽幅度应该更为谨慎和保留。认罪认罚从宽制度中犯罪嫌疑人、被告人悔罪程度小的从宽幅度要小于悔罪程度大的从宽幅度，这是基于人身危险性不同所做的考量。悔罪程度大的犯罪嫌疑人、被告人更具有主动担责的意识，更愿意就自己对被害人以及社会所造成的伤害进行弥补，也更容易重新回归社会。认罪认罚从宽制度中犯罪嫌疑人、被告人认罪认罚时间晚的从宽幅度要小于认罪认罚时间早的从宽幅度，这是基于社会价值不同所做的考量。认罪认罚时间早的犯罪嫌疑人、被告人更有利于侦查机关及时收集证据侦结案件，从而提高司法效率。

（四）健全诉讼衔接机制

诉讼各阶段之间应当建立健全高效便捷的诉讼衔接机制，而在此方面认

---

〔1〕 卞建林、陶加培："认罪认罚从宽制度中的量刑建议"，载《国家检察官学院学报》2020年第1期。

罪认罚从宽制度仍然存在一些问题，这也大大制约了诉讼效率的提高。第一，法院在审前分流阶段制度设定不够完善。审前阶段缺乏有效分流机制，不起诉制度也未能充分发挥案件分流功能。第二，案件信息流转慢。案件信息流转仍然停留在物理流转阶段，多环节且繁杂的物理流转，导致各个环节的案件办理人员无法及时了解案件最新信息并开展相应工作，制约了诉讼效率的提高。第三，社会调查开展阶段晚。法院在作出是否适用非监禁刑的决定之前，往往会调查被告人对所居住的社区是否有重大不良影响，这种社会调查评估的前期准备以及获取反馈的时间都较长，而法院的审理期限是十分有限的。

　　要解决上述问题，我们可以从以下几个方面着手：首先，实现庭前程序和不起诉制度的审前分流。一方面，通过庭前会议，法官在充分阅卷的基础之上对案件整体进行大致把握，询问被告人及其辩护人对认罪认罚从宽制度的了解状况，审查其认罪是否基于自愿，从而大大缩短办案周期。通过庭前审查，可根据案件性质、刑罚的轻重以及被告人的认罪态度、赔偿情况决定适用不同的审判程序。另一方面，针对我国现今不起诉适用范围狭窄的现实情况，放宽不起诉条件，简化不起诉程序，在当前改革背景下应是比较合理的路径。在认罪认罚从宽制度改革中，可以考虑以犯罪嫌疑人、被告人认罪与否为标准构建适度放宽的不起诉制度。对于轻型犯罪可以用不起诉或暂缓起诉制度来促使犯罪嫌疑人回归社会。其次，实现案件办理的数据化。要充分借助大数据下的信息化智能辅助系统，实现案件信息流转的高效化和证据获取的共享化。打造公安机关、检察机关、审判机关三位一体的刑事办案平台，消除三部门之间的信息障碍，实现刑事办案在线运行、互联互通、数据共享。最后，社会调查前置化。由于法院的审理期限十分有限，比如，社会调查之类的辅助工作就应当提前开展，这样才能够不影响后面诉讼阶段的正常运行。比如，在审查起诉阶段，检察机关在与犯罪嫌疑人达成量刑具结之前，如果建议适用非监禁刑的，就应当提前开展社会调查评估，并将反馈结果一并移交至审判机关，以便其作出正确的判决。

第二节　民事法领域：民事诉讼当事人陈述制度

随着职权主义模式被当事人主义模式取代，当事人日益成为诉讼过程中主动的一方，法官审理的范围仅限于当事人提出诉讼请求的范围，作为判决的事实依据很大程度上取决于双方当事人提供的事实，极大地强化了当事人在诉讼中的主体地位，实现了双方当事人之间的平等对话以及当事人与法官之间的合理沟通。当事人陈述制度的确立有利于提升诉讼程序意识，彰显对公民主体的权利尊重与人文关怀，更重要的是，优化了我国民事诉讼结构。一项规则的长效运行必然需要成文化、制度化，明确具体地在法律中有所规定，当事人陈述作为民事诉讼中的重要环节，是当事人主张权利、表达诉求的重要途径，将其制度化是对民事诉讼结构的完善，是促进民事诉讼科学化、体系化的必然要求。[1]本节将着眼于民事法领域，以民事当事人陈述制度为例，分析其基本理论及存在的问题，探讨沟通主义法范式在该制度中的具体表现。

一、民事诉讼当事人陈述制度的概念与特征

（一）当事人陈述制度的概念解读

我国《民事诉讼法》第 63 条规定了民事诉讼证据的种类，当事人的陈述作为八种法定证据形式之首，对于提供案件最原始的资料、帮助法官厘清事实具有重要作用，然而这一制度的概念在民事诉讼法学界仍存在分歧，代表性观点主要有如下五种：第一，当事人陈述指的是民事诉讼中，当事人对于其所掌握的案件事实向人民法院作出的陈述，包括说明相关事实内容以及其所主张的权利等。但其中能够作为证据的仅指当事人对有关案件事实内容所作出的陈述。[2]第二，当事人陈述指的是民事诉讼中，具有诉讼主体地位的原告、被告以及参加诉讼活动的第三人，对案件有关的内容所做的说明。这

---

〔1〕　陈文曲：《民事诉讼当事人陈述理论重构——以哈贝马斯的交往理性为视角》，法律出版社 2010 年版，第 186 页。

〔2〕　柴发邦主编：《中国民事诉讼法学》，中国人民公安大学出版社 1992 年版，第 317 页。

种由于与案件结局有直接或间接利害关系的人作出的陈述，能够在结合其他证据审查对比后作为证据使用。[1]第三，当事人陈述指的是民事诉讼中，当事人所陈述的对自己不利以及有利的案件事实，对自己不利的事实包括自我的积极陈述和对对方陈述的消极承认。[2]第四，当事人陈述分为狭义上的陈述和广义上的陈述两种，前者仅指当事人所做的事实陈述，后者还包括关于诉讼请求、案件事实、案件性质和法律问题的陈述等。[3]第五，当事人陈述指民事诉讼中，参加诉讼活动的人对于案件事实作出的口头表达，即诉讼参加人对案件事实的陈述。[4]

综合上述观点，其分歧主要存在于当事人陈述内容的范围、陈述方式以及陈述主体三个方面。对此，本书选择从沟通主义法范式视角重新审视当事人陈述制度的应有内涵。首先，对于当事人陈述的范围，应从语用学角度来看，因为陈述的语言具有表现、表达以及调节功能，而语言的表现功能所对应的只是客观世界，不能将其认定为语言功能所指涉的唯一世界，所以当事人陈述的范围不应该局限于事实层面上的陈述，还应该包括内心感受以及法律层面上的陈述。其次，对于当事人陈述的方式，应当以当事人能够正确选择词句，将其所掌握的内容真实地表达、传递给对方为衡量尺度，而不只是局限于口头或书面形式。最后，对于当事人陈述的主体，我国民事诉讼理论的传统观点是利害关系当事人说，即民事诉讼中的当事人是指与人民法院最终裁判有直接利害关系的人。这一观点不加区分地将程序要素与实体要素混为一体，排除了其他与本案无直接利害关系人提起诉讼的可能性，同时在提起诉讼时就要求当事人是案件的直接利害关系人，与我国现阶段的立案登记制度不符。本书的观点倾向于程序当事人说，即民事诉讼的当事人应当是以自己的名义进行起诉和应诉，向人民法院寻求对其民事权利的保护，同时必须接受法院民事审判行为的约束，并在诉状内明确表示为原告或被告的人。程序当事人说有利于区分当事人在实体法与程序法中的概念，有利于当事人在行使诉权、维护自身利益的过程中获取更多的程序保障。基于此，当事人

---

〔1〕　[苏] 克列曼主编：《苏维埃民事诉讼》，法律出版社 1957 年版，第 266 页。

〔2〕　江伟主编：《民事诉讼法》，中国人民大学出版社 2000 年版，第 156 页。

〔3〕　江伟主编：《民事诉讼法》，高等教育出版社、北京大学出版社 2000 年版，第 142 页。

〔4〕　田平安：《民事诉讼证据初论》，中国检察出版社 2002 年版，第 230 页。

在诉讼中不仅是作为案件纠纷的亲历者，也是作为诉讼主体，其陈述的内容不仅包括证据事实，同时也包括法律事实。本书在沟通主义法范式的语境下，将整个诉讼过程看成是一种言语行为过程，"民事诉讼中的诉讼行为以言语行为为中心，言语行为中当事人陈述是基础"。[1]所以当事人陈述作为诉讼中最基本的言语行为，不应该仅仅被看成是一种证据形式，应该突出其当事人的主体地位，将其作为一种言语性的诉讼行为，这种对于当事人陈述的重新定位更加符合现代司法体制改革的要求。

（二）当事人陈述制度的基本特征

当事人陈述制度的基本特征主要有以下三个，即主体的特定性、陈述信息的多样性以及陈述内容的矛盾性。

首先，当事人陈述在诉讼中的主体是以自己的名义起诉和应诉的当事人，包括正当当事人和非正当当事人。其陈述的对象是对方当事人及其代理律师、法官，双方当事人的陈述在合法的程序与平台条件下构成了交互式的对话，在言语行为的视角下具有特定的指向性。

其次，当事人陈述的信息是多样的，不仅包括作为纠纷的亲历者向法院作出有关案件的法律事实和证据事实的陈述，同时也包括作为诉讼主体对诉讼请求的表达以及提出支持其请求的事实与理由的陈述。当事人陈述作为一种言语性的诉讼行为，其陈述内容的侧重点可以用三重世界理论作出说明，即以真实存在的客体组成的客观世界、以价值规范和社会关系组成的社会世界以及由主体对现实经历的主观认识所组成的主观世界，分别对应陈述内容中对事实的叙述、对权利的主张以及对法庭的敬畏和信服等。

最后，当事人陈述内容具有真实性与虚假性同时存在的可能。"不可否认的是，当事人陈述具有较高的存伪可能性。然而，借助外在证据判定当事人陈述的真伪不是唯一途径。"[2]真实性在于当事人作为案件经过的亲历者，目睹了案件的整体或者部分的产生、发展及结果，这是当事人对于案件的陈述具有真实性的基础。此外，当事人希望纠纷尽快合理有效地得到解决，具有

---

〔1〕 陈文曲：《民事诉讼当事人陈述理论重构——以哈贝马斯的交往理性为视角》，法律出版社2010年版，第3页。

〔2〕 包冰锋："中国语境下的当事人询问制度"，载《西南民族大学学报（人文社会科学版）》2017年第11期。

提供真实性陈述的积极性。但是由于大部分当事人作为案件经过的亲历者，和诉讼结果有着直接的利害关系，在涉及自身利益时难免会存在主观偏颇，故意隐瞒事实真相。同时，由于生理原因人脑会产生记忆偏差，在某些情况下当事人所笃定的事实并不一定完全符合客观真实，因此当事人陈述的内容具有真实与虚假同时存在的可能。

二、民事诉讼当事人陈述制度的性质

当事人陈述作为一种言语性诉讼行为，其性质属于一种商议式司法模式，是当事人基于言论自由的权利所实施的言语主张和诉讼沟通行为。一方面，当事人陈述在本源上可追溯至公民的一项基本权利——言论自由权，当事人在诉讼中享有表达案件事实、主张权利的自由；另一方面，当事人的诉讼行为与法院的审判行为结合起来形成了完整的诉讼过程，二者缺一不可，而在沟通主义法范式视野下，当事人的诉讼行为同时也是一种理性沟通行为。

言论自由权作为联合国人权公约以及各国宪法普遍认同的一项公民基本权利，在实现公民权利、树立司法权威以及疏导社会矛盾方面具有重要作用。当事人陈述在诉讼过程中既是人们行使合法权利、维护自身利益来实现实体正义的手段，同时也是促进司法公正、提高审判效率来实现程序正义的手段。首先，在诉讼活动中，通过程序设计保障当事人能够充分主张其权利、陈述其了解的案件内容，体现了国家对公民言语表达自由的尊重。法院作为进行司法裁判的国家机关，在诉讼中具有绝对的优势地位，因此当事人陈述制度作为一项体现司法民主的制度能够在一定程度上抑制司法专横的现象。当事人经由表达意见、沟通、论辩而形成合意可以实现司法裁判的合理性和可接受性，所以当事人陈述的充分性能对树立司法权威起到推动作用。其次，当事人在法庭上的陈述既有法律层面的意义，同时也具有宣泄、疏导的社会效果。对于民事诉讼中的纠纷问题，双方当事人之间势必存在难以调节的矛盾，但是通过良好有序的制度平台设计，当事人能将案件内容进行正确、真实、合法的表达，这种在一定范围内表达自由的结果远胜于压抑忍耐的表面平静，对于促进社会稳定发展具有重要意义。最后，国家通过制度设计平等而公开地维护每个当事人的言语表达权，是诉讼平等的体现，也是公民实现自身权利的基础。

同时，当事人陈述是当事人在诉讼过程中的言语行为和沟通行为。一方面，当事人作为整个案件的亲历者，在一定程度上能够还原事实真相，在法定程序的框架下通过言语的表述重构案情，并且这种言语行为是建立在良好的秩序、正确的词句选择、真实的意思表达等基础之上，是重构当事人陈述应有内涵的重要前提条件。另一方面，当事人在诉讼中通过与对方当事人、法官之间的互动，来行使自身权利、主张己方诉求。当事人陈述不仅体现了表达意见、建议和诉求的主体性，而且是作为其他主体肯定、否定、攻击、回应的前提命题，是进行主体间之沟通的一项重要制度。换言之，当事人之间、当事人与法官之间可以通过当事人陈述这一制度形式，平等地交流沟通，使得自己的诉求得到回应，寻求尊重，并通过这种方式形成共识。

三、民事诉讼当事人陈述制度的功能

哈贝马斯的普遍语用学认为，语言在人们的沟通行动中，分别发挥着表现、表达和调节的三重功能，并分别对应于客观世界、主观世界和社会世界。作为一种言语行为，本节分别从语言的表现、表达以及调节三个方面对当事人陈述制度的功能进行分析，为重塑制度内涵、指导实践应用提供理论基础。

（一）表现功能

表现功能是指当事人对客观事实的陈述和证明，在诉讼过程中，与当事人的事实表述与判断相对应的是客观世界。通过语言的沟通，当事人将其所经历的事情经过、纠纷概况传达给法官，使法官得以了解并判断诉讼走向，以此来确定法院的审理范围，明确案件争议焦点，集中对特定证据进行质证，这在一定程度上能够防止证据突袭的发生。无论是在起诉阶段提交的诉状和证据，还是在庭审阶段双方当事人的辩论过程，当事人的言语表达都会对法官心证的形成产生重要影响。同时，在这种表述过程中，诉讼信息能充分地得到交换，法官以此能获得更多的细节信息并快速抓住争点，从而有针对性地进行询问和审理。法官通过对双方当事人提交的证据和陈述内容，结合自身的专业知识与经验能及时地作出合理合法的判决。另外，当事人在对案件的表述过程中，可以促使双方当事人进行沟通与交流，尽可能地对相关事实问题达成理解和共识，促进纠纷的解决。

（二）表达功能

表达功能是指诉讼框架下当事人的内心感受及其外化表现，在语言哲学中表达功能对应的是主观世界。进入诉讼程序的案件必然包含了难以调解的矛盾与纠纷，当事人双方对所争议的事项必然存在情感上的郁结，如愤懑、不满甚至冤屈等。当事人陈述作为一种言语诉讼行为，给予了双方当事人在法定范围内自由发表言论、陈述己方诉求、表达对相关事实和规范问题的看法、宣泄意见与不满的途径。从这一层面上来看，能够使双方当事人了解对方在法律和情感上的诉求，有利于司法裁判更有针对性地进行说理与论证，进而实现矛盾的真正化解。由于人们在社会集体生活中产生了各种形式的社会关系，在关系的交往中难免会产生各种形式的情绪和情感，通过法定程序和途径对相应不良情绪进行宣泄和表达，有利于问题的真正解决。而如果社会生活中的负面情绪没有合理的途径和方式进行宣泄，人们则有可能采取极端的手段来表达出来，从而不利于社会的和谐稳定。可见，当事人陈述的表达功能不仅具备法律层面的效用，同时，对于社会的稳定发展也同样存在价值。

（三）调节功能

调节功能是指当事人的诉讼交往行为同时也涉及了社会世界，即诉讼主体的言语交往行为是对社会规范的有效主张，这种社会规范在诉讼框架内包括程序规范与实体规范，在内容划分上包括法律规范与非法律规范，如道德规范等。规范意味着对不同主体之间行动的协调，对规范的不同认识和判断标准造成了行动与利益的冲突。很多时候，司法实践中的冲突并非对事实的认识，而是对规范的不同理解和运用。民事诉讼当事人陈述制度体现了诉讼当事人对于程序规范和实体规范的一种理解、认识与主张，最终表现为一种语言陈述的要求，促进法官对相关规范作出合理的、有说服力的解释。也即通过当事人陈述这种言语诉讼行为达成关于规范的共识，这种共识是对程序规范和实体规范的承认，是对在此基础上形成对判决的真正认可与信服。

四、民事诉讼当事人陈述制度存在的问题及完善路径

（一）存在的主要问题

1. 立法上缺乏明确内涵

现行民事诉讼法对于当事人陈述的规定较少，且仅将之规定为一种单独

的证据形式而非诉讼行为，并在程序性规定上几乎一片空白。根据我国 2017 年《民事诉讼法》第 63 条关于证据种类的规定，当事人的陈述位列其中，但并未明确其具体内涵，更未表明当事人的陈述形式。根据我国 2017 年《民事诉讼法》第 75 条关于效力的规定："人民法院对当事人陈述，应当结合本案的其他证据，审查确定能否作为认定事实的根据。当事人拒绝陈述的，不影响人民法院根据证据认定案件事实。"这一规定意味着当事人陈述在当前诉讼中作用较少，一方面将当事人陈述作为一类证据，另一方面又将其内容划定为需要得以证实的对象，立法上对这一概念模糊不清。"当事人陈述被当作证据用于证明案件事实，其本身却又缺乏基本的证明能力。"[1]

另外，根据我国 2017 年《民事诉讼法》第 141 条关于法庭辩论的规定，法庭辩论终结，由审判长按照原告、被告、第三人的先后顺序征询各方最后意见。这一规定的内容在实践中存在诸多争议，无法断定征求的最后意见是作为当事人陈述抑或是法庭辩论后的结语。当事人陈述的应有内涵在当前法律规定中并未得到体现，而仅作为证据形式的这一含义也存在诸多含糊歧义，并且缺乏对当事人虚假陈述的约束机制。尽管我国 2017 年《民事诉讼法》第 13 条规定民事诉讼应当遵循诚实信用原则，但由于缺乏详细具体的规定，很难在实体和程序上对当事人的虚假陈述作出制裁措施。而一旦权利的行使缺乏必要的责任制裁措施，那么必然会导致当事人对其肆无忌惮地滥用。因此，当事人陈述内容存疑而导致的法官对其陈述内容的不信任也会恶性循环，最终造成当事人陈述制度的虚置。

2. 司法上难以运用和体现

"诉讼过程中当事人的陈述与己方的要求主张或意见观点混合在一起而构成一般意义上的辩论，可以说是一种普遍而自然的状态，要将其剥离区分开来反而说得上是相当人工化或'不自然'的做法。"[2]当事人的陈述一般包括作为证据的案情复述和己方的诉求主张两种情况，在具体诉讼中，当事人陈述内容混杂无序，甚至前后矛盾，要厘清两方面的内容势必耗费大量人力，且由于立法的滞后、法官认识不足以及诉讼效率的需求等原因，当事人陈述作为一项独立的证据不能达到预期的效果。一方面，当事人对发生在过去的

---

〔1〕 王福华："当事人陈述的制度化处理"，载《当代法学》2004 年第 2 期。
〔2〕 王亚新、陈杭平："论作为证据的当事人陈述"，载《政法论坛》2006 年第 6 期。

案件情况的描述，是建立在自身记忆、向他人转述和主观利益倾向上的。记忆偏差、转述错漏等客观因素，以及基于趋利避害隐瞒歪曲与己有关的案件事实等主观因素，都能够影响当事人陈述的真实性，使其不具有或者很难具有证据价值。"虽然当事人也是法院审判过程中的一方主体，也有其司法话语权，但这种权利一旦利用不当，对于司法权威的形成十分不利。"[1]另一方面，当事人对于己方主张的诉求通常表现为对某一争点的立场、观点的表述，和对对方意见的认同或反驳，这类陈述不仅受到当事人内心世界情感变动的影响，同时也会受到法官审理过程的引导。归根结底上述两种情况都是出自当事人的主观性信息，加上当事人与法官对二者区分的边界都没有清晰的认识，对当事人陈述浑然天成的两种情况难以分辨而导致的。

3. 主体地位的增强更加体现出制度的缺失

在民事诉讼中，尊重当事人的主体地位是体现程序正当、实现司法正义的本质要求。平等主体之间的纠纷问题需要法院的干预，但其目的在于消解冲突、化解矛盾，使侵害利益的一方承担应有的责任，使利益受损的一方得到合理救济。职权主义模式向当事人主义模式的转变，体现了民事诉讼当事人主体地位的增强，也反映了当事人作为民事活动参与主体争取自身权益的意识的觉醒。在社会生活中，个体对自身作为参与者、管理者的意识越强，对平等交往、合理交易的需求就越强，体现在民事诉讼中则是参与双方对当事人的主体地位以及平等对话的需求旺盛。如果法院职权主义色彩过于浓厚，当事人的权利行使势必会受到一定的阻碍。随着社会发展，公众参与司法的意识增强，对主体性的强调逐渐升级到对主体间性的强调，当事人对于自身权利的保护意识以及对平等交往对话的需要恰恰反映出当事人陈述制度在立法和司法上的缺失。缺乏良好的程序设计保障当事人的权利诉求，不仅挫伤了民事活动参与者的积极性，同时司法的民主性和正当性也难以得到体现。

（二）完善民事诉讼当事人陈述制度的基本理念：为有效性辩护

民事诉讼当事人陈述作为一种话语，是交互主体视角下的言语行为，因此沟通主义法范式下对问题的探讨要以语言分析为背景和媒介。哲学传统上的认识论要求实现主观—客观上的相符，主—客二分下的方法论预设了意识

---

[1] 刘卉："我国司法话语权的语境困惑及完善"，载《江西社会科学》2016年第4期。

与客观实在的同一性，哈贝马斯认为这种意识哲学的思维方法所预设的东西便是错的。主体认识客体的过程并非意识与客观实在的简单对应，这个过程以语言符号为媒介展开，需要先将实在之物转换成语言符号，再将语言符号转换成观念之物，将个别、特殊的事物概念化。问题就在于，概念化的过程抽象化了事物的一些特征形成代替符号，而符号经过人脑处理后再应用到事物本身时，符号与原初事物并非本质上完全相同的东西，难免出现与原初事物不能重合的情况。哈贝马斯认为："客观认识的范式被具有言语能力和行为能力的主体的理解范式所取代。"[1]那么，言语行为如何为其话语辩护？回到语言本身，当事人陈述应该以"有效性声称"辩护，即符合真实性、正当性和真诚性才能经得起质询和批判。

1. 真实性原则

真实性原则是指民事诉讼当事人在陈述或表达涉及客观世界时保持真实，这是沟通主义法范式的基本有效条件。可以说共识论并不反对主客观的相符，而是对主—客二分进路的超越。真实性原则贯穿于民事诉讼程序的全过程，是整个民事诉讼制度的最基本要素。当事人陈述的理想状态是实现可证明的真实，其陈述是否满足真实性需要结合案件证据链予以判断。作为一种有效性主张，真实性是其他主体进行批判性质疑的基本要点，也即，当事人陈述作为一项证据制度，并不是陈述主体只要陈述了其认为真实的事项就应当作为证据被法院采纳。作为言辞证据，只有经过法官的批判性思维[2]进行质疑、筛选和自由心证才能决定其能否适格作为一项证据。

2. 正当性原则

正当性原则不仅是沟通主义法范式调节行动的必要性条件，它还是完善我国民事诉讼中当事人陈述制度的重要原则。民事诉讼当事人陈述制度的正当性辩护具体是指当事人陈述满足社会一般规范要求，陈述中提出的诉求不仅要满足法律规范的要求，也要符合道德规范、职业伦理规范等要求。这就意味着在法律有明确规定的地方以法律作为正当与否的评价标准，在法律没

---

〔1〕 ［德］哈贝马斯：《现代性的哲学话语》，曹卫东译，译林出版社 2011 年版，第 346-347 页。

〔2〕 批判性思维是论证逻辑的基本内容和方法，武宏志教授认为，质疑、问为什么以及勇敢且公正地去寻找每个可能问题的最佳答案，这种一贯的态度正是批判性思维的核心。参见武宏志、周建武主编：《批判性思维——论证逻辑视角》，中国人民大学出版社 2010 年版，第 3 页。

有明确规定的地方应满足社会一般价值期待。而在无共识性规范前提之领域，则是修辞论证施展说服作用的地方。若当事人陈述中的修辞无法说服法官等听众接受其用作规范的约束力，则共识无法形成，其陈述也失去了作为证据的可信度。

3. 真诚性原则

真诚性原则更多涉及的是主观世界，是对民事诉讼当事人在陈述时一种主观上的要求，是一种更加感性的追求。它要求诉讼当事人双方进行陈述时在主观上表现出真诚和诚恳的态度，当事人在陈述时不可以违背自己对于事实的主观认知，需要作出符合自己主观认知的陈述。阿列克西也将真诚性作为论辩的基本规则："任何一个言谈者只许主张其本人所相信的东西。"[1]作为一项言辞证据，如果被发现主体陈述的内容与其行为是相悖的，则属于实践上的不一致。

可以说，作为语言的有效性声称，真实性、正当性和真诚性是言辞证据的理想境界，理性并非虚妄、并非不切实际，有效性声称为交互主体之间的批判、反驳和互动奠定了基本路径。作为一种言辞证据，只有在满足真实性、正当性、真诚性这三项要求的基础上，才有可能作为一项合法证据被采纳。它们之间是相互作用、不可分离的有机整体，这要求当事人在陈述过程中严格遵循，从而达到三个世界即主观世界、客观世界、社会世界的协调与稳定，保障法律目的在沟通主义法范式的理性交往基础上得以实现。

（三）完善民事诉讼当事人陈述制度的具体路径

1. 构建当事人陈述约束机制

"由于客观事实可能与任何一方当事人主张的事实不同，也可能与当事人自认的事实不同。"[2]因此，完善民事诉讼当事人陈述制度首先应当建立当事人陈述约束机制。民事诉讼当事人是最了解案件事实真相的人，如何对其行为进行规范和管理对于呈现事实真相具有重要作用。建立当事人陈述约束机制就是要严格确定民事诉讼当事人的陈述义务，这一义务要求陈述必须符合真实性、正当性、真诚性三个原则，而且在当事人违反义务时必须给予相应

---

〔1〕　［德］罗伯特·阿列克西：《法律论证理论——作为法律证立理论的理性论辩理论》，舒国滢译，中国法制出版社 2002 年版，第 234 页。

〔2〕　翁晓斌、宋小海："论民事诉讼当事人陈述的功能"，载《现代法学》2007 年第 6 期。

的法律制裁措施。

我国现行的《民事诉讼法》并没有明确规定当事人需要遵守真实义务，但是确立当事人真实义务已经是许多大陆法系国家在法律中所明确规定的事项。我们国家对于当事人真实义务的规定在最新修订的《民事诉讼法》中可以窥见端倪，最新修订的《民事诉讼法》将诚实信用原则由之前的道德规范提升为法律规定，显示出我国对于真实陈述义务在法律层面的逐渐认同和接受。诉讼当事人陈述义务已经成为现代民事诉讼发展的必然要求，将当事人的真实陈述义务上升为法律义务，更有利于促使当事人进行真实陈述，以此来还原案件事实。对于违反真实陈述义务的，需要明确的法律规定予以制裁。"对不同的虚假陈述行为应当采取多元化、多层次的惩戒机制：从予以罚款或要求负担诉讼费用，到承担民事赔偿责任，再到承担刑事责任，以确保当事人陈述的真实性，使得该类证据在诉讼中良好运作，实现其价值。"[1]还有学者认为，违反真实义务造成不同程度后果的制裁措施，按照轻重程度可以处以三种不同的惩罚措施，即程序性处罚措施、侵权损害赔偿责任措施和刑事制裁处罚措施。[2]程序性处罚措施是最轻层次的法律制裁措施，它适用的情况是当事人陈述之前已被明确告知其负有真实陈述的义务以及违反相关义务会面临的法律后果后，经当事人确认并在相关保证书上签字，但依旧进行虚假陈述的行为，对此应当对虚假陈述的当事人处以一定数额的罚款。侵权损害赔偿责任措施是第二层次的法律制裁措施，它的适用范围是面对比程序性处罚措施更为严重的情形时所采取的手段。它主要是指民事诉讼当事人因为违反真实陈述义务进行虚假陈述或者恶意陈述从而造成对方当事人合法利益严重受损的，需要承担损害赔偿责任。在此种情形下，被侵权人应该具有向法院提起侵权损害赔偿之诉的法律权利。通过诉讼的途径，实现在程序法律关系之内的当事人权利保护路径，同时结合在实体法律中的规定形成对当事人侵权损害赔偿的完整救济链条。刑事制裁处罚措施是第三层次的法律制裁措施，也是最为严厉的法律制裁措施。它主要是指民事诉讼当事人不遵守真

---

〔1〕梁琨、魏玉娃："当事人陈述的异化困境与矫正路径"，载《大连理工大学学报（社会科学版）》2018年第6期。

〔2〕陈文曲：《民事诉讼当事人陈述理论重构——以哈贝马斯的交往理性为视角》，法律出版社2010年版，第200页。

实陈述义务，情节特别严重的情形并且造成严重危害后果的，可以考虑对当事人适用刑事制裁处罚措施。

2. 完善听取当事人陈述制度

听取当事人陈述制度主要集中在开庭前的准备阶段和法庭审理中。法官通过听取当事人对案件事实的陈述，询问到场的当事人，可以快速地确定案件争议焦点，缩小案件调查的对象，为法庭调查和法庭辩论做好准备。在我国的民事诉讼法中，法官会根据案件实际情况来选择是否召开庭前会议，但是并没有将庭前会议作为审前准备阶段的必备环节，而作为其中的当事人陈述制度也自然没能成为身前准备阶段的必备程序。这就在很大程度上影响和限制了当事人陈述制度的功能发挥。

借鉴国外在司法实践中听取当事人陈述制度的有益经验，我国也可以在庭前准备阶段和庭审中将这一制度运用在案件中。在庭前准备阶段，使该制度在程序上成为固定的诉讼制度，并且要保持法官在询问主题和询问范围上的自主性。[1]在庭审过程中，法官可以自行决定是否启动听取当事人陈述的程序，法律可以规定诉讼当事人的到场义务，法官认为有必要时应适用我国《民事诉讼法》关于强制措施的规定，对于必须到场的当事人适用拘传措施。强制到场的目的应符合听取当事人陈述制度的要求，旨在促进双方当事人的交流沟通，使法官更好地了解案情，促进案件真相的查明。为了避免法官在听取当事人陈述的过程中存在单独会见一方当事人，听取其富含主观色彩的陈述，从而可能造成法官对于案件事实的认知偏差，影响案件审理的公平的情形发生，听取当事人陈述这一制度应当是在双方当事人都在场的情况下进行的，通过法官与双方当事人的共同交流和沟通，促进法官对于案件事实真相的清晰把握。

3. 完善相关配套制度

对于完善民事诉讼当事人陈述制度除了上文介绍的有关措施以外，还应当包括法官角色的正确定位、完善释明制度等其他相关制度。民事诉讼当事人陈述制度属于商议式的诉讼模式，在该模式中，法官的角色应发生变化，与当事人双方成为相互平等的三方主体，以更加平等的姿态去协调双方当事

---

[1]　陈文曲：《民事诉讼当事人陈述理论重构——以哈贝马斯的交往理性为视角》，法律出版社2010年版，第202页。

人之间的交流与沟通，引导案件的顺利进行，并且在案件审理中适时地阐明法律条文内涵，使当事人对于裁判结果更加信服。处于平等诉讼地位的双方当事人在沟通主义法范式的诉讼语境下，双方享有充分且对等的自由发言机会，各自发挥其应有的功能，最终法官的裁判结果建立在双方当事人充分发表个人意见和充分了解事实真相的基础之上。在这种情况下，法官与双方当事人通过阐明与说明而相互理解，当事人双方在理想的话语情景下遵从言语行为的真实性、正当性、真诚性的要求进行沟通与交流从而达成共识，以此形成的裁判结果才具有可接受性。在上述过程中，法官通过对案件事实与法律问题的查明和解答，在很大程度上实现了对于案件真相的全面查明，更加有利于当事人对于裁判结果的接受，有效地避免了滥行上诉，有利于纠纷的最终解决。

第三节　环境法领域：环境法治的沟通主义进路

随着环境污染、生态破坏的日益严峻，有效的环境治理与环境保护是惠及人类当代和子孙后代的重要举措和当务之急，探寻环境法治的有效实现是学者们肩负的伟大使命。当前学界对环境法治的路径探讨主要集中在两方面：一是激活公众参与环境治理，二是规范行政权的环境管理职权，例如，规范行政执法、公益诉讼与刑事制度的对接等。的确，公众是环境治理最广泛、最直接的基本载体，行政权是环境治理取得实效的最得力的杠杆，但是，这两种路径都有其弊端，单主体视角下的对策分析缺乏将之贯彻实现的具体制度依托。沟通主义进路解决了这样的困境，以主体间性思维克服单主体视角的局限，容纳多主体的对话，以理由作为环保决策的依据，以正当程序规范行政权的行使，注重过程，用形式合理性与过程性促进实质合理性与恰当性，最终形成人与自然的和谐、人与人的和谐。

一、对公众参与式路径的反思

（一）公众参与的合理叙事

目前学界对环境治理监督提出的一个基本路径是激活公众参与的有效性，强调公众参与在环境法中的基础性地位，使之上升为环境法的一项基本原则。[1]推进公众在环境影响评价、环境行政决策、农村环境治理等重点环境保护领域的深度参与，确立和完善公众的环境知情权、环境立法参与权、行政执法参与权与监督权、环境诉讼参与权。[2]无疑，将环境保护单纯视作公共服务、公共产品而由政府提供的思路已经在实践中受到冲击。市场的失灵和公共问题的产生促使政府进行公共事务的积极管理，但政府也有失灵的时候，环境治理、生态保护作为一项具有广泛性、社会性、与人们生活息息相关的事务，离不开最广泛的公众参与。公众参与环境保护有利于环境立法与环境决策中吸收公众的意见，实现环境治理与环境保护的民主化。公众参与式环境法治路径的辩护主要基于以下几方面。

1. 知识的分散性与具体性

哈耶克认为人类知识存在两类：一类是科学知识，具有普遍性；另一类是具体知识，分散地存在于特定时空之中，被具体的主体所把握，是依赖经验获得的。每一个社会成员都只能拥有为所有社会成员所掌握的知识中的一小部分，从而每个社会成员对于社会运行所依凭的大多数事实都处于无知的状态。[3]任何单主体其理性都是有限的，面对复杂的客观世界和未知的风险，人的知识总是存在盲区。如果一项涉及社会公众的决策由行政机关的几个代表人员作出，即是由个体性的知识进行公共事务的构建，让人怀疑的是庞杂的、动态性的个体知识是否具备所需的完备知识的理性能力。决策主体应是多元的，将公众参与制度化是分散性、个体性的知识向公共理性输送养分的机制，是公共理性建构社会秩序的必然选择。

2. 民主观念

古代行政获得权威来源于神话传说、神秘叙事，近代欧洲启蒙运动的发展使得人权、自由、平等的意识逐渐觉醒，人们开始追问：什么样的法律是合法的？为什么要服从行政权威？民主作为对抗专制彰显人权的现代制度普遍盛行于世界上大部分国家，鉴于国家管理事务的繁杂性、专业性甚至紧迫

---

〔1〕 竺效："论公众参与基本原则入环境基本法"，载《法学》2012 年第 12 期。

〔2〕 张梓太："公众参与与环境保护法"，载《郑州大学学报（哲学社会科学版）》2002 年第 2 期。

〔3〕 ［英］弗里德利希·冯·哈耶克：《法律、立法与自由》（第一卷），邓正来、张守乐、李静冰译，中国大百科全书出版社 2000 年版，第 11 页。

性，让所有的人都参与决策是不现实的，因而当今的民主制呈现的是代议制民主，公众参与的方式是投票选出代理人来参与管理决策。但是代议制民主也有不可忽视的缺陷，其核心原则是少数服从多数，可能会造成多数人的暴政而少数人的意见无法得到体现。于是哈贝马斯、吉登斯主张用协商民主取代代议制民主，前者以对话为中心，公众的权利不仅仅体现在投票上，更重要的是要掌握相关决策信息，并且就自己的知识、看法进行发言。协商民主的内核在于对话、沟通的过程，不仅体现多数人意见，高质量的民主也更容易产生合理的、可接受的决策结果。

（二）公众参与路径的现实困境

公众参与是环境治理的基础，其预期作用的实现需要现实具体制度的承载，否则会陷入空谈。应该认识到公众参与的环境法治之路与环境保护的实践是有差距的，无法从根本上应对环境保护的复杂性。

1. 公众参与的非常态化

环境监管是一项广泛性的事务，与此相对的是公众参与环境治理范围和途径的有限性，除了对自己有直接重大利害关系的环境项目有较高的参与热情，其他的诸如一般建设项目环境影响评价，与公众的直接生活相对较远，公众参与的积极性不高。公众参与环境治理的模式是一种非常态化、非约束性机制，因而面对纷繁复杂的环境事务无法担负起有效监管的使命。

2. 公众参与过程中的非理性因素

最早的厦门 PX 事件被视为是我国公众参与政府行政决策的里程碑，但之后其他地区发生的 PX 事件则被认为是非理性社会情绪集中发泄的场所，[1]公众参与与行政决策并未形成良性互动的局面。在媒体不实报道和利益集团错误信息输送下，公众情绪容易成为影响、操纵行政决策的工具。

3. 公众参与方式的有限性

《环境保护法》第 4 条规定了公众对环境污染的监督和检举权，除此之外公众参与包括了环境信息知情权、意见建议权。公众参与的意义更多地体现为原则性、抽象性的约束意义，没有形成公众参与在环境保护中的基本方式、

---

〔1〕 陈海嵩："绿色发展中的环境法实施问题：基于 PX 事件的微观分析"，载《中国法学》2016 年第 1 期。

途径、程序等具体的规定，使得公众对环境保护事务的参与在现实中的效力大打折扣。

可以说，公众参与的环境法治路径如果没有行政权回应机制与对接程序的有效承载，公众参与机制将是没有实际意义的泛泛之谈。在权利和权力的配置中，行政权是处于绝对的支配和主导地位的，公众权利相对于傲慢的行政权力处于弱势，用权利制约权力的思路难以在实践中发挥预期的效果。因此，可以说，激活环境保护领域的公众参与本身是对的，可以形成对环境行政权的有力监督，但这只是环境治理的一个方向，也是一个有效的方向，但更为根本的路径是，如何将这种监督落到实效。

二、环境法治的基点——行政权的规范行使

（一）行政权的运行方式契合环境治理的型态

德国行政法学者 Ernst Forsthoff 曾形容"行政之概念，无法定义，只能描述"，一般基于权力分立的观点，任务行政乃除了立法及司法之外，其他公权力主体之行为。但应注意的是，行政并非只是单纯地执行法律，还应包含政策拟定与决定的成分。在我国当今的权力分工体系中，行政权由于自身的特点相比其他权力在环境保护中具有天然的优势。

1. 行政权具有灵活性与多样性

行政权是行政机关依法行使的职权，除了财权和组织人事权，行政事权是涉及范围最广的行政职权，它承担了公共管理、社会服务、安全保障、文化建设等广泛的事务，保护环境、构建和谐的生态环境便是行政机关一项重要的职权，也是它必须承担的义务。环境管理事项呈现复杂性、多样性的特点，行政机关进行环境监管更具有灵活性，契合行政权的权能和行使逻辑。

首先，行政机关是复数的，分地域、分层级、分部门的行政体系可以有效应对环境保护的各种问题。例如，环保行政主管部门对本辖区的环境保护事务进行监督管理，除此之外，有关水利、矿产、林业、土地等各级政府的主管部门也可以对环境保护的特定事项进行保护与管理。

其次，行政权的权力行使方式是多样的。行政立法可以为环境保护设定相关标准、规则，划定环境保护的安全线；行政审批、行政许可以在源头上过滤污染因素；行政调查、不定期检查为绿色生产提供警戒；行政处罚、移

送司法则是在事后的补救措施，这些都是行政权力在环境监督管理中的有效权能。

2. 行政权在环境保护上的预防性

环境污染具有潜在性、扩散性与危害大的特点，一些环境污染事故具有突发性与不可控性，一旦发生其损害后果可能是不可逆的，治理成本十分高昂。环境保护最具实践意义的是寓治于防，环保治理工作前移，从源头防治污染，而不是污染发生后再寻求补救。环境治理和环境保护对行政权来说是一项作为义务，行政权在预防污染方面有一系列有效措施，例如，通过颁发排污行政许可、对环境影响评价的行政审批，可以从源头上筛选、过滤污染企业和污染项目；环保部门对企业生产的不定期检查可以及时发现问题、责令进行整改，防治污染损害扩大。相比行政权，其他权力难以起到环境保护的预防性，司法监督是一种事后监督，权力机关（全国人民代表大会和地方各级人民代表大会）的环保政策批准和人事问责等机制也难以及时有效地起到止损的作用。

（二）行政权在环境法治中的问题分析

1. 表面问题

（1）行政权的"乱作为"和"不作为"。

环境保护是行政权的一项作为义务，要求行政权在环境污染的事前、事中和事后都采取科学的措施、积极地履行环保义务。2017年祁连山生态问题是年度一项重大环保事件，通过对该事件的深度剖析，见微知著，可以反思行政权在环境保护中存在的问题及深层次原因。从中办国办就甘肃祁连山国家级自然保护区生态环境问题发出的通报来看，甘肃省国土资源厅、发展改革委以及环境保护厅均存在违法审批、核准、验收非法项目的情况；部分水电站存在违规审批、未批先建、手续不全等问题。[1]

行政权的乱作为和怠于行使职权是环境治理中的主要弊病，近年随着京津冀雾霾引起的恐慌以及社会公众的诘难，行政系统自身内部进行了自我规制，表现在自上而下的高压管制，例如，地方行政官员的"环保军令状"。以

---

〔1〕 "中办国办就甘肃祁连山国家级自然保护区生态环境问题发出通报"，载国家林业和草原局政府网，http://www.forestry.gov.cn/，最后访问时间：2019年9月25日。

重污染为代价建立的庞大的产业链与地方政府财税利益捆绑在一起，环境治理成为行政权应对上级权力监督的一种"游击战"，环境保护成为"运动式"治理。

（2）行政立法违背上位法。

祁连山生态事件中，《甘肃祁连山国家级自然保护区管理条例》历经三次修正，部分规定始终与《自然保护区条例》不一致，将国家规定"禁止在自然保护区内进行砍伐、放牧、狩猎、捕捞、采药、开垦、烧荒、开矿、采石、挖沙"等十类活动，缩减为"禁止进行狩猎、垦荒、烧荒"等三类活动，而这3类都是近年来发生频次少、基本已得到控制的事项，其他七类恰恰是近年来频繁发生且对生态环境破坏明显的事项。《甘肃省矿产资源勘查开采审批管理办法》《甘肃省煤炭行业化解过剩产能实现脱困发展实施方案》均违背了上位法的实质规定，以地方保护的方式为企业污染留下了余地。省政府法制办等部门在法案制定过程中，明知相关规定不符合中央要求和国家法律，但没有从严把关，致使该条例一路绿灯予以通过。[1]

根据我国现有的行政立法监督机制，一是备案制度，地方政府规章报国务院备案和本级人民代表大会常务委员会备案；设区的市、自治州的人民政府制定的规章应当同时报省、自治区的人民代表大会常务委员会和人民政府备案。但备案并非实质审查。二是上级的审查制度，《立法法》第97条第3项、第4项规定："国务院有权改变或撤销不适当的部门规章和地方政府规章。省、自治区的人民政府有权改变或撤销下一级政府制定的不适当的规章。"但实践中也鲜有制定的规章被撤销的情况。

2. 实质原因分析

（1）行政权的扩张本性。

资本主义发展早期，启蒙运动的发展解放了人权观念，符合了经济自由发展的需要，因而这个时期的法律注重对个人平等权的保护，赋予个人人身财产权及其他各项权利，其中包括近乎绝对的财产所有权和自由支配权。法律注重的仅仅是形式上的平等，不关注实质上是否平等。坚持行政国家和市民社会的分离，政府充当消极守夜人角色，市民社会主要受私法调整，哈贝

---

〔1〕 "中办国办就甘肃祁连山国家级自然保护区生态环境问题发出通报"，载国家林业和草原局政府网，http://www.forestry.gov.cn/，最后访问时间：2019年9月25日。

马斯称这一时期的法律范式为形式法范式。随着市场的自由竞争出现越来越多的社会问题，交通、环境、弱势群体保护等问题无法仅依靠市场自主解决，需要政府出面，即进入哈贝马斯所说的福利法范式。在当代福利国家政府的职责日益扩大，需要调控经济运行，从而避免市场的盲目性带来的损害，亦需进行各种社会管理，为公民提供福利，调节社会矛盾，减少社会冲突。政府对市民社会实行全面的无微不至的家长式干预与管理，公权力的官僚机构膨胀是应对复杂社会事务的必然结果，福利国家已经从消极守夜人变成积极的巡逻警察。伴随职责扩大的直接结果是行政权力的扩张与膨胀，这主要体现在两个方面：首先，委任立法增多。行政机关通过授权立法的方式获得了广泛的立法权，即行政机构自我编程，自我制定规范。在我国，行政机构为执行法律，对具体事务管理可以制定行政法规、部门规章等文件，2015 年修改后的《立法法》第 82 条更是赋予所有设区的市的人民政府可以对环境保护方面的事项制定地方政府规章，极大地扩张了行政权的权能，造成实践中有利互相争、无利互相推诿的局面。其次，行政机构在执行法律时有较大的裁量空间。由于社会实践的多样性、复杂性和难以预测性，立法产品难免具有开放性，包含着许多一般性条款、总括性条款，在这些不确定的立法情况下，行政权往往根据"比例原则""合理性原则"具体行事。在这种情况下，立法被虚设，行政机构自上而下对生活世界进行干预，导致生活世界的殖民化，行政机构的自我编程、自我立法直接带来了行政机构的合法性危机。

（2）行政权行使主体的价值偏差。

行政权是一个抽象的综合性概念，行使行政权的主体总是具有个人利益、动机、偏好的具体个体。享有行政权的主体具有角色的双面性：既是公共职能的承担者，又是具有利益动机、价值偏好的个体。在以经济 GDP 作为官员业绩考核、职务升迁的主要指标模式下，行政权的运行难免唯经济效率马首是瞻，而置生态价值于不顾，这是个人功利主义目标导向下的行为选择，其结果是个人利益、短期效益的满足和公共利益、长远价值的受损。祁连山生态事件就是典型例证，在该案中，甘肃有关机关对破坏生态行为"放水"，片面追求经济增长，忽视环境保护的价值追求。

可以说，行政权的规范行使是环境法治的阿基米德基点，是环境法治的关键。外部监督机制（司法监督、公众监督）难以对行政权进行及时有效的监督，依靠行政权内部的自我纠正机制、以权力制约权力的思路也欠缺积极主动性。发挥行政权在环境法治中的预期效力需要寻找一种出路，从而确保以下几点：第一，行政权行使的合法性。避免环境治理中行政权的不作为、乱作为；第二，公众对环境治理的参与、对行政权的监督以及获得行政权的有效回应；第三，环境决策是公平的、科学的、可接受的，减少突发环境事件，减少行政主体和相对人以及公众之间的矛盾。破解环境法治的困境，只能选择一种沟通主义的路径。

三、一种新的路径选择：走向沟通主义

环境法治的实现依赖以行政权主导的治理模式，在这种环境治理模式中，行政权得以规范运作，受公众监督，而这需要程序的内在规约与导控。如前所述，沟通主义法范式在本质上因循的是一种新的反思性的程序主义路径，它既融合了形式与实质的因素，同时又反思并超越了形式与实质。沟通主义法范式所欲建立的程序是一种形式上中立，但内容上以商谈论辩为基础的程序。

具体到环境法领域，环境法治的沟通主义进路其意义在于用主体间性视角超越单主体视角。单主体视角是一种主客二分的思维，将其他相关者视为客体、工具，无论是公众参与式的路径还是规范行政权的路径都是单主体视角思维下的对策。环境法治的沟通主义进路是主体间性的思维方式，它并非将环境治理与环境保护诉诸某方主体或者国家，而是经由不同主体之间自由沟通达成一致或共识的程序或过程。这种主体间性的路径超越了单个主体的独断性和价值偏颇的功利性，也避免了国家权力基于社会整体的宏观考量而忽视个体意愿的倾向。它坚持环境治理中的多主体性，并且多主体之间在程序中的地位是平等的，从而使主体间的沟通理解成为可能。同时，沟通主义进路并非对公众参与进路和规范行政权进路的简单相加，而是对二者的整合与超越。沟通主义进路以程序设置、论辩规则为基点，统摄公众参与与行政权规范行使，将二者纳入合理程序的规制。沟通主义进路并非仅仅意味着建立统一的行政程序法，而是一种环境法治的范式、思路与进路，要求在环境法治实践中（包括立法）贯彻沟通主义的宗旨，将行政控权、公众参与、合理理由说服的理念融入法律的精神内涵，以具体程序设置进行转化、输出。

（一）沟通主义进路的落脚点：对行政权的导控逻辑

法律与权力之间总是处于一种紧张的状态，权力来自法律的授权又受到法律的限制，权力的扩张本性是排斥约束，而法律的宗旨又恰在于使权力的行使从属于固定的规则，从而控制权力的行使。程序对行政权的导控逻辑在于以固定化的程式助推行政权的规范行使，以过程控制机制促成积极作为的环境治理形态。程序的规范化、正当化将形成开放、透明的法治政府，使不作为、乱作为的现象无处遁形。纵然复杂的社会现实赋予了行政机构更大的职责，也拓展了其行动的范围，但并不意味着行政机构可以在裁量空间脱离程序的规制。保障行政机构必须依法行使行政权力、承担职责义务、将权力关进制度的笼子，有效手段便是遵循程序导控逻辑。但我国至今没有一部统一的行政程序法，各种行政程序制度散见于各法律法规中，这些行政程序制度主要包括回避、管辖、委托、调查、听证、信息公开、简易程序、说明理由、送达以及许可等。从表面上看，现有的行政程序制度也不少，但其粗疏是显而易见的。[1]因此，对行政权的导控逻辑应符合沟通主义法范式所确立的正当程序的原则。

1. 合法性

程序导控的重点在于对行政权运行做详细、具体的安排。既然权力会一直被行使直到它的边界，那么划定其权限范围与行使方式则是程序导控的应有之义，以此缩小行政权的裁量空间。程序导控通过立法对行政权授以"规矩"，进而划定行政权的"方圆"范围。程序导控的原则即是通过合理、详尽的程序安排将行政权限制在合法的范围内。规定行政权力行使的程序，使得权力按照规定的时间、规定的步骤行使。权力行使的程序包括：权力行使的步骤明晰；明确权力行使的时间节点，例如，对行政相对人的申诉、复议等，有权行政主体必须在相应的规定时间内予以回应。

2. 透明性

指有关环境决策的信息依法公开。一方面，信息公开是公众了解相关信息的基本途径，方便公众作出正确的行为选择；另一方面，信息公开是行政权提升公平、公正和可信赖水平的关键，推动和行政相对人以及相关公众合

---

[1] 王柱国："论行政规制的正当程序控制"，载《法商研究》2014年第3期。

意的达成，减少矛盾和公众非理性情绪的干扰。

3. 回应性

行政权必须对公民的要求作出及时的和负责的反应，不得无故拖延或没有反应。这是沟通主义连接行政管理权与公众参与权最重要的方式。按照公众参与环境治理的方式：检举权、控告权、知情权，这些权利并不能造成权利义务状态实质上的改变，其效能的发挥需要行政权的有效承接与回应。

4. 责任性

指行政权应当对自己的行为负责，建立责任追究机制，当程序被违反时以责任倒逼的现实压迫感督促行政机构认真履行监督职权，将行政权的行使规范在程序设置的轨道上。

（二）沟通主义进路容纳多主体的平等参与

在当今民主观念和信息传播飞速发展的当代，行政权更多的是在公众监督的阳光下运行，任何暗箱操作、不平等对待都可能引发蝴蝶效应，产生公众对行政权运用合法性的质疑。戚建刚教授认为，进入 21 世纪以来，服务与规制由以政府主导的、自上而下的"命令—控制式"方式为特征的行政让位于一种以公与私共同完成的"伙伴—平等式"方式为特征的行政。[1]强调可以容纳相关利益主体以及公众平等参与的正当程序并非强化社会参与的狂欢式胜利，颠覆行政权的权威，新形势下社会事务的管理更需要行政权和多方主体互动式的、沟通式的、民主的合作关系。

首先，容纳多主体参与的程序设置可以形成对行政权恣意的制约。"命令—控制"式的行政决策系统是行政机关一方意志的专断，程序的本质特点既不是形式性，也不是实质性，而是过程性和交涉性。[2]其过程性控制包括进入程序的规则、角色分配规则、言语行为遵从的规则、论证责任负担规则、证立规则等。在这样的过程展开和相互交涉中，其他参与主体可以对行政权的运用加以牵制，在互相合作、信息沟通的基础上，压缩行政权恣意的空间。

其次，平等沟通式的正当程序可以提升行政立法的合法性、推进决策的

---

〔1〕 戚建刚："'第三代'行政程序的学理解读"，载《环球法律评论》2013 年第 5 期。
〔2〕 季卫东：《法治秩序的建构》，商务印书馆 2014 年版，第 20 页。

顺利执行。程序要件不充分的决定，即使其目的是正当的、决策是科学的，也容易引起质疑和争论，从而造成贯彻执行上的阻碍。相比以武力强制贯彻执行或者花费额外成本去解释，民主、透明的沟通式程序更能有效降低决策的代价、提升决策的效率。

最后，经由多主体参与商谈形成合意可以实现环境法治进程中的正义。环境法治之路也是利益表达、利益平衡的过程，环境法律规范的制定和实施涉及个体利益和整体利益、眼前利益和长远利益、当代人利益和子孙后代利益、经济利益和生态安全之间的博弈。容纳不同利益主体的民主式沟通主义进路允许不同的利益表达和诉求，最终实现利益的整合、平衡和公正分配，即便无法被满足的利益诉求也可以其他形式得以弥补。这样形成的环境法律和政策是经过相关主体商谈同意的，其合法性和可接受性来自公众的自我同意。

（三）沟通主义进路依靠合理理由之约束力

正当程序理念诞生之初侧重正当程序本身作为法律公正的体现，程序本身即是看得见的正义，沟通主义的进路更强调对话的过程。沟通主义的思路强调形式化的制度约束行政权的运行，但并非完全不顾实质正义的理想要求，沟通主义对多元价值、利益诉求的调和是基于为论证性对话和沟通搭建的平台。正当程序提供给各方主体之间的沟通、商谈、对话的过程，以论辩规则、论证负担规则推进程序的进行。在合理商谈中，在有关信息基础上发挥作用的仅仅是更好论据的强制力量。[1]商谈是一种对社会合作的态度，也就是说，愿意被有关自己和别人的主张的那些理由所说服的态度。[2]现代的行政权决策过程中，对问题的实用性分析、利益博弈、伦理论证、道德说服都必须披上合理理由的外衣，决策之所以是合法的、合理的、被信任的，是因为在论证过程中，相关各方根据更好的论据进行辩论，使得事实越来越清晰地呈现出来，使得决策的结果更具科学性，而一个主体之所以接受该结果，也是因为被说服，而不是基于对行政权威的恐惧。

---

〔1〕 ［德］哈贝马斯：《在事实与规范之间——关于法律和民主法治国的商谈理论》，童世骏译，生活·读书·新知三联书店2014年版，第126页。

〔2〕 ［德］哈贝马斯：《在事实与规范之间——关于法律和民主法治国的商谈理论》，童世骏译，生活·读书·新知三联书店2014年版，第273页。

公众的信服基于两个层次的理由：一是符合形式逻辑的思维和推理方法，即从大家普遍接受、相信的大前提基于演绎推理得出的结论；二是基于实践逻辑的面向，经过话语修辞的运用进行论证和说服，这种非形式逻辑的说服是依据具体情境进行的，不仅面向参与程序对话的特定听众，而且面向潜在的所有相关的普通听众，其调用的知识包括常识、经验、利益平衡，甚至对听众情感的取悦。总之，达致说服听众的结果才是可以接受的。在理由的相互交涉中，个体知识的浅陋被披露，真相和真理在交互性的论证中逐渐浮出水面。因此沟通主义进路为相关各方对话、论辩搭建了平台，改变行政权的绝对主导地位，使得决策的接受者能够接受同意和协作的立场，即在命令—同意之间取得平衡。同时也为相关主体的沟通、合作提供一个理想的情景：（1）任何相关主体都有平等地进入对话程序的机会；（2）任何参与者是不受强迫的，可以发表自己对问题的真实看法和意见；（3）任何决策理由都是被相关者知晓的。

人与自然的和谐共处是环境保护法的基本理念，而人与自然的和谐是建立在人与人和谐共处基础之上的，沟通主义的反思性程序通过对环境治理中行政权的规制和公众参与的容纳可以最大化地实现和谐状态。首先是人与自然之间的和谐。行政权承担着环境保护的主要责任，沟通主义的反思性程序可以限制行政权的恣意，将行政权的运用限制在法治的轨道，减少行政权"乱作为"和"不作为"的现象，使环境保护切实取得预期效果。其次是人与人之间的和谐。沟通主义的反思性程序容纳相关多主体的沟通、论证，各种意见被平等地讨论、审查，对各种主张和选择可能性进行慎思明辨的过滤，找出最具合理可接受性的判断和最科学的决定方案。通过赋予充分的、平等的发言机会，疏导不满和矛盾，使当事人的动机得以呈现和中立化，避免采取激烈的手段来对抗有关环境决策，这样既可以排除决定者的恣意，又适当保留合理的裁量余地，而这个裁量的空间是各方主体用合理理由争取的。任何决定不可能百分之百实现皆大欢喜的效果，因而需要消化部分甚至全体当事人的不满，程序要件本身被视为正当的，程序的满足可以使决定变得容易为失望者所接受。

结　语

　　法范式是法治理论的基本范畴，主要包括法学范式与法治范式。与法学范式侧重于理论研究和学科分类不同，法治范式更侧重对法治实践的指导，是在众多体系化的法学理论基础上，型构现代民族国家法治建设与发展的纲领与模式。法治范式不仅是一种便于分析的类型化策略，特定的法范式也反映着特定的社会情境及其法律的整体价值取向。本书所欲建构的沟通主义法范式，正是基于法治范式的角度。自改革开放至今，中国法治范式经历了一个复杂的发展过程。形式和实质兼具是中国法治范式的目标所在，但迄今为止，作为形式法范式和实质法范式的一些重要标志尚未全面形成。法律至上原则以及法律的自治性作为形式法范式的标志性特征，并未完全确立。实质法范式所强调的回应社会需求有沦为实用型工具主义的趋势，强调法律的开放性也因缺乏公众对法律运行的深度参与和规范的多元性而难以实现。更为重要的是，形式法范式和实质法范式之间在法律的地位和功能等一些重要特征方面，是无法弥合的，其中存在的天然鸿沟和重大分歧是客观存在也是难以消除的。那种欲将形式法范式和实质法范式统合起来，兼具两者之长的做法，最后必然陷入一种混合型法范式的困境，造成法律的工具主义倾向乃至法律的合法性危机。

　　为解决这一问题，本书以习近平法治思想中"和谐的法治秩序"理论为指导，吸收传统法律文化中的"合和"资源，立足长期以来的调解经验，并充分借鉴德国学者哈贝马斯程序主义法范式理论的精髓，汲取上述思想和制度中沟通商谈的内核，结合中国法治发展的实际特点，试图构建一种新的沟通主义法范式，以为中国法治实践提供理论指引与参照。范式的结构可以分为三个层次：宏观上的元范式——本体论结构；中观上的社会学范式——运行论结构；微观上的构造学范式——部门领域结构。在宏观的元范式——本体论结构层面，沟通主义法范式以沟通理性为理性论基础，以沟通与商谈为方法论基础，以真理共识论为认识论基础。并且，沟通主义法范式在本质上因循一种新的反思性的程序主义路径，以解决法的合法性问题。沟通主义法范式认为，法的合法性问题并不能单纯从形式或实质出发，法律的合法性并不来自纯粹的形式上的程序，也并不仅着眼于决定论意义上的实体价值原则，而是来自沟通、商谈、论辩的民主程序。一方面，强调以国家与公众之间的沟通为前提建立形式上公正中立的程序，另一方面，强调这种形式上中立的程序在内容上应是一种商谈论辩的程序，以相应的程序规则，特别是商谈规则为依据，对不同正义与道德要求进行辩驳，最终在基于最佳理由的基础上形成共识。因此，这种新的程序主义路径，可以在形式与实质之间达成反思的平衡，既可以减少形式法的功能麻痹，也可以防止实质法的开放过度问题，最终实现规范依据上的封闭性和价值认知上的开放性，为法律提供合法性依据。

在中观的社会学范式——运行论结构层面，沟通主义法范式的主旨是通过法律制定和实施中的沟通与商谈而实现的，在不同的领域分别呈现出立法商谈、协商型执法和商议式司法的不同面相以及共有的沟通精神。立法商谈强调国家机关、社会公众等普遍性主体在立法的过程中，应秉承商谈的不同规则基于商谈的不同类型进行广泛参与、平等商谈、深入论证并充分发表意见，从而实现立法者与守法者的统一，解决立法的合法性问题。协商型执法认为现代社会的行政执法在理念上应从单主体转变为主体间性，在模式上应从以强制为基础的压制型和以监管为核心的管理型转向以沟通为基础的协商型，通过对话、商谈、说服、妥协和劝诫等方式谋求行政机关与行政相对人之间的互动，获得行政相对人的理解与认可，取得被行政相对人所接受的良好的执法效果。商议式司法则主张依循正当程序，摒弃单纯对抗，对案件的相关内容进行沟通、商谈、论辩与对话，寻求共识达成合意最终解决纠纷化解矛盾。不仅如此，商议式司法还强调所有的司法判决都应遵循商谈论辩的进路，通过法官、当事人以及普通听众之间广泛的商议，避免价值独断，取得价值共识，成为被普遍接受的兼具形式和实质的合法合理的判决。

在微观的构造学范式——部门领域结构层面，沟通主义法范式的主旨分别通过刑事法领域的认罪认罚从宽制度、民事法领域的民事诉讼当事人陈述制度和环境法的环境法治的沟通主义进路具体展开。认罪认罚从宽制度属于合作型的刑事诉讼模式，通过将控辩双方的沟通协商转化为法律语言，置于预先设置的法律程序之内，以形式化的程序正义构成要素为约束，以沟通诸原则为保障，从而在多元化的价值观下促进共识的形成与纠纷的解决。民事诉讼当事人陈述制度不仅是一种证据形式，更是交互主体视角下的言语行为，它通过发挥语言的表现、表达和调节的三重功能，秉承真实性、正当性和真诚性的沟通原则，可以加强民事诉讼程序保障、优化民事诉讼结构，最终增强民事诉讼的合法性与合理性。环境法治的沟通主义进路则面对公众参与环境治理，以及规范行政权的环境管理职权中单主体视角的现状，以主体间性思维克服单主体视角的局限，容纳多主体的对话，以正当理由作为环保决策的依据，以正当程序规范行政权的行使，注重过程，用形式合理性与过程性促进实质合理性与恰当性，最终实现人与自然的和谐、人与人的和谐。

关于中国法治范式应遵循何种进路，是重新发展形式法范式，还是继续完善实质法范式，或者将二者合而为一，抑或是另寻他路，探求新的范式。不同的学者已经给出不同的回答，本书的论断也只是提供一种可能的选择与尝试。与其说本书的目的在于试图构建一种全新的法治范式，为我国的法治实践提供一种理想图景，不如说是在当前价值多元、分歧严重的社会背景下，倡导一种沟通互动、平等商谈的精神、理念与方法，以实现个体之间的沟通、市民社会与政治国家之间的沟通，在此基础上协调个人行为，规范国家与社会的治理，使得每个人的自由发展不再仅是他人成功的工具，而是他人自由发展的必要条件。

参考文献

一、中文文献

（一）著作类

1. ［美］托马斯·库恩：《必要的张力——科学的传统和变革论文选》，范岱年、纪树立译，北京大学出版社 2004 年版。
2. ［美］托马斯·库恩：《科学革命的结构》，金吾伦、胡新和译，北京大学出版社 2012 年版。
3. ［古希腊］亚里士多德：《政治学》，吴寿彭译，商务印书馆 1983 年版。
4. ［古希腊］亚里士多德：《形而上学》，吴寿彭译，商务印书馆 1959 年版。
5. ［德］得特勒夫·霍尔斯特：《哈贝马斯传》，章国锋译，东方出版中心 2000 年版。
6. ［德］马克斯·韦伯：《法律社会学》，康乐、简惠美译，广西师范大学出版社 2005 年版。
7. ［德］马克斯·韦伯：《经济与社会》（上卷），林荣远译，商务印书馆 1997 年版。
8. ［德］哈贝马斯：《在事实与规范之间——关于法律和民主法治国的商谈理论》，童世骏译，生活·读书·新知三联书店 2014 年版。
9. ［德］哈贝马斯：《合法化危机》，刘北成、曹卫东译，上海人民出版社 2000 年版。
10. ［德］哈贝马斯：《公共领域》，载汪晖、陈燕谷等主编：《文化与公共性》，生活·读书·新知三联书店 1998 年版。
11. ［德］哈贝马斯：《公共领域的结构转型》，曹卫东译，学林出版社 1999 年版。
12. ［德］哈贝马斯：《重建历史唯物主义》，郭官义译，社会科学文献出版社 2000 年。
13. ［德］哈贝马斯：《交往行动理论·第一卷——行动的合理性和社会合理化》，洪佩郁、蔺青译，重庆出版社 1994 年版。
14. ［德］哈贝马斯：《现代性的哲学话语》，曹卫东等译，译林出版社 2004 年版。
15. ［德］哈贝马斯、米夏埃尔·哈勒：《作为过去的未来——与著名哲学家哈贝马斯对话》，章国锋译，浙江人民出版社 2001 年版。

16. ［德］哈贝马斯：《交往与社会进化》，张博树译，重庆出版社 1989 年版。

17. ［德］哈贝马斯：《对话伦理学与真理的问题》，沈清楷译，中国人民大学出版社 2005 年版。

18. ［德］康德：《法的形而上学原理——权利的科学》，沈叔平译，商务印书馆 1991 年版。

19. ［德］康德：《实践理性批判》，邓晓芒译，人民出版社 2016 年版。

20. ［德］汉斯·约阿希德·施奈德：《国际范围内的被害人》，许章润等译，中国人民公安大学出版社 1992 年版。

21. ［德］Georg Kneer、Armin Nassehi：《卢曼社会系统理论导引》，鲁贵显译，巨流图书公司 1998 年版。

22. ［德］卢曼：《社会的法律》，郑伊倩译，人民出版社 2009 年版。

23. ［德］卢曼："法律的自我复制及其限制"，韩旭译，载《北大法律评论》第 2 卷第 2 辑，法律出版社 1999 年版。

24. ［德］哈特穆特·毛雷尔：《行政法学总论》，高家伟译，法律出版社 2000 年版。

25. ［德］克劳斯·罗克辛：《德国刑法学总论》（第一卷），王世洲译，法律出版社 2005 年版。

26. ［比］马克·范·胡克：《法律的沟通之维》，孙国东译，法律出版社 2008 年版。

27. ［德］N. 霍恩：《法律科学与法哲学导论》，罗莉译，法律出版社 2005 年版。

28. ［德］魏德士：《法理学》，丁晓春、吴越译，法律出版社 2005 年版。

29. ［德］阿图尔·考夫曼：《后现代法哲学——告别演讲》，米健译，法律出版社 2000 年版。

30. ［德］贡塔·托依布纳：《法律：一个自创生系统》，张骐译，北京大学出版社 2004 年版。

31. ［德］黑格尔：《法哲学原理》，范扬、张企泰译，商务印书馆 1961 年版。

32. ［德］黑格尔：《哲学史讲演录》（第二卷），贺麟、王太庆译，商务印书馆 1960 年版。

33. ［德］罗伯特·阿列克西：《法律论证理论——作为法律证立理论的理性论辩理论》，舒国滢译，中国法制出版社 2002 年版。

34. ［德］罗伯特·阿列克西：《法·理性·商谈：法哲学研究》，朱光、雷磊译，中国法制出版社 2011 年版。

35. ［德］H. 李凯尔特：《文化科学和自然科学》，涂纪亮译，商务印书馆 2000 年版。

36. ［法］托克维尔：《论美国的民主》（上卷），董果良译，商务印书馆 2004 年版。

37. ［美］P. 诺内特、P. 塞尔兹尼克：《转变中的法律与社会：迈向回应型法》，张志铭译，中国政法大学出版社 2004 年版。

38. ［美］R. M. 昂格尔：《现代社会中的法律》，吴玉章、周汉华译，凤凰出版传媒集团、译林出版社 2008 年版。

39. ［美］汉娜·阿伦特：《人的条件》，竺乾威等译，上海人民出版社 1999 年版。

40. ［美］弗朗西斯·福山：《历史之终结与最后一人》，李永炽译，时报文化出版社 1993 年版。

41. ［美］塞缪尔·亨廷顿：《文明的冲突》，周琪等译，新华出版社 2013 年版。

42. ［美］马修·德夫林编：《哈贝马斯、现代性与法》，高鸿钧译，清华大学出版社 2008 年版。

43. ［美］托马斯·麦卡锡：《哈贝马斯的批判理论》，王江涛译，华东师范大学出版社 2010 年版。

44. ［美］查尔斯·J. 福克斯、休·T. 米勒：《后现代公共行政——话语指向》，楚艳红等译，中国人民大学出版社 2002 年版。

45. ［美］E. 博登海默：《法理学：法律哲学与法律方法》，邓正来译，中国政法大学出版社 2004 年版。

46. ［美］希拉里·普特南：《事实与价值二分法的崩溃》，应奇译，东方出版社 2006 年版。

47. ［美］富勒：《法律的道德性》，郑戈译，商务印书馆 2005 年版。

48. ［美］约翰·菲尼斯：《自然法与自然权利》，董娇娇等译，中国政法大学出版社 2005 年版。

49. ［美］罗伯特·诺奇克：《无政府、国家和乌托邦》，姚大志译，中国社会科学出版社 2008 年版。

50. ［美］约翰·罗尔斯：《正义论》，何怀宏、何包钢、廖申白译，中国社会科学出版社 1988 年版。

51. ［美］罗纳德·德沃金：《认真对待权利》，信春鹰、吴玉章译，中国大百科全书出版社 1998 年版。

52. ［美］杰弗里·图宾：《法庭上的巅峰对决——布什与戈尔总统大选之争》，葛峰译，上海三联书店 2017 年版。

53. ［美］理查德·波斯纳：《法官如何思考》，苏力译，北京大学出版社 2009 年版。

54. ［美］亚历山大·汉密尔顿、詹姆斯·麦迪逊、约翰·杰伊：《联邦论》，尹宣译，凤凰出版传媒集团、译林出版社 2010 年版。

55. ［美］彼得·G. 伦斯特洛姆编：《美国法律辞典》，贺卫方等译，中国政法大学出版社 1998 年版。

56. ［美］克里斯托弗·沃尔夫：《司法能动主义——自由的保障还是安全的威胁?》，黄金荣译，中国政法大学出版社 2004 年版。

57. ［意］莫诺·卡佩莱蒂编：《福利国家与接近正义》，刘俊祥等译，法律出版社 2000 年版。

58. ［英］玛格丽特·玛斯特曼：《论范式的本质》，载伊姆雷·拉卡托斯、艾兰·马斯格雷夫主编：《批判与知识的增长》，周寄中译，华夏出版社 1987 年版。

59. ［英］弗里德利希·冯·哈耶克：《自由秩序原理》（下），邓正来译，生活·读书·新知三联书店 1997 年版。

60. ［英］弗里德利里希·奥古斯特·冯·哈耶克：《通往奴役之路》，王明毅等译，中国社会科学出版社 1997 年版。

61. ［英］弗里德利希·冯·哈耶克：《法律、立法与自由》，邓正来、张守乐、李静冰译，中国大百科全书出版社 2000 年版。

62. ［英］安德鲁·埃德加：《哈贝马斯：关键概念》，杨礼银、朱松峰译，凤凰出版传媒集团、江苏人民出版社 2009 年版。

63. ［英］戴雪：《英宪精义》，雷宾南译，中国法制出版社 2001 年版。

64. ［英］约瑟夫·拉兹：《法律的权威——法律与道德论文集》，朱峰译，法律出版社 2005 年版。

65. ［英］威廉姆·奥斯维特：《哈贝马斯》，沈亚生译，黑龙江人民出版社 1999 年版。

66. ［英］戴维·米勒、韦农·波格丹诺主编：《布莱克维尔政治学百科全书》，邓正来译，中国政法大学出版社 2002 年版。

67. ［英］威廉·韦德：《行政法》，徐炳等译，中国大百科全书出版社 1997 年版。

68. ［英］阿德里安·A. S. 朱克曼主编：《危机中的民事司法：民事诉讼程序的比较视角》，傅郁林等译，中国政法大学出版社 2005 年版。

69. ［英］尼尔·麦考密克：《法律推理与法律理论》，姜峰译，法律出版社 2005 年版。

70. ［英］戴维·M. 沃克：《牛津法律大辞典》，李双元等译，法律出版社 2003 年版。

71. 习近平：《习近平谈治国理政》，外文出版社 2014 年版。

72. 习近平：《之江新语》，浙江出版联合集团、浙江人民出版社 2007 年版。

73. 武宏志：《论证型式》，中国社会科学出版社 2013 年版。

74. 杨艳霞：《刑法解释的理论与方法：以哈贝马斯的沟通行动理论为视角》，法律出版社 2007 年版。

75. 葛洪义：《法与实践理性》，中国政法大学出版社 2002 年版。

76. 郑永流主编：《法哲学与法社会学论丛·2005 年卷（总第 8 期）》，北京大学出版社 2005 年版。

77. 郑永流主编：《商谈的再思——哈贝马斯〈在事实与规范之间〉导读》，法律出版社

2010 年版。

78. 王家福、刘海年主编：《中国人权百科全书》，中国大百科全书出版社 1998 年版。

79. 夏基松、沈斐风：《历史主义科学哲学》，高等教育出版社 1995 年版。

80. 李省龙：《法经济学分析范式研究》，中国社会科学出版社 2007 年版。

81. 陆洲：《论哈贝马斯程序主义法范式及其中国意义》，人民出版社 2014 年版。

82. 陈伟：《事实与规范的辩证法：哈贝马斯法哲学研究》，世纪出版集团、上海人民出版社 2011 年版。

83. 苏力：《也许正在发生：转型中国的法学》，法律出版社 2004 年版。

84. 苏力：《阅读秩序》，山东教育出版社 1999 年版。

85. 苏力：《送法下乡——中国基层司法制度研究》，中国政法大学出版社 2000 年版。

86. 高鸿钧等：《商谈法哲学与民主法治国——〈在事实与规范之间〉阅读》，清华大学出版社 2007 年版。

87. 高鸿钧等：《法治：理念与制度》，中国政法大学出版社 2002 年版。

88. 郑成良：《法律之内的正义——一个关于司法公正的法律实证主义解读》，法律出版社 2002 年版。

89. 张文显：《法哲学范畴研究》，中国政法大学出版社 2001 年版。

90. 王人博、程燎原：《法治论》，广西师范大学出版社 2014 年版。

91. 贺卫方：《法边馀墨》，法律出版社 2015 年版。

92. 最高人民法院研究室编：《司法文件选》（1993 年卷），人民法院出版社 1995 年版。

93. 公丕祥：《当代中国的司法改革》，法律出版社 2012 年版。

94. 胡云腾主编：《司法改革》，社会科学文献出版社 2016 年版。

95. 全国人大常委会办公厅、中共中央文献研究室编：《人民代表大会制度重要文献选编（二）》，中国民主法制出版社、中央文献出版社 2015 年版。

96. 邹谠：《二十世纪中国政治：从宏观历史与微观运行角度看》，牛津大学出版社 1994 年版。

97. 潘伟杰：《当代中国立法制度研究》，上海人民出版社 2013 年版。

98. 泮伟江：《当代中国法治的分析与建构解读哈贝马斯〈交往行为理论〉》，中国法制出版社 2012 年版。

99. 章国锋：《关于一个公正世界的"乌托邦"构想》，山东人民出版社 2001 年版。

100. 李林主编：《中国依法治国二十年（1997-2017）》，社会科学文献出版社 2017 年版。

101. 阮新邦、林端主编：《解读〈沟通行动论〉》，上海人民出版社 2003 年版。

102. 童世骏：《批判与实践——论哈贝马斯的批判理论》，生活·读书·新知三联书店 2007 年版。

103. 季卫东：《法治构图》，法律出版社 2012 年版。

104. 季卫东：《法治秩序的建构》，商务印书馆 2014 年版。

105. 王海明：《伦理学方法》，商务印书馆 2003 年版。

106. 李佃来：《公共领域与生活世界——哈贝马斯市民社会理论研究》，人民出版社 2006 年版。

107. 江伟主编：《民事诉讼法》，高等教育出版社、北京大学出版社 2000 年版。

108. 田安平：《民事诉讼证据初论》，中国检察出版社 2002 年版。

109. 杜宇：《理解"刑事和解"》，法律出版社 2010 年版。

110. 曹刚：《道德难题与程序正义》，北京大学出版社 2011 年版。

111. 柯耀程：《变动中的刑法思想》，中国政法大学出版社 2003 年版。

112. 俞吾金等：《现代性现象学：与西方马克思主义者的对话》，上海社会科学院出版社 2002 年版。

113. 金岳霖：《知识论》，商务印书馆 2011 年版。

114. 侯东德主编：《我国地方立法协商的理论与实践》，法律出版社 2015 年版。

115. 陈家刚选编：《协商民主》，上海三联书店 2004 年版。

116. 孟庆瑜主编：《地方立法与国家治理现代化》，法律出版社 2016 年版。

117. 范忠信：《中西法文化的暗合与差异》，中国政法大学出版社 2001 年版。

118. 胡建淼：《行政法学》，法律出版社 2004 年版。

119. 罗豪才等：《行政法平衡理论讲演录》，北京大学出版社 2011 年版。

120. 罗豪才等：《现代行政法的平衡理论》（第三辑），北京大学出版社 2008 年版。

121. 金国坤等：《行政法与行政诉讼法通论》，经济管理出版社 1996 年版。

122. 龚群：《道德乌托邦的重构——哈贝马斯交往伦理思想研究》，商务印书馆 2003 年版。

123. 陈小文：《行政法的哲学基础》，北京大学出版社 2009 年版。

124. 胡仕浩、龙飞主编：《多元化纠纷解决机制改革精要》，中国法制出版社 2019 年版。

125. 范愉：《非诉讼纠纷解决机制研究》，中国人民大学出版社 2000 年版。

126. 范愉主编：《多元化纠纷解决机制》，厦门大学出版社 2005 年版。

127. 马明亮：《协商性司法——一种新程序主义理念》，法律出版社 2007 年版。

128. 王平主编：《恢复性司法论坛》，中国检察出版社 2007 年版。

129. 周长军、于改之主编：《恢复性司法：法理及其实践展开》，山东大学出版社 2008 年版。

130. 陈晓明：《修复性司法的理论与实践》，法律出版社 2006 年版。

131. 张庆方：《恢复性司法——一种全新的刑事法治模式》，载陈兴良主编：《刑事法评论》第 12 卷，中国政法大学出版社 2003 年版。

132. 魏晓娜：《背叛程序正义：协商性刑事司法研究》，法律出版社 2014 年版。

133. 王建源：《迈向对话的正义———协商性司法的制度逻辑》，载张卫平、齐树洁主编：《司法改革论评》，厦门大学出版社 2007 年版。

134. 张斌峰主编：《法学方法论教程》，武汉大学出版社 2013 年版。

135. 张斌峰：《"理想的话语情境"及其中国情境》，中国政法大学出版社 2014 年版。

136. 周祯祥：《道义逻辑：伦理行为和规范的推理理论》，湖北人民出版社 1999 年版。

137. 何家弘：《短缺证据与模糊事实：证据学精要》，法律出版社 2012 年版。

138. 陈瑞华：《程序正义理论》，中国法制出版社 2010 年版。

139. 陈文曲：《民事诉讼当事人陈述理论重构——以哈贝马斯的交往理性为视角》，法律出版社 2010 年版。

140. 武宏志、周建武主编：《批判性思维——论证逻辑视角》，中国人民大学出版社 2010 年版。

（二）期刊类

1. ［德］哈贝马斯："关于公共领域问题的答问"，载《社会学研究》1999 年第 3 期。

2. ［美］托马斯·库恩："《结构》之后的路"，金吾伦译，载《哲学译丛》1993 年第 6 期。

3. ［日］田中成明："法的三类型模式"，季卫东译，载《中外法学》1989 年第 4 期。

4. 习近平："关于〈中共中央关于全面推进依法治国若干重大问题的决定〉的说明"，载《求是》2014 年第 21 期。

5. 习近平："加快建设社会主义法治国家"，载《求是》2015 年第 1 期。

6. 张文显："习近平法治思想的理论体系"，载《法制与社会发展》2021 年第 1 期。

7. 张文显、于宁："当代中国法哲学研究范式的转换——从阶级斗争范式到权利本位范式"，载《中国法学》2001 年第 1 期。

8. 李醒民："库恩在科学哲学中首次使用了范式（paradigm）术语吗？"，载《自然辩证法通讯》2005 年第 4 期。

9. 王峰、殷正坤："社会科学范式与自然科学范式特征的比较研究"，载《科学技术与辩证法》1996 年第 3 期。

10. 王兆国："社会主义民主法制建设的一个重要里程碑——关于形成中国特色社会主义法律体系的几个问题"，载《中国人大》2010 年第 22 期。

11. 高鸿钧："法范式与合法性：哈贝马斯法现代性理论评析"，载《中外法学》2002 年第 6 期。

12. 陆洲："我国公众参与司法的价值挖潜及短板补救"，载《甘肃社会科学》2018 年第 5 期。

13. 陆洲、陈晓庆："认罪认罚从宽制度的沟通之维"，载《湖北大学学报（哲学社会科学版）》2017 年第 6 期。

14. 陆洲、陈晓庆："论我国立法过程中的商谈规则"，载《政法论丛》2015 年第 6 期。

15. 吴元梁："马克思主义哲学研究范式的争鸣与反思"，载《江海学刊》2008 年第 1 期。

16. 卜祥记："马克思主义哲学研究范式辩误"，载《学术月刊》2009 年第 4 期。

17. 周晓虹："社会科学方法论的若干问题"，载《南京社会科学》2011 年第 6 期。

18. 储槐植："提倡折衷——法学研究范式检讨"，载《浙江社会科学》2005 年第 3 期。

19. 蒋云贵："法学范式进步与法理学范畴演进"，载《时代法学》2018 年第 4 期。

20. 陈柏峰："社科法学及其功用"，载《法商研究》2014 年第 5 期。

21. 陈柏峰："法律实证研究的兴起与分化"，载《中国法学》2018 年第 3 期。

22. 侯猛："社科法学的跨界格局与实证前景"，载《法学》2013 年第 4 期。

23. 谢海定："法学研究进路的分化与合作——基于社科法学与法教义学的考察"，载《法商研究》2014 年第 5 期。

24. 白斌："论法教义学：源流、特征及其功能"，载《环球法律评论》2010 年第 3 期。

25. 姜明安："新世纪行政法发展的走向"，载《中国法学》2002 年第 1 期。

26. 王锡锌："英美传统行政法"合法性解释模式"的困境与出路——兼论对中国行政法的启示"，载《法商研究》2008 年第 3 期。

27. 张敏："协商治理：一个成长中的新公共治理范式"，载《江海学刊》2012 年第 5 期。

28. 雷磊："法教义学的基本立场"，载《中外法学》2015 年第 1 期。

29. 左卫民："一场新的范式革命？——解读中国法律实证研究"，载《清华法学》2017 年第 3 期。

30. 左卫民："实践法学：中国刑事诉讼法学研究的新方向"，载《法学研究》2012 年第 5 期。

31. 李大庆："法学范式竞争与领域法学的知识创新"，载《江汉论坛》2019 年第 4 期。

32. 刘剑文："论领域法学：一种立足新兴交叉领域的法学研究范式"，载《政法论丛》2016 年第 5 期。

33. 王桦宇："论领域法学作为法学研究的新思维——兼论财税法学研究范式转型"，载《政法论丛》2016 年第 6 期。

34. 侯卓：""领域法学"范式：理论拓补与路径探明"，载《政法论丛》2017 年第 1 期。

35. 焦宝乾："逻辑与修辞：一对法学范式的区分与关联"，载《法制与社会发展》2015 年第 2 期。

36. 李昌麒："发展与创新：经济法的方法、路径与视域（上）——简评我国中青年学者对经济法理论的贡献"，载《山西大学学报（哲学社会科学版）》2003 年第 3 期。

37. 张守文："经济法研究的"合"与"同"",载《政法论坛》2006 年第 3 期。

38. 袁达松、朱成林："论包容性的经济法治：一元论的经济法学范式",载《晋阳学刊》2015 年第 4 期。

39. 闫然、毛雨："设区的市地方立法三周年大数据分析报告",载《地方立法研究》2018 年第 3 期。

40. 蔡守秋："论法学研究范式的革新——以环境资源法学为视角",载《法商研究》2003 年第 3 期。

41. 童德华："主体间性理论对刑法现代化的再造",载《当代法学》2017 年第 3 期。

42. 黄文艺："论中国法律发展研究的两大范式",载《法制与社会发展》2000 年第 3 期。

43. 黄文艺："为形式法治理论辩护——兼评〈法治：理念与制度〉",载《政法论坛》2008 年第 1 期。

44. 倪洪涛、刘丽："走出福利法治国的困境",载《法律科学》2006 年第 4 期。

45. 陈金钊："魅力法治所衍生的苦恋——对形式法治和实质法治思维方向的反思",载《河南大学学报（社会科学版）》2012 年第 5 期。

46. 陈金钊："对形式法治的辩解与坚守",载《哈尔滨工业大学学报（社会科学版）》2013 年第 2 期。

47. 陈金钊："法学的特点与研究的转向",载《求是学刊》2003 年第 2 期。

48. 陈金钊："法律人思维中的规范隐退",载《中国法学》2012 年第 1 期。

49. 魏治勋、彭宇："形式法治及其中国关怀",载《学习与探索》2014 年第 7 期。

50. 邵建东："从形式法治到实质法治——德国"法治国家"的经验教训及启示",载《南京大学法律评论》2004 年第 22 期。

51. 王峰峰、郭庆珠："从形式法治走向实质法治：我国法治转型现实课题的法理解析",载《社会科学家》2005 年第 3 期。

52. 喻义东："从形式法治走向实质法治——对我国民族和谐的法律基础的考量",载《黑龙江民族丛刊》2007 年第 2 期。

53. 江必新："严格依法办事——经由形式正义的实质法治观",载《法学研究》2013 年第 6 期。

54. 李桂林："实质法治：法治的必然选择",载《法学》2018 年第 7 期。

55. 贺卫方："法学和医学",载《法学研究》1996 年第 4 期。

56. 龙宗智："评贺卫方〈复转军人进法院〉一文",载《法学》1998 年第 6 期。

57. 孙笑侠："法的形式正义与实质正义",载《浙江大学学报（人文社会科学版）》1999 年第 5 期。

58. 孙笑侠："司法职业性与平民性的双重标准——兼论司法改革与司法评估的逻辑起点",

载《浙江社会科学》2019 年第 2 期。

59. 巩军伟："论司法职业化与司法大众化"，载《兰州大学学报（社会科学版）》2010 年第 3 期。

60. 张千帆："司法职业化改革：集权须与放权并行"，载《民主与科学》2014 年第 5 期。

61. 夏锦文："当代中国的司法改革：成就、问题与出路——以人民法院为中心的分析"，载《中国法学》2010 年第 1 期。

62. 姚中秋："技艺理性视角下的司法职业化"，载《华东政法大学学报》2008 年第 6 期。

63. 胡云腾、袁春湘："转型中的司法改革与改革中的司法转型"，载《法律科学》2009 年第 3 期。

64. 陈永辉、刘曼："明确方向开创新局面——全国大法官"大学习、大讨论"研讨班纪要"，载《人民司法》2008 年第 18 期。

65. 王其江："新一轮司法体制改革指向"，载《瞭望》2009 年第 1 期。

66. 马长山："藐视法庭罪的历史嬗变与当代司法的民主化走向"，载《社会科学研究》2013 年第 1 期。

67. 何兵："司法职业化与民主化"，载《法学研究》2005 年第 4 期。

68. 孙丽君："司法的悖论——司法的民主化与司法的精英化之矛盾探究"，载《河北法学》2007 年第 4 期。

69. 顾培东："司法能动主义的蕴含"，载《法律适用》2010 年第 C1 期。

70. 顾培东："能动司法若干问题研究"，载《中国法学》2010 年第 4 期。

71. 苏力："关于能动司法与大调解"，载《中国法学》2010 年第 1 期。

72. 龙宗智："关于大调解和能动司法的思考"，载《政法论坛》2010 年第 4 期。

73. 江国华："司法立宪主义与中国司法改革"，载《法制与社会发展》2016 年第 1 期。

74. 江国华、肖妮娜："人民政协参与立法协商的法理与机制"，载《湖南大学学报（社会科学版）》2019 年第 2 期。

75. 周青山、俞玲："人民政协界别设置及其作用发挥研究（一）——人民政协界别设置的历史特点及当前存在的主要问题"，载《湖北省社会主义学院学报》2016 年第 6 期。

76. 高绍安、曹颖逊："大法官专题研讨社会主义法治理念"，载《中国审判》2009 年第 9 期。

77. 白帆、谈火生："人民政协参与立法协商：模式、特征和原则"，载《当代世界与社会主义》2018 年第 2 期。

78. 罗科、吴婷："大陆司法体制改革转向"，载《凤凰周刊》2009 年第 3 期。

79. 廖奕："转型中国司法改革顶层设计的均衡模型"，载《法制与社会发展》2014 年第 4 期。

80. 全国人大常委会法制工作委员会："新中国 70 年立法发展成就及经验"，载《旗帜》2019 年第 9 期。

81. 胡健："改革开放四十年国家立法"，载《地方立法研究》2018 年第 6 期。

82. 胡健："改革开放四十年立法工作的七个转变"，载《中国法律评论》2018 年第 5 期。

83. 曲頔："改革开放四十年地方立法"，载《地方立法研究》2018 年第 6 期。

84. 郭跃："论立法精细化的标准与实现路径"，载《学术界》2016 年第 2 期。

85. 熊菁华："发挥立法引领和推动作用的思考"，载《地方立法研究》2018 年第 3 期。

86. 罗小曼："改革开放四十年立法形态演进"，载《地方立法研究》2018 年第 6 期。

87. 马英娟、李德旺："我国政府职能转变的实践历程与未来方向"，载《浙江学刊》2019 年第 3 期。

88. 王敬波、宗婷婷："改革开放以来我国法治政府建设的基本轨迹"，载《中国发展观察》2018 年第 C2 期。

89. 侯登华、李双："试论行政柔性执法的理论基础"，载《北京科技大学学报（社会科学版）》2010 年第 4 期。

90. 崔卓兰、蔡立东："从压制型行政模式到回应型行政模式"，载《法学研究》2002 年第 4 期。

91. 骆梅英："英国法上实体正当期待的司法审查——立足于考夫兰案的考察"，载《环球法律评论》2007 年第 2 期。

92. 吴玉章："西方的法治理论"，载《法哲学与法社会学论丛》2000 年第 0 期。

93. 刘作翔："当代中国的规范体系：理论与制度结构"，载《中国社会科学》2019 年第 7 期。

94. 朱渝阳："卢曼社会系统理论中的沟通"，载《浙江海洋学院学报（人文科学版）》2014 年第 6 期。

95. 宾凯："法律如何可能：通过"二阶观察"的系统建构——进入卢曼法律社会学的核心"，载《北大法律评论》2006 年第 0 期。

96. 杜健荣："法律与社会的共同演化：基于卢曼的社会系统理论反思转型时期法律与社会的关系"，载《法制与社会发展》2009 年第 2 期。

97. 舒国滢："寻访法学的问题立场——兼谈"论题学法学"的思考方式"，载《法学研究》2005 年第 3 期。

98. 严存生："法的合法性问题研究"，载《法律科学》2002 年第 3 期。

99. 陈林林："法治的三度：形式、实质与程序"，载《法学研究》2012 年第 6 期。

100. 郭杰："立法协商初探——以协商民主理论为视角"，载《特区实践与理论》2014 年第 5 期。

101. 戴激涛："立法协商：理论、实践及未来展望"，载《天津行政学院学报》2015 年第 4 期。

102. 张献生："关于立法协商的几个基本问题"，载《中央社会主义学院学报》2014 年第 5 期。

103. 肖志恒、柳建启、陈上琦："立法协商机制及其改革：基于广东经验的实证调研"，载《地方立法研究》2017 年第 1 期。

104. 胡照洲："论立法协商的必要性和可行性"，载《湖北省社会主义学院学报》2014 年第 1 期。

105. 卢剑锋："试论协商性行政执法"，载《政治与法律》2010 年第 4 期。

106. 肖存良："立法协商的概念与模式研究——基于人民政协的视角"，载《中国政协理论研究》2015 年第 4 期。

107. 朱志昊："论立法协商的概念、理论与类型"，载《法制与社会发展》2015 年第 4 期。

108. 陈建华："立法协商主体探析"，载《河北法学》2016 年第 3 期。

109. 苏绍龙："地方立法协商制度机制刍议"，载《暨南学报（哲学社会科学版）》2015 年第 5 期。

110. 隋斌斌："当代中国立法协商基本问题探讨"，载《党政干部学刊》2017 年第 8 期．

111. 杨积堂："立法协商的民主缘起与制度构建"，载《北京联合大学学报（人文社会科学版）》2016 年第 5 期。

112. 殷啸虎："人民政协参与地方立法协商的目标与路径"，载《江西师范大学学报（哲学社会科学版）》2013 年第 3 期。

113. 王祯军："从权利限制看不可克减的权利及其功能"，载《大连理工大学学报（社会科学版）》2009 年第 3 期。

114. 张帆："论紧急状态下限权原则的建构思路与价值基础——以我国〈突发事件应对法〉为分析对象"，载《政治与法律》2020 年第 1 期。

115. 孙培福："逻辑现代化：从天然渐变为人造"，载《山东社会科学》2005 年第 5 期。

116. 韩冬梅："各地政协开展立法协商实践探索"，载《团结》2014 年第 5 期。

117. 刘松山："国家立法三十年的回顾与展望"，载《中国法学》2009 年第 1 期。

118. 赵吟："立法协商的风险评估及其防范"，载《中共浙江省委党校学报》2013 年第 2 期。

119. 张忠、陈伏淋："协商执法：行政执法新模式初探"，载《宁波大学学报（人文科学版）》2013 年第 5 期。

120. 孙兵、黎学基："理念重述与制度重构：行政执法协商研究"，载《西南民族大学学报（人文社会科学版）》2012 年第 3 期。

121. 董石桃、桂雪琴："从命令到协商：中国城管执法模式的转变与构建"，载《城市学刊》2016 年第 5 期。

122. 郑旭辉、余慧莉："我国城管协商性执法的制度建构"，载《南京航天航空大学学报（社会科学版）》2018 年第 4 期。

123. 刘福元："城管执法场域中的协商机制建构———基于城管、居民和摊贩的三方支点"，载《北方法学》2018 年第 5 期。

124. 缪文升："公安协商性执法语境中的主体间性分析进路"，载《公安研究》2011 年第 1 期。

125. 刘水林："规制视域下的反垄断协商执法研究"，载《政法论丛》2017 年第 4 期。

126. 王锡锌、章永乐："我国行政决策模式之转型——从管理主义模式到参与式治理模式"，载《法商研究》2010 年第 5 期。

127. 孟强龙："行政约谈法治化研究"，载《行政法学研究》2015 年第 6 期。

128. 庞鹏："试论行政约谈机制的可诉性及实现路径"，载《知与行》2016 年第 2 期。

129. 邢鸿飞、吉光："行政约谈刍议"，载《江海学刊》2014 年第 4 期。

130. 靳澜涛："行政法平衡理论的新探"，载《行政与法》2017 年第 5 期。

131. 黄学贤、杨红："我国行政法中比例原则的理论研究与实践发展"，载《财经法学》2017 年第 5 期。

132. 曹昭："儒家角色伦理与哈贝马斯的沟通行动理论探析"，载《前沿》2010 年第 10 期。

133. 王虎："风险社会中的行政约谈制度：因应、反思与完善"，载《法商研究》2018 年第 1 期。

134. 郑毅："现代行政法视野下的约谈——从价格约谈说起"，载《行政法学研究》2012 年第 4 期。

135. 费艳颖、赵亮："枫桥经验视域下我国知识产权纠纷人民调解制度及其完善"，载《东北大学学报（社会科学版）》2019 年第 4 期。

136. 张立勇："论马锡五审判方式在当代的继承与发展"，载《人民司法》2009 年第 7 期。

137. 肖周录、马京平："马锡五审判方式新探"，载《法学家》2012 年第 6 期。

138. 佟季："新中国成立 60 年人民法院诉讼调解情况分析——马锡五审判方式在我国的当代司法价值"，载《人民司法》2010 年第 7 期。

139. 宋英辉："实证方法对我国刑事诉讼法学研究之影响"，载《法学研究》2012 年第 5 期。

140. 丹尼尔·W·凡奈思、王莉："全球视野下的恢复性司法"，载《南京大学学报（哲学·人文科学·社会科学版）》2005 年第 4 期。

141. 李挚萍、田雯娟："恢复性措施在环境刑事司法实践中的应用分析"，载《法学杂志》2018 年第 12 期。

142. 高丽丽："环境刑事犯罪的刑法规制与完善——以恢复性司法的引入为视域"，载《大连海事大学学报（社会科学版）》2018 年第 3 期。

143. 马明亮："正义的妥协——协商性司法在中国的兴起"，载《中外法学》2004 年第 1 期。

144. 唐力："论协商性司法的理论基础"，载《现代法学》2008 年第 6 期。

145. 韩德明："协商性司法：理论内涵、实践形态及其语境"，载《南京社会科学》2010 年第 5 期。

146. 吴思远："论协商性司法的价值立场"，载《当代法学》2018 年第 2 期。

147. 周光权："价值判断与中国刑法学知识转型"，载《中国社会科学》2013 年第 4 期。

148. 邵维国："犯罪只能是价值判断"，载《法商研究》2009 年第 4 期。

149. 郝铁川："论逻辑思维与法律思维"，载《现代法学》1997 年第 3 期。

150. 彭文华："犯罪构成：从二元论体系到一元论体系——以事实和价值关系论为视角"，载《法制与社会发展》2012 年第 6 期。

151. 包冰锋："中国语境下的当事人询问制度"，载《西南民族大学学报（人文社会科学版）》2017 年第 11 期。

152. 李浩："当事人陈述：比较、借鉴与重构"，载《现代法学》2005 年第 3 期。

153. 王福华："当事人陈述的制度化处理"，载《当代法学》2004 年第 2 期。

154. 梁琨、魏玉娃："当事人陈述的异化困境与矫正路径"，载《大连理工大学学报（社会科学版）》2018 年第 6 期。

155. 王亚新、陈杭平："论作为证据的当事人陈述"，载《政法论坛》2006 年第 6 期。

156. 翁晓斌、宋小海："论民事诉讼当事人陈述的功能"，载《现代法学》2007 年第 6 期。

157. 邓楚开、杨献国："构建中国式认罪协商制度的实践探索——浙江省绍兴市基层检察机关认罪轻案程序改革实证分析"，载《中国刑事法杂志》2009 年第 12 期。

158. 谭世贵："构建中国认罪协商制度研究"，载《浙江工商大学学报》2010 年第 2 期。

159. 庄永廉等稿："检察环节认罪认罚从宽制度的适用与程序完善"，载《人民检察》2016 年第 9 期。

160. 陈卫东："认罪认罚从宽制度研究"，载《中国法学》2016 年第 2 期。

161. 赵恒："'认罪认罚从宽'内涵再辨析"，载《法学评论》2019 年第 4 期。

162. 闵春雷："回归权利：认罪认罚从宽制度的适用困境及理论反思"，载《法学杂志》2019 年第 12 期。

163. 陈瑞华："'认罪认罚从宽'改革的理论反思——基于刑事速裁程序运行经验的考

察"，载《当代法学》2016 年第 4 期。

164. 朱孝清："认罪认罚从宽制度的几个问题"，载《法治研究》2016 年第 5 期。

165. 卞建林、陶加培："认罪认罚从宽制度中的量刑建议"，载《国家检察官学院学报》2020 年第 1 期。

166. 陈海嵩："绿色发展中的环境法实施问题：基于 PX 事件的微观分析"，载《中国法学》2016 年第 1 期。

167. 竺效："论公众参与基本原则入环境基本法"，载《法学》2012 年第 12 期。

168. 张梓太："公众参与与环境保护法"，载《郑州大学学报（哲学社会科学版）》2002 年第 2 期。

169. 王柱国："论行政规制的正当程序控制"，载《法商研究》2014 年第 3 期。

170. 谢海波："论我国环境法治实现之路径选择——以正当行政程序为重心"，载《法学论坛》2014 年第 3 期。

171. 戚建刚："'第三代'行政程序的学理解读"，载《环球法律评论》2013 年第 5 期。

（三）学位论文类

1. 江莎："行政约谈制度规范化研究"，浙江工商大学 2017 年硕士学位论文。

2. 孙利春："行政约谈法律问题研究"，辽宁大学 2017 年硕士学位论文。

3. 程德文："法律的商谈理论——哈贝马斯法哲学思想引论"，南京师范大学 2003 年博士学位论文。

4. 魏建："当代西方法经济学的分析范式研究"，西北大学 2001 年博士学位论文。

5. 相焕伟："协商行政：一种新的行政法范式"，山东大学 2014 年博士学位论文。

6. 童庆平："当代中国政党协商民主的制度建设研究"，华东师范大学 2008 年博士论文。

（四）报纸类

1. 习近平："携手追寻中澳发展梦想　并肩实现地区繁荣稳定———在澳大利亚联邦议会的演讲"，载《人民日报》2014 年 11 月 18 日，第 02 版。

2. 习近平："在第二届世界互联网大会开幕式上的讲话"，载《人民日报》2015 年 12 月 17 日，第 3 版。

3. 习近平："在经济社会领域专家座谈会上的讲话"，载《人民日报》2020 年 8 月 25 日，第 2 版。

4. 薛兆丰："美国社保进退两难"，载《南方周末》2005 年 11 月 21 日，第 12 版。

5. 贺卫方："司法改革的难题与出路"，载《南方周末》2008 年 9 月 18 日，第 E31 版。

6. 陈宝成："法院改革进入'王胜俊时代'　最高法报告体现司法大众化，专家指当前特殊的经济形势促使司法改革'转身'"，载《南方都市报》2009 年 3 月 11 日，第 AA06 版。

7. 彭岚："'眼神执法'后，武汉城管又出'列队执法'"，载《楚天金报》2012 年 9 月

20 日，第 14 版。

8. 哲肖："城管部门尝试鲜花执法——'钉子户'无证摊一改对抗态度自行离开"，载《无锡商报》2017 年 3 月 9 日，第 A06 版。

9. 谈火生："实践是政策创新的源头活水"，载《人民政协报》2015 年 8 月 5 日，第 4 版。

10. 李宏、孙奕："杭州市政协确保立法制度到位——协商时'无知无序无责'的状态得到改变"，载《人民政协报》2010 年 1 月 19 日，第 A01 版。

11. 余荣华："北京探路政协立法协商"，载《人民日报》2014 年 4 月 16 日，第 20 版。

12. 张潇予："〈云南省老年人权益保障条例〉立法协商会在昆举行"，载《云南日报》2014 年 11 月 4 日，第 5 版。

13. 马竞、柏学聚："河北出台首个省级立法协商规范"，载《法制日报》2013 年 12 月 23 日，第 3 版。

14. 陆岭："河北省政协参与立法协商成履职新常态"，载《人民政协报》2015 年 1 月 17 日，第 3 版。

15. 薛冰妮："官方开门立法为何频频遇冷"，载《南方都市报》2013 年 9 月 2 日，第 5 版。

16. 钟晶晶："发改委：约谈不是行政干预"，载《新京报》2011 年 4 月 20 日，第 B05 版。

17. 郑重："在新时代继承和发展'马锡五审判方式'"，载《人民法院报》2020 年 1 月 10 日，第 5 版。

18. 张扬："马锡五审判方式的司法理念在当代的实践价值"，载《人民法院报》2018 年 12 月 28 日，第 6 版。

（五）网络文献类

1. ［意］吉奥乔·阿甘本："什么是范式"，载爱思想网，http://www.aisixiang.com/data/34371.html，最后访问时间：2019 年 9 月 9 日。

2. "最高法发布司法改革成效数据：18 项改革任务全部完成"，载央广网，http://www.aisixiang.com/data/34371.html，最后访问时间：2019 年 5 月 1 日。

3. "五年法治回眸——司法体制改革成效如何？来看这份专业评估"，载中国长安网，http://www.chinapeace.gov.cn/2017-10/15/content_ 11433795.htm，最后访问时间：2019 年 5 月 1 日。

4. 福建省人大常委会："回应群众关切，推进民生立法"，载中国人大网，http://www.npc.gov.cn/npc/lfzt/rlyw/2017-09/13/content_ 2028843.htm，最后访问时间：2019 年 5 月 7 日。

5. 杜颖："近年来我省 20 余项立法覆盖民生各领域"，载海南省人民政府网，http://www.hainan.gov.cn/hn/zwgk/zfjs/yfxz/201508/t20150812_ 1637128.html，最后访问时间：

2019 年 5 月 7 日。

6. "'依法立法'是实现良法之治的基础"，载湖北省人民政府网，http://www. hubei. gov. cn/zhuanti/201711/t20171127_ 1228113. shtml，最后访问时间：2019 年 5 月 8 日。

7. "浙江宁海城管女子'柔性执法'成为街头一道靓丽的风景"，载中国日报网，http:// baijiahao. baidu. com/s? id = 1596413053689570897&wfr = spider&for = pc，最后访问时间： 2019 年 5 月 15 日。

8. 荆州市人大常委会办公室："市人大常委会与市政协进行立法协商"，载荆州人大网， http://www. jzrd. gov. cn/news/rendayaowen/2018/0828/12667. html，最后访问时间：2019 年 7 月 19 日。

9. "致公党政协委员参加立法协商座谈会"，载中山致公网，http://www. zszg. org/html/ar- ticle/2018/02/02/6043. shtml，最后访问时间：2019 年 7 月 19 日。

10. "湖北省政府将举行首次立法听证会"，载法制网，http://www. legaldaily. com. cn/ index/content/2013-06/18/content_ 4568450. htmnode = 20908，最后访问时间：2019 年 7 月 22 日。

11. 潘跃："就'安全生产法修正'问题，全国政协召开双周协商座谈会"，载人民网，ht- tp://politics. people. com. cn/GB/353887/review/20140321. html，最后访问时间：2019 年 7 月 24 日。

12. "河北省政协召开对口协商座谈会"，载凤凰网，http://hebei. ifeng. com/a/20180522/ 6596122_ 0. shtml，最后访问时间：2019 年 7 月 24 日。

13. "领导干部比例降低，一图看懂全国人大代表构成"，载中国网，http://www. china. com. cn/lianghui/news/2018-03/04/content_ 50652401. shtml，最后访问时间：2019 年 7 月 30 日。

14. 孙凯杰、雷燕超："鹤壁城管街头围殴商贩视频曝光 纪委与警方均已介入"，载新京报网，http://www. bjnews. com. cn/wevideo/2019/05/17/580310. html，最后访问时间：2019 年 5 月 25 日。

15. 曾金秋："2018 年一审行政案件中有 20%的当事人撤诉"，载搜狐网，https://www. so- hu. com/a/342474681_ 313745，最后访问时间：2019 年 11 月 1 日。

16. "海南二中院 2015 年受理行政案件 426 件，93 件协调撤诉"，载海口网，http:// www. hkwb. net/news/content/2016-01/08/content_ 2786987htm，最后访问时间：2019 年 11 月 1 日。

17. "中办国办就甘肃祁连山国家级自然保护区生态环境问题发出通报"，载国家林业和 草原局政府网，http://www. forestry. gov. cn/，最后访问时间：2019 年 9 月 25 日。

二、外文文献

1. Ritzer, G. , 1975, *Sociology: A Multiple Paradigm Science*, Boston: Allyn and Bacon, p. 7.

2. J. Lyons, *Semantic*, *vol* (Cambridge University Press, Cambridge: 1977), p. 32.

3. T. Schirato and S. Yell, *Communication and Culture* (Sage Publication, London, 2000).

4. Cappelletti Garth, Foreword to Access to Justice: Emerging Issues and Perspectives, *Harvard Law Review Vol. 94, No. 8 (Jun. , 1981)*, at vi–vii.

5. D. L. Rhode, *Justice and Gender*, Cambrige, Mass. 1989, 317. Quoted in Between Facts and Norms, p. 427.

6. J. Rawls, *A Theory of Justice*, Harvard University Press, 1971, p. 235.

7. J. Fninis, *Natural Law and Natural Rights*, Clarendon Press, 1980, p. 361.

8. Ronald Dworkin, *A Matter of Principle*, Harvard University Press, 1985, pp. 11–14.

9. Marshall Cohen ed, *Ronald Dworkin and Contemporary Jurisprudence*, Totowa, N. J. : Rowman & Allanheld 1984, p. 275.

10. S. Moor, "A Natural Law Theory of Interpretation", *Southern California Law Review*, vol. 58, 1985, pp. 227–398.

11. Bryan A. Garner, *Black's Law Dictionary 10th Edition*, Thomson West.

12. J. Habermas, *Paradigms of Law*, in M. Rosenfeld & A. Arato, ed. , *Habermas on Law and Democracy: Critical Exchange*, University of Carlifornia Press, 1998, p. 18.

13. J. Hambermas, *The Theory of Communication Action*, vol, 2: Lifeworld and System: A Critique of Functionalist Reason (trans. T. McCarthy, Boston, 1987).

14. J. Hambermas, *Between Facts and Norms: Contributions to a Discourse Theory of Law and Democracy* (Trans Williams Rehg, Polity Press, Cambrige, 1996), p. 134.

15. Francoise Tulkens, Negotiated Justice, Mireille Delmas–Marty and J. R. Spence (ed.), *European Criminal Procedures* , Cambridge University Press (New York), 2002, p. 642.

16. Fuller, "Law as an instrument of social control and law as a facilitation of human interaction" in L. *Legazy Lacambra* (ed.). *Die Funktion des Rechts*, ARSP Beiheft 8 (Fuans Steiner Verlag, Wiesbaden, 1974), pp. 101–103.

17. J. Aatin, *the Province of Jurisprudence Determined* (Weidenfeld and Nicklson, London), 1954, p. 167.

18. Calvi and Coleman, *American Law and Legal System*s. Prentice Hall 2000. p. 2.

19. J. Frank, *Law and the Modern Mind* (New York Routledge, 1930), p. 41.

20. *Charles S. Peirce*, *Philosophical Writings of Peirce*, selected and edited with an introduction by

Justus Buchler, Dover Publications, Inc. , New York, 1955, p. 38.

21. M. Hare, *Free and Reason*. Oxford 1963. p. 11.

22. Niklas Luhmann, Operational Closure and Structural Coupling: The Differentiation of the Legal System . *Cardozo Law Review*, 1992, (13).

后　记

　　本书是我主持的国家课题《中国法治的范式研究》的结项成果，这是我在博士论文基础上进行的更为深入和具体的思考。在我的博士论文中，主要探讨了哈贝马斯程序主义法范式的产生背景、理论基础和核心内容，并在哈贝马斯的法范式理论基础上，明确提出了法范式应是法学研究范式和法治建构范式的统一体，进而探讨了程序主义法范式对我国的借鉴意义。但由于当时毕业临近，时间紧迫，对于我国的借鉴与建构思考得并不深入。在国家课题立项之后，开始了更为系统和深入的思考。几年以来，一直力图以法范式为基本的分析范畴，借鉴哈贝马斯的商谈理论，吸收形式法和实质法的优长，整合我国传统和现代沟通理念的本土资源，并立基于我国的法治实践，建构一种新的沟通主义法范式，以作为我国法治发展的理想图景和制度框架。

　　以哈贝马斯的法哲学思想为基础，以法范式为基本分析范畴，探讨我国法治建设的基础理论和具体实践问题，是我从撰写博士论文至今的一个主要研究方向。这中间经历了八年甚至更长的时间，产出了系列论文、课题、奖项，而博士论文和本书是其中两个主要的代表性成果。在这里，我首先还是要感谢我的博士生导师张斌峰教授。张老师学识深厚，高瞻远瞩，从博士论文选题时就支持我以哈贝马斯程序主义法范式为题，认为这是一个富有理论意义和实践价值的研究领域。从博士论文到本书的撰写，张老师都提出了许多宝贵的指导意见，并不辞辛苦两次撰写了序言。同时，我要感谢我的硕士生导师张德淼教授，张老师为人仁厚，因材施教，将我领进法理学的大门，并始终给予我支持和鼓励。在博士论文出版之后，张老师还特意为我撰写了书评，发表在核心期刊上。这么多年以来，两位授业恩师，无论是求学期间还是毕业之后，无论是学术研究还是日常生活，都给予我无微不至的关爱。我想，像我们这样的师生感情，能够超越空间的距离和时间的长度，也能超越功利世俗的干扰，就如同陈年老酒一样，历久弥新，越陈越香。我也将始终以两位老师为榜样，来教育和培养自己的学生，让学术和人格得以传承延续。

其次，我要感谢我的爱人，即本书的第二作者陈晓庆女士。我们师出同门，多年以来，我们在生活上相互关照，事业上互相扶持。她是我所主持国家课题的第一参与人，几年来围绕该课题发表了多篇论文，并直接撰写了本书的部分章节。从国家课题立项到本书完成，历经六年，这期间我们有了两个可爱的孩子，她也顺利拿下了博士学位。多年以来，陈晓庆女士不仅为家庭付出大量心血，也大力支持我的事业，同时自己也攻读学位，其中艰辛，难以为外人道也！在这里，我要深深地感谢她！同时，我要感谢远在千里之外的父母，二老均年过花甲，垂垂老矣，但我却不能膝前尽孝，唯有更加努力以回报养育之恩。还有我的两个孩子，添添和心心，本书的成书过程，也就是你们出生长大的过程！我的家人们，你们永远都是我生命中最重要的部分！

博士毕业之后，我相继任教于河北大学和燕山大学。在这里，我要感谢河北大学法学院的各位领导、同事和兄弟。任教八年，河北大学给予我很多荣誉和机会，我所取得的成绩，都离不开河北大学的支持！保定八年，也结识了一批知心的兄弟，海内存知己，天涯若比邻！兄弟之情，无需多言，再远也不会淡忘！燕山大学文法学院是我刚刚开始工作的地方，虽时间不长，但已经受到学校、学院和法学系各位领导、同事的热烈欢迎和悉心关照，在此深深致谢，未来也必将以百倍努力回馈学校，为燕山大学法学专业的发展贡献自己最大的心力。

本书的出版，离不开中国政法大学出版社牛洁颖老师的辛勤努力和无私付出，在此深表感谢！同时，我也要感谢我的学生们，于晴晴、王文韬、剧琛颖、张静思、沈月颖、赵春娇、陆丽君、龙汝、江东、王雪尧、付雅梦、王梦、于莹莹、刘文迪等人，在本书的出版过程中做了不少工作，在此一并表示感谢，也祝你们前程似锦，家庭事业双丰收！

本书的出版，意味着我八年以来对法范式研究的暂时终结。时间不短，但研究的最终成果未必达到预期。哈贝马斯的法哲学思想博大精深，法范式理论又是法治理论的基本命题，将两者统合起来，并尝试指导我国的法治实践，是一个宏大而艰巨的工程。因才学和精力所限，本书只能算是抛砖引玉，提出几个问题，如我国的法治范式是什么样的，是否合理，存在哪些问题并如何解决，如何建构一个符合我国法治实践的法治范式。更为重要的是，在当前价值多元、充满分歧的社会，能否通过沟通商谈的方式求同存异、重建共识？本书所欲建构的沟通主义法范式未必完全合理，也未必能为各方认同，更为深入的研究，恐怕只能留给大家了。

陆　洲

2020 年 8 月 15 日于秦皇岛